赵文化与华夏文明

杨金廷 康香阁 主编

人民出版社

果可以利其國不一其用

果可以便其事不同其禮

趙世家語借題

趙文化與華夏文明

李學勤

二〇〇九年五月十三日

序

北京大学教授　龙协涛

　　今年是五四运动 90 周年,全国举行了隆重的纪念活动。五四运动是开天辟地的伟大历史事件,拉开了中国新民主主义革命的序幕,为中国共产党的成立作了思想上、组织上的准备。从 1919 年到 1949 年,仅用了 30 年的时光,一个社会主义的中国就诞生在世界的东方。今年又是新中国成立 60 周年,60 年的光辉程历,90 年的不平凡岁月,都可以追溯到五四运动这座巍峨的历史丰碑。

　　如果有人要问:五四运动为何得以发生? 这不能不提五四之前的新文化运动。新文化运动对五四运动的发生,起了思想启蒙和政治觉醒的作用。五四运动中的一批骨干和中坚,差不多都是经过新文化运动熏陶和洗礼的年轻一代的知识分子;后来成为中国共产党早期领袖的陈独秀则是新文化运动中呼风唤雨、号令天下的精神总司令。如果说五四运动是中国思想界、精神界一次壮丽的日出,那么托起这轮朝阳的则是无与伦比的、波澜壮阔的新文化运动。斗转星移,90 年的历史时光过去了,中国发生了翻天覆地的变化,从风雨如磐、启蒙救亡走上了国家富强、民族复兴的历史发展阶段。在上个世纪 80 年代,中国知识界又掀起了一场规模大、持续时间长的文化大讨论,即所谓"文化热",至今也尚未退潮。此时的"文化热",并非知识界的心血来潮,而是中国社会大变动在思想文化层面的折射,有着深刻的政治、经济和社会背景。一个是世纪初的新文化运动,一个是世纪末叶并延续到 21 世纪的"文化热",它们发生在不同历史时期,有着不同的历史内涵和历史任务,二者之间的呼应、关联和比较,是值得学术界深入研究的一个非常有意义的重大课题。我在此仅强调的一点是,文化问题,精神问题,对一个国家、一个民族来说是任何时候、任何情况下都万万不能忽视的。文化是一个国家的根基,是一个民族的血脉和遗传基因,文化上没有解决的问题或解决偏了的问题,历史或迟或早,必然会掉回头来补课或纠偏。这也可算是一条铁的规律吧。

文化问题有广义的和狭义的,有中国的和外国的,还有从比较的视角中外兼论的。汤因比写过皇皇 12 卷的《历史研究》巨著,他发现世界文明史的演进有三种模式和 26 个基本单元。三种模式是指希腊模式、中国模式和犹太模式;26 个基本单元中有 21 个是发展成熟、开花结果的文明,另外 5 个是中途夭折停滞了的文明。汤因比对世界文明的分辨与研究,也可以理解为是对世界文化的分辨与研究。所以说文化似乎是一个无所不包的庞大系统。上世纪 80 年代还是北大教授的黄子平曾说过,大到美国的航天飞机,小到北京街头小贩手中叫卖的一串串糖葫芦,都可以称之为文化。就中国文化而论,学界要做的课题可谓多矣。有中国文化的分期研究,有中国文化的思想内涵研究,有中国文化演进路径和方向的研究等等,其中有很多名词、概念、范畴和范式。在这些众多的关键词、主题词中,有一个"多元一体"尤其值得我们大家重视。

"多元一体"说,是著名学者费孝通先生研究社会学、民族学和文化学提出的一个为学界普遍认同的重要概念。研究"多元一体",我以为弄清"多元"是前提,"一体"是由"多元"长期碰撞、融合而来的。如果我们对华夏琳琅满目的各文化因子和元素的认识还是昏昏然的话,那么对中国大一统的那个"一体"的认识不可能是昭昭然的。各文化因子和元素是华夏文化大系统中的众多子系统,在这些子系统中,也不是兄弟姊妹诸人平分秋色的,它们在中华文化大家庭中所处地位和作的贡献也不是一样的。这本由邯郸学院院长杨金廷、《邯郸学院学报》常务副主编康香阁主编的《赵文化与华夏文明》,揭示了赵文化的个性和地位,阐释了赵文化的个性和华夏文化的共性之间的联系,为学界扎实研究华夏文化各子系统,进而研究中华大一统文化做了很好的尝试,提供了一个不可多得的范例。

赵文化在华夏文化大系统中是一个子系统,但由于它历史悠久,所处地理位置的关键和特殊,它本身又可细分为十大文化脉系,即女娲文化、磁山文化、赵文化、建安文化、北齐文化、磁州窑文化、梦文化、成语典故文化、太极文化、晋冀鲁豫边区文化等,涉及哲学、政治、经济、军事、文学、语言、体育等领域,足见它的源远流长和博大精深。人杰地灵,赵国涌现的杰出人物如群星灿烂,大思想家荀子对华夏文明的贡献和影响,令燕赵堪比齐鲁,后人高山仰止。从领袖人物到具有改革思想的大学者都对荀子有崇高的评价。毛泽东敏锐地指出:"几千年来,形式上是孔夫子,实际上是按秦始皇办事。秦始皇用李斯,李斯是法家,是荀子的学生。"梁启超曾说过:"自秦汉以后,政治学术皆出于荀子。"谭嗣同也认为:"两千年之政,皆秦政也。……两千年之学皆荀学也。"章太炎则更进一步论断:"自仲尼而后,孰为后圣? 曰:……惟荀卿足以称是。"

毫无疑问,赵文化虽是以地域文化面貌出现的,但其深邃内涵已进入华夏文明的核心圈,汇入华夏文明发展的主流大道。

视野放大一点看,赵文化与燕文化同出一脉,研究者常用燕赵精神概括之。千古萧萧燕赵风,万里巍巍长城脊。华夏风骨,神州脊梁,生动地展现在这片广袤的热土上。在中华民族的发展史上,燕赵大地写下了金戈铁马、侠骨柔情的雄浑壮丽史诗。纵观一部中华文明发展史,有两大文化带决定着中华民族生生不息,自强不息,应当引起学界关注。第一是北部以北京为中心的燕赵文化带,它衔接了弯弓射大雕的剽悍草原游牧文化与男耕女织的温馨田园农耕文化。长城是军事工具,换一个角度看,它又是文化通过铁血交流的桥梁和纽带;两大文化在这里对峙和冲突,在这里过渡和融合,是两大文化的结合部与集散地。秦时明月汉时关,唐宋的繁荣与衰落,元明清的鼎盛与屈辱,都能从这里的雄关、大漠、平原和沧海寻找到历史的见证与脉络。第二是以上海为中心的吴越文化带,也就是我们今天所说的长三角地区,由于特殊的地理位置和文化传统,它衔接了东方黄色内陆文化与西方蓝色海洋文化。前者是五千年来华夏文明内部的吐故纳新、循环往复的交换器,后者则是近现代以来带动整个华夏文化同世界先进文化,也就是中国同外部世界交流、碰撞、融合、更新的吞吐吸纳的大海口。

史学大家章学诚曾痛心疾首抨击清代学术的流弊,"风尚所趋,但知聚铜,不解铸釜;其下焉者,则沙砾粪土,亦曰聚之而已。"(《与邵二云书》,《章学诚遗书》卷九)"聚铜"是指钩沉索引,搜集有用的材料;"铸釜"是指材料运用得当,从中提炼出有益的结论和观点。"聚铜"固然是做学问不可或缺的功课,但"铸釜"则是学者所期待的可以推进学术发展的成果。"聚铜",一般智商者假以时日都可以办到,但"铸釜"非潜心研究的远见卓识者莫能为也。我们读完《赵文化与华夏文明》,心情比章学诚平静得多,既喜这些作者们下了一番"聚铜"的工夫,这些宝贵的材料为学者们进一步研究提供了许多便利;更喜书中处处不乏"铸釜"的精彩,闪光的见解可以启发研究者灵光乍现,去进一步大胆探索华夏文明的奥秘,开拓华夏文明研究的疆土。要问这部书有何显著特点,我想它是达到了"聚铜"与"铸釜"较完美的统一。

谨为序。

2009 年 5 月 8 日

目　录

题词 ……………………………………………………………… 李学勤

序 ……………………………………………………………… 龙协涛（1）

综合研究

赵文化的兴起及其历史意义 …………………………… 李学勤（3）
论赵文化的精神 ………………………………………… 宣兆琦（9）
燕赵精神的特质与特色内涵初探 ……………………… 王永祥（18）
阐扬地域文化　打造特色栏目 ………………… 杨金廷　康香阁（30）
　　——《邯郸学院学报》"赵文化研究"专栏创办十载研析
试论赵武灵王的改革思想及其相关问题 …… 孙开泰　陈　阵　吕华侨（38）
古赵兴衰及其启示 ……………………………………… 董海林（51）
赵文化的历史哲理意蕴阐释 …………………………… 刘宏勋（62）
论先秦赵人的天命鬼神观念 …………………………… 孙　瑛（70）
从赵盾"还嫡"之举看"嫡长子"继承制的局限性 ……… 王杰锋（79）
为政与为人相统一的宰相楷模——蔺相如 ……… 张建华　李　娜（87）
阏与之战与中国马（服）姓的起源 …………………… 郭秀芬（93）
解读赵国成语典故的文化内涵 ………………………… 王　雁（99）
十五年来赵国历史文化研究综述 ……………………… 孙玉静（108）
赵国故地纵论赵文化 …………………………………… 白国红（114）
　　——记全国第二届赵文化研讨会

荀子研究

20 世纪后期大陆的荀子文献整理研究 ………………… 廖名春（123）

荀子与赵文化 ·················· 董林亭　张润泽（139）

荀子与赵文化三题 ························· 刘志轩（146）

荀子名学思想述要 ························· 张路安（149）

荀子与早期儒学道德话语的转向 ··············· 王　楷（156）

荀子之字非"卿"考 ······················· 闫平凡（164）

荀子"圣人制礼"说探析 ··················· 孙文持（170）

荀子"游学于齐"考 ······················· 刘全志（176）

荀子与孟子"人性"概念分歧的一种"语用学"解读 ····· 高海波（182）

浅析荀子和庄子"天人相分"的思想 ············· 姬海涛（189）

十五年来荀学研究综述 ··················· 范红军（195）

公孙龙研究

重新评价公孙龙 ························· 庞　朴（207）

生活实际是今人与公孙龙对话的基础 ············· 方尔加（210）
　　——评庞朴先生《重新评价公孙龙》

中国古代逻辑的创始人公孙龙论纲 ············· 王永祥（215）

公孙龙与荀子名学思想上的文化差异 ············· 张路安（223）

赵国都城研究

论赵都邯郸与赵国都城研究问题 ··············· 朱士光（231）

赵都邯郸故城考古发现与研究 ········ 乔登云　乐庆森（238）

赵王城遗址及历史文化内涵述略 ········ 李　广　张　波（256）

赵都邯郸编年记 ························· 宫长为（262）
　　——公元前386年至公元前228年

赵国的南北长城 ························· 王　兴（274）

从文献记载看古代的丛台 ··········· 郝良真　孙继民（280）

邺城文化研究

建安文化研究现状、特点及趋向 ········ 曹贵宝　王红升（291）

论六世纪邺城文学在北朝文学史上的地位 ···· 宋燕鹏　孙继民（302）

纵论魏晋北朝邺城的中心地位 ··············· 刘志玲（313）

磁州窑研究

临水磁州窑初考 ························· 庞洪奇（327）

"清末新政"与磁州窑瓷业改良 …………………………… 庞洪奇（332）

相关专题研究

刘邵和他的《人物志》 …………………………………… 伏俊琏（349）
论西汉后宫宠幸暨赵女现象的成因 ……………………… 白兆晖（358）
略论李白关于邯郸的诗歌 ………………………………… 贾建钢（365）

综合研究

赵文化的兴起及其历史意义

李学勤*

今天,我们召开"全国第二届赵文化研讨会",根据大会要求,让我讲"赵文化的兴起及其历史意义"这个题目,赵文化是我国古代最重要的区域文化之一。我想在座的各位先生都知道,关于区域文化的研究、开发以及它与现实经济、文化、建设各方面的意义是近年来我们在学术界、文化界一个重要的新发展。

近年,在中国学术界有一个新观念:中国自古以来是一个多民族、多地区的国家。这在几十年前还不是那么重视,而现在已经进一步认识到这一点,因此区域文化的研究和发展在这些年是逐渐进步。

区域文化也有不同层次,有的范围很广,有的范围就比较窄。区域文化研究的萌芽相当晚,据我个人所知,上世纪30年代的时候,学术界成立了一个吴越文化研究会,吴越文化是中国最早提出的一个区域文化。40年代兴起的是巴蜀文化,建国以后最早开始研究的是楚文化。

赵文化研究属于比较后起,却是备受学术界关注的一种区域文化。一方面,应该说赵文化的研讨已经起了很重要的作用。1987年前,我们曾经在邯郸召开过"全国第一届赵文化研讨会"。会后这些年,对赵文化的研讨是相当突出的,也有非常重要的意义。所以,赵文化是近年来,在"中国自古以来就是一个多民族、多地区国家"的思想指导下进行的中国古代区域文化研究的一个重要方面。赵文化从古至今,一直起着重要的影响作用,有着独立的文化特点和文化精神。

自从第一届赵文化研讨会以来,拜读了很多学者的文章,里面都提到一个

* 李学勤(1933—),男,北京人,清华大学历史系/思想文化研究所资深教授、博士生导师,国际欧亚科学院院士。

观点:赵文化有两重特性,既是一种华夏文化,又是一种戎狄文化,是华夏文化和戎狄文化互相交融的一个结果。我在沈长云教授编写的《赵国史稿》中写了一篇序,也曾提到这个问题。赵文化的发展演变过程,赵国的成立,以及作为赵国首都的邯郸在当时的繁荣和它在政治、经济、文化等各方面的影响,也就是这个文化的结晶。

赵文化精神是什么?因为赵文化是华夏文化和戎狄文化相结合的结果,所以赵文化的特点能不能这样表述:首先赵文化是一个开放的文化。因为赵文化是通过不同的文化区域接触的结果,所以它本身是开放的。第二,赵文化是一个进取的文化。因为赵文化本身是不同文化相结合的结果,相互之间多有所吸取,多有所借鉴,所以它是一个进取的文化。第三,赵文化也是一个包容、融合的文化。华夏文化是一种农耕文化,是以农业为基础的,而戎狄文化是一种草原的游牧型文化,这两种完全不同的文化互相冲突的结果,就形成这样一个独特的、有两重性格的赵文化,所以它是一种能够互相包容的、能够融汇的文化。这种开放的、进取的、包容的、融合的文化精神,是不是可以作为我们研究和学习赵文化精神的一个观点?怎么样来看待这个问题?我想从以下几个方面谈一谈我个人的看法。

赵氏,作为一个宗族在古代的兴起,本身就和北方的草原文化有关。所谓草原文化,可能有些不太了解的朋友会认为,它就是在一些北方草原地带上留下的文化。其实不完全是这样,草原文化现在已经成为国际新兴学科——欧亚学的一个中心内容。欧亚学是专门研究欧亚大陆的历史和文化的,该学科对于草原文化有它特殊的界说和定义。草原在英文里叫"steppe","steppe culture"就是草原文化。草原文化是在广大的沙漠或者森林边缘上的草原地区产生的,这符合欧亚大陆的特点。因为欧亚大陆从中国一直延伸到接近欧洲的地方,其间有很多的沙漠地带,沙漠地带边缘地区都有草原,这些草原就沿着沙漠的边上横贯着。欧亚大陆是连续的,其中的草原地区形成了一种特殊类型的文化,就是现在欧亚学里面所说的草原文化,常被称为斯基泰文化。过去很长一段时期,在考古学、美术史上的斯基泰文化,有人翻译成西徐亚,它从欧洲一直延续到亚洲。

现在,这方面的最新科学研究成果告诉我们一个非常重要的事实:古代的时候,整个欧亚大陆之间的交流,草原文化是主要的桥梁,这个想法很有道理。中国文化以中原为中心开始传播,影响到周边,如日本、越南、韩国等国家和地区;西方文化是从近东开始传播到整个欧洲和北非。中间怎么样呢?虽然古代交通非常不方便,但还是有联系的。过去,我们认为中西之间的交通主要是通过中亚地区,但是在公元以前,特别是在公元前 8 世纪以前,这条通道的证据非常少。海上也是一样,早期的时候非常少,后来才可以形成交通。现在看来,真正在中间起重要作用的就是草原文化,是通过北方的草原连接起来的。

这条线是怎么建立的? 现在,从一些学者的研究里面可以看出一个新苗头:草原文化的很多重要文化因素应该起源于中国。这是我们过去所不了解的。过去,很多人认为草原文化是从西方传入中国的。现在看起来,至少在青铜时代,它的很多文化因素应该是从我们这里开始的,其具体位置就在内蒙古西南部、山西和陕西北部、一直到甘肃北部这一块。

这种新的看法值得我们大家共同探讨。在晋陕交界,黄河两岸,商朝的时候已经有相当高明的青铜文化,它虽然受了商文化的影响,可不是商文化,它本身带有很多特点,特别是北方草原民族的特点。我们再看有较多记载的西周时期,戎狄文化在这个地区兴起,并逐步与中原文化融合,在其中起重要作用的就是周朝诸侯国之一的晋国。晋国开始建立,它就是"疆以戎索",所以它不但是用华夏文化,也是以戎狄的一些文化因素来建立的。晋国本身就是这样的一个国家,而其中的赵氏正好是以华夏的苗裔之下,而跟戎人一直有密切关系。

昨天我跟沈长云教授谈到秦赵同祖,这是在《史记》的《秦本纪》和《赵世家》里面都有明确记载的。从五帝时代一直到夏代、商代、西周,不管是秦还是赵,他们始祖的世系是很清楚的。这里面有记载活动地点基本上就是两个地区:一个是在山西的中部,另一个是陕甘之间,这正好是中原文化和草原文化的交界地。所以,赵氏的兴起不是一个简单的事件,而是有关中国通过草原文化这个欧亚通道与西方的联系。

前些年,我看到一位美国学者写的一篇文章,他讲自己的一个故事,后来我写论文介绍过。这位美国人是欧亚学学者厄尔迪(Miklos Erdy)。中国刚刚改革开放不久,他到了新疆,参观过新疆博物馆。1989 年,他再到那里,突然看到有一个铜鍑,惊奇得不得了,因为这个铜鍑和在匈牙利、罗马尼亚出土的鍑样子基本一致,而它的出土地点就在乌鲁木齐。这件东西实在了不起,对于中西交通,这是一个最好的证据。可是这个东西怎么可能在乌鲁木齐出土?他看了这件东西后,制订了一个长时期的考察计划,沿着草原文化这条线,从欧洲一直走到中国东北进行考察,最后写成报告,登在《欧亚研究》杂志上。

2002 年,这个铜鍑运到北京来展览,我专门作了观察,确实和罗马尼亚、匈牙利出土的一样。这种铜鍑的特点是:筒形深腹,底下有喇叭形圆足,口沿上面有两个立耳,每个立耳旁边都有五个像蘑菇一样的装饰。这种类型的鍑,现在所知,出土地点最东的一件标本就是新疆的这件,往西则在前苏联特别是高加索北部都有。它的蘑菇形装饰最特殊,最早的前身就在西周时陕西和山西,最初就是耳上多了一个疙瘩,然后逐渐发展,形成了蘑菇形的装饰。所以中原文化和戎狄文化的结合,不仅仅影响国内,同时也影响欧亚大陆。

众所周知,赵和秦是共祖的,传说他们都是颛顼的后人。这一点不要以为是杜撰的,近年在秦公大墓里发现的石磬上就写着秦是高阳氏之后,就是颛顼之后。此外,云梦出土的"秦律"明确规定:秦人说自己是夏人,秦人如果和别人结婚,生的孩子算不算华夏人,也是有法律规定的。从已知的秦、赵祖先的一些情况中,大家应该注意到:秦赵祖先经常养马和驾车,而且以此而著名,赵氏的兴起就跟这个有关。

传说颛顼生了一个女儿名叫女修,女修吞玄鸟之卵,生了儿子大业,大业娶少典之女女华,女华生了伯翳,伯翳由于为虞舜调驯鸟兽,赐姓为嬴,而且娶了姚姓女子,生了大廉。大廉有个弟弟叫若木,若木的玄孙叫费昌,费昌是给商汤驾车的,在鸣条把夏桀打败了,所以费氏在商朝一直很有名,一直到商纣王时,还有费仲为纣的亲信大臣。大廉一支的孟戏、仲衍也善于驾车,商王太戊就命他为御,而且把商人的女儿嫁给他,他的曾孙是戎胥轩,戎胥轩又娶了郦山戎人的女儿,生了仲潏,仲潏"在西戎,保西垂","西垂"位置就在陕甘之间。仲潏的孩子是处父,就是蜚廉。武王伐纣的时候,蜚廉给纣王做石椁。现在殷墟有个空大墓,学者认为是纣王的,原来想造石椁,没造成,这就是蜚廉在他那里做的,在什么地方? 在霍泰山。此山在山西中部的霍县东南,高2800多米,所以蜚廉就住在山西。蜚廉之子恶来,为武王所杀,另一个儿子是季胜,季胜之子是孟增,孟增就是宅皋狼,皋狼在西河,即山西西南部,然后是衡父,衡父下面是造父。造父又是因为善于驾车,所以给周穆王驾车,去西方巡狩,东方的徐偃王作乱,造父就驾车一日千里地跑回救乱,征伐徐国,所以造父封在赵城,这是周的赵氏的始封。秦的一支在现在的陕甘之间,我们就不讨论了。

造父之后,六世有奄父,奄父在周宣王伐戎时还是驾车,大家可以想象他不是光会驾车,而是和戎人有特殊的关系。奄父就是公仲。在千亩之战的时候周宣王败了,"丧南国之师",把南国的兵都打没了,奄父驾车,周宣王才逃了命,这是《赵世家》里面讲的。他儿子是叔带,叔带时幽王无道,他"去周如晋",事晋文侯,始建赵氏于晋国,那么晋的赵氏他就是第一代,再五世是赵夙,就到了晋献公的时候,下边的历史大家就都更熟悉了。

前几年,保利艺术博物馆从香港收回一组流散的重要青铜器,叫做"戎生编钟"。戎生编钟一共有八件,完好无缺,非常精美。它有很长的铭文,我把它念一下,"惟十又一月乙亥,戎生曰:休台皇且宪公,桓桓翼翼,……"。器主名叫戎生,中国社会科学院考古研究所的张亚初先生有一篇论文说:金文凡是叫什么"生"的都是什么"甥","外甥"的"甥",这是对的,根据《春秋》经传就是这样。所以戎生这个人他本身不属于戎,可是他母亲属于戎,舅舅家是戎人,所以他就叫"戎甥"。戎生说他祖先叫做宪公,这是其死后的谥号,宪公"臧称穆天子肃灵",他是臣事周穆王的。已经用了"穆天子"这个词,这是我们知道这个词的最早出处,过去我们以为在《穆天子传》里最早,现在看来不是。由于他侍奉穆王,又"建于兹外土",封在了王畿之外,"司蛮戎",就是管理戎人的,就是用来抵御不朝见周穆王的这些人的。铭文又说戎生的是父亲叫"昭伯",他不是周的臣属了,转而臣侍晋侯。戎生自己也是晋臣。当时晋国组织了一个车队,这些车装的是什么?是盐。山西是中国古代最主要的盐产地,解县有盐池,一直到汉朝,中原地区主要的盐都是由这里生产的。他率领车队,把盐运到樊阳,樊阳是南方的一个金属集散地,他交换取得金属,运回晋国,自己做了这样一套编钟,这是晋国的一件大事。这件大事是发生在什么时候?宋代的时候,陕西韩城得了一件鼎,叫晋姜鼎,晋姜鼎是晋文侯的夫人所做,就在晋昭侯时期。晋文侯辅佐周平王建立东周,其后是昭侯。晋姜鼎铭也提到用盐来换取金属这件事,所以戎生编钟也就是这个时代的。

我认为戎生一家的历史太像赵了。众所周知,像戎生编钟这样一套大的编钟,不是一个卿级的墓葬是出不了的。不过,"初建赵氏于晋"的是叔带,戎生之父则称昭伯,有没有可能从在周的伯仲叔季来说是叔,可是到了晋国之后,重建宗族,成了大宗,称伯?需要进一步研究。

赵氏兴起在两种文化之间,对两种文化的交融融合起着重大的作用,所以赵文化的基本精神就是开放、进取、包容、交汇,赵氏历代都是如此。

赵在西周所起的作用便非常大。2003年1月,在陕西眉县杨家村发现了一个青铜器窖藏。那个青铜器其中鼎铭谈了一件事,讲:周宣王四十二年封了一个杨国,封杨这件事见于古书,所封的是宣王的儿子,这人名叫长父。杨在洪洞东南,赵城就在附近。前面说过,赵的奄父为宣王驾车,在宣王三十九年救了周宣王的命,而封杨是在宣王四十二年。封杨的时候并不太平,不是简单地给一个册命就完了,而是派了眉县青铜器的器主佐去保护长父,跟戎人打了一场非常激烈的仗,然后建国,这就是后来灭于晋国的姬姓杨国。在它以前也有杨,但那是姞姓的杨。杨和赵在当时就是跟戎人接触的最前线,是两种文化交界地。

我想讲一个大家都很熟悉的《战国策》上的一个故事:赵襄子在晋阳被智伯所攻,智伯引水灌城,而城高只有三板没有淹没,也就一米多高,情况十分危急。赵氏有一个臣子叫原过,一天,原过走晚了,遇见三个人,就跟隐形人一样,腰带以上能看见,腰带以下看不见。他们说:我们是霍泰山的天使(霍泰山就是秦、赵祖先的地方），三月底你们将反灭智氏，其后赵国将"北到林胡之地，奄有河宗，至于休溷诸貉，南伐晋别，北灭黑姑"，整个赵国的扩张过程就是这样。"奄有河宗"，"河宗"是现在的河套地区，河宗氏，也见于《穆天子传》；"至于休溷诸貉"，都是戎狄之地；"南伐晋别"，是韩、魏的封地；"北灭黑姑"，"黑姑"也是戎国。所以，整个赵国就是在跟戎之间的融合交汇下发展起来的。

　　后来赵国又移到了戎狄之间的另外一个区域，就是邯郸周围。这个地方本来不是戎狄之地，但是由于白狄东迁，于春秋时代在河北中部建立了肥国、鼓国和中山国，肥、鼓灭于晋国之后，就剩下中山，中山最后灭于赵。所以，赵国最后把许多戎狄合并起来，而其本身也有很多戎狄文化的成分，这样建立起来强盛的赵国，新的都城就在邯郸。所以，邯郸是华夏文化与戎狄文化结合的产物和结晶，集中体现了赵文化浓郁的开放、进取、包容、融汇的精神。

（原载《邯郸学院学报》2005 年第 4 期）

论赵文化的精神

宣兆琦*

文化精神是一种文化的内在品质,即其基本的、整合的具有决定力的价值系统,并由此价值系统构成的文化模式在态度、评价及情绪倾向等方面表现出的文化实质和特质。文化精神是一种文化延续的血脉、发展的动力、崛起的支撑和挺立的基石。从这个意义上讲,文化精神就是文化之魂。本文试从变革、法治、侠义三个方面,对赵文化的精神作一梳理和提取,以求方家正之。

一、变革精神

世界上没有一成不变的事物。《论语·子罕》说:"子在川上曰:逝者如斯夫,不舍昼夜。"《诗经·小雅·十月之交》说:"社稷无常奉,君臣无常位,高岸为谷,深谷为陵。"《老子·二十三章》说:"天地尚不能久,而况于人乎?"《老子·二十五章》说:"大曰逝,逝曰远,远曰反。"《庄子·天下》说:"日方中方睨,物方生方死。"《易·系辞上》说:"在天成象,在地成形,变化见矣。"《系辞下》说:"易,穷则变,变则通,通则久。"这些论述无不说明奇丽的大自然以自身的方式,使冬去春来,草枯花荣,山河改颜;人也在自然中生生死死,代代相传。万事万物都在自然的流转过程中改变着自己,创新着自己。换言之,事物时刻处在运动变化之中。中国传统思想,自它萌生之日起,就已充溢着圣哲先贤关于自然、社会、人生变化不息的智慧。然而,与此相反的还有另外一种声音,那就是"天不变道亦不变","祖宗之法不能变"。前者代表着进步,后者代表着陈腐;前者代表着革新,后者代表着保守;前者是生命的呼唤,后者是垂死

* 宣兆琦(1955—),男,山东兖州人,山东理工大学文化研究院院长、教授,山东省齐文化研究基地首席专家。

的哀鸣。

在赵文化中,固然存有守旧势力,然而新生力量却占据着上风,因而变革精神便成为了赵文化明显的特色之一。这一精神集中体现在赵武灵王的胡服骑射改革。

赵武灵王是赵国历史上一位很有作为的君主,在中国政治史和军事史上也占有很高的地位。他于公元前325年即位后,鉴于各诸侯国纷纷变法图强的经验,羞于五国合纵伐秦与修鱼之战失败自去王号的耻辱,迫于强秦、中山及其他诸侯国的军事压力,为了达到创造一个真正王业的目的,于公元前307年下令"遂胡服,招骑射"[1]《史记·赵世家》,正式拉开了胡服骑射改革的帷幕。

对于赵武灵王的胡服骑射改革,我们不能仅仅视为一次军事改革,更不能仅仅视为一次具体的兵种、服装、战争方式与战术层面的改革,因为假若如此,我们将会大大地低估了这次改革的普遍意义和重大价值。因而,我们应该给予这次改革应有的高度评价。

那么赵武灵王胡服骑射改革的普遍意义和重要价值在哪里呢?笔者认为首先体现在其深刻的变革思想。《史记·赵世家》载:"王曰:'先王不同俗,何古之法?帝王不相袭,何礼之循?……神农教而不诛,黄帝、尧、舜诛而不怒。及至三王,随时制法,因事制礼。法度制令各顺其宜,衣服器械各便其用。故礼不必一道,而便国不必古。圣人之兴也不相袭而王,夏、殷之衰也不易礼而灭。'"赵武灵王的这一变化发展历史观与荀子的"法后王"是一脉相承的。对此,《荀子·王制》说:"王者之制,道不过三代,法不贰后王。道过三代谓之荡,法贰后王谓之不雅。"《非相》说:"圣王有百,吾孰法焉?故曰:文久而息,节(法度)久而绝。"更有意义的是赵武灵王的这一变革思想与管子学竟然出乎意料的相似!请看以下几段引文吧!《管子·霸言》说:"夫抟国不在敦古,治世不在善故,霸王不在成典。"意即掌握国家不在于敦敬古道,治世不在于精通旧事,成王成霸不在于抄袭典故。《管子·侈靡》载:"(齐桓公)问曰:'古之时与今之时同乎?'(管仲)曰:'同。''其人同乎不同乎?'曰:'不同,可与政诛。誉尧之时,混吾之美在下。其道非独出人也。山不同而用赡,泽不弊而养足,耕以自养,以其余应养天子,故平。牛马之牧不相及,人民之俗不相知,不出百里而求足,故卿而不理,静也。其狱一踦腓一踦屦而当死。今周公断指满稽,断首满稽,断足满稽,而死民不服,非人性也,敝也。地重人载,毁敝而养不足,事末作而民兴之,是以下名而上实也。'"译作白话为:桓公问道:"古今的天时相同么?"管仲回答说:"相同。""那么,人事是否也相同呢?"回答说:"不同。这可表现在政与刑两个方面。早在帝喾、帝尧的时代,昆吾山的美金埋藏在地下都无人开采。他并非用了什么出人头地的办法。因为那时山上的林木不用采伐光人们就可以够用,河中的水产还未打捞完人们就可以够吃。人们耕以自养,用所余供应天子,所以天下太平。人们放牧牛马都互不相遇,习俗也互不相知,不出百里就可以满足各项需要,所以有公卿而无须办事,生活是平静的。那时的罪刑,使犯罪有一脚穿草鞋一脚穿常屦就可代替死刑。然而现今的周公时代,断指、断足和断头积满台阶,被处死的人们还是不服从,这并不是人性不怕死,而是极度贫困的原故。土地贵重,人口增多,生活贫困。因而发展工商末业,人民生活才能振兴起来,这是不重虚名而注重实际的措施。"由此可知,在变革思想方面,齐赵文化有着相通之处。

其次,体现在这次改革的目的上。为什么要改革?改革的目的是什么?这是评价改革的重要问题之一。据《史记·赵世家》载:"王遂往之公子成家,因自请之,曰:'夫服者,所以便用也;礼者,所以便事也。圣人观乡而顺宜,因事而制礼,所以利其民而厚其国也。'"变革以"利其民""厚其国",这句话太厉害了!它包含的改革之终极目的已使赵武灵王的胡服骑射远远超出了军事改革的范围,而使其具有了政治改革的意义,并进而上升到了"民本"思想的高度。在这一点上,赵文化与齐文化又表现得何其相似!试举几例以明之。《管子·霸言》说:"夫霸王之始也,以人为本;本理则国强,本乱则国危。"《管子·霸形》说:"齐国百姓,公之本也……公轻其税敛,则人不忧饥;缓其刑政,则人不惧死;举事以时,则人不伤劳。"《管子·小匡》说:"(齐桓公)问曰:'寡人欲修政以干时于天下,其可乎?'管子对曰:'可。'桓公又问:'安始而可?'管子对曰:'始于爱民'。"视爱民利民、富国强兵为改革的主要目的,正是齐赵两国明君的可贵之处。

第三,体现在改革者的超人智慧和勇气。之所以说起赵武灵王胡服骑射改革充满了智慧和勇气,是因为在当时视戎狄为野蛮民族而文化落后于中原华夏族的背景下,赵武灵王没有妄自尊大,反而顶着巨大的压力、排除一切干扰、毅然决然地虚心向其学习,取其长补己短。对此,沈长云等先生如是说:"任何推动社会向前进步的社会改革,都会遇到保守势力的激烈反对。赵武灵王胡服骑射改革,同样也受到崇尚中原礼义文化、蔑视周边少数民族文化的赵国贵族们的激烈反对。……中原民族与周边少数民族在生活习惯、文化心理等方面差异鲜明,而服饰差异则是此种差异最突出的表现。对胡服的蔑视,也成为中原贵族蔑视周边少数民族文化最集中的一点。"[2]164此语甚是。在这一点上,赵武灵王与北魏孝文帝的改革构成双璧,而孔子的文化观则显得低了一个层次。(孔子在评价管仲功业时说:如果没有管仲"吾将披发左衽矣"。)

因而可以说,变革精神是赵文化很有特色的精华所在。

二、法治精神

古代中国是一个政治占支配地位的社会,因而政治思想和理论异常的丰富而多彩。就如何治国理民问题,产生了儒家的道德教化礼治思想,法家的一断于法思想,道家的无为无不为思想等等。关乎此,在赵文化中,明显地表现出一种法治精神。

赵文化的杰出代表荀况,字卿,别为孙氏,又名孙卿,后人尊称为荀子,或曰孙卿子。他学识渊博,是战国时期最有学问的学者之一。他著书三十三篇,今存三十二篇,是为今本《荀子》。其学说遍涉哲学、政治学、伦理学、心理学、教育学、名学、法学、历史学、军事学和自然科学等各个领域,对先秦诸子几乎都作过批判,又有所吸收,可谓汇通百家之学,成为先秦百科全书式的思想家。因而,关于荀子的学派归属问题向有争议。自司马迁列荀卿于儒家以降,论者多以儒家视之。《汉书·艺文志》把《孙卿子》三十三篇列入儒家。王先谦说:"四库全书提要,首列荀子儒家。"钱大昕说:"儒家以孟荀为最醇。"侯外庐说:"荀子是后期儒家的伟大的代表,他始终没有离开儒家的立场。"就连战国法家思想的集大成者韩非也认为:孔子之后,儒分为八,"有子张之儒、有子思之儒、有颜氏之儒、有孟氏之儒、有漆雕氏之儒、有仲良氏之儒、有孙氏之儒、有乐正氏之儒"。此孙氏之儒即指荀卿。然而,学界也有另外的看法和声音,即认为荀子学于儒而背儒,或曰出儒入法。比如宋人苏轼说:"荀卿者,喜为异说而不让,敢为高论而不顾者也。"朱熹则更直白地说道:"荀卿则全是申韩。"意即荀子不是儒家,而是一个法家了。[3]16—18明清之际大思想家傅山在《荀子评注》手稿的最后评语中指出:"《荀子》三十二篇,不全儒家者言,而习称为儒者,不细读其书者也。有儒之一端焉,是其辞之复而蝉者也。但少精挚处即与儒远,而近于法家,近于刑名家,非墨而又近于墨家者言。"当代学者赵吉惠教授则认为:"荀子是稷下道家代表,荀学不是儒学,而是稷下黄老之学。"[4]

荀子究属儒家？法家抑或道家？我们姑置勿论。然而,在荀子那儿,具有明显的法治精神则是毋庸置疑的。

与孟子的人性本善恰恰相反,荀子认为人性本恶。他说:"孟子曰:'人之学者,其性善。'曰:'是不然,是不及知人之性,而不察乎人之性伪之分者也。'"[5]《荀子·性恶》在荀子看来,人生而好利,如果顺人之性情,则必然会出现争夺,争夺就会出现犯分乱理,礼义忠信全亡的情况。所以荀子认为,如果欲维护诸侯国的统治,必须行法制。荀子说:"今之人性恶,必将待师法然后正,得礼义然后治。今人无师法,则偏险而不正;无礼义,则悖乱而不治。古者圣王以人之性恶,以为偏险而不正,悖乱而不治,是以为之起礼义,制法度,以矫饰人之情性而正之,以扰化人之情性而导之也。使皆出于治,合于道者也。"既然人性是恶的,那么古代圣人才立君立法以治之。荀子说:"古者圣人以人之性恶,以为偏险而不正,悖乱而不治,故为之立君上之势以临之,明礼义以化之,起法正以治之,重刑罚以禁之,使天下皆出于治,合于善也。"[5]《荀子·性恶》

荀子认为法是治理国家的根本。对此,《致士》说:"道之与法也者,国家之本作也;君子也者,道法之总要也,不可少顷旷也。得之则治,失之则乱;得之则安,失之则危;得之则存,失之则亡。"荀子还把法视作为统治阶级利益服务的不可缺少的工具,有时称之人的"大宝"。对此,《儒效》说:"有师法者,人之大宝也;无师法者,人之大殃也。"有时又把法比作"磨刀石"。对此,《国强》说:"彼国者亦有砥砺,礼义、节奏是也。"此之"节奏"就是法。不仅如此,荀子进一步认为,法治还是成风化俗的有力工具和良好手段。对此,《王霸》说:"法令行,风俗美。"

为了有效地制定法律,荀子提出了一系列立法原则。其一,法的划一性原则。荀子认为,为了使法律对国家的长治久安起到保障作用,必须注意法律的划一性。对此,他在《解蔽》中提出了"一制度,隆礼义"的口号;在《富国》中提出了"法后王,一制度","政令一"的要求。其二,法的适时性原则。《尚书·吕刑》说:"刑罚世轻世重。"荀子引用这句话论证了自己的主张。他认为随着社会治乱的不同,刑罚就会有轻重的差别。这也就是说,法律刑罚要适时而定。对此,《正论》说:"故治则刑重,乱则刑轻。犯治之罪故重,犯乱之罪故轻。"清人王先谦对此释曰:"治世刑必行则不敢犯,故重;乱世刑不行则人易犯,故轻。"其三,法的稳定性。荀子认为,法律一旦制定,就应有相对的稳定性,绝不能朝令夕改,让人们莫所适从,无措手脚。对此,《王制》说:"偏党而无经,听之辟也。"意思是说偏于一方而无经常之法,处理国家事情就会走向邪路。其四,法的简明性。荀子认为法令是要让百姓知晓的,因为百姓只有知法,才能守法。而要让百姓知晓,法令就得简明易懂。对此,《大略》说:"民迷惑而陷祸患,此刑罚之所以繁也。"《宥坐》说:"乱其教,繁其刑,其民迷惑而坠焉,则从而制之,是以刑弥繁而邪不胜。"其五,法的严肃性。荀子认为法律一旦公布,应具有极大的严肃性和权威性。法令既出,民不得议,人人共守。对此,《王霸》说:"政令制度,所以接下之人、百姓有不理者如毫末,则虽孤独鳏寡必不加焉。"

荀子的法治思想有两个来源,一为赵,二为齐。这是由荀子的人生历程和所处社会背景所决定的。据《史记·孟子荀卿列传》载:"荀卿,赵人。年五十始来游学于齐。邹衍之术迂大而闳辩;奭也文具难施;淳于髡久与处,时有得善言。故齐人颂曰：'谈天衍，雕龙奭，炙毂过髡。'田骈之属皆已死。齐襄王时，而荀卿最为老师。齐尚修列大夫之缺，而荀卿三为祭酒焉。齐人或谗荀卿，荀卿乃适楚，而春申君以为兰台令。春申君死而荀卿废，因家兰陵。李斯尝为弟子，已而相秦。荀卿嫉浊世之政，亡国乱君相属，不遂大道而营于巫祝，信機祥，鄙儒小拘，如庄周等又猾稽乱俗，于是推儒、墨、道德之行事兴坏，序列著数万言而卒。因葬兰陵。"据有关专家考证，荀卿年五十游齐乃太史公笔误，应为年十五游齐。由此可知，荀子生于赵，卒于楚，而他的大半生却是在齐国度过的，设于齐都临淄的稷下学宫是他的主要学术活动场所。对于一个人的思想形成，一般来说其少年时代为萌芽和奠定基础期，而青年和中年则为成熟至于完成期，因而齐国与赵国之于荀子思想关系至密，而楚国的影响则稍逊。

据《史记·廉颇蔺相如列传》载："赵奢者，赵之田部吏也。收租税而平原君家不肯出租，奢以法治之，杀平原君用事者九人。平原君怒，将杀奢。奢因说曰：'君于赵为贵公子，今纵君家而不奉公则法削，法削则国弱，国弱则诸侯加兵，诸侯加兵是无赵也，君安得有此富乎？以君之贵，奉公如法则上下平，上下平则国强，国强则赵固，而君为贵戚，岂轻于天下邪？'平原以为贤，言之于王。王用之治国赋，国赋大平，民富而国库实。"赵奢以法治国，不避权贵，竟然因收税事连杀平原君家臣九人，可知在赵国已经建构起一个法治体系并且已经形成法治文化传统。对于赵奢的做法，平原君不仅没有加罪报复，反而"以为贤，言之于王"，促使赵王重用之。这说明法治已成赵国上下之共识，视之如美德。正是赵国的法治文化奠定了荀子法治思想的早期基础。

众所周知，齐文化的一个重要特点是礼法并重。比如，管子学认为，法是理民一众的规范，行政施令的程式，判定是非的尺度，兴功止暴的利器，行止进退的准则。故而，古人将《管子》与《商君书》并提称商管之法，今人亦有将管仲视为中国法家之先驱者。然而，殊不知管学重法亦尊礼。《管子》首篇《牧民》旗帜显明地写道："国有四维……一曰礼、二曰义、三曰廉、四曰耻。"四维之中，礼义为先。正是礼法并重的齐文化奠定了荀子"隆礼重法"思想的坚实基础。

因而可以说，荀子的"隆礼重法"思想体现的是齐文化精神，而其中的法治思想则反映的是赵文化精神。

三、侠义精神

战国是一个思想解放、文化烂漫、个性张扬、精神焕发的黄金时代。在这一大的社会环境中,作为庞大士阶层一员的侠士,自然也形成了属于自己的侠义精神。关于侠义精神的内涵和特色,司马迁在《史记·游侠列传》中这样写道:"韩子曰:'儒以文乱法,而侠以武犯禁。'二者皆讥,而学士多称于世云。至如以术取宰相卿大夫,辅翼其世主,功名俱著于春秋,固无可言者。及若季次、原宪,闾巷人也,读书怀独行君子之德,义不苟合当世,当世亦笑之。故季次、原宪终身空室蓬户,褐衣疏食不厌。死而已四百余年,而弟子志不倦。今游侠,其行虽不轨于正义,然其言必信,其行必果,已诺必诚,不爱其躯,赴士之厄困,既已存亡死生矣,而不矜其能,羞伐其德,盖亦有足多者焉。"由此可知,讲诚信、重然诺、轻生死、知恩厚报、义酬知己是侠义精神的集中表现。赵文化中便充溢着浓郁的侠义精神。

据《战国策·赵策一·晋毕阳之孙豫让》载:豫让,"始事范中行事而不悦,去而就知伯,知伯宠之。及三晋分知氏,赵襄子最怨知伯,而将其头以为饮器。豫让遁逃山中,曰:'嗟乎!士为知己者死,女为悦己者容,吾其报知氏之仇矣。'乃变姓名,为刑人,入宫涂厕,欲以刺襄子。襄子如厕,心动,执问涂者,则豫让也。刃其捍,曰:'欲为知伯报仇!'左右欲杀之。赵襄子曰:'彼义士也,吾谨避之耳。且知伯已死,无后,而其臣至为报仇,此天下之贤人也。'卒释之。豫让又漆身为厉,灭须去眉,自刑以变其容,为乞人而往乞,其妻不识,曰:'状貌不似吾夫,其音何类吾夫之甚也。'又吞炭为哑,变其音。其友谓之曰:'子之道甚难而无功,谓子有志则然矣,谓之智则否。以子之才,而善事襄子,襄子必近幸子;子之得近而行所欲,此甚易而功必成。'豫让乃笑而应之曰:'是为先知报后知,为故君贼新君,大乱君臣之义者无此矣。凡吾所谓为此者,以明君臣之义,非从易也。且夫委质而事人,而求弑之,是怀二心以事君也。吾所为难,亦将以愧天下后世人臣怀二心者。'居顷之,襄子当出,豫让伏所当过桥下。襄子至桥而马惊。襄子曰:'此必豫让也。'使人问之,果豫让。于是赵襄子面数豫让曰:'子不尝事范中行氏乎?知伯灭范中行氏,而子不为报仇,反委质事知伯。知伯已死,子独何为报仇之深也?'豫让曰:'臣事范中行氏,范中行氏以众人遇臣,臣故众人报之;知伯以国士遇臣,臣故国士报之。'襄子乃喟然叹泣曰:'嗟乎,豫子!豫子之为知伯,名既成矣,寡人舍子,亦已足矣。子自为计,寡人不舍子。'使兵环之。豫让曰:'臣闻明主不掩人之义,忠臣不爱死以成名。君前已宽舍人,天下莫不称君之贤。今日之事,臣故伏诛,然愿请君之衣而击之,虽死不恨。非所望也,敢布腹心。'于是襄子义之,乃使使者持衣与豫让。豫让拔剑三跃,呼天击之曰:'而可以报知伯矣。'遂伏剑而死。死之日,赵国之士闻之,皆为涕泣。"姚本注引《说苑》曰:"襄子自置车库中,水浆不入口三日,以礼豫让。"鲍本注曰:"彪谓:襄子、豫让皆千载人也。"司马迁将豫让的侠行壮举写入《史记·刺客列传》。

由上引可知豫让的侠义精神在赵国，上起国君下至士人，得到了普遍的认同和高度的赞扬，这正是赵人行侠仗义的透视。笔者认为在赵氏孤儿事件中，在韩厥、程婴和公孙杵臼三人身上，侠义精神体现的尤为浓烈，给人以巨大的震撼力和冲击力。兹把这一凄婉而悲壮的故事详引于下：

《史记·赵世家》载：晋景公三年，大夫屠岸贾"将作难，乃治灵公之贼以致赵盾（时赵盾已卒，祸及子孙），遍告诸将曰：'盾虽不知，犹为贼首。以臣弑君，子孙在朝，何以惩罪？请诛之。'韩厥曰：'灵公遇贼，赵盾在外，吾先君以为无罪，故不诛。今诸君将诛其后，是非先君之意而今妄诛。妄诛谓之乱。臣有大事而君不闻，是无君也。'屠岸贾不听。韩厥告赵朔趣亡。朔不肯，曰：'子必不绝后祀，朔死不恨。'韩厥许诺，称疾不出。贾不请而擅与诸将攻赵氏于下宫，杀赵朔、赵同、赵括、赵婴齐，皆灭其族。赵朔妻成公姊，有遗腹，走公宫匿。赵朔客曰公孙杵臼，杵臼谓朔友人程婴曰：'胡不死？'程婴曰：'朔之妇有遗腹，若幸而男，吾奉之；即女也，吾徐死耳。'居无何，而朔妇免身，生男。屠岸贾闻之，索于宫中。夫人置儿绔中，祝曰：'赵宗灭乎，若号；即不灭，若无声。'及索，儿竟无声。已脱，程婴谓公孙杵臼曰：'今一索不得，后必且复索之，奈何？'公孙杵臼曰：'立孤与死孰难？'程婴曰：'死易，立孤难耳。'公孙杵臼曰：'赵氏先君遇子厚，子强为其难者，吾为其易者，请先死。'乃二人谋取他人婴儿负之，衣以文葆，匿山中。程婴出，谬谓诸将曰：'婴不肖，不能立赵孤。谁能与我千金，吾告赵氏孤处。'诸将皆喜，许之，发师随程婴攻公孙杵臼。杵臼谬曰：'小人哉程婴！昔下宫之难不能死，与我谋匿赵氏孤儿，今又卖我。纵不能立，而忍卖之乎！'抱儿呼曰：'天乎天乎！赵氏孤儿何罪？请活之，独杀杵臼可也。'诸将不许，遂杀杵臼与孤儿。诸将以为赵氏孤儿良已死，皆喜。然赵氏真孤乃反在，程婴卒与俱匿山中。居十五年，晋景公疾，卜之，大业之后不遂者为祟。（赵氏乃大业之后）景公问韩厥（厥乃赵朔之友，见前文），厥知赵孤在，乃曰：'大业之后在晋绝祀者，其赵氏乎？夫自中衍者皆嬴姓也。中衍人面鸟噣，降佐殷帝大戊，及周天子，皆有明德。下及幽厉无道，而叔带去周适晋，事先君文侯，至于成公，世有立功，未尝绝祀。今吾君独灭赵宗，国人哀之，故见龟策。唯君图之。'景公问：'赵尚有后子孙乎？'韩厥具以实告。于是景公乃与韩厥谋立赵孤儿，召而匿之宫中。诸将入问疾，景公因韩厥之众以胁诸将而见赵孤。赵孤名曰武。诸将不得已，乃曰：'昔下宫之难，屠岸贾为之，矫以君命，并命群臣。非然，孰敢作难！微君之疾，群臣固且请立赵后。今君有命，群臣之愿也。'于是召赵武、程婴偏拜诸将，遂反与程婴、赵武攻屠岸贾，灭其族。复与赵武田邑如故。及赵武冠，为成人，程婴乃辞诸大夫，谓赵武曰：'昔下宫之难，皆能死。我非不能死，我思立赵氏之后。今赵武既立，为成人，复故位，我将下报赵宣孟与公孙杵臼。'赵武啼泣顿首固请，曰：'武愿苦筋骨以报子至死，而子忍去我死乎！'程婴曰：'不可。彼以我能成事，故先我死；我今不报，是以我事为不成。'遂自杀。赵武服齐衰三年，为之祭邑，春秋祠之，世世勿绝。"

由上引可知，韩厥一诺千金，继绝存赵。公孙杵臼以义为先，视死如归。程婴抚孤，孤成身死。此三人真可谓壮怀激烈，义薄云天。若非韩厥、公孙杵臼、程婴三人侠肝义胆，赵氏无后，赵国无存，赵文化将失去许多色彩，中国的历史恐怕都要改写了。

总而言之，虽然赵国的胡服骑射早已离我们远去，但是赵文化的精神却也穿越历史的时空，历久而弥新。赵文化的变革精神、法治精神之当代价值姑置勿论，即便赵文化侠义精神中的精华部分，对今天的诚信教育，以之建构和谐社会依然大有裨益。

参考文献：

[1] 司马迁：《史记》，中华书局 1982 年版。

[2] 沈长云等：《赵国史稿》，中华书局 2000 年版。

[3] 郭志坤：《荀子论稿》，三联书店 1991 年版。

[4]《论荀子是稷下道家代表》，载《齐文化纵论》，华龄出版社 1993 年版。

[5]《荀子》，载《诸子集成》，上海书店 1986 年版。

（原载《邯郸学院学报》2005 年第 2 期）

燕赵精神的特质与特色内涵初探

王永祥[*]

　　各个地区的思想与文化,都有各自的独特精神与特色内涵,这是由各个地区的人民在其漫长的创造历史的过程中,逐渐积累所形成的。河北的思想文化也不例外,特殊的地理位置,悠久的光辉历史,灿烂的传统文化,共同铸就了河北思想文化所具有的独特精神与特色内涵。

　　河北所处燕赵大地,自古以来就是我国文化繁荣、经济发达与科技先进的地区之一。因此,河北省这块热土,作为燕赵文化的发祥地,也是炎黄子孙所创建的中国这个东方文明古国、大国的发祥地之一。在这里,曾经有过200多万年前的泥河湾文化,70万年前又有过发明了用火的北京猿人文化,2万年前则出现了山顶洞人,至1万年前在徐水南庄头便有了中国已知最早的农耕文化,七八千年前这里更是有了早于仰韶文化的磁山文化,而后在五千年左右的时间,这里便出现了黄、炎二帝及与蚩尤的"逐鹿中原"之战,由此开启了以古今汉字为文书的华夏文明,直到先秦的春秋战国时代,在这里便形成了以"燕赵"之名著称于世的特色思想文化圈。而且,这一独具特色的文化、经济与科技思想的历史,一直延续至今,从未间断。

　　位处燕赵大地的河北,环山临海,沃野千里。其北接草原大漠和东北平原,西与山西搭界,东边直面大海,南与我国中部的河南广大平原相临。地形复杂多样,有山、有水、有平原,独具特色;而且北以长城为纽带,与蒙古和东北两大游牧文明相临,南与中原农耕文明相接。所以,这里也就成了南北交接与对峙、冲突与过渡及相互融合之要冲。特别是自汉唐以后,从宋辽金元以来,直至近代,北京一直是作为中国辽、金、元、明、清各朝政治中心的京都,因而河

　　* 王永祥(1937—),男,河北束鹿人,河北省社会科学院哲学研究所研究员,河北省省管优秀专家。

北也就成了为全国瞩目的畿辅与直隶之地;特别是到了近代,这里也成了西学东渐的前哨阵地之一。天津虽然已经从河北划分出去,但它依然起着河北与海外联系的窗口作用。

综合上述河北所具有的这些历史与地理的特点,这就使得燕赵大地具有了其他省区所无法比拟的特色与优势,从而在政治、军事、哲学、历史、文学、艺术、佛教、医学、科技等各个领域内作出了自己伟大而独特的贡献,并呈现出了多元化、丰富性和融合性的色彩。这些思想和文化上的成就对中国的发展作出的贡献无疑是巨大的,但它们同时又具有着燕赵地区的独特风韵与特色内涵。正是燕赵在这些不同思想文化领域作出的巨大成就与贡献,及其所具有的独特性风格与特色内涵,经过长期的历史积淀,熔铸成了河北人民所独具的燕赵精神和风骨。河北人民所具有的这种独特精神与风骨,与我国其他地域性的思想及文化,共同构成了统一的中华民族精神的基础,并最终凝结成了中华民族精神的细胞与组成部分。

河北人民和燕赵思想家所共同具有的这种独特精神与风骨,即燕赵精神,大体包含六个方面:宇宙观上的"天人合一"精神、宇宙之中人"最为天下贵"的人本精神、"铁肩担道义"的重道义精神、"刚健有为"的自强不息精神、有容乃大的"贵和尚中"精神和注重实用的"经世致用"精神等。这六个方面当然也以不同的形式熔铸或体现于中华民族所共同具有的民族精神之中。下面就来分别予以说明。

一、"天人合一"的宇宙观

"天人合一",这是中国古代所具有的一种传统观念。它作为一个完整而明确的概念,虽然是由北宋的大哲学家张载在《正蒙·乾称》篇中概括和提出的,但是这种"天人合一"的思想,则是早在中国古代就已经存在了,在燕赵思想家那里也是一个极为重要的思想,并成为形成中国"天人合一"精神的一个重要基础和来源。

例如,在我国古代,早在《尚书·皋陶谟》中就以天神与人的关系形式提出:"天叙有典,敕我五典五惇哉! 天秩有礼,自我五礼有庸哉! 同寅协恭和衷哉! 天命有德,五服五章哉! 天讨有罪,五刑五用哉!"春秋之时,郑国的子产大夫亦曾说:"夫礼,天之经也,地之义也,民之行也。"又说:"天地之经,而民实则之。"[1]1457孔子较少言天,但他在《论语·泰伯》篇也肯定地讲道:"唯天为大,唯尧则之。"孟子通过《尽心上》篇的"尽其心者,知其性也,知其性则知天也",肯定了天与心性的一致性。庄子在他的《齐物论》中也说:"天地与我并生,而万物与我为一。"《易传·文言》中也说:"夫大人者,与天地合其德,与日月合其明,与四时合其序,与鬼神合其吉凶。先天而天弗违,后天而奉天时。"以上这些显然都较为明确地肯定了天人合一的思想。

当然作为先秦燕赵思想家的荀子,在其《天论》中似乎是提出了与"天人合一"完全相反的"明于天人之分"的观点,但这明显是从天人二者的职分上有分别来说的,而并非是从否定二者有同一性的意义上来言的。所以有人把它看做是与"天人合一"相对立的观点,显然是对《荀子·天论》的误解。例如在荀子的《天论》中就有这样一段话:"天有其时,地有其财,人有其治,夫是之谓能参。"他又说:"天有常道矣,地有常数矣,君子有常体矣。君子道其常。"这里显然就是在明确"天人之分"的前提下,他又肯定了天人之间合一的同一性,以为人可以制驭天时,遵行事物的常道。

从先秦进入汉代,作为燕赵思想大家的董仲舒,更是进一步推动了"天人合一"思想的发展。他在其《春秋繁露》中曾多次论述了神秘的"天人感应"论,他说:"天有阴阳,人亦有阴阳;天地之阴气起,而人之阴气应之而起;人之阴气起,而天地之阴气亦宜应之而起,其道一也。"[1]类此者还有很多,在此就不予一一征引了。他的这种"天人感应"论显然是从自然神论的意义上对"天人合一"思想的肯定。特别是董仲舒在《春秋繁露·阴阳义》篇里还有一段话:"天亦有喜怒之气、哀乐之心,与人相副。以类合之,天人一也。"他在这里提出的"天人一也",显然已非常接近于"天人合一"的概念了,若就其内涵来说,它与"天人合一"简直没有任何的区别,以至"天人合一"的概念至此已是呼之欲出了,这就为后来宋代的张载最终提出"天人合一"概念,提供了最为接近或一致的概念。

"天人合一"概念,作为宇宙观或世界观,在上述的不同哲学家和思想家那里,显然有着唯物论与唯心论、朴素唯物论与有神论的重大分别,乃至彼此完全对立;但是,若就理论的实质而言,他们则又从各自不同的立场与视角肯定了人与自然的统一、人的行为与自然进程的符合,即肯定了人的主体与自然客体、主观能动性与客观规律性、道德理性与自然理性的一致,在这一点上他们又有着极大的一致性。所以就此而言,"天人合一"的理念,无疑是燕赵子孙和燕赵的思想家们与我国其他地域的先民及思想家共同参与创造的既具有燕赵精神的地域性理念,同时又对于在全国形成"天人合一"的精神与成为我国宇宙观的主导理念,乃至成为绵亘中国古代几千年的主导思想与文化,无疑作出了极其重大的贡献。

---

① 《春秋繁露·同类相动》,上海古籍出版社1989年版。

对于这种"天人一也"即后来称做"天人合一"的思想,显然不仅在古代有其合理性,而且也为马克思主义经典作家所肯定。例如恩格斯就曾指出:"我们一天天地学会更加正确地理解自然规律",也就"认识到自身和自然界的一致"。[2]518他还说:"自然界和精神的统一。……自然界不能是无理性的,而理性也是不能和自然界矛盾的。"[2]544又说:"思维规律和自然规律,只要它们被正确地认识,必然是互相一致的";[2]547"思维过程同自然过程和历史过程是类似的,反之亦然,而且同样的规律对所有这些过程都是适用的。"[2]564由此即表明,这种由燕赵思想家与中国的其他先人们所发现的"天人一也"的思想,即后来已经熔铸成中华民族所共同拥有的"天人合一"的思想,至今并未过时,而是仍然有着深刻的合理性和鲜活的生命力。

二、人"最为天下贵"的人本精神

以人为本,历来是我们中华民族的基本精神之一,也是我们中国文化的重要内涵之一。燕赵儿女尤其是燕赵的思想家们也当然地参与了这一精神的创造过程,并作出了自己的重大贡献。他们提出的人"最为天下贵",就是以人为本思想的最好和最鲜明的体现。

主张"天人合一",这是中国古代哲学大家们的共同思想和主张,但在"尊天"与"重人"的问题上,从上古至先秦,以及秦汉以后至封建王朝结束,经历了一个漫长的演变过程。在西周之前,作为最高之神的"天"具有绝对的权威,占有绝对的统治地位,所以"尊天"、"奉天"也就成了当时的统治思想,一切均要遵照"天命"行事,人则显然没有自主活动的余地。所以《尚书·甘誓》有云:"天用剿绝其命。今予惟恭行天之罚。"《尚书·汤誓》亦云:"有夏多罪,天命殛之。"又说:"夏氏有罪,予畏上帝,不敢不正。"为此《礼记·表记》说:"殷人尊神,率民以事神。"但是,到了西周,便出现了伪《古文尚书·周书·蔡仲之命》的逸文所谓:"皇天无亲,唯德是辅。"[1]309这就把辅德列为了"天命"的前提条件。后来儒家的创始人孔子一方面继承了以往的"天命"观,讲"唯天为大"[3]166和"畏天命";[3]359但另一方面他又强调了德性的重要意义,如孔子说:"为政以德,譬如北辰,居其所而众星拱之。"[3]20为此,他还把"爱人"视为自己所倡之仁学的基本规定:"樊迟问仁。子曰:'爱人。'"[3]278这样儒家实际上也就把人的行为即"仁道"提到了极为重要的地位,以至于将以人为本发展到了道德人本主义。当着马厩失火之时,孔子不问其他,而只是问:"伤人乎?"当然,除了儒家外,《老子》以及阴阳家也都强调了道德的重要性,如《老子》云:"万物莫不尊道而贵德。"[4]170后来,自汉代定儒家为一尊之后,强调仁政与德治就更成为了中国历代封建王朝所最为注重的施政的核心思想。

作为先秦燕赵思想家的荀子,他提出"明天人之分",其意就在于提高人在天人关系中以人为本的作用,从而强调了人的自主能动性的意义。如荀子在其《天论》中说:"君子敬其在己者,而不慕其在天者,是以日进也;小人错其在己者,而慕其在天者,是以日退也。……君子、小人之所以相县者在此耳!"为了更进一步说明这一问题他还曾围绕天人关系在一系列问题上明确肯定了人的能动性:"大天而思之,孰与物畜而制之!从天而颂之,孰与制天命而用之!望时而待之,孰与应时而使之!因物而多之,孰与骋能而化之!思物而物之,孰与理物而勿失之也!愿与物之所以生,孰与有物之所以成!故错人而思天,则失万物之情。"这就是荀子在天人关系上对人的主体能动性的肯定,当然这也是对以人为本思想的明确表达。

不过,上述以人为本的思想,在儒学的创始人及其初期的传人乃至如孟子这样的儒学大师那里,还仅是说到了人的作用方面,在这种作用中我们虽然不能说没有价值观的意义,例如他们将之扩及于仁政,并把"爱人"看做其仁学的基本规定之时,似乎就内含了价值意义;但是,在他们的这些论述中,终归尚未明确言及人的价值问题。在我们中国的思想史上,最先肯定人在价值观上的崇高地位者,乃是荀子。他在《荀子·王制》中说:"水火有气而无生,草木有生而无知,禽兽有知而无义,人有气、有生、有知亦且有义,故最为天下贵也。"这显然就从价值观上把人与水火、草木、禽兽等自然事物区分了开来,并提升出来,视为了"最为天下贵"者。到了汉代,董子继荀子进一步作了论述。一方面,董子把人与天地并列,论述了其为"万物之本"的内涵,他说:"何谓本? 天、地、人,万物之本。天生之,地养之,人成之。天生之以孝悌,地养之以衣食,人成之以礼乐。"①另一方面,他又从人处天地与万物之间的地位上,论述了人所以"最为天下贵"者的缘由,他说:"天、地、阴、阳、木、火、土、金、水,九,与人而十者,天之数毕也。……起于天至于人而毕,毕之外谓之物。物者投所贵之端,而不在其中。以此见人之超然万物之上,而最为天下贵也。人,下长万物,上参天地,故其治乱之政,动静顺逆之气,乃损益阴阳之化,而摇荡四海之内。"②他在这里不仅肯定了人"最为天下贵",而且还从人的作用讲到了其所以贵的缘由。这样,通过荀子和董子的论述,就进一步从价值观上更加确立了以人为本的思想,并且最终凝铸成为了中华民族的重要精神之一。

① 《春秋繁露·立元神》,上海古籍出版社1989年版。
② 《春秋繁露·天地阴阳》,上海古籍出版社1989年版。

三、"铁肩担道义"的重道义精神

重道义,历来是中华民族精神中非常重要的优秀品德之一,燕赵儿女对形成这种精神同样也作出了重大贡献。"铁肩担道义",正是燕赵儿女重道义精神的体现。

早在先秦儒学的创始人孔子那里,他就在《论语》中多次深刻地论述了重义的思想。如说:"君子喻于义";[3]82 又说:"见利思义","义然后取"。[3]308 特别是孔子在《论语·阳货》篇还提出了"义以为上"的观点,他说:"君子义以为上。君子有勇而无义为乱,小人有勇而无义为盗。"正是他的这一概括形成了我们中华民族在道义取向上的"义以为上"的精神。后来,孟子对义也作了非常深刻的论述,如说:"仁,人心也;义,人路也";[5]464 "仁,人之安宅也;义,人之正路也。"[5]298 他还说:"大人者,言不必信,行不必果,惟义所在。"[5]327 这里的"惟义所在",实际上即是对"义以为上"最好的注脚。

在汉代,作为燕赵思想家的董仲舒,面对当时官场上层待己宽而责人严的现实状况,他另辟蹊径,对义的含义作了新的探索,他说:"仁谓往,义谓来;仁大远,义大近。爱在人,谓之仁;义在我,谓之义。仁主人,义主我也。故曰:仁者人也,义者我也,此之谓也。……以仁治人,义治我,躬自厚而薄责于外,此之谓也。"这就把"仁"在于爱人、"义"在于正己的意义和作用,作了更为明确的阐释,从而为形成中华民族重道义的精神,作出了重要贡献。

燕赵子孙当然不仅在重道义之"义"的内涵的阐释上作出了重大贡献,而且还以燕赵侠杰所具有的精神特质,极大地丰富了中华民族重道义精神的内涵,并镌刻上了燕赵侠杰所特有的风骨,这就是大家都很熟悉的由荆轲刺秦王的故事所表现的燕赵大地自古"多慷慨悲歌之士"的侠士精神。对于这种侠士的精神,司马迁的《史记·游侠列传》作了概括:"今游侠,其行虽不轨于正义,然其言必信,其行必果;已诺必诚,不爱其躯;赴士之厄困,既已存亡死生矣,而不矜其能,羞伐其德,盖亦有足多者焉。"这是说作为侠士,必须有诚信精神,"言必信,行必果";又要有"已诺必诚"而"不爱其躯"的勇敢牺牲精神;还要有行侠仗义、除强扶弱、"不矜其能"的精神。近代的梁启超在其《中国的武士道》中也对侠士的精神作了一个概括,这就是:"国家重于生命,朋友重于生命,职守重于生命,然诺重于生命,恩仇重于生命,名誉重于生命,道义重于生命。"梁启超在这一概括中一连讲了七种东西"重于生命",就是说,一个侠士的个人生命在国家、朋友、职守、然诺、恩仇、名誉、道义面前,都是不重要的,因而是可以牺牲和置之不顾的。这种侠杰的精神,显然就包含了忧国忧民、重义轻利、不畏强权、诚实守信、患难与共、重节死义,等等。

自古以来类似于先秦荆轲的侠士,在燕赵可以说绝非少数,例如三国时代的燕人张翼德,真定的赵云,即都称得上侠杰之士。在此我们还可以再举两个以他们的精忠奇节,革命情操,光耀青史,赢得了当时及后世普遍崇敬和赞誉的政治家为例。第一个就是明代后期的政治家杨继盛。嘉靖期间,正值外患多难之时,杨继盛不顾严嵩、仇鸾等奸臣的逆行,勇上《罢开马市疏》,情真意切地力陈开马市之"十不可"与"五谬",结果反遭迫害。并且在他即将被处死之前,他还写下了"铁肩担道义,辣手著文章。"①的对联。故此有人将其与伍子胥、岳飞等名臣被害相比,说:"呜呼!古忠臣烈士,不幸而死于奸臣之手,如伯嚭之杀伍子胥,王凤之杀王章,曹操之杀孔文举,王敦之杀周伯仁,李林甫之杀李北海,卢杞之杀颜鲁公,秦桧之杀岳武穆者非一,而独公与武穆至今英雄之恨未消,虽小夫妇人孺子皆能诵姓名而感愤流涕,所在祠庙不绝。"②第二个就是近现代为了革命而慷慨就义的伟大的共产主义战士和先烈李大钊同志。他在即将就义之前,则将杨继盛的那副对联改了一字,作"铁肩担道义,妙手著文章",以此也表达了自己的革命志气和情操。为此,人们也把这副对联看做是李大钊同志的坚贞品格乃至光辉一生的概括与写照。显然,包括燕赵儿女在内的这些为道义而死的侠士、忠臣与革命烈士,他们的风骨对于形成燕赵人与中华民族"铁肩担道义"的重道义精神,显然都作出了不可磨灭的贡献。

四、"刚健有为"的自强不息精神

这种"刚健有为"与自强不息的精神,同样既是燕赵人在历史上形成的特有的顽强奋斗精神,也是我们中华民族的坚强不屈的精神所共有的特质。

早在儒学的创始人孔子那里,他就曾说:"刚毅木讷近仁。"[3]298特别是在《论语·子罕》中他还说:"三军可夺帅也,匹夫不可夺志也。"后来《孟子》的《滕文公下》篇谈到何谓"大丈夫"时亦云:"富贵不能淫,贫贱不能移,威武不能屈。"这显然就是提出了人应该具有的一种临大节而不可辱的坚强毅力和不屈不挠、百折不回的顽强精神。为此,在讲到颜回的艰苦奋斗精神时,孔子又夸赞说:"一箪食,一瓢饮,在陋巷,人不堪其忧,回也不改其乐。贤哉回

---

① 此联《杨忠愍集》未见,但许多文章都说它为杨继盛作。如叶笃庄:《从李大钊改杨继盛对联说起——读李庄〈我看"对敌狠,对己和"及其他〉一文有感》。

② 张凤翔:《杨继盛墓祠碑记》,见《杨忠愍集》卷四(据《文渊阁四库全书》电子版)。

也！"[3]121在《论语·述而》篇他也曾经自我介绍说："其为人也，发奋忘食，乐以忘忧，不知老之将至。"此后《易传》的"乾"卦《象》曰："天行健。君子以自强不息。"这无疑是说作为大自然之天本身就具有一种健动不息、生生不已的精神，人之君子也应效法大自然，刚健有为，自强不息。这显然与孔子及孟子所提倡的精神是一致的。这种精神无疑正是我们中华民族所共同具有的顽强奋斗、刚健有为、自强不息的精神。《史记·太史公自序》中有一段话云："昔西伯拘羑里，演《周易》；孔子厄陈、蔡，作《春秋》；屈原放逐，著《离骚》；左丘失明，厥有《国语》；孙子膑脚，而论兵法；不韦迁蜀，世传《吕览》；韩非囚秦，《说难》、《孤愤》；《诗》三百篇，大抵贤圣发愤之所为作也。"这里所述诸贤之行，显然正是中华民族这种刚健有为、不屈不挠、自强不息精神的体现。

在我们燕赵大地的历史上，以这种刚健有为、自强不息的精神而顽强拼搏者，当然不可胜数。例如在先秦，赵武灵王通过其"胡服骑射"的改革，使赵国很快由弱变强。由此表现了其变法图强、勇武刚健、开拓创新与拼搏奋进的精神。又如，蔺相如奉君命出使，敢于同秦王作斗争，终于不辱君命，"完璧归赵"，既表现了他的聪明智慧，又表现了他的勇敢无畏。在唐代，魏征在唐王面前，敢于犯颜直谏、为民请命，表现了一种无私无畏、刚正不阿、为真理而献身的精神。再以佛教界的领袖人物慧能来说，他不仅出身贫苦，而且历经磨难，最后方得修成禅宗大师，并终于完成了佛教的中国化进程，也表现了一种艰苦奋斗、无所畏惧的精神。他们的这种英雄气概，无疑正是燕赵精神的具体体现。

五、有容乃大的"贵和尚中"精神

"贵和尚中"的精神，这无疑是燕赵思想家们所一直崇尚的，同时也是我们中华民族长期固有的优良品德和思想。这种精神，其实与《易传》坤卦之《象》传所云"地势坤，君子以厚德载物"的思想是一致的，亦即是提倡有容乃大、兼收并蓄、宽厚大度的精神。显然，在对待"和"与"中"的意义上，应该说这也是中西文化的一个重要差异点，西方注重的是对立、抗争与分化，而中国则注重的是和谐、中庸与统一。

我们知道，早在《诗经》中"和"字就有十余见，多言家庭或家族的"和恰"与音乐的笙鼓"和谐"之意，如说："兄弟既翕，和乐且湛"；[6]222又说："簫舞笙鼓，乐既和奏。"[6]《尚书·尧典》中则四十余见"和"字，如其曾言："克明俊德，以亲九族；九族既睦，平章百姓；百姓昭明，协和万邦。"并说："八音克谐，无相夺伦，神人以和。"后来，在西周末年发生的"和同之辩"中，史伯也说："和实生物,同则不继。以他平他谓之和,故能丰长而物归之。"[7]515这些都从不同角度肯定了"和"对于自然界和人类社会乃至一个家族的和谐与发展的重要意义和作用。孔子以及他的弟子们也都继承了这种"和"的思想。如孔子在《论语·子路》篇说:"君子和而不同,小人同而不和。"在《中庸》中他又说:"君子和而不流。"另外,《论语·学而》篇他的学生有子亦说:"礼之用,和为贵。先王之道,斯为美。"以上就是先秦的《诗经》《尚书》、史伯以及儒家的创始人孔子有关贵和的论述。

关于尚中的思想,如《论语·雍也》云:"子曰:'中庸之为德也,其至矣乎!'"在《论语·尧曰》篇孔子又引述尧言:"尔舜!天之历数在尔躬,允执其中,四海困穷,天禄永终。"《中庸》中亦多次引孔子言:"君子依乎中庸";"君子之中庸,小人反中庸";"执其两端,用其中于民"。特别是子思还在《中庸》的第一章传孔子之意,云:"喜怒哀乐之未发,谓之中;发而皆中节,谓之和。中也者,天下之大本也,和也者,天下之达道也。致中和,天地位焉,万物育焉。"这里就把"中"与"和"关联到了一起,并对"中和"的重大意义和作用作了最为精辟的概括——中,天下之大本;和,天下之达道。《中庸》还说:"从容中道,圣人也。"这就把施行中道的人视之为了圣人。此后,《孟子·公孙丑下》也说:"天时不如地利,地利不如人和。"《易传》也继承了这一思想,如"乾"卦《象》曰:"乾道变化,各正性命。保合大和,乃'利贞'。"

除开上述,在《老子》、《墨子》、《庄子》、《韩非子》,以及《国语》、《周礼》、《礼记》、《公羊传》、《左传》、《吕氏春秋》等,这些著作中均载著有关于"和"与"和谐"之论述,这些就不予征引了。下面就来着重讲一讲作为燕赵思想家的荀子和董仲舒有关中和的思想。

荀子在《天论》中说:"列星随旋,日月递昭,四时代御,阴阳大化,风雨博施,万物各得其和以生,各得其养以成,不见其事而见其功,夫是之谓神";[8]222又说:"天地合而万物生,阴阳接而变化起,性伪合而天下治。"[8]267在这里荀子就既肯定了天地和合而使万物得以生生,同时又指出了人事与规律相合就会达到天下大治的道理。

董仲舒在《春秋繁露·循天之道》中对于"中和"的作用则作了更为全面的论述。他说:"天有两和,以成二中,岁立其中,用之无穷。是北方之中用合阴,而物始动于下;南方之中用合阳,而养始美于上。其动于下者,不得东方之和不能生,中春是也;其养于上者,不得西方之和不能成,中秋是也。然则天地之美恶在两和之处,二中之所来归而遂其为也。是故和东方生而西方成。东方和生北方之所起,而西方和成南方之所养长。起之不至于和之所不能生,养长之不至于和不能成。成于和,生必和也;始于中,止必中也。中者,天下之终始也；而和者，天地之所生成也。夫德莫大于和，而道莫正于中。中者，天地之美达理也，圣人之所保守也。《诗》云：'不刚不柔，布政优优。'此非中和之谓欤？是故能以中和理天下者，其德大盛；能以中和养其身者，其寿极命。"此后董子在本篇又进而论述了中和对男女阴阳之法的意义，并云："天地之阴阳当男女，人之男女当阴阳。阴阳亦可以谓男女，男女亦可以谓阴阳。天地之经，至东方之中而所生大养，至西方之中而所养大成。一岁四起业，而必于中。中之所为，而必就于和，故曰和其要也。……顺天之道，节者天之制也，阳者天之宽也，阴者天之急也，中者天之用也，和者天之功也。举天地之道而美于和，是故物生皆贵气而迎养之。"为此他还接着讲了君子仁人何以寿的道理："天下之道者，皆言内心其本也。故仁人之所以多寿者，外无贪而内清净，心和平而不失中正，取天地之美以养其身，是其且多且治。"总结起来这就是："是故男女体其盛，臭味取其胜。居处就其和，劳佚居其中；寒暖无失适，饥饱无过平；欲恶度礼，动静顺性；喜怒止于中，忧惧反之正。此中和常在乎其身，谓之大得天地泰。大得天地泰者，其寿引而长；不得天地泰者，其寿伤而短。"以上荀子、董仲舒有关"中和"的论述，对于"贵和尚中"的燕赵精神的形成，乃至积淀为中华民族的优良品德，无疑也作出了极其重大的贡献。

六、注重实用的"经世致用"精神

"经世致用"的思想，包括"古为今用"和注重实用及实际功利的思想，这也是燕赵子孙所具有的精神特质和中华民族所一向崇尚的一种传统精神。

所谓"古为今用"，其中很重要的一种内涵就是"以古为镜"。例如中国古代各朝都非常注重研究历史，其中至关重要的就是要"以古为镜"。如《尚书·酒诰》说："今惟殷坠厥命，我其可不大监"。《尚书·召诰》又云："我不可不鉴于有夏，亦不可不鉴于有殷。"①《孟子·滕文公下》在谈及孔子作《春秋》的缘由时亦说："世衰道微，邪说暴行有作，臣弑其君者有之，子弑其父者有之，孔子惧，作《春秋》。"这显然就是要人们、特别是王者以《春秋》为监。《旧唐书·魏征传》载唐太宗言："以铜为镜，可以正衣冠；以古为镜，可以知兴替；以人为镜，可以明得失。"这里的"以古为镜"，即是以史书所载之史为镜也。所以贞观十年，当房玄龄、魏征献上其所修成之《五代史》时，唐太宗也曾言及前代史书彰善瘅恶与足为将来之戒的意义，无疑也体现了古代作史书的

---

① 转引自张岱年、方克立主编：《中国文化概论》，北京师范大学出版社 1994 年 5 月版，第271—272 页。

"经世致用"之意。

但是,"古为今用"和"以古为镜"只是"经世致用"含义的一种或一个方面;它的另一种或更广的含义就是注重实际应用,其中包括解决实际问题的效用和给人以功利。这里所说的"效用"和"功利",显然是广义的,而非仅指经济利益。我们知道,墨子历来是主张贵义的,如说:"万事莫贵于义。"[9]265但是,他又说:"义,利也。"[9]191这显然就把实际的功利内化于了他所谓"义"的内涵。所以他在《兼爱中》又说:"仁人之所以为事者,必兴天下之利,除去天下之害,以此为事者也。"在实际应用这一点上,作为燕赵思想家的荀子在《天论》中说的也很明白:"传曰:'万物之怪,《书》不说;无用之辩,不急之察,弃而不治。'若夫君臣之义,父子之亲,夫妇之别,则日切磋而不舍也。"这就是说,对于社会与人伦的治理无关的所谓"无用之辩,不急之察",都在其"弃而不治"之列;而对于社会、人伦的治理有着密切关系与有用者,他则必然要专注于研治,甚至是"日切磋而不舍"的。这就是秦汉之前有关这一问题的论述。

秦汉及其之后,随着汉唐经学、特别是宋明理学的发展,经世致用的思想虽然受到了某种忽视,但是在此期间,"经世致用"的思想一直并未间断,有人还提出了所谓"明体达用"和"通经致用"的思想,甚至后来朱熹在"实理"的名义下把理学也称之为"实学"。这种情况到了明末和清代,随着学界对理学空疏思想展开的批判,真正意义上的实学思潮开始崛起。此时在燕赵大地上兴起的颜李学派,就是当时实学思潮或叫经世致用思想的代表。颜元严厉批评了理学的空疏无用,提出了"经世为宗"的主张;他还抨击了程朱知行相离的错误,强调见理于事,寓知于行,竭力推重行在认识中的重要作用,并提出了习行可以致知,习行可以致用,习行还可以振奋精神,以及开发才智和修身养性的主张;另外,他还特别在义利关系上批评了宋明理学家倡导贵义贱利,空谈性命,空谈道德,利字不出口,君子不言钱的风气,将董仲舒的"正其谊不谋其利,明其道不计其功",改作为"正其谊以谋其利,明其道而计其功"。这样,颜元就扭转了以往宋明贵义贱利的义利观,而使之转向于义、利并重,既重内圣又重外王,既重尊德性又重道问学,既肯定博学多识,又强调实用技艺的价值,开出了一条客观、具体、务实的实学思想新路径,实现了由虚空而重实在、实行、实用和追求经世致用的伟大转变。

正是由于燕赵自古以来就存在与盛行"经世致用"之风,所以自古以来在燕赵大地上便不断涌现出了众多的科学家和医学大师。因为科学和医学虽然都有自己的理论疆域和知识体系,但又都是与国计民生有着直接和重大关联、属于实用之学的范畴。例如,以中国古代所出现的享誉世界的八大科学家中燕赵即居其三的祖冲之、僧一行和郭守敬来说,祖冲之在计算圆周率上作出的贡献,不仅在数学的发展史上具有极高的学术创新价值,而且与建筑业以及人民的日常生活都有着密切的关系;僧一行是位天文学家,同时还善于制造天文仪器,并进行了大量的天文实测工作,包括天文大地测量、岁差测量和恒星测量,他还受命制定了比当时通行的历法(包括印度历法)都要精确的《大衍历》;郭守敬是元代的一位天文学家,他所制《授时历》在中国历史上一直行用了 360 多年。这些实用科学成就的取得及其实际应用,显然都同燕赵人所具有的"经世致用"精神是一致的,也可以说是"经世致用"精神的结晶。

以上六个方面就是我们燕赵人在历史上所积淀形成的燕赵风骨和燕赵精神。这是燕赵人的骄傲。作为燕赵人的子孙,我们一定要把祖宗的精神遗产继承下来,并一代一代地传下去。不过我们看到,进入近代的历史以后,我们燕赵思想文化的发展,明显地落后了,既落后于东北,更落后于南方沿海诸省。这是历史的多种原因造成的结果。我们燕赵人不怨天,不怨地,而要急起直追,不辜负时代给予我们这一代人的机会,一定要在继承以往燕赵优秀传统精神的基础上,乘着当今改革的东风,进一步解放思想,勇于突破传统,书写新的历史,创造出无愧于当今时代的新思想、新精神、新文明。

参考文献:

[1] 杨伯峻:《春秋左传注》,载《左传·昭公二十五年》,中华书局 1981 年版。

[2]《自然辩证法》,载《马克思恩格斯选集》第 3 卷,人民出版社 1972 年版。

[3]《诸子集成》第 1 册,载《论语正义》,河北人民出版社 1986 年版。

[4] 任继愈:《老子新译》,上海古籍出版社 1978 年版。

[5]《诸子集成》第 2 册,载《孟子正义》,河北人民出版社 1986 年版。

[6] 高亨:《诗经今注》,上海古籍出版社 1980 年版。

[7]《国语·郑语》,上海师范大学古籍整理组校点,上海古籍出版社 1978 年版。

[8] 梁启雄:《荀子简释》,中华书局 1983 年版。

[9]《诸子集成》第 6 册,载《墨子閒诂》,河北人民出版社 1986 年版。

(原载《邯郸学院学报》2008 年第 4 期)

阐扬地域文化　打造特色栏目

——《邯郸学院学报》"赵文化研究"专栏创办十载研析

杨金廷*　康香阁

　　赵文化是华夏文明的支柱文化之一。"赵文化研究"专栏是《邯郸学院学报》着力打造的一个地方文化特色栏目。创办十载来,脚踏实地,积沙成塔,发表论文100余篇,字数达70万言。内容涉及哲学、政治、军事、经济、历史、地理、文化、艺术、宗法、都城等多个领域。在作者队伍中,既有北京大学、清华大学和中国社科院等著名学府的学术名家,也有扎根于邯郸和周边其他地区的赵文化学者,还有高校的在读研究生,甚至还有苦心研究赵文化数十载的农民学人。多篇论文被《新华文摘》、《光明日报》、《北京大学学报》、《北京日报》、《先秦、秦汉史》等报刊转载摘编。在全国和河北省举办的高校学报评比中,"赵文化研究"专栏连续四届荣获优秀特色栏目奖。

　　为集中展示近五年来"赵文化研究"专栏的成果,扩大其影响,我们从中筛选出近50篇研究论文,编辑成《赵文化与华夏文明》一书,交人民出版社出版,值该书出版之际,对"赵文化研究"专栏创办十年来的路程作一研析,与读者交流探讨。

一、立足邯郸　准确定位

　　我国著名出版家邹韬奋说过:"没有个性和特点的刊物,生存已成问题,发展更没有希望了。"邹韬奋的办刊思想对我们地方高校学报的办刊思路很有启迪。

---

　　* 杨金廷(1958—),男,河北临漳人。邯郸学院院长、教授,硕士生导师,《邯郸学院学报》主编。

《邯郸学院学报》是邯郸学院主办的学术性理论刊物，其前身是《邯郸师专学报》，1999 年公开发行，2005 年更名为《邯郸学院学报》。刚取得正式刊号时，我们就意识到，作为一家新创办的地方高校学报，要想在众多高校学报与学术刊物中脱颖而出，占有一席之地，就必须要办出自己的特色，这是我们全体编辑部人员的共识。但如何办出自己的特色，却不是一件容易的事。我们经过认真的研讨后认为，《邯郸师专学报》要打造的第一个特色应该是立足邯郸，应该创办一个最能代表邯郸地方文化特色、内涵丰赡，并具有可持续研究特质的一个栏目。做到人无我有，逐步提高，取得以特色取胜的显效。

那么，邯郸作为一座具有三千多年历史的文化古城，历史文化积淀非常深厚，已形成有十大文化脉系之说，即女娲文化、磁山文化、赵文化、建安文化、北齐文化、磁州窑文化、梦文化、成语典故文化、太极文化、晋冀鲁豫边区文化等。在这十大文化脉系中，哪一种文化最具代表性，最能够代表邯郸作为我们学报的特色栏目？我们经过调查研究后发现，赵文化最具代表性。为什么？因为赵文化它是以一个国家为核心形成的文化体系，这个国家就是战国时期的七雄之一——赵国。赵文化首先是具有综合性的特点，它涉及到哲学、政治、经济、军事、思想、文学、艺术、自然等社会的各个领域，内涵极为丰富；其次，赵文化形成的核心区域，就在邯郸市。邯郸市作为战国时期赵国的都城长达 158 年之久，波澜壮阔的赵文化，就是以邯郸为中心形成的。在这一时期，它培育出了一大批著名历史人物，如法家慎道、逻辑学家公孙龙、儒家集大成者荀子、军事改革家赵武灵王、一代名将廉颇、一代贤相蔺相如等；其三，赵文化与邯郸其他特色文化脉系相比，赵文化占据着邯郸十大地方文化脉系的最高峰。仅以《荀子》一书的学术地位为例，梁启超就说过："自秦汉以后，政治学术皆出于荀子。"谭嗣同说："两千年之政，皆秦政也。……两千年之学，皆荀学也。"毛泽东认为："几千年来，形式上是孔夫子，实际上是按秦始皇办事。秦始皇用李斯，李斯是法家，是荀子的学生。"章太炎则更进一步论断，"自仲尼而后，孰为后圣？曰：……惟荀卿足以称是。"从这些历史人物对荀子的评论中，就可以知道荀子不仅在邯郸地方文化中占据着重要位置，就是在全中国也是如此。再如，以赵文化为核心内容，形成的成语典故有数百条之多。像我们耳熟能详的完璧归赵、毛遂自荐、胡服骑射、奇货可居、邯郸学步、价值连城、负荆请罪、刎颈之交、奉公守法等成语典故，其文化根源均出自于赵文化。赵文化之后形成的邺城文化、成语典故文化等莫不受到赵文化之深刻影响；其四，邯郸学院就坐落在邯郸这座古城里，就坐落在赵文化的中心地带，占有天时地利人和的优势。而作为邯郸其他文化脉系，虽然亦具有邯郸地方特色，但和赵文化相比,它们主要局限于某一学科领域,如磁州窑文化的核心是民间陶瓷、北齐文化的核心是石窟佛教、太极文化的核心是太极拳等。而且,这些文化形成的核心区域,虽也属现今邯郸市管辖,但中心都不在邯郸市区,而是分布在邯郸市下面所管辖的各县里面,如女娲文化在涉县、太极文化在永年县、磁山文化在武安市(县级市)、建安文化在临漳县、北齐文化和磁州窑文化是在磁县、峰峰矿区等,虽同为邯郸特色文化体系,但在地域上,它们与赵文化的优势相比也有一定的距离。

综合比较后,我们认为,赵文化确实最能代表邯郸文化,开设"赵文化研究"专栏,对赵文化进行系统研究,既具有浓厚的地方文化特色,又能够带动邯郸其他文化系列的发展,还具有可持续发展研究的优势。最终,我们选定"赵文化研究"作为我们学报的特色栏目。

二、精心组稿　逐步提高

栏目确定下来之后,紧接着就是稿件的组织问题。在当时,我们学校里没有开设地方文化课程,从事赵文化研究的教师很少,即使有也往往是出于爱好,利用业余时间做点研究,写出的稿件极少,质量也难保障,难于支撑"赵文化研究"这个栏目的开展。怎么办? 我们编辑人员就骑着自行车,到邯郸市相关部门去约稿,比如邯郸市文化局、邯郸市文物局、邯郸市政协文史委员会、邯郸市博物馆、邯郸市群艺馆、邯郸市文物保护研究所、邯郸市地方志办公室、邯郸市党史研究室等多家单位,去详尽了解那些地方学者在做赵文化研究。为了拿到一篇合适的稿件,编辑人员骑着自行车,要往返十多趟才能完成。功夫不负有心人,我们的工作得到了邯郸地方文化学者的支持,1999 年第 1 期,我们学报就组织到了邯郸市文物保护研究所原所长陈光唐研究员的呕心沥血之作《赵都邯郸故城的布局兴衰变化》,这篇文章是陈光唐带领考古队,从 20 世纪 60 年代开始,历经 40 年实地勘查赵邯郸故城的研究成果。接着我们又陆续拿到了邯郸市文物局王兴局长的《古赵乐舞初探》,邯郸市委党史办张建华编审的《赵文化纵论》,邯郸市博物馆郝良真研究员的《论早期邯郸城的兴起》,邯郸市政协文史委员会主任刘心长编审的《秦始皇出生地考》,邯郸市文化局一级编剧刘志轩的《荀子籍贯考》,邯郸市文物保护研究所所长乔登云研究员的《赵都邯郸故城考古发现与研究》等一批邯郸地方文化学者的优秀稿件,保证了赵文化研究专栏的正常开展。

在细心挖掘邯郸地方文化学者研究成果的过程中,我们积累了一些与作者约稿沟通的经验,对赵文化的内涵、时限、研究状况也有了更深刻的了解。

下一步我们开始把组织稿件的范围从邯郸开始向四周地区发展，比如，向北，我们陆续从省会石家庄组织到了河北师范大学沈长云教授的《关于赵国史研究的几个问题》，河北省社会科学院王永祥研究员的《关于公孙龙"白马非马"所谓诡辩论质疑》；向东，我们陆续从山东淄博约到了山东齐文化研究基地首席专家宣兆琦教授的《荀子与稷下学宫》，从济南山东师范大学约到了博士生王雁的《解读赵国成语典故的文化内涵》。向西，从西安约到了陕西师范大学邵芳菲硕士的《试论〈赵氏孤儿〉与〈哈姆雷特〉之不同审美个性》。向南，从湖北约到了湖北民族学院张金梅的《荀子"天人之辩"刍议》，从中山大学约到了博士生潘志锋的《论慎到"权重位尊"的政治哲学思想》等一批佳作。学报稿源丰富了，稿件质量自然得到了进一步的提高。

2004 年 5 月邯郸师范专科学校升格为邯郸学院。从 2005 年第 1 期开始，《邯郸师专学报》更名为《邯郸学院学报》。专科学报升格为本科学报后，本科学报的办刊水平必然要得到进一步的提升，以适应新形势的要求。办刊水平的提升，首先是稿件的质量提升，这是办刊的根本所在。为约组高质量的稿件，我们把约稿范围又延伸到北京各著名高等学府，比如，我们约到了中国先秦史学会会长、清华大学著名历史学家李学勤先生的《赵文化的兴起及其历史意义》；清华大学历史系博士生导师廖名春教授的《20 世纪后期大陆的荀子文献整理研究》；北京大学王楷博士的《荀子与早期儒学道德话语的转向》；中国社会科学院荣誉学部委员庞朴先生的《重新评价公孙龙》；中国政法大学教授、中央电视台百家讲坛主讲专家方尔加教授的《生活实际是今人与公孙龙对话的基础——评庞朴先生〈重新评价公孙龙〉》；中国先秦史学会秘书长、博士后宫长为研究员的《赵都邯郸编年记——公元前 386 年至公元前 228 年》；中国社会科学院研究生院孙开泰教授的《试论赵武灵王的改革思想及其相关问题》；中国古都学会会长、陕西师范大学历史地理研究所博士生导师朱士光教授的《论赵都邯郸与赵国都城研究问题》等一批关于赵文化研究的高质量的稿件，这一批著名学者的稿件大大提升了赵文化研究专栏的学术质量和学报的整体水平。

在约请校外稿件的同时，我们也积极培植校内作者队伍，以学报编辑部为核心，组织中文系、历史系等教学科研单位的教师、科研人员积极投入到赵文化研究当中。我们学报在采用校内教师的稿件时，对研究赵文化的好稿件给予优先发表，形成了校内、校外稿件相互配合、遥相呼应的大好局面，促使我们的"赵文化研究"栏目办得越来越好。

三、汇集成果　扩大影响

从 1999 年开始创办赵文化研究专栏,到 2003 年这 5 年的时间,我们学报就已经刊发了 40 余篇赵文化研究论文,约 30 万字。为了集中展示学报"赵文化研究"专栏的成果,扩大影响,在 2003 年 9 月,我们将"赵文化研究"专栏刊发的 40 篇论文汇集成册,由河北大学出版社正式出版了《赵文化研究》一书。该书出版后,引起了媒体的广泛关注。2003 年 10 月 14 日《光明日报》A2 版(教科文卫)以"《〈邯郸师专学报〉成为赵文化研究的主要阵地》"为题,进行了报道;同年 10 月 11 日《《新华每日电讯》第 8 版以《邯郸师专与赵文化研究》为题,进行了报道;2004 年 2 月 19 日《科学时报·读书周刊》(B2 版),再次以《邯郸师专与赵文化研究》为题,对"赵文化研究"专栏进行了报道;2004 年 3 月 27 日《人民日报》第 8 版,对《赵文化研究》一书的出版进行了报道;2004 年 5 月 12 日《光明日报》B2 版(文化周刊)对《赵文化研究》一书的出版再次给予了报道;2004 年《管子学刊》①第 2 期对《赵文化研究》的出版发表了书评。一部赵文化研究论文专集,被多家大报大刊进行报道和述评,反映出社会对它的密切关注,扩大了《邯郸学院学报》"赵文化研究"专栏的社会影响和知名度、美誉度。

如今,我们又将 2004 年至 2008 年这 5 年间刊发的 46 篇赵文化研究论文汇集成《赵文化与华夏文明》一书出版,出版之际还将召开赵文化研究座谈会,把赵文化研究再向前推进一步。

四、质量渐高　转摘频增

随着来稿质量的提高,学报的社会影响越来越大,多家报刊对《赵文化研究》专栏的文章进行了摘编和转载。典型转摘的文章有:《邯郸学院学报》2005 年第 4 期刊登的著名历史学家李学勤先生的《赵文化兴起及其历史意义》一文,被《新华文摘》2006 年第 5 期摘编,被《北京大学学报》2006 年第 2 期摘编,被中国人民大学书报资料中心的《先秦、秦汉史》2006 年第 3 期全文转载;《邯郸学院学报》2005 年第 1 期刊登的乔登云研究员的《赵都邯郸古城考古发现与研究》一文,被 2005 年 5 月 11 日《光明日报》头版以论点形式摘

---

① 该文评论写道:辛彦怀、康香阁主编的"《赵文化研究》是一部赵文化研究的精品力作。我们要了解赵文化、研究赵文化不得不读此书"。见《管子学刊》2004 年第 4 期,第 6 页。

编。《邯郸学院学报》2007 年第 1 期刊登的刘宏勋博士的《赵文化的历史哲理意蕴》一文，被《北京大学学报》2007 年第 4 期摘编；《邯郸学院学报》2008 年第 1 期刊登的中国社会科学院孙开泰教授的《试论赵武灵王的改革思想及其相关问题》一文，被《北京大学学报》2008 年第 4 期摘编。作为一家地方高校学报创办的赵文化研究专栏发表的论文，能被中国最高级别的文科类文摘刊物《新华文摘》、中国最高学府北京大学的《北京大学学报》和国家级大报《光明日报》连续摘编，实属不易。2007 年 12 月，河北省新闻出版局报刊处编辑的《报刊审读》第 3 期有一段特别指出：《邯郸学院学报》的一篇关于赵文化特点的文章，被收入《新华文摘》的"论点摘编"专栏，这在全国多如牛毛的地方高校学报中，是难能可贵的。这就大大提高了该学报的品位和在全国的知名度。

五、成就卓著　再创新高

《邯郸学院学报》从 1999 年第 1 期开办"赵文化研究"专栏至今已整整十年。十载春秋，一步一个脚印，一步一个台阶，取得了骄人的佳绩，得到了各界读者的认可和赞扬，不少读者为《邯郸学院学报》写出了热情洋溢的述评，比如河北省社会科学院著名学者蔡子谔研究员写的书评是《古风三十六韵·盛赞〈邯郸学院学报〉》，该书评以古五言诗的形式热情赞扬了《邯郸学院学报》的两个特色栏目"赵文化研究"和"学术名家研究"，其中对"赵文化研究"作了这样的评述："赵文化研究，栏目称楚翘。蕴涵如渊薮，泽被至今朝。……"[1]111 著名学者、作家贾永生编审写的书评是《学理彰显　内涵深厚　特色独标——略论〈邯郸学院学报〉的办刊特质》，文中有一段这样写道：《邯郸学院学报》的"'赵文化研究'我更为欣赏。其中对荀子的研究，对赵武灵王的研究，对蔺相如的研究，对赵王城遗址的研究，对公孙龙的研究、对赵盾的研究，对先秦赵人的研究皆有独到之处，自成一家之言，有的可说是独步天下。这极大地彰显了《邯郸学院学报》的学术个性。该刊对赵文化这一在赵国土地上渐趋形成的人文精神与代表人物荀子做了深入挖掘，深刻阐释，镜古鉴今，励精图治，功不可没。2007 年第 4 期刊登的刘志轩的《荀子与赵文化三题》一文以明畅练达之笔生动揭示了荀子与邯郸、赵国、赵文化的有机联系与渊源关系，深入浅出，言简意赅，值得细读细品。写出如此晓畅简洁的文章没有深厚的功底与积累根本办不到。厚积薄发，水到渠成。这亦是《邯郸学院学报》吸引广大读者的高超之处。"[2]110 河北出版集团副编审邸明杰写的书评是《从阳春白雪到兼容并蓄——试论"赵文化研究"栏目的发展取向》，该文对赵文化研究专栏敢于不拘一格,大胆采用一位苦心研究赵文化数十载的农民学者的稿件给予了高度评价。文章指出:"在学报领导和栏目编辑们共同努力下,《邯郸学院学报》2008 年第 2 期'赵文化研究'栏目发表了高邑县古城村农民学者陈宗贤的《'房子古郡'遗史探讨》。文章刊发后不到一个月,《燕赵都市报》以'高邑老农揭开"郡国治城"消亡之谜'为题,对陈宗贤致力于地方文化研究的事迹进行了图文并茂的大篇幅报道,引起了社会各界的极大反响。可以说,学报领导和栏目编辑以他们超人的学术勇气做了第一个吃螃蟹的人,在学者专家如林的作者队伍中为农民作者设置了一席之地,架起了学者的书斋和农民的田间沟通的桥梁、走出了一条历史文化研究'专群结合'之路。……《'房子古郡'遗史探讨》的刊载,对陈宗贤们是莫大的鼓励和支持,对民间研究人士是无声的召唤和发动,对'赵文化研究'栏目本身是一次从阳春白雪到兼容并蓄的跨越。赵文化研究极有可能因此进入一个新的发展阶段,"[3]20 足见"赵文化研究"何等深入人心。

《邯郸学院学报》"赵文化研究"专栏在得到读者认可的同时,也得到了同行专家的认可。自 1999 年创办"赵文化研究"至今十年间,已连续四次获奖,分别是:2002 年 3 月"赵文化研究"专栏被评为河北省高校学报特色栏目,在这次评奖中,河北高校学报仅有两家学报荣获优秀特色栏目奖;2006 年 3 月"赵文化研究"专栏再次被评为河北省高校学报特色栏目;2006 年 5 月"赵文化研究"专栏被评为全国高校学报特色栏目;2007 年 11 月"赵文化研究"专栏被评为全国地方高校学报特色栏目。

在竭诚办好"赵文化研究"栏目的同时,《邯郸学院学报》整体办刊水平得到大幅度提高,十年连续六次荣获全国和省高校优秀学报奖,分别是,2002 年 3 月荣获河北省高校优秀学报奖;2006 年 3 月再次荣获河北省高校优秀学报奖;2006 年 5 月荣获全国优秀社科学报奖;2007 年 11 月荣获全国地方高校优秀学报一等奖;2008 年 9 月荣获河北省优秀期刊奖;2008 年 11 月荣获全国高校社科学报事业突出贡献奖。

回顾十年的办刊经验,我们认为,要办好一个学报,首先须从一个一个栏目做起。要办好一个栏目,首先要做到定位准确,特色鲜明,其次是要有计划的精心组织稿件,逐渐提高稿件的质量,形成稳定的作者群;再次是编校稿件质量要精益求精,减少差错。特色栏目做好了,刊物的鲜明个性就凸显出来了。

贾永生教授用三句话总结了《邯郸学院学报》的办刊特质:一是学理性强,学术味浓,重考据而不僵,重实际而不滞,条分缕析,由浅入深。二是特色独标,卓尔不群,内涵丰盈,厚积薄发。三是务实创新,古为今用,关注热点不趋时,注重实际不追风,办刊理念新,办刊路数新,办刊手法新,巧于将热点变为亮点。[2]109—110,这是贾永生教授与广大读者对《邯郸学院学报》的鼓励,我们定将鼓励当做动力,勤奋工作,勇于探索,把赵文化研究专栏和《邯郸学院学报》办得更好。

参考文献:

[1] 蔡子谔:《古风三十六韵·盛赞〈邯郸学院学报〉》,载《邯郸学院学报》2008年第2期。

[2] 贾永生:《学理彰显　内涵深厚　特色独标——略论〈邯郸学院学报〉的办刊特质》,载《邯郸学院学报》2008年第2期。

[3] 邸明杰:《从阳春白雪到兼容并蓄——试论"赵文化研究"栏目的发展取向》,载《邯郸学院学报》2008年第4期。

（原载《邯郸学院学报》2008年第4期）

试论赵武灵王的改革思想及其相关问题

孙开泰　陈　阵　吕华侨*

　　赵武灵王的改革在战国时期各诸侯国改革中独具特色,其内容主要是"胡服骑射"。这场改革,起于服制、军制的改革,而所反映的思想则别有风格。赵文化是晋国新田文化的"流",赵武灵王是赵国第六代君主,但其改革的法治思想却仍继承着晋国新田文化的法治传统。现就其改革思想及其相关问题试论如下,以就教于各位专家学者和同志们。

一、改革的发动

　　公元前326年,赵肃侯卒,其子即位,即为赵武灵王。赵肃侯死,秦、楚、燕、齐、魏都派出了上万人的精锐部队来会葬。如此大数目兵力的存在,正是这个时代的频繁战争的需要的反映。如此大规模的会葬,一定给武灵王以深刻的印象。但此时赵国的实力还不足,武灵王九年、十年、十三年赵国都曾参与对外战争,而往往遭到失败。

　　赵武灵王初即位时,因为年少并未执政。但有"博闻师三人,左右司过三人"[1]1803辅佐。听政之后,又用前朝重臣肥义。武灵王八年,有人发起韩、赵、魏、燕、中山五国相互称"王"。但武灵王并不热衷于此,他认为"无其实,敢处其名乎!",仍令国人称自己为"君"而拒绝称王。这种务实的精神已经表明了他发愤图强的决心。

　　赵武灵王十九年(公元前307年)春,对大臣说:"我先王因世之变,以长

　　* 孙开泰(1940—),男,四川泸州人,中国社会科学院研究生院历史系教授,历史所研究员;
　　陈阵(1975—),男,河南洛阳人,中国科学院自然哲学博士研究生;
　　吕华侨(1971—),男,安徽寿县人,北京市科学技术情报研究所博士。

南藩之地,属阻漳、滏之险,立长城,又取蔺、郭狼,败林人于荏,而功未遂。今中山在我腹心,北有燕,东有胡,西有林胡、楼烦、秦、韩之边,而无强兵之救,是亡社稷,奈何? ……吾欲胡服。"[1]1806

即位已近二十年的武灵王第一次系统地发言。他想完成先王未遂之业,而当前的周边形势,则是强敌环伺;中山国虽小,其战斗力却很强,实乃赵国的心腹之患,如若没有强大的军事力量,赵国已到了"亡社稷"的危险关头。怎么办? 只有改革图强! 而改革首先从胡服开始。

但是对于胡服,"群臣皆不欲"。于是武灵王与肥义有一番对话。武灵王说,他想要继承赵国开国之君赵简子、赵襄子的事迹,建功立业。但没有"补民益主"的贤臣支持他,只有愚人议论他,嘲笑他。他虽深信"胡服之功",可以"胡地中山吾必有之",却也不免有点无奈。

但是改革得到重臣肥义的支持,他说:"臣闻疑事无功,疑行无名。王既定负遗俗之虑,殆无顾天下之议矣。夫论至德者不和于俗,成大功者不谋于众。……愚者暗成事,智者睹未形,则王何疑焉。"[1]1807

赵武灵王坚定了信心,于是率先胡服,而且"王破原阳,以为骑邑"[2]672。以原阳为根据地推广胡服骑射的改革。

二、改革的思想与方式

改革初起,反对者颇为不少,如公子成、赵文、赵造、周绍、赵燕、牛赞。这些人有的是王族,有的是文臣,有的是武将。其反对改革的理由不尽同,而细观之大同小异。总体上,他们认为,上古传下来的风俗,毫无疑问不能改变;中原的一切都比"蛮夷"的高明,更不必改变。武灵王说服他们的过程,也大同小异,没有什么曲折。倒是在辩论中武灵王详尽地表达了他的改革思想。

(一)关于风俗观

改革的反对者首先就是反对风俗习惯的变革。因为随之而来就是秩序的改变。他们知道,改革不会局限于一隅。今天改军事,改服制,明天就会改政治,改禄制。所以,他们心中已有了习惯的力量,即什么都不能改,即使是看起来关系不大的服饰制度。赵武灵王认为:风俗,或称"教化"、"礼制"不是一成不变,而是随时间、地点改易的。他说:"古今不同俗,何古之法? 帝王不相袭,何礼之循? 宓戏(即伏羲)、神农教而不诛,黄帝、尧、舜诛而不怒。及至三王,观时而制法,因事而制礼,法度制分,各顺其宜;衣服器械,各使其用。故礼世不必一其道,便国不必法古。圣人之兴也,不相袭而王。"[2]663

武灵王认为"风俗可变",并从理论上做了分析,他说:"古今异利,远近易用。阴阳不同道，四时不一宜。故贤人观时，而不观于时；制兵，而不制于兵。……故兵不当于用，何兵之不可易？教不便于事，何俗之不可变?"[2]673—674

圣王们不曾"法古"或"循礼"、守着古制不变，而是"观时"、"因事"制定其"法"和"礼"，即"三代不同服而王，五伯（即'霸'）不同教而政"。

赵武灵王又说："夫服者，所以便用也；礼者，所以便事也。是以圣人观其乡而顺宜，因其事而制礼，所以利其民而厚其国也。被发文身，错臂左衽，瓯越之民也。黑齿雕题，鳀是冠秫缝，大吴之国也。礼服不同，其便一也。是以乡异而用变，事异而礼易。是故圣人苟可以利其民，不一其用；果可以便其事，不同其礼。儒者一师而礼异，中国同俗而教离，又况山谷之便乎？故去就之变，知者不能一；远近之服，贤圣不能同。"[2]657

披散头发、文身露臂等等，是中原居民难以想象的样子，但却是南方人正常的服饰，因为南方的水土气候大不同于中原，要"便其事"，必然"不同其礼"。而赵国的周边形势，正决定了"变俗"的正当性："今吾国东有河、薄洛之水，与齐、中山同之，而无舟楫之用。自常山以至代、上党，东有燕、东胡之境，西有楼烦、秦、韩之边，而无骑射之备。故寡人且聚舟楫之用，求水居之民，以守河、薄洛之水；变服骑射，以备其参（即'三'）胡、楼烦、秦、韩之边。"[2]657

武灵王总结说："利身之谓服，便事之谓教，进退之谓节。"所谓神圣不可变的东西也不过如此。

"俗"既可变，武灵王于是展现出鲜明、强烈的"制俗"意识。即"今卿之所言者，俗也。吾之所言者，所以制俗也"。这是因为，一般人常常所见不远，即"常民溺于习俗，学者沉于所闻。此两者，所以成官而顺政也，非所以观远而论始也"。这种人"愚"且"不肖"，而"知（即'智'）者作教，而愚者制焉。贤者议俗，不肖者拘焉"。思想受限制的人，不必与之计较，只需让他们听命即可。在此我们不难感到"论至德者不和于俗，成大功者不谋于众"的强烈意味。

对于"中原一切最高明，不必效法'蛮夷'"的思想，武灵王没有正面加以批驳。可能是这个话题过于尖锐。不过他的实际行动已是最好的批判了。

（二）关于功利观

在众多反对者中，牛赞的话有特异之处。他说："利不百者不变俗，功不什者不易器……臣恐其……利，不如所失之费也。"这里赤裸裸地提出了其他论者不曾（或不屑、不敢）提出的"利"。前文或也有及于"利"字，但都是"方便"的意思。只有牛赞的这个"利"，是实实在在的"利益"的"利"。这也是与他武将——非知识分子的身份相符的。

但牛赞"利"的立场又是自相矛盾的。他提出反对意见之前，武灵王曾在别的场合说："寡人非疑胡服也，吾恐天下笑之。……世有顺我者，则胡服之功未可知也。虽驱世以笑我,胡地中山吾必有之。"这种信心当是来自于实地观察。其后,牛赞被武灵王说服,"至遂胡服,率骑入胡……辟地千里"。胡服骑射的"利"恰恰是如此明显,可能朝廷中的文职官员体会不到,但来自于一线战场的武将牛赞也体会不到,就有点说不过去了。他只是看到,变籍失经会失去原有的便利。是他只有勇没有智么?

恐怕不是。虽然,根据孔子的标准:"君子喻于义,小人喻于利。"[3]81对比公子成等人,他更像是一个小人而不是一个君子。但"国有固籍"一段,逻辑清晰,非化外之民能言。问题的关键,当在"利不百者不变俗,功不什者不易器"一句。即:守成之利蒙住了牛赞的眼。

武灵王正确地向牛赞指出了这一点,从而说服了他。这里,武灵王并没有反对"利不百者不变俗,功不什者不易器"。君臣二人的差异只在于是否看到了"利"。

也可能是另一个问题,这个问题太小人了,连牛赞这样的"小人"也不齿于说出:他看到了"利",但他认为"利"不会归于己。即,获"利"者不会是他。

无疑,武灵王是绝对的利益获得者,他也认识到了这一点,这促使他极力推行改革。牛赞有所不同,他改变旧的作战方式("所失之费"),眼前已有所失,却还不知道将来有没有所得,归于他自身的所得。所幸,事实皆大欢喜,赵国"辟地千里",其"利"也意味着牛赞的"(军)功"。这就是大多数人的情况,即,在改革中有得有失,长远来看得大于失。牛赞们的问题只是,他们看不到这一点。

总还存在另一个极端,确实有人会"其攻获之利,不如所失之费",比如战车的生产者会因骑兵增加、战车需求减少而受损失。对于他们,"利百"或"功什"都是别人的。那他们就是改革坚定的反对者。即使武灵王能以政治权势压服这些人,他们也不会像牛赞一样转而成为改革的支持者。

于是,"利"和"功"之有无,从不同的人看来是不同的,甚至于是完全相反的。而"利百"或"功什",也只能是可遇不可求的。武灵王没有说他找到了"利百"的路。实际情况却是,中山国的威胁已不能忽视,而不胡服骑射又根本不可能战胜敌人。

牛赞可以大大方方地讨论"利",而这是诸位士大夫不齿于想到、即使想到也不会说出的。董仲舒说:"正其谊不谋其利,明其道不计其功。"牛赞果然小人。他不仅要"谋其利",还有这样的逻辑:只要能有百倍之利、十倍之功,俗非不可变、器非不可易。须知,变俗易器已为众君子所指。为了"利"、"功"而"变"而"易"就更不堪了。

公子成等人的论述首先集中于意义的提升。他们把这个似乎仅涉及军事、日常生活的问题提到了政治理念("衣服有常,礼之制也")、统治合法性

（"变古之教，易古之道"）的高度。这有点吓唬人。于是武灵王也搬出圣人之道："势与俗化，而礼与变俱，圣人之道也。承教而动，循法无私，民之职也。知学之人，能与闻迁；达于礼之变，能与时化。故为己者不待人，制今者不法古"。双方高来高去，看似纯粹的理论，完全不涉及利益。其实呢？如果我们承认"天下熙熙，皆为利来；天下攘攘，皆为利往"，那种种言辞背后，仍有现实利益在起作用。

我们注意到，武灵王也是重视利的。他说："今重甲循兵，不可以愈险；仁义道德，不可以来朝。"在指出车战无法克服山地地形险阻之后，他顺便讽刺了仁义道德的无用。

当然，武灵王不是完全不顾道德的极端功利主义者，他的大多数言辞仍在"君子喻于义"的范围之内。但他有强烈的"先事功、后道德"的意识，即"事成功立，然后德且见也。"

从武灵王的功利观可以看出，作为赵国的统治者、各方力量的仲裁者，他做到了不偏不倚不走极端。这是政治成熟的表现，也是推行改革必不可少的。

（三）关于宽猛相济

赵武灵王在处理改革的反对派时以"宽猛相济"原则，妥善地解决了内部的矛盾。上引武灵王的言辞，代表了他与反改革者对话的基调：纯粹以理服人，并没有以势压人。他着重的是清楚地说理，同时也使用一点政治语言与压力。

对长辈公子成，他说："家听于亲，国听于君，古今之公行也；子不反亲，臣不逆主，先王之通谊也。……从政有经，而令行为上。"政治原则此刻高于伦理原则，其意甚明。接下来更是直斥之："叔也顺中国之俗以逆简、襄之意，恶变服之名，而忘国事之耻，非寡人所望于子！"违背先祖的意愿，又不顾国耻，这实在是很严重的指责了。

对于赵燕，武灵王说："寡人胡服，子独弗服，逆主罪莫大焉。……寡人恐亲犯邢（同'刑'）戮之罪，以明有司之法。"语及"法"与"罪"，比之公子成，又重了几分。

当然，还应肯定，对话的形成，首先仍要靠武灵王——当政者的准许。公子成、赵文、赵造在表达反对意见之前都有"臣虽愚，愿竭其忠"，因此不能不说之类表白。武灵王一概予以肯定，让他们直言。这说明他并不想简单地以政治手段窒息反对意见。

这种"宽猛并济"的措施，无疑大大加强了说服的力度。

另外值得注意的是，反改革者们除了牛赞，往往并不论及战争的具体需要，而这本是这场改革的直接目的；他们虽多有"先圣"之论，但却很少及于赵国先君，更不涉其实务。

赵武灵王的话在一定程度上弥补了他们的不足,如他对公子成说:"且昔者简主不塞晋阳,以及上党,而襄王兼戎取代,以攘诸胡,此愚知之所明也。先时中山负齐之强兵,侵掠吾地,系累吾民,引水围鄗,非社稷之神灵,即鄗几不守。先王念之,其怨未能报也。今骑射之服,近可以备上党之形,远可以报中山之怨。"历史教训、现实情况,都比士大夫们空洞无物的话有力得多。

(四)关于改革思想的来源

最后顺便谈一下武灵王改革思想的来源。武灵王的话,让人觉得并不陌生。其中说服赵造一段,更有论者以为"是《商君书·更法篇》的拙劣抄本"。我们认为,赵武灵王对赵造的批评虽与商鞅略同,但用于赵造,也可谓正好中的。这可以理解为赵武灵王继承商鞅的变法思想,以推行胡服骑射的改革。武灵王与商鞅同生活在一个改革风起云涌的时代,他们享有共同的思想资源应该是不成问题的。商鞅之法来自三晋之一的魏国的李悝的《法经》。究其源头却与晋国新田法治文化有关。这倒有点像哲学上否定之否定的思想,赵武灵王的改革确乎本之于晋国新田文化,而且更使其发扬光大了。

三、改革的成效:富国强兵,成为战国中后期七雄中的强国

改革终于得到实行,赵国军事力量大大增强。赵武灵王则趁改革之强劲东风,巩固边防,拓展疆土。先是"牛赞……遂胡服,率骑入胡,出于遗遗之门,逾九限之固,绝五径之险,至榆中,辟地千里"[2]675。以后更是不停的出击、不断的胜利:"二十年,王略中山地……西略胡地……林胡王献马。二十一年,攻中山……中山献四邑和。二十三年,攻中山。二十六年,复攻中山,攘地北至燕、代,西至云中、九原。"[1]1811后来,终于灭掉了中山国。还记载:"赵武灵王亦变俗胡服,习骑射,北破林胡、楼烦。筑长城,自代并阴山下,至高阙为塞。而置云中、雁门、代郡。"[1]2885这便使赵的国防更为坚固了。赵国的兵力一时强大无比,各国都不敢来犯。正如《战国策·赵二》《苏秦从燕之赵始合从》中苏秦所说:"当今之时,山东之建国,莫如赵强,赵地方二千里,带甲数十万,车千乘,骑万匹,粟支十年。……且秦之所畏害于天下者,莫如赵。"[2]638

四、改革的意义

(一)在军事上,赵武灵王的改革是大规模、正规化骑兵兵种使用的开始

过去的战争是用兵车作战。从赵武灵王胡服骑射之后,战争方式于是渐

渐从车战转化为骑兵作战。骑兵在《管子》中也出现过：《小匡》："禽狄王，败胡貉，破屠何，而骑寇始服。"[4]582这是讲春秋时齐桓公救援晋文公，生擒北狄王，又对救燕，攻破屠何，北狄的骑兵为寇才被征服了。这里时间较早，但说的都是北狄人，而非汉民族。当然，骑兵在战国初即已存在。在《吴子》中即有记载：

《料敌》："谨我车骑必避之路。"[5]219

《治兵》："武侯问：'凡畜车骑，岂有方乎？'起对曰：'……车骑之具，鞍、勒、衔、辔、必令完坚。……'"鞍之设为人骑马也，是有骑兵之证。车骑应释为马车与骑兵，这里讲的是骑兵的装备。[5]221

《应变》："此非车骑之力。""能备千乘万骑。"乘与车对言，乘也是车，仍是指车骑。"轻足利兵以为前行，分车列骑，隐于四旁。""车骑挑之，勿令得休。""武侯问：'……水薄车骑，舟楫不设，……'起对曰：'此谓水战，无用车骑，……'"[5]223

《励士》："兼车五百乘，骑三千匹，而破秦五十万众，此励士之功也。""车工骑与徒，若车不得车，骑不得骑，徒不得徒，虽破军皆无功。"这里讲的车为兵车，骑为骑兵，徒为步兵。[5]224

由以上材料看，战国初期已有骑兵，谈到骑兵的装备，哪些情况不适用骑兵（如水战），哪些情况要战车、骑兵、步兵配合使用（如攻击强敌而又遇谷战之时），讲到用骑兵的数量，多到"万骑"。并论及吴起用骑兵破秦军的战例。

在关于孙膑的记载中也有记述：《战国策·齐一》记载，孙膑在马陵之战后建议田忌"使轻车锐骑冲雍门（齐之西城门）"[2]320，否则田忌将不得入齐。这里的"锐骑"当即是骑兵。《孙膑兵法》竹简虽无骑战，但《通典》卷一四九，记载孙膑论骑兵十利："孙膑曰：'用骑有十利：一曰，迎敌始至；二曰，乘敌虚背；三曰，遥散乱击；四曰，迎敌击后，使其奔走；五曰，遮其粮食，绝其军道；六曰，败其津关发其桥梁；七曰，掩其不备卒，击其未整旅；八曰，攻其懈怠，出其不意；九曰，烧其积聚，虚其市里；十曰，掠其田野，系累其子弟。此十者骑战也。夫骑者，能离能合，能散能集；百里为期，千里而赴，出入无间，故名离合之兵也。'"是孙膑时已有骑兵是不成问题的。

《吕氏春秋·无义》记载，商鞅"因伏卒与车骑以取公子卬。"[6]531是商鞅之时亦用骑兵。《战国策·赵二》记载张仪为秦连横说赵王论及秦的备战："缮甲厉兵，饰车骑，习驰射。"[2]649是秦亦有骑兵也。

《韩非子·说林下》[7]202记载："公孙弘断发而为越王骑。"此公孙弘为战国人，公孙喜不与之为昆弟，后公孙喜于韩僖王三年被秦俘虏而死。由此可见越国也有骑兵。

明董说《七国考·赵兵制·胡服骑射》说："按《[周]礼大司马》：'师帅执提'。郑司农云：'[提]谓马上鼓。'《疏》云：'[先]郑盖据当时已有单骑，举以况周，其实周时皆第乘车，无轻骑法也。'《春秋》[昭二十五年]《正义》云，'古者马以驾车，六国时始有单骑。'《司马法》《孙子》无骑战。吴起为武侯战，以车五百乘，骑三千匹，而破秦五十万众。其书六篇，往往皆言骑战，苏秦说燕曰'骑六千匹'，说赵曰'骑万匹'，说魏曰'骑五千匹'，说齐曰'骑不得比行'，说楚曰'骑万匹'，此战国言骑战之验。今《六韬》言骑射，决非太公。所以杜枚之注《孙子》云：黄帝险于蚩尤，以中夏车徒，制戎翟骑士'。乃知单骑之兵出于戎狄。……汉刘向曰：'战国有骑，无骑射。骑射，胡兵也，赵武灵王用之。'"

董说的考证应该是大致正确的。与我上说《管子》论及骑兵，为北狄用于春秋之时也是相符合的。对《吴子》上述之记载的解释也大体相合。所引刘向之说，虽不尽然，但赵武灵王于骑兵兵种的建制确乎是起了重大的决定性的作用。吴起、孙膑、商鞅虽已用骑兵，但还不够普及，作为系统的建制，在历史上起着巨大影响的还是赵武灵王胡服骑射的改革。

赵武灵王胡服的改革，对历代服饰的影响也是深远的。王国维考证说："胡服之人中国始于赵武王……其服上褶下袴。此服之起，本于乘马之俗，盖古之裳衣本乘车之服，至易车而骑，则端衣之联诸幅为裳者，与深衣之连衣裳而长且被土者，皆不便于事，赵武灵王之易胡服，本为习骑射计……此胡服行于中国之略也。"[8]1069—1097 在服饰上对后世的影响更大，因为这种衣着方便，后经北魏、唐略加改动，但基本款式未变，成为正式的官服。

（二）开创了汉民族学习少数民族优秀文化的先例，体现了《公羊传》的大一统思想

关于这个问题我们要追溯到上古：中华民族在东方这片土地上世代相传，生生不息，渊源数千年从未间断，究其原因，是因为有强大的内聚力，也就是大一统的思想。

大一统思想的形成，经历了漫长的历史过程，经过中华民族历史上杰出人物一代又一代的探索而发展丰富起来的。它最基本的形式是国家统一，基本内容是正确处理夷夏关系。

在传说的三皇五帝时期，对其他部落采取流放的方式，使他们远离中原地区。《尚书·舜典》有"尧舜流共工于幽州，放欢兜于崇山，窜三苗于三危，殛鲧于羽山"。[9]128《史记·五帝本纪》说："流共工于幽陵，以变北狄；放欢兜于崇山，以变南蛮；迁三苗于三危，以变西戎；殛鲧于羽山，以变东夷。"[1]28

经过夏、商、周三代的发展，华夏族与周边民族的交往增加，境内各民族相互融合，狭隘的种族、部落观在淡化，但是夷夏之间的界限还没有打破，民族区别和差异依然存在。《公羊传·成公十五年》有："《春秋》内其国而外诸夏，内诸夏而外夷狄。"[10]371近人陈柱在《公羊家哲学》中说："夫夷狄者，至贱之名也，使人人皆知夷狄之当贱，则知夷狄之当攘矣。人人皆知夷狄之当攘，则夷狄之侵略中国者，终不得逞矣"，这是"春秋大义"之一。《春秋》中所称"夷狄"，不是专指夷狄等民族，而是泛指行不义，违周礼等乱行的任何人或者民族。所以孟子说："禹抑洪水而天下平；周公兼夷狄、驱猛兽而百姓宁；孔子成《春秋》而乱臣贼子惧"，[11]654其褒贬之意，十分明显。

迨至战国中期，统一的趋势已不可当。那些所谓正统的华夏后裔已经相继衰落，反而一些出身夷狄的诸侯国强盛起来。能顺应时代的潮流，从思想上打破对"夷夏"关系的传统观念，在这方面，《公羊传》当推第一。何休《春秋公羊解诂·隐公元年》说："于所传闻之世，见治起于衰乱之中，用心尚粗粝，故内其国而外诸夏；先详内而后治外；……于所闻之世，见治升平，内诸夏而外夷狄；……至所见之世，著治太平，夷狄进于爵，天下远近大小若一，用心尤深而详，故崇仁义，讥二名。……"[12]447这里三世中最理想的是孔子所谓的"所见之世"，即太平世，要求达到对于夷狄和诸夏不分内外了，夷狄也可称其爵位，把天下远近大小都同样看待。因此太平世最能体现大一统。为此我们曾认为："《公羊传》所体现出来的大一统思想，最有意义的是认为华夏（中国）与夷狄是可以相互转变的。华夏可以变为夷狄，夷狄也可以变为华夏。相互转变的关键在于礼义。……中国可以变为夷狄，而夷狄也可以变为中国。夷狄变为中国，是通过夷狄进于爵，以此表示不外夷狄。即华夏为一家。"[13]40

《公羊传》从理论上摆正了夷夏的关系，而不外夷狄。华夏一家的大一统思想在赵武灵王那里得到了实现。不仅如此，他的"胡服骑射"在实践上还极大地丰富和发展了大一统的思想。"胡服骑射"给赵国带来的好处是"略中山地，至宁葭；西略胡地，至榆中。胡林王献马。"[1]1811使赵成为当时的一个强国。更是给中华民族带来无尽恩泽：一个民族、国家要发展，就要吸收、借鉴其他民族、国家优秀的东西，而以"正统"自居，闭关自守，盲目自大，只会限制自身的发展与进步。

关于国家统一，赵武灵王竭尽一生的努力来实现这个目标。即位以后，东征中山，北并林胡、楼烦，西却强秦。公元前299年，他传位与公子何，自称"主父"，专心致力于统一大业。在夷夏关系上，不以华夏自居，夷狄为贱，排除来自各方面的反对意见，顶住世俗的压力，躬身向他们学习，学习他们的优点和长处，这才是他的伟大之处。他是真正中华民族的伟大的英雄。

五、"沙丘之变"及其根源

赵武灵王胡服骑射留下千古美名,但是在传嗣问题上没有处理好,最后被困死在沙丘宫。究其原因,是受到晋、赵传统的影响,同时又受近邻秦、燕、胡人的影响,更主要的是时代矛盾所决定的。现就"沙丘之变"及其根源试作探析如下:

战国时期赵武灵王"胡服骑射"的故事,千百年来一直被人们当做改革的一面旗帜而大加褒奖。通过这次军事改革,赵国成为山东诸国中军事实力最强的国家。

但是,一代枭雄的结局却是悲剧性的。据《史记·赵世家》上说:"公子章死,公子成、李兑谋曰:'以章故围主父,即解兵,吾属夷矣。'乃遂围主父。令宫中'后出者夷',宫中人悉出,主父欲出不得,又不得食,探爵鷇而食之,三月余饿死沙丘宫。"[1]1815这就是历史上的"沙丘之变"。沙丘宫,在今河北广宗西北,是当时赵的别宫。主父,即赵武灵王。公元前299年,正当盛年的他传位给小儿子公子何(公子章是其长子),就是赵惠文王。

为什么赵武灵王会落得如此结局呢? 让我们先看一看司马迁是怎样评说的。"主父初以长子章为太子,后得吴娃,爱之,为之不出者数岁,生子何,乃废太子章而立何为王。吴娃死,爱弛,怜故太子,欲两王之,犹豫未决,故乱起,以至父子俱死,为天下笑,岂不痛乎!"[1]1816可见,太史公把"沙丘之变"归结为"欲两王之",是切中肯綮的,我们以为在事件背后有它更深层次的原因。

(一)晋、赵传统的影响

晋很早就有"立庶不立嫡,立贤不立长"的做法。《史记·晋世家》记载:"(穆侯)七年,伐条。生太子仇,……生少子,名曰成师。晋人师服曰,'异哉,君子命名也! 太子曰仇,仇者雠也。少子曰成师,成师大号,成之者也。……令嫡庶名反逆,此后晋能毋乱乎。'"[1]1639有一些历史知识的人都知道,晋君的继嗣多由争杀得到。公元前403年,韩、赵、魏三家分晋,作为晋的继承国之一的赵,在君位的传承上更是打上"立庶不立嫡,立贤不立长"的烙印。赵的建立者赵简子立太子时就是"立贤"、"立庶"。《资治通鉴》周威烈王二十三年:"赵简子之子,长曰伯鲁,幼曰无恤。将置后,不知所立。乃书训诫之辞于二简,以授二子曰,'谨识之'。三年而问之,伯鲁不能举其辞,求其简,已失之矣。问无恤,诵其辞甚习,求其简,出诸袖中而奏之。于是简子以无恤为贤,立以为后"。[14]7无恤就是赵襄子,他不仅是庶子,而且他的母亲是"翟婢"。《史记·赵世家》上对此有更详细的论述。现代人或许不觉得怎样,但是在那个时代,却是明显违背礼制的不寻常的行为。赵武灵王在立太子上的做法,在赵国其实是很正常,很平常的。

再者,大臣辅政专权是"沙丘之变"的另一个原因。众所周知,晋文公是依靠赵衰等人才得以继位并成其霸业的,他也就用这些人来辅政。军队分成上、中、下三军,由郤縠、狐偃、栾枝为将。开始晋君还能驾驭,襄公后逐渐就失去了控制,以至于出现智、范、中行、韩、赵、魏六卿专政。晋虽强,其君却弱。最终发生三家分晋,一点儿也不奇怪。

脱胎于晋的三家却没有很好的总结经验,接受教训。"魏用犀首、张仪而西河之外亡"。"韩宣惠王欲两用公仲、公叔为政。"[14]79赵武灵王继位后,有专门的大臣辅助,"及听政,先问先王贵臣肥义,加其秩。"[1]1803在各国纷纷加强君权的时代背景下,他倚重相国肥义,公子成,李兑,为以后叛乱的发生埋下祸根。公子章的叛乱,正是他的辅臣田不礼的唆使。而公子成,李兑之所以能迅速地平定叛乱,并继而连国君都一起杀害,是因为他们掌握国家权力。"沙丘之变"后,公子成,李兑等人的权势更大,这更加增添了赵武灵王的悲剧色彩。

另外,晋自建国时候起,就深受周边狄、戎的影响,形成了与中原其他国家不同的文化传统,事功思想较重,而周礼的影响相对较弱。晋文公践土之会,要求周天子参加,这在当时是大逆不道的行为,《春秋》只能曲笔为"天子巡狩河阳"。也正是因为周礼的道德约束力小,才会出现"晋灵君不君"这样的记载,也才会屡屡出现晋君父子相残,兄弟阋于墙的事情。晋最后六卿专权而至三分,也是因为晋重军功而轻等级的社会风气,易于形成大夫专权,甚至割据的局面。赵武灵王时赵国就形成南邯郸、北代两个政治中心,在这种情况下发生内乱就一点儿也不奇怪。

(二)当时"国际"、国内环境的影响

赵武灵王在位的时候,周边各国也处于多事之秋。先是燕国,燕王哙禅位给子之而国内大乱,齐国趁机入侵,燕几乎灭国。"(赵武灵王)十一年,王召公子职于韩,立为燕王,使乐池送之。"[1]1804秦国这时也发生了一起突发事件。"(赵武灵王)十八年,秦武王与孟说举龙文赤鼎,绝膑而亡。赵王使代相赵固迎公子稷于燕,立为秦王,是为昭王。"即位时间不长的秦武王突然死亡,在秦国引发了动荡。这两件事都在赵武灵王的亲自参与下发生的,不可能不对他产生巨大的影响,不能不使他重新考虑自己传位的问题。用心良苦的他在自己正当盛年时突然退位,让位给年少的公子何,自为主父,以期用这个办法实现政权的和平更迭,然而事与愿违,流血冲突最终没有能避免。

少数民族对赵的影响更大。晋叔虞初就国,属地可谓是一片荆棘的百里

小国,周边出没的只是来去无踪影的狄、戎等游牧民族,他们的风俗传统与周人的差别很大,基本还是处于奴隶社会,逐水草而居。晋在和他们的交往中,指导思想周礼就显得烦琐,甚至与现实格格不入。

晋国经过几百年的努力,开疆拓土,成为一个大国。赵的先主初封于晋阳(今太原市),到赵武灵王的时候,原来属于白狄别种鲜虞、肥鼓,茅戎,戎蛮已是赵的腹地,林胡,楼烦相继被征服,可以说赵国是建立在狄夷之上的国家,和中原有差别是当然的,尤其在政权继承上。周人"立嫡以长不以贤",这个规定,对于游牧民族来说是行不通的。部落首领必须是军事势力最强的人,实行奴隶主贵族军事民主制,这样才利于本部落的生存与发展。还有一个原因,就是在当时较落后的婚姻制度下,长子的地位受到质疑。

再看国内的环境。

当初,赵武灵王的父亲赵肃侯即位时就不是一帆风顺。《史记·赵世家》上说:"成侯卒,公子緤与太子肃侯争立,緤败。"[1]1801 他自己即位的时候更是危机四伏。赵肃死,秦、楚等国派大军来会葬,当时他还年幼,只能依靠大臣。等他成年以后,发愤图强,励志改革,成就一番事业,以雪当年之辱。任何一项改革都会遇到阻力,赵武灵王的改革也不例外。反对改革的人,如公子成等人,并不是真心拥护,时机一旦成熟,他们一定会反复。但是赵武灵王却没有看到这一点,仍然信任、重用这帮人,结果落得"父子俱死,为天下笑"的结局。

(三)"沙丘之变"是时代矛盾的体现

战国中后期,国家关系错综复杂,各种学术思想,政治主张大行其道。孟子主张行王道,秦用申韩之学,齐有黄老,各家展开争鸣。纵横家更是鼓动如簧巧舌,纵横捭阖,翻手为云,覆手为雨。整个时代没有主导思想,各种观点莫衷一是,对任何一个政治家来说,作出正确的选择是很困难的。从主张改革来看,赵武灵王基本上是法家,但法家**只重视耕战**,而赵武灵王则**单一发展军事**。而在一些重大问题决策上,**采用纵横家的实用主义做法**,使得国家大政方针缺乏稳定性,造成失误在所难免。

赵国处于中原与北方少数民族之间,**对夷夏关系有更深刻的认识**。《春秋》中说的"夷""夏"并不是狭隘的民族概念,"中国"应该是"聪明徇智之所居,万物材用之所聚也,贤圣之所教也,仁义之所施也,《诗》、《书》礼乐之所用也,异敏技能之所试也,远方之所观赴也,蛮夷之所义行也",[1]1808 **其区分标准是政治文化水平,达到较高水平,夷狄可以成为"中国",可以入主华夏;不能达到标准,华夏便是新的夷狄,便不能莅中国。**

当时周王室衰微,沦为三流小国,甚至带头作出违反"礼"的事。整个"华夏"也是君臣上下败坏,"弑君三十六,亡国五十二"[1]3297。周边的少数民族受到中原的影响,社会文化发展很快,使"夷""夏"关系变得不那么清晰。对于想实现统一的各国君主来说,已经没有现成的理论基础。以孟子为代表的儒家提出,只要行王政就可以称王,就可以统一全国。赵武灵王生活在胡族影响很深的社会,同时他的根又在华夏,这决定了他的矛盾的性格。在军事上惊叹胡人骑兵的神出鬼没,便胡服骑射,排除很多大臣的反对而义无反顾。可是当他"见其长子章傀然也,反北面为臣,诎于其弟,心怜之,于是乃**欲分赵而王章于代**。"根深蒂固的"周人贵亲尚齿"[15]1599的思想又在作祟,终于导致乱起。

矛盾的时代决定赵武灵王的矛盾性格,矛盾的性格使赵武灵王落得悲剧的结局。

参考文献:

[1] 司马迁:《史记》,中华书局 1985 年版。

[2] 刘向:《战国策》,上海古籍出版社 1985 年版。

[3]《论语》,载《诸子集成》,团结出版社 1996 年版。

[4]《管子》,载《诸子集成》,团结出版社 1996 年版。

[5]《吴子》,载《诸子集成》,团结出版社 1996 年版。

[6]《吴氏春秋》,载《诸子集成》,团结出版社 1996 年版。

[7]《韩非子》,载《诸子集成》,团结出版社 1996 年版。

[8] 王国维:《胡服考》,载《观堂集林》卷第二十二,中华书局 1959 年版。

[9]《尚书正义·舜典》,载《十三经注疏》上册,中华书局 1980 年版。

[10] 王维堤、唐书文:《春秋公羊传译注》,载《中华古籍译注丛书》,上海古籍出版社 1997 年版。

[11]《孟子》,载《诸子集成》,团结出版社 1996 年版。

[12] 何休:《春秋公羊传经传解诂》,载《齐文化丛书:文南集成》(3),齐鲁书社 1997 年版。

[13] 孙开泰:《〈公羊传〉的一大统思想》,载《中国史研究》1993 年第 2 期。

[14] 司马光:《资治通鉴》,中华书局 1956 年版。

[15]《礼记正义·祭礼》,载《十三经注疏》下册,中华书局 1959 年版。

(原载《邯郸学院学报》2008 年第 1 期)

古赵兴衰及其启示

董海林*

在漫漫的历史长河中,邯郸走过了兴起、繁盛、衰落、再兴起的发展过程。自商末至春秋,邯郸作为城镇开始出现和兴起;从战国到秦汉,邯郸的繁荣持续了几百年;从汉以后到清朝末年,邯郸逐渐走向衰落,变成了一个普通的县城;新中国成立后,邯郸再次兴起,仅仅五十多年就建设成为一座极具活力的新兴工业城市。

以史为鉴可以知兴替。邯郸的辉煌和骄傲不能仅仅定格在历史长河中。今天,发展已经成为时代的最强音。如何让古老的邯郸再次辉煌,如何加快邯郸的伟大复兴,让年轻而活力迸发的新邯郸全面崛起,已经成为每一个邯郸人应当深深思索的问题。

一、感受邯郸历史辉煌

邯郸作为赵国的国都,历经八代国君,共计 158 年,是赵国政治、经济、军事、文化中心,达到了历史上的鼎盛时期。

1. 疆域广阔

《汉书·地理志》记载,当时赵国的国土包括:"北有信都、真定、常山、中山;又得涿郡之高阳、鄚州乡,东有广平、巨鹿、清河、河间;又得渤海郡之东平、舒、中邑、文安、束州、成平、章武、河之北也;南至浮水、繁阳、内黄、斥丘;西有太原、定襄、云中、九原、上党。"按照现在的地理概念就是今天的河北中南部、山西大部、山东、河南、内蒙、陕西各一部分。

---

* 董海林(1955—),男,河北邢台人,邯郸学院党委副书记,研究员。

2. 交通便利

自古以来太行山东麓有一条南北通行的古道,大道以西是连绵起伏的高山峻岭与壁陡崖峭的深堑大谷,以东是河渠纵横的平原和间以湖泊沼泽的低地,成为古代不可逾越的交通险阻。沿太行山南北自西而东仅有的几条天然峡谷被逐渐开辟为陉道,滏口陉便是太行八陉之一,是穿越太行山东西陉道与东麓南北大道的交会点。邯郸正处在这个交会点上,极具交通要道之地位,对社会经济与军事有至关重要的作用。所以,当时的邯郸"北通燕、涿,南有郑、卫",属京畿之要地,交通十分发达,成为黄河北岸最大的交通中心。

3. 经济繁荣

主要表现:一是农业发达。自古以来,邯郸就是农业发达的地区之一。商末周初,纣王的叔父、著名贤臣箕子过殷墟之地曾作《麦秀歌》曰:"麦秀渐渐兮,禾黍油油",生动地描写了农业丰收的景象。春秋时期,赵氏家族对土地制度进行了一定程度的改革,农业生产力得到解放,这些都为当时的邯郸农业发展打下了雄厚的基础。随着农具的更新、土壤改造与施肥技术的推广,到战国初年的赵襄子三年(公元前455年),邯郸一带成为古冀州富庶的河内地区,以仓库殷实而著称。二是手工业、商业日益繁荣,贸易往来异常活跃。当时的邯郸已成为中国重要的冶铁中心。从《史记·货殖列传》记载所见,邯郸商贾云集,南来北往,车水马龙。"天下攘攘,皆为利往;天下熙熙,皆为利来",中原经济城邑温(今河南温县)、轵(今河南济源县)的豪商就"北贾赵、中山"。三是涌现了一批富商。郭纵、卓氏在邯郸"以冶铁成业,与王者埒富,货值成家",成为邯郸当时从事冶铁工业的首富。大富商吕不韦居邯郸不仅经商有道,"贩贱卖贵家累千金",而且独具慧眼,做成了一笔最大的买卖,资助培养了千古一帝——秦始皇,为秦统一六国奠定了坚实的基础。当时社会上流行着这样的说法:"用贫求富,农不如工,工不如商",可见经商之风蔚然。

4. 城市发达

春秋战国时期的邯郸已具有相当的城市规模,是当时最繁华的城市之一。邯郸作为当时中原地区的贸易集散中心,不仅经济发达,而且人口不断增加。按古人所称,"五里之城",可容3万户人家,那么,"七里之郭",应纳5万户人家。战国时,齐都临淄人口达到7万户,邯郸当不亚于临淄的规模,每户按5口计,总人口应不下30万人。同时,平原君赵胜在邯郸建起了中国建筑史上的第一座楼——"平原君美人居楼上",开创了中国建楼历史的先河。西汉时期,邯郸成为全国当时名列前茅的大都市。《史记·货殖列传》称邯郸为"漳河之间一都会也",把邯郸列为当时的"八大经济都会"之首,经济地位已超过战国时期,又被时人称为"天下名都"。汉乐府《名都篇》记有:"名都者,邯郸、临淄之类也"。西汉后期,洛阳、邯郸、临淄、宛、成都被称为"五都"。再加上京城长安,邯郸则是西汉第三大经济中心城市,城市人口达到五十多万,在全国经济中占有重要地位。

5. 文化昌盛

经济繁荣带动了古赵文化的昌盛,而思想文化的活跃则反映了当时社会的辉煌程度。战国时期的邯郸文化丰硕,民间广传"邯郸歌"。

邯郸因诗歌文艺盛行而名噪一时。《史记》、《汉书》等古籍经典,对邯郸歌诗艺文大加颂扬之辞,史称赵国男子"相聚游戏,悲歌慷慨——多弄物,为倡优",使邯郸的民间艺术活动百年经久不衰;女子"弹弦跕屣,鼓琴瑟——游媚富贵,遍诸侯之后宫",使繁华的邯郸城琴瑟袅袅、歌舞声声。赵歌、赵鼓、赵瑟、赵词、赵曲都具有鲜明的赵文化艺术特色,千百年来一直广泛流传并影响了一代代的中国人。尤其是邯郸一带的舞蹈独具魅力,像"邯郸学步"的幽默历史典故,生动地反映了来自寿陵的余子,学习邯郸特色舞步如痴如醉的情形。

邯郸因学术思想的活跃使学者名流云集。我国古代著名思想家荀况、慎到和逻辑学的开山之祖、名家公孙龙以及知名学者虞卿等都曾住在或到邯郸,在此著书立说,互相争鸣,从事学术研究活动。平原君赵胜门下三千食客,有一批学者成为思想家、政治家、军事家和艺术家,对战国时期的"百家争鸣"产生过重要影响。正如《邯郸县志·艺文志》所称:"诸子朋兴,而有荀况、慎到之徒各挟其说以名胜一时,加以公孙龙坚白同异之见,放言高论,遂为后代辩学之祖,此为文化最盛之时代"。特别值得一提的是,邯郸培育了历史上杰出的唯物主义思想家——荀子,他的"人定胜天"和"青出于蓝而胜于蓝"的思想,至今还进射出灿烂耀眼的光辉。

邯郸因经典的历史故事、千古美谈而独享"成语典故之乡"的美誉。"赵氏孤儿"、"完璧归赵"、"毛遂自荐"、"负荆请罪"、"邯郸学步"、"胡服骑射"、"黄粱美梦"等脍炙人口的成语典故,褒贬古人寓意深刻,警戒后人情真意切。即或是现在普通交谈中,适当引用成语典故,也会增添语言的光彩,加强人们的理解和记忆。据不完全统计,从数量看,邯郸成语典故近1600条,这是一个可观的数字。一个地方孕育如此众多的成语典故,不敢说绝无仅有,也算是并不多见;从时间来看,上至春秋,下迄明清,各个历史时期都无空白;从地域看,邯郸所辖的15个县(市)都有条目。这足以说明,给邯郸冠以"成语典故之乡",确实是当之无愧。

邯郸因历史文化的博大精深,留下了丰富的文化脉络和众多的名胜古迹。近年以来,无数的专家学者被邯郸文化所吸引和折服,他们挖掘整理出邯郸十大文化脉系,即:磁山文化、女娲文化、赵文化、曹魏建安文化、北齐佛教文化、广府太极文化、梦文化、磁州窑文化、成语典故文化、边区革命文化。目前,全市有文物保护点1500多处,其中国家和省级重点文物保护单位106处。磁山文化遗存、南北响堂石窟、赵王城、娲皇宫、插箭岭、梳妆楼、古磁窑、滏口径、玉皇阁、学步桥、舍利塔、回车巷、黄粱梦吕仙祠等名胜古迹,都是邯郸古老历史文化的见证,中华民族的瑰宝。

二、探寻古赵兴衰奥秘

邯郸地处中原腹地,位于太行山东南麓,沁河的冲击扇上。早在远古时代,这块肥沃的土地就是人类繁衍生息的地方。从距今约7300年的“磁山文化遗址”可见,邯郸先人经过世代辛勤耕耘,已经在沁河两岸建立家园。到原始社会后期,这里的人类活动更加频繁。殷商末年,邯郸成为商王朝的一处政治活动之地。周朝,邯郸先属邶国,后归卫国。公元前588年,邯郸并入晋国版图。公元前492年,晋国的“六卿”之一赵简子掌握了晋国的实权,邯郸从此成为赵简子的私邑。公元前403年,韩、赵、魏三家分晋,至此,邯郸与赵国的命运联系在一起。

1. 复兴赵氏——邯郸进入历史舞台

程婴救孤,建赵起点。晋景公十七年(公元前583年),在“下宫(即后宫)之役”中落难余生的赵氏孤儿——赵武(赵文子)被门客程婴舍亲子相救,抚养长大。赵武成人之后,在晋卿韩厥的支持和帮助下,攻杀陷赵氏一族于灭顶之灾的景公宠臣屠岸贾,重踞晋国六卿之尊——“正卿”之位,开始了复兴赵氏的艰难历程。

“铸刑鼎”,奠定基础。赵鞅,世称赵简子,赵武之孙,赵国的奠基人。当时晋国江河日下,风雨飘摇。简子及时把握时机,利用勤周敬王有功、敬王准他为王室命卿之隙,于晋顷公十三年(前513年)冬,征收生铁480斤,把范宣子制定的“刑书”铭铸于大铁鼎上,公布了晋国的第一部成文法典,史称“铸刑鼎”。他的这一壮举,不仅使其知名于天下,而且博得晋国绝大多数新兴势力的支持,为迅速扩大赵氏势力和影响、争取晋国正卿的地位打下坚实基础。

据私邑,邯郸始兴。公元前588年,“春秋五霸”之一的晋国称雄中原,邯郸被并入晋国版图。公元前492年,晋国的“六卿”之一赵简子掌握了晋国的实权,不断向东扩张赵族势力,将伐卫获得的500户安置到邯郸,邯郸从此成为赵简子的私邑,开始走上历史舞台。

2. 东击北进——邯郸成为赵国国都

公元前 403 年,韩、赵、魏三家分晋,标志着赵国正式加入了诸侯之间的兼并战争行列,这也要求赵国必须制定新的战略方针与策略以参与兼并和逐鹿中原,为实现赵国东击北进,必须选择一个地近中原、物产丰富的城市为都城。公元前 386 年,赵敬侯即位后,看到邯郸已是黄河北岸最兴旺的通都大邑,是一个理想的整军经武、定都进取的战略要地,毅然将赵国都城由中牟迁到邯郸,这是赵国历史上的重大事件,为赵国的疆域扩张和邯郸的兴盛繁荣奠定了坚实的基础。至此邯郸成为赵国首都,完成了它从田园牧歌到黄钟大吕的嬗变。

3. 胡服骑射——赵国步入鼎盛时期

二千三百多年前,赵国进行了历史上著名的军事改革——胡服骑射,成为赵国走向辉煌的转折点。赵国从此走向强盛,称雄于华夏东方。

(1)改革背景。赵武灵王倡导并实施胡服骑射,其目的在于强军兴国,同时也是战略调整的需要。史称赵为"四战之国",诸雄环伺。在几乎无岁不战的兼并战争中,赵国处境艰难。自公元前 326 年赵武灵王即位以来,战火连绵。即位前两年,赵国将领赵疵与秦交战,兵败被杀,赵国失去今山西的蔺、离石等地。即位前一年,赵国将领韩举败于齐、魏,死于桑丘。即位当年,秦、齐、楚、燕、魏、韩各带精兵万人参加赵武灵王父亲肃侯的丧礼,示以兵威。即位后第九年,赵、魏、韩联合击秦兵败,元气大伤。赵国长期实施这种作战方略,丧师失地,损兵折将,元气损耗,难以为继。赵武灵王战略调整的思路是:稳定东、南、西,北向拓地,充实国力,然后再逐鹿中原。北面,除赵襄子时期兼并代以后,从敬、成、肃侯等到赵武灵王,尚无用兵的记载。当然,三胡等游牧部族对赵国边地的袭扰不可能没有,但尚未达到大规模出兵的程度。而北方的诸胡等游牧民族,"宽则随畜,因射猎禽兽为生业,急则人习战攻以侵伐",这几乎成为"天性"。面对这些飘忽不定、流动迅速的骑兵,赵国原有的步兵、兵车,不但速度慢,而且在复杂的地形条件下无法施展。因此,要北向拓地,胡服骑射的改革势在必行。赵武灵王曾把胡服骑射的目标概括为:"近可以便上党之形,远可以报中山之怨。"赵武灵王这样明确地提出改革的目标,是为了便于动员国人。

(2)改革内容。公元前 307 年,赵国颁布了胡服令。开始,赵武灵王准备胡服上朝,派人通报其叔父公子成,想获得其支持,公子成表示反对。赵武灵王亲自上门说服了公子成,随后又开导、教育了谏阻胡服骑射的宗室大臣赵文、赵造、赵燕等人。从此,自赵武灵王到大臣都身着胡服上朝,朝廷开始了胡服骑射改革。同时,为了教化胡人,吸引胡人加入赵国文化圈,任用代相赵固主持对"胡"事宜,招收胡人从军。胡服骑射改革贯穿在整个军事改组和军事行动之中。十余年间,赵国的军事实力大增。

a)组建骑兵,北征拓边。公元前306年,赵武灵王率军北征,占领了今呼和浩特东南的原阳,西进占领包头以西的九原(今包头市以西),并以原阳为"骑邑",在此编组训练骑兵。组建骑兵时,改原来的重甲为轻甲,变履为靴,穿骑装,戴胡人"爪牙小帽",军官则戴武冠。兵源不仅有中原赵人,还有收编的胡兵;又打破原来步兵按区编伍旧制,改步为骑。此后,赵武灵王三次胡服北征。兵锋所至,林胡王献马,楼烦王一部骑兵被收编。东胡不敢入"无穷之门"(今张北县北)。为了巩固边防,在新开辟的疆土修筑长城,设置了云中、雁门、九原三郡,迁吏大夫奴隶于此,屯垦戍边。至此,从张北县南向西沿大青山、乌拉山以西高阙塞,黄河以南之榆中(今内蒙古伊金霍洛旗一带)广阔土地为赵所有,诸胡被挡在赵长城以外。

b)灭中山国,去心腹患。中山国是由鲜虞白狄所建,地处赵之腹地。其靠大国支持,屡侵赵国土地,曾经水困赵之鄗城(今河北高邑),被赵国视为心腹之患。从公元前305年第一次进攻中山至公元前296年灭中山国,前后四次用兵中,都得益于新建的骑兵之力。对中山四次用兵都是与北伐交叉进行。公元前297年,赵武灵王巡查了新开拓的疆土,次年出兵灭掉中山,去掉了心腹之患,赵国疆土南北连成一片,拥有了五百里方圆的膏腴之地,为祖先报了仇,为国家雪了耻。

(3)改革成果。经过胡服骑射改革,赵国走向强盛,国土扩充,国力增强,达到了鼎盛时期,一举成为"战国七雄"之一,成为东方六国中唯一能与强秦抗衡的大国。赵惠文王时期,赵国经历了五国抗秦、五国破齐,使齐国削弱,再未构成对赵国的威胁。赵国名将廉颇、赵奢两次大破秦军,力挫其东进锋锐,"四十余年秦不能得其所欲",显示了胡服骑射改革的长期效应。不仅如此,"胡服骑射"还促成了华夏农业文化与草原游牧文化的融合,对赵文化的多元构成,对整个中国古代社会的发展和古代文化的升华产生了极其深远的影响。

4. 长平之战——古赵邯郸走向衰落

在中国古代史上,经过春秋五霸肇于前、战国七雄踵于后的几百年割据兼并,战国后叶出现了天下大一统的发展趋势。在战国中后期"帝制运动"中,诸侯争雄,战乱频仍。公元前278年,秦楚郢都之战,楚国败绩,强大的楚国从此一蹶不振。此时,列国具有统一实力者,首推关中经过两次商鞅变法日益强盛的秦国,其次是山东经过赵武灵王胡服骑射改革盛极一时的赵国。在国力与军事实力上尚能与秦国对抗的赵国,历史地被推上抵御秦国的前线。赵惠文王三十多年的励精图治、富国强兵之术使虎狼之秦也不敢对其擅动干戈,赵国与秦国处于拉锯式抗衡之中。

(1)长平之战,元气大伤。公元前262年,秦、赵两强都以倾国之力以决胜负的长平之战爆发了。初战,赵军先头部队伤亡少数将校,陷落了一些前沿阵地。主将廉颇针对敌强我弱的力量对比和敌远道而来、我则以逸待劳的野战实际,遂取占据有利地形,坚壁固守,以图相机后发制敌之策。廉颇的战策显然有效地遏止了秦军攻势,秦赵相峙三载,不分胜负。秦为了打破这个不利的僵局,采用离间手段,派人携带千金去邯郸收买赵王的左右权臣,离间赵王与廉颇的关系,不谙军情的赵王听到流言立刻命令徒有虚名而无实战经验的赵括接替廉颇为将。赵括挂帅伊始,一反先前廉颇的战略战术,更换将佐,改变军中制度,下令全线突击,结果前陷重围、后断粮道,赵军虽经喋血拼搏,杀伤强秦过半,却终不得突围,直至赵括赤膊上阵被射杀后全军投降,而数十万赵卒除幼小者240人被放外,都被秦将白起设诈坑杀。历时三年的长平之战,赵军惨败,赵国从此元气锐减,一蹶不振。

(2)秦再攻赵,赵国灭亡。秦王政十一年(前236年),秦国趁赵与燕大战、国内空虚之机,分兵两路进攻赵国。名将王翦率一军攻占阏与(今山西和顺)、撩阳(今山西左权),将军桓齮、杨端和率一军攻占邺(今河北临漳县西南)、安阳(今河南安阳西南)等9座城邑。十三年(前234年),桓齮又率军进攻平阳(今河北磁县东南)、武城(磁县西南),杀死赵将扈辄,占领城池。十四年(前233年),桓齮挥军越太行山,占领赤丽、宜安两邑(今河北石家庄东南),进攻赵国腹地。十五年(前232年),秦军又兵分两路进攻邺和狼孟(今山西阳曲)、番禹(今河北灵寿西南),被李牧击败,但赵军也损失惨重,只得退守邯郸。此后,秦军休整三年。十七年(前299年),秦趁赵大饥之机从两个方向对赵国发动进攻:王翦、羌瘣兵出井陉(今河北井陉西)从北面进攻,杨端和率兵由南夹击邯郸。赵王派李牧和司马尚率军抵抗。李牧仍采用筑垒固守、避免仓促决战的方针。秦军屡攻不胜,形成对峙。王翦利用赵王迁庸碌无知和其宠臣郭开贪财好利、嫉贤妒能的弱点,使用反间计。一方面停止进攻,保持对峙,派使者去赵营见李牧谈和;一方面派人携重金潜入赵都,贿赂郭开,散布流言,诬陷李牧私自与秦讲和,相约在破赵后分地代郡。赵王迁听信谗言,遂命赵葱和颜聚代替李牧、司马尚为将。李牧拒不受命被杀,军心涣散,部队解体。十九年(前228年)三月,王翦一举击败赵军,杀赵葱,占东阳(太行山以东),颜聚惧逃。10月,王翦、羌瘣攻破邯郸,俘虏赵王迁,赵国灭亡,秦于赵地设邯郸郡。

(3)秦汉之后,邯郸衰落。东汉以后,随着北方连年战争的破坏,邯郸开始自顶峰跌落,人口锐减,城区面积缩小,经济由以手工业和商业为主变为以农业为主的自然经济状态。虽然这时的邯郸仍是诸侯王的国都之一，但其实际地位已远不及西汉赵国。至东汉末，屡遭战乱的邯郸益形凋敝，在曹操当政的建安十七年(212年)，便废置赵国，将邯郸割属魏郡。此后到20世纪初的千余年间，无论是太平盛世，还是兵连祸结的乱世，邯郸成为既没政治地位又无经济实力的普通封建县城，而且隶属无定。直到1904年京汉铁路的通车，邯郸才重新奔向再度复兴之途。

三、古赵兴衰给我们的启示

领略了古赵的历史辉煌，探寻了邯郸的兴衰成败，我们在历史与现实之间深深思索。如何抓住历史机遇、加快邯郸重新崛起、再创辉煌呢？我们从古赵兴亡的历史中集中得到三点启示：

1. 改革则兴，守旧必亡

战国时期，各国竞相变法，改革成为时代潮流。赵国就是从改革中寻找强国出路。无论是赵简子的"铸刑鼎"、"扩亩制"、"奖军功"，还是赵烈侯的"选练举贤，任官使能"、"节财俭用，察度功德"，还是赵武灵王的"穿胡服"、"习骑射"，都是赵文化开拓进取精神的体现，都是挑战传统观念的思想解放运动。也正是因为赵国一系列的改革措施，特别是赵武灵王"胡服骑射"改革的成功，才使赵国走向了鼎盛。赵武灵王"胡服骑射"改革的成功在于：

结好邻国，营造氛围。改革之前，深谋远虑的赵武灵王已经着手改善与邻国的关系。赵武灵王趁燕内乱之际从韩国找回燕公子职，派人送其回国扶为燕昭王，此事在改革前八年。改革前一年，秦武王与猛士孟说比赛举龙纹赤鼎身亡，赵武灵王派代相赵固从燕国迎秦公子稷并送其归国即位。次年，他又派使臣楼缓到秦、仇液到邯、王贲到楚、富丁到魏、赵爵到齐修好，缓和了与对手之间的紧张关系，避免了四面树敌的局面，保证了向北战略的成功。这种策略，为改革争得了十余年宝贵时间。在此期间，没有与邻国的战争干扰，保证了改革的进程。灭中山的最后一战也利用了齐、韩、魏三国攻秦，诸强无力他顾的间隙而取得胜利。

循序渐进，易于接受。渐进的改革方式，易于被人们所接受。胡服骑射首先始于北部。在那里招募胡兵，并让与诸胡抗击的边民胡服骑射，取得经验，然后才逐步推广。胡服骑射，看似两事，实则为一，因为骑射从服装到装备均需"胡式"。骑兵来源于民间，随着骑兵的建立扩充，胡服就推向民间了，这必然触及民风民俗。赵武灵王深刻意识到这一点。他一再表示要"作教易服"，"以教百姓"，"齐常民"，就是说要移风易俗。据史书记载，赵民"好气，任侠作奸,不事农商"。晋国时期"固已患其悍,而赵武灵王益厉之,其谣俗尤有赵之风也"。这就是说,赵武灵王鼓励其民强悍,并将其纳入改革取向之中。同时,也缩短了赵人、胡人心理上的胡汉差异,胡人开始从感情上亲近赵人。正是渐进的改革,改变了民风民俗,使兵民合一,兵强国兴。

君主带头,百官垂范。胡服骑射是一场自上而下的改革,是一种政府行为,因而,改革必须从官员做起。赵武灵王带头身着胡服,并先后说服了宗室大臣胡服上朝,将军、大夫、戍吏均着胡服,满朝文武胡服盈庭,标志了改革的展开,也向国人昭示了改革的决心。胡服骑射改革,不同于秦、楚、魏等国首倡于商鞅、吴起、李悝等重臣的变革,而是国家第一号人物亲自实施。胡服,他身先群臣穿戴;骑射,历次军事行动,他都御驾亲征。总之,胡服骑射的改革首先从官府开始,然后再扩展到民间,进展相对平稳。

统一思想,凝聚人心。赵国胡服骑射打出的旗帜是强国复仇。赵武灵王反复申明了这一点:先王开拓胡地,功业未遂;中山国侵地残民,宿仇未报。这样,就赋予了改革以继承先王遗志、强国复仇的大义之下,"顿首再拜",恭敬从命。而强国复仇的价值认同,超越了华夷之辩,推动了民族融合。凝聚起来的人心支持了赵武灵王的改革。可以说,北上拓地的每一次成功,对中山用兵的每一次胜利,都巩固、发展着改革的成果;改革不断进展的成果,又促成一次次拓地用兵的胜利。

转变观念,坚定信心。赵武灵王用发展变化的理念破除了种种思想阻力。胡服令将要颁布时,宗室王公及朝中大臣中抵触情绪很大。在这些人看来,现行的服装、习俗、礼仪、制度等等,都不能变。如果改变,就是"变古之教,易古之道,逆人之心",就会背离中国。赵武灵王反驳说,先王没有同样的习俗,有什么古俗必须效法?古代帝王不相承袭,有什么礼仪必须遵循?礼治政令都必须因时制宜,衣服器械都要便于使用。他更尖锐地指出,三王不相袭而兴盛,夏、商固守旧制而衰亡!发展变化的理念,高屋建瓴,势如破竹,保守僵化的观念在其透视下,显得苍白无力。正是观念的更新,推动了胡服骑射改革的成功。

由此我们认识到,解放思想,改革创新是一个永恒的主题。对于邯郸这样一个几乎被几大经济区边缘化了的内陆城市来说,更需要发扬赵武灵王"胡服骑射"的改革创新精神,进一步解放思想,大胆创新,振兴邯郸的经济。

2. 人才兴邦,庸才误国

春秋战国时期,"养士"之风盛行。各诸侯或大夫除了在政治、经济、军事等方面加强自己的实力外,为了逐鹿中原,统一中国,十分需要借助士的力量,因此"养士"变成了一种社会风气。如春秋晚期,齐国的田常,每到年底,仅取

"二制"，即两匹布帛，其余的分给"士"做衣服穿。又如战国初期的魏文侯礼贤纳士，他周围有一大批知识分子。战国中期，齐威王、宣王之时，在都城临淄西门外设稷下学馆，招揽天下文人学士，在那里讲学和著书立说，议论朝政。后来的"四公子"，即齐国的孟尝君、魏国的信陵君、赵国的平原君、楚国的春申君，他们"养士"多达几千人。战国后期的吕不韦，也有"食客三千"。"士"多为有一技之长者，其中许多优秀人物受到重用，甚至出为卿相，如商鞅、吴起等。

选人、用人问题既是事业成败的关键，更是兴国安邦的大事。赵国之勃发兴盛和走向衰败，一个最重要的因素就是人才的使用是否得当。

用人尚贤，是赵文化精神的突出反映。赵氏先祖简子、襄子，在选立继后问题上，敢于打破嫡传血缘的传统观念，而且在选拔国家官吏上更是注重选贤任能。赵简子为了推行改革，重用董安于、尹铎、史黯等一大批文臣武将，保证了改革的成功。赵武灵王之后，赵国文臣武将济济一堂，文臣有蔺相如，完璧归赵；武将有廉颇，攻城略地。相如回车，廉颇负荆，将相携手，开一代朝野政治清明之先河。平原君赵胜广纳人才，有客数千人，著名的有自荐解邯郸之围的毛遂等。荀子劝学论兵，公孙龙持坚白同异之辩，虞卿、綦毋子、毛公、处子等各执其说，讲经论道，形成了邯郸历史上少有的百家争鸣、百花争艳的繁荣局面。这是赵国历代实行用人尚贤路线的结果，更是赵国兴盛的一个重要原因。

然而，赵国也因不重视人才和用人不当而走向衰落，最终被秦所灭。

从长平之战看，秦胜赵败的结局除了总体力量上秦大于赵外，更在于双方在用人问题上的不同。秦军择人得当，起用智勇双全的白起为主将，并告诫全军上下不得走漏风声；而赵军临阵易将，让只会纸上谈兵、毫无实战经验的赵括统帅赵军，终于导致全军覆灭的悲惨下场。

从秦灭赵之战看，赵曾经五次和秦作战，二败而三胜。公元前229年，秦派王翦又一次进攻赵国，赵国派李牧、司马尚带兵抵抗秦国，李牧连续打退了秦国。秦贿赂赵王的宠臣郭开，说李牧要谋反，赵王派人悄悄地逮捕了李牧并杀掉了他。李牧一死，军心涣散，秦军一举灭了赵国，邯郸成了秦国的一个郡。

分析两次战役秦胜赵败的原因，我们得出这样一个启示：国以才立，政以才治，业以才兴。谁善于培养、发现、吸引、尊重、甄别和使用人才，谁就能使自己的事业由小到大、由弱到强，立于不败之地；反之，则会断送前程。空谈误国，实干兴邦，事业兴旺在人才。

现实社会中，错用一人，败掉一个企业或危害一方百姓的事例时有所闻，所以选人、用人问题，党的各级组织不可掉以轻心。要让"纸上谈兵"、"空谈误国"的赵括时刻警醒世人,避免历史的悲剧再次重演。

3. 团结兴旺,分裂必败

战国后期,魏、楚、齐等大国一个个地衰落下去,唯独赵国还有相当的实力与秦国抗衡,从历史的发展来看,很大程度上与廉颇和蔺相如的忠诚相处、团结治国密不可分。因此,将相和的故事妇孺皆知,流传千古,同时更令现代人深思。

赵文化的鲜明特点就是和合精神。这样讲,不是说赵国内部没有矛盾斗争,而是社会上崇尚一种"兄弟阅于墙,外御其务"的思想境界。将相和,这个"和"字,是中国文化、精神中很重要的一条。"和"作为中国的哲学概念——世界观和宇宙观,如今已发展成为政治理论和共同理想,两种不同的事物或相互矛盾对立的东西,相反相成,取得和谐,社会才能发展。

孔子说"和为贵",孟子说"天时不如地利,地利不如人和",都把"人和"放在了最重要的位置。"将相和"这个故事说明将相协调合作,国家才能发展。现在的社会更应该提倡"合"、"和"文化,和平、和谐、合作、聚合,中国历来推崇"天人和合"。中医把人作为一个整体,一处有病,反映了全身系统的不协调。自然、社会、家庭、甚至天下,都需要"和合"。

和合,也是中华历史最重要的经验之一。在封建社会里,"和"始终成为中国独特的哲学概念和政治追求,封建统治者做不到,但他们都在追求。北京的清代宫殿,主体建筑都有"和"字,都是这种追求的反映。中国的统一战线、多种经济形式共同发展、多种分配形式共存、多民族国家的统一等等,无不是在新的阶级基础上的"和"的体现。而且世界的趋势、时代的主题都是和平与发展。

今天,我国在外交上奉行独立自主的和平外交政策,坚持和平共处五项原则,维护世界稳定,促进共同发展。在内政上,提出构建社会主义和谐社会的目标,全面建设小康社会。在和平发展竞争的新时代,在中国经济崛起的伟大历史进程中,"和"被赋予了全面而伟大的政治含义。邯郸的发展正处在一个历史的转折点:我们要抓住机遇,发挥优势,积极承接发达地区产业转移,全力打造晋冀鲁豫中原地区中心城市,向着新的崛起和伟大复兴迅跑。

(原载《邯郸学院学报》2005 年第 4 期)

赵文化的历史哲理意蕴阐释

刘宏勋*

显然,我们当今有必要加以探索、理解和阐释的赵文化,只能是从远古流传至今的有关赵历史的文本、赵地民间传说、赵地文化遗址以及相关的出土文物中所承载的并带有某种残缺与遮蔽的赵文化。这意味着,我们要实现赵文化的解蔽与澄明,就必须进入一个适当的历史视阈,并要能够采取相应的历史视角。赵文化,作为赵地国人历史实践的文明产物方方面面的集成汇合,自然也持存着其表里内外一以贯之的有机性,其中必然凝聚着赵人开国创业先祖与保国继业后代丰富的历史哲理悟性的要素。进一步说来,赵文化,作为远古华夏文明与时俱进分化、创生的晋文化所分离异变出的一种战国地域文化,曾伴随着金戈铁马的较量、胡服骑射的争雄,维系于农耕丛生、冶金炽烈、商贾云集、悲歌动地、乐舞风行的历史氛围之中,日渐养成了其与同代的其他战国地域文化截然不同的系谱独创性。这在赵文化的历史实践经验事迹内具有集中的反映与体现。

赵文化的历史实践、经验事迹及其人文意蕴是丰富多彩的,而其蕴涵的历史哲理悟性,自然更是耐人寻味。笔者拟就赵文化的历史哲理性作一番钩沉阐幽,以求教于学界方家。

赵文化尚贤纳谏的"人和"风范

赵氏宗族的势力,在"三家分晋"前后,及其开国问鼎中原以降,曾经历了不断由弱变强、由小到大之艰苦搏斗、英勇奋争的过程,而这种持续与持久的

---

* 刘宏勋(1954—),男,河北邯郸人,《邯郸学院学报》编辑部副主编、教授,北京大学哲学博士。

百折不挠的发展壮大过程,活力在于他们代代相传地得益于尚贤纳谏之先进而独特的人和风范,尤其对尚贤纳谏的人文价值持有着深刻高远的历史哲理性求索。

与此相关的赵历史文化实践经验的杰出事迹,可谓举不胜举。

于史可见,早在尧舜禹部落联盟时期,就流行着举贤禅让的社稷公职公务推荐制,赵氏祖先的发迹就受益于此。于是,就有赵始祖少昊嬴姓氏族的皋陶及伯益首先作为贤才深得舜禹帝赏识重用,皋陶作刑,治理社稷;伯益作井,佐禹平水土,相继一展雄才大略,惠及四方大家,产生了圆满的回响与回报。

夏商及西周的王侯封国时期,赵氏直接先祖大廉后嗣之仲衍及飞廉,以擅长驾驭之贤才供事于商王朝有功,以致嬴姓显赫;孟增及造父亦因贤供事周王朝,仍显驾驭之功,相继分别得封地号"宅皋狼"以世居、得赐"赵城"而由嬴改称赵氏;更有奄父投身于千亩之战中,以世职幸为周宣王之戎御而善驾,使王临危脱险,方显其骁勇与机智。

进入春秋时期,叔带去周如晋以降,有其五世孙赵夙伐霍被委以主将,赵氏因功得赐"耿"作为入晋的第一个采邑;赵衰以其至贤长久服事晋文公重耳,进谏"尊王攘夷"之计,博得纳谏,三度让贤,求得善任;赵衰之子赵盾,因贤而继嫡宗,事晋国君享誉"宣孟之忠",力荐贤能,并相机验贤,临终为赵氏前途深谋远虑,既坦然让嫡归宗,又托贤臣保举其后代之贤;赵氏之孤赵武,因幸得前辈贤臣长期教化厚爱,荣获"以赵文子为文也,而能恤大事"之盛赞,并"以赵武为贤"而步步晋职而终胜任晋国执政,立得"晋国无乱,诸侯无阙"之佳绩,更大举荐贤得公认,尤能举贤持"私仇不入公门"之正义。

春秋末期,赵简子、赵襄子父子二人因贤能盖世,曾赢得"简襄功烈"之称,赵简子铸刑鼎以治无序,扩亩制以利垦荒,调税率以减轻民负,更能尊贤爱士不限国地,各色贤才,各尽其用,从谏如流,立等实行。赵襄子,武功卓著,崇尚义士,惜贤无私,用贤无猜。

战国时期,赵烈侯得贤相公仲连佐助,公仲连谏言阻止了赵烈侯好音赏宠的意图及许诺,为公仲连的这种贤德正义姿态所感动,番吾君随即热心向公仲连进言荐举三位贤能士人牛畜、旬欣、徐越,并一同引见于赵烈侯,得以重用,一展政治谋略之奇才,以致促成了赵烈侯主持的国事变革,推出了选练举贤、任官使能、节财俭用、察度功德等强国措施。赵武灵王慷慨言志"无其实,敢处其名乎",以自除王号,发动赵国上下易胡服习骑射,重用年长贤臣肥义等,废嫡立贤而王何。赵惠文王任用贤才之功最为卓越,拥立乐毅为相、廉颇为将军、蔺相如为上卿、赵奢为将,使赵国历史文化进入鼎盛时期,仅次于强秦。至于战国晚期,自赵孝成王始,赵氏宗族出了败家亡国之辈,日益抛弃尚贤纳谏风范之制,直至赵国的彻底灭亡。

历数赵文化之尚贤纳谏的史迹,可见,尚贤纳谏所涉及的问题,都是社会共同体的全局或全体性的问题,而某一贤者与某一谏言都意味着或可能关系着全局全体的利益所在,意味着社稷各方利益的公正,各得其所,相安无恙,共同发展。赵文化之尚贤纳谏的史迹表明,赵氏创业先祖已先行领悟到了贤人的美德英才的社会能量、社会效益之重大,可为社稷带来圆满的回响,导致国运畅通。……另外,在赵氏创业先祖的历史哲理悟性理解中,贤人得势实惠广及大家,只因古典贤人总是以公正的化身而出山济世活人,不图私利,只图自己欲求成全他人与大家的智慧得到实现与确证,以求英名远扬人世间。这即是赵尚贤纳谏史迹内含的相应历史哲理性所在。

就赵文化这种尚贤纳谏的史迹及其历史哲理悟性的当代意义来看,实能为当代社会的公职公务人员提供了人文修炼的素养资源,同时也昭示着修炼的取向。人不仅有其阶级性的差异,更有其人性品位或人格品位的差异。而任何历史贤人的卓越性就在于,其既在一定的阶级地位中生活,也不免能超出其阶级地位而谋事为人实现社会公益性。因而不可用阶级的概念生硬地剪裁具体鲜活的历史性的个人。而阶级概念只是被相应地用于穿连历史性的人,以求善解倒是正确的。

赵文化的开放争雄之方略

近期,国内史学界愈发关注"赵文化的历史开放性"这一亮点,一致认为,赵文化是中国上古不同区域的历史文化相互接触、冲突、包容及融合的结果,例如,涉及平原文化与草原文化,农耕文化与游牧文化,华夏文化与戎狄文化,等等。因此,赵文化在与同代其他战国地域文化的竞相称雄的历程中,曾能够持久立于不败之首,几近一统华夏中国天地人,究其原因在于,赵国元首臣民敢于和善于突破祖传陈规,实行接纳异地敌族文明成规与技艺的开放争雄之策略,对开放、变革问题有着相应而深刻的历史哲理悟性。

史籍文献表明,赵氏宗族历代先贤都善于广泛流动交往,接触适应过多种文化形态。赵氏始祖之人文作为由东夷少昊文化缘起,历经融入尧、舜、禹、夏、商、周文化以及各方戎狄文化的交往,其人文曲折流变,甚是波澜起伏,更有异质文化冲突的惊涛骇浪。正由此方陶冶了赵文化的悲慨雄壮、招展奔放的人文美之最。

上古在晋的赵氏宗族并无种族歧视的劣根性,惯于和戎狄族人通婚。自古以来华夏民族就与周边的戎狄民族有战事交往,经常是兵戎相见。尤其赵氏去周如晋以降,类似的情况更是接连不断。但人晋赵宗族并不因此而鄙视戎人,争战归争战,战罢总伴之以双方的通婚,传宗接代,也唯贤继嫡,不因戎人所生而盲目排斥。可见,赵氏自古就没有种族歧视的劣根性,实是难能可贵。

最能体现赵文化之历史开放性的典型史迹,应是赵武灵王所发起和主导的易胡服、习骑射的军事历史急剧变革。由此开始,宽大累形的衣裳代之以短小合身的胡服,笨重缓慢的车兵争战代之以轻便快捷的骑兵争战,进而大大提高了赵人的军事势力及实际战斗力,一转既往总是被动挨打的局面。

战国时段的赵都邯郸得以营造为古代中国的商业文化的一大都会,也体现并推动着赵文化的历史开放性。当时的邯郸以其实业发达、物产丰富而引得各地商贾云集,互通有无,从而带动了赵都邯郸城市生活内容及方式的繁荣,尤其随经商人口流动频仍而使赵地风俗剧变、人情杂合乃至人文延异。

赵文化的历史开放性,还在于先秦诸多学派的学者士人多云集于赵都邯郸,一展多元学术争鸣交融的人文情境。先秦战国时期,是中国历史文化最富于创造性的辉煌时期,尤以齐国的稷下学官最为天下瞩目,但邯郸则是仅为其次的位居中原的思想学术中心,荀子、慎子、处子、公孙龙子、毛公、赵相虞卿、赵将庞煖等,各身怀绝学,赢得学者士人的仰慕。还有孔穿、邹衍、魏牟等前来赵邯郸游居以从事学术切磋讨教。

赵文化的开放争雄的历史事迹表明,赵氏先贤对于开放的补弱强势作用、求变的实用争雄作用及随机求变的常胜不败作用有着自觉的意识。尤其是赵武灵王关于易胡服、习骑射的雄辩,映现了他对于军事实践变革的历史哲理悟性,如史籍明载,他舌战群臣,雄辩历史常变、历史随机应变的大道之理,张扬历史贤士雄才机智善变的功烈垂范,循循善诱地推导出谋生创业、军事征战的规范方式及装置设施应重在务实便用、便事奏效的历史哲理。其相应的历史哲理悟性集中体现在于,武灵王的相机变通谋略意识着眼于实用强力而决胜争雄的战略动机或目的。

赵文化的法德合治之国策

赵文化的历史事迹表明,在开放争雄、变革进取中成长起来的多元异质性的赵文化,是通过法德合治间或法德中和的方式得以巩固继续的。这是说,赵史所贯穿的法德合治中的法制往往有某种程度的德化因素参伍其中,德化事宜也不时有法的强制性因素闪现。因而,无论赵文化的走向发展壮大,还是其走向衰落,都有系于这种文化运行方式及其主导因素的历史性质。

在华夏民族文化史上,赵氏始祖最先表现了法德合治的原创。相传皋陶共制刑罚五种,并以图形示意惩戒;《左传·昭公十四年》说失传《夏书》载明"昏、墨、贼、杀,皋陶之刑也",同时记载"皋陶迈种德,德,乃降",这足以表明皋陶最先表达了依法治恶与以德服人,亦即法制与德化的有机统一。皋陶之子伯益一脉相承推崇法治及利民之德行,《尚书·吕刑》载:"伯益降典,折民惟刑",作井、治水、平土、驯鸟兽,方显伯益畅行利民之圣德。延之春秋,有贤卿赵盾"制事典、正法罪、辟狱刑、董捕逃、由质要、治旧污、本秩礼、续常职、出滞淹",以维系德义风行之世道。相继又有贤君赵简子铸刑鼎铭载范宣子所立成文法而治世道无序,以保证振德隆礼,安邦立国。战国时期,尤有赵武灵王推行改革受族人之阻,在据理说服族人群臣就范的德行之中见法制之意,"寡人恐亲犯刑戮之前,以明有司之法"。当然,值得鉴别,春秋战国时期,由于战事频仍,赵氏宗族的法制尤其军法呈现日渐严酷的趋势,譬如,史载赵国还曾颁布过完善的成文法《国律》(现已失传),涉及了残酷肉刑的种种形式,相继还有徒刑与罚金的法制形式。另一方面,法德混融中和,缺乏确定的界定,法制不严、法制无信的现象时有发生,借崇德而扰法,借尚法而泯德,以至导致既乱法又损德的历史悲剧。因此,可以说,赵氏先贤推崇法德合治间或法德中和之制,既有其成,也有其败。

成者,诸如,赵衰让贤荐贤以强军,体现了以德义保法度;有赵鞅推行军功行赏法,体现了以重赏法促功德;赵奢依法惩治贵族抗税租行为,法制之间见德政义风;赵武灵王发起易胡服习骑射,仁至义尽服族人说群臣就范军事变法;触龙说赵威后,贤德睿智,老谋深算,凸显早求功德积重与依法晋升权位的一致,促成长安君质于齐,体现了以德成法之完美。

此成,印证着在君臣品行贤明的前提下,法德合治间或中和之治的合理性。

败者,诸如:赵盾还嫡归宗,虽彰显其德义之本色,却剥夺了本支族之继嫡法定资格,反引发出赵氏族内部涉嫌法度的赵同、赵括宗族灭门,这体现了因德触法的不幸。武灵王沙丘宫变之遇难事案表明,赵雍废嫡长子章改立贤子何,是以德政撞击法政在前。因怜悯军功卓著的赵章以威武之躯向少年王子何跪拜之委曲,赵雍心生一国二王之制,是情令智昏,以致情义纠缠法义。赵章弑君败逃投靠主父宫赵雍处,赵雍不以军法处之,反以慈父之情加以庇护,又是以仁慈之德行置军法于不顾。终因公子成、李兑臣等围困主父宫而发军令"后出者夷",武灵王赵雍方一筹莫展,悔过伏法,悲哀而渐进地绝食赴义。长平战败事案表明,赵孝成王,懦弱无能,不辨真伪,误信秦离间传言,在长平战事临危之际,竟依了秦军之意,撤免赵军元帅廉颇,代之以纸上谈兵而不能致用的赵括为帅,以致造成赵军长平战败、全军覆灭之惨局。这体现了赵孝成王以主观印象之贤德测度决定军法战事用将之浑浑噩噩,即言德弃法度。而赵王迁在赵国即将沦亡之际,竟轻信秦间谍郭开之谗言,以谋反之罪名,屈杀良将李牧,罢免司马尚的统军职权。这一千古冤案,更体现了把军法当儿戏的昏庸白痴,也是以轻易言人之德、随意度人之贤否而诉诸军法极刑的法德混容制的内在冲突。

此败,则印证了在君臣品行泯灭、贤明丧尽的前提下,法德合治间或中和之治的内在矛盾冲突性。

赵氏祖先是在华夏民族的举贤禅让推荐制的历史情境中,最早介入创生法制理念与形式的。易言之,是在德治的语境中推出法制理念与实践的。但赵氏先人的文化却没有确立起法制的普遍而绝对的权威,宗法德治混容之制时常干扰、排挤法制的彻底落实。这种缘起方式,导致了法德混容的用人处事规矩。在赵氏宗族国运中,是嫡长继位,还是举贤继位,竟仰机利而抉择。这种法德混容制,在国君懦弱、昏庸无能,而其重臣又奸佞狡诈、嫉贤妒能的情况下,往往引发不测之恶事。而在国君仁慈兼爱、情令智昏、重情轻法度的情境中,往往导致以身试法之悲惨结局。

上述史迹,说明了赵氏先贤切实领悟了尚法崇德实践的互补性,但却无视法的至高无上性及其普遍必要性,往往高估德治的主观印象及意志的作用,以致干扰排斥了法制应有的严格、实证、准确、公正的行使程序。

以上有关赵文化的法德合治间或中和之制的史迹的述要及阐释,印证着这样的历史哲理:法治是要由强力维持的一种强制性的历史实践规范形式,而德治是由社会与个人观念形态的规范教导力量维系的一种非强制性的人文教化实践形式,法治与德治具有互动互助互补的作用关系,但绝不能在实际表现形式上互相借用、互相代替。法治关系着社会与个人的生活行为的确定的根本权利秩序及严格禁止的范围,而德治则关系着社会与个人在法治前提基础上的自由自主的生活样式的选择与变换及其应当和不应当、倡导和劝阻的范畴。简言之,法治是硬性的、严厉严肃的,而德治是富于弹性的、温文尔雅的,混淆两者的表现形式与作用秩序或步骤,既会削弱法治的权威,又会降低德治的信誉。这是赵历史文化的实践经验所一再验明的道理,因而是当今我们建设和谐社会,实行新型的法德合治的社会实践所应引起警觉的。总之,法制镇定国基,礼德维系人情,和而不同,相补互动,切记不可相互替借为用。

赵文化的任侠重义之美德

检视赵文化的历史实践事迹,更为令人动心的当是其任侠重义的人文悲壮之丽质。那些在赵文化的历史冲突中所涌现的侠客义士执著的历史动机的奇异性,无论在当时还是当今,都具有最强烈的精神震撼作用,而这种悲壮凄丽的事迹也自有其壮丽的历史哲理性所在,有待于心动的人们去领悟。当然,有不同历史视阈的人,就会有不同的人文视角,因此,阅读理解这类事迹的文本,总是难免引发若干人文价值判断争议。

赵史中具有侠骨义气的惊人史迹,诸如:豫让为知遇恩主知伯复仇两次设计杀赵襄子均告败露,终以赴死相报,引得赵襄子及其族人皆为之而动容涕泣,竟成千古悲歌;鉏麑、青荓陷仗义两难困境,宁以赴死避不义而更显侠义;车右提弥明、甲士灵辄冒死救恩主赵盾;涉宾独不从赵鞅所发脱剑而入见其主赵午(时被囚禁于晋阳)之令,午死而拥其子赵稷在邯郸与赵鞅对抗七年;董安于忠诚待赵鞅,自诺一己承担故犯刑鼎铭律"始祸者死"之禁以免百姓之祸,而后任侠自裁换得晋国宁而赵宗安;李同面临赵国难当头而力谏赵胜速编敢死士卒三千,由己亲率奔赴抗秦前线,逼秦军退却三十里而后壮烈殉国。

上述赵文化中任侠重义的史迹表明,这些侠客义士确立着牢固的侠义理念,正如司马迁《史记·游侠列传》所言:"今游侠,其行虽不轨于正义,然其言必行,其行必果,已诺必诚,不爱其躯,赴士之厄困,既已存亡死生矣,而不矜其能,羞伐其德,盖亦有足多者焉。"简言之,即恪守"士为知己者死,女为悦己者容"的理念。而这种轻生死,重交情,知恩图报,敢于舍身义酬知遇恩主的顽强意念,实源于远古特殊而艰难的历史生存环境,因为那时个人的生命是极其脆弱的,死人的事是随时可能发生的,世道的艰难使人甚感死不足惜,但求死得其所,死得壮烈,死得值!而救人于危难之际、助人死里逃生、除恶霸而扶良弱、成全明君大业的人与事,则是刻骨铭心,永久怀念的,也最为世人敬重。这正是在当时历史生活交往中,人们敬重侠客义士、愿做侠客义士的基本缘由所在。而行侠仗义最怕卷入自己的知己恩人之间以及与社会公认的正人君子之间的生死冲突之中。在这种情况下,则是侠义的二难困境。站在哪一边都有不义之嫌,保持中立做一懦夫更是加倍的不义,于是,只能选择慷慨赴死避不义,方显其真侠义及其悲壮的凄丽。

总之,在赵国历史人生交往活动中,待人处事之所以能够避免冲突,与人相交之所以能够情义长存,在于赵人普遍认同礼让侠义之风。其相应普遍认同的历史哲理信条在于,艰难的历史岁月,尽管各地诸侯兵戎相见,狼烟弥漫,群雄逐鹿中原,生灵多涂炭,是故绝无义战,胜亦英雄,败亦英雄,投靠哪方皆德行。生命廉价不足惜,但死却有鸿毛之轻与泰山之重,求个死得其所方造就一己历史的永生与永恒,是故赵人不约而同崇尚彼此行善得善报,你我以好必换好,否则,生不如死。因此,追求义死之凄丽壮美,正是赵文化之任侠重义史迹的人文本质。赵文化史迹中的这种侠骨义气的人文美,在今天的切实理解和解释中,应该能产生积极的富于创意的延异。

简短的结语

经上述赵文化若干问题的理解与阐释,可以见得,某一民族地域的历史文化,只要处于同其他多种民族地域的历史文化的广泛交往冲突乃至融合的曲折过程之中,就必演化出其异质多元的动态系谱性;只要其民族主体的生活方式、人文素质及其所处地域历史环境具有稳定的制约性,这种民族地域的历史文化就必形成独特的确定性。而民族地域的历史文化史迹的残缺与遮蔽,必将随着相应的考古发现得以补充与解蔽,进而通过古今历史视阈的不断融合,使这种民族地域的历史文化不断进入新的理解与解释,并在积极的调解中获得富于现实创意的革故鼎新。因此,赵氏人文先祖及其后代所创生定型的赵氏地域历史文化,尽管其严重残缺与深度遮蔽,自有其持久考古发掘的必要,更有其永久理解与阐释的人文价值。

(原载《邯郸学院学报》2007 年第 1 期)

论先秦赵人的天命鬼神观念

孙　瑛[*]

作为原始信仰的表现,天命鬼神观念,是人类最早的意识形式,影响着哲学、艺术及礼仪制度等各种文化的产生。对其加以认真研究,可以帮助我们了解某一特定时代人们的思维水平和宗教观念,把握一个国家或区域的社会文化风貌,进而挖掘植根于民族心理深层的价值观念和文化心理结构。因此,历来是社会文化史研究的重要内容。同样,要深入展开对先秦时期赵文化的研究,自然也离不开对赵人的天命鬼神观念的探索。

从殷商至西周,鬼神观念充斥着人们的头脑。特别是商王朝,更是"率民以事鬼"先鬼后人。但是,春秋以来,随着生产力的发展和科技水平的提高,中国社会经历着急剧的变革,人们的思想观念也发生了重大变化。一时间,鬼神信仰日渐淡薄,人文意识趋于萌生。"天道远,人道迩"、"民为神之主"等思想相继产生。恰逢社会大变革时代而建国的赵人,在新旧思想观念的激烈碰撞中,形成了独具特色的天命鬼神观念。

一

赵人对于天命的最流行的认识仍然是把其看做至上神"天"或"帝"的命令。"天",最早意指众神之所,也泛指上天的众神。赵简子梦中游天并接受上帝教诲的故事就反映了上述观念。"居二日半,简子寤。语大夫曰:'我之帝所甚乐,与百神游于均天,广乐九奏万舞,不类三代之乐,其声动人心。……帝告我,晋国且世衰,七世而亡,嬴姓将大败周人于范魁之西,而亦不能有也。'"[1]1097从简子的叙述中,我们可以看到,第一,"天"是上帝及其所属众神

* 孙瑛(1964—),男,河北永年人,邯郸学院历史系副教授。

的居住和活动的场所;第二,帝是天庭的主宰和众神之首;第三,人间的一切事务包括王朝更替和治乱兴衰都在其掌握之中。

为了给自己选择一个合适的继承人,赵简子曾经请姑布子卿为诸子相面。而子卿认为,面前的几位都不够理想。赵简子甚为失望。最后,又召庶子毋恤相见。姑布子卿立即起立说:"此真将军矣!"毋恤是庶出,却得到如此高的评价,赵简子感到不解。子卿曰:"天所授,虽贱必贵。"以后,赵简子又经过慎重考察,"于是知毋恤果贤,乃废太子伯鲁,而以毋恤为太子。"[1]1098《史记》的这段记载,首先反映了赵简子在立嗣问题上的唯才是举。但也说明他和多数人还是相信天命的。否则,姑布子卿也不会以"天所授"来褒扬赵毋恤。

但是,如果把赵氏对天命的认识水平与春秋以前虔诚的天命论者等而视之,那就过分低估了他们的认识能力。在所能接触的关于先秦赵国的文献资料中,有关"天"或"帝"的言论已经很少见了。顺应民意、选贤任能、勤于政事等现实的政治实践已经成为统治者关注的中心。赵氏集团不但不盲目相信天命归己,相反,却常常有一种深深的忧患意识。譬如,当赵襄子接到对翟的战争十分顺利的消息后,"襄子方食而有忧色"。其左右近臣疑惑不解。赵襄子解释道:"夫江河之大也,不过三日;飘风暴雨不终朝,日中不须臾。今赵氏之德行,无所施与积,一朝而两城下,亡其及我哉!"[2]362在这里,面对胜利,襄子不是喜形于色,却是流露出对赵氏的德行不厚、能力不足因而政权是否可以巩固的担忧。

这样,赵氏高层在天命问题上表现出明显的矛盾。一方面,在事关立嗣、兼并土地等重大问题上,天命思想偶有表露;另一方面,一旦接触到具体政治、军事运作的实际,对现实人事的关心便会把虚幻的天命挤得无影无踪。如何看待这种矛盾? 较为合理的解释是:第一,春秋以来,天子势微,"礼乐征伐自诸侯出"、"政在大夫"、"陪臣执国命"。社会历史的巨大变迁,使得传统的天命观念越来越难以对剧烈变动的社会现实做出合理的解释。这必然导致包括赵氏在内的各国统治集团日渐失去对原有天命观的虔诚信仰;第二,赵氏集团的思想深处仍不可避免地有着传统的天命观念的残余,特别是广大下层民众,由于其知识和经历的局限,多数人仍然是传统天命观的真诚信仰者。向人们宣传"君权神授"的天命观念,对于巩固赵氏的统治权力还是大有帮助的。立嗣,是统治者确立继承者的名分,为政权的平稳过渡奠定基础的重大举措。把"天"、"帝"抬出来,可以在一定程度上增添所立嗣子地位的神圣色彩,借以绝断非分者的觊觎之心,令臣子和民众俯首听命。兼并他人之地,本为无理"不义"之举,但一旦祭起天命的大旗,则其兼并行为便有了合法依据,这平添了战争必胜的信心,形成将士用命,上下同心的理想氛围。

史墨是赵简子的近臣,他博学多才,思想深刻而通达。有一段他与赵简子的对话,反映出这位贤臣进步的天命思想。赵简子问,鲁国的季氏推翻了国君,老百姓居然接受了季氏的统治地位,原因何在？史墨回答说:"'物生有两,有三有五,有陪贰'……王有公,诸侯有卿,皆有贰也。天生季氏,以贰诸侯,为日久矣。民之服焉,不亦宜乎？鲁君世从其失,季氏世修其勤,民忘君矣。虽死于外,其谁矜之？社稷无常奉,君臣无常位,自古以然。故《诗》曰:'高岸为谷,深谷为陵。'三后之姓,于今为庶,王所知也。……天之道也。"[3]915—916史墨的回答是,季氏出其君是合理的。他从理论和实践两个方面进行了说明:君臣地位不是永恒不变的,如同自然现象一样在不断发生变化、转化。就国家政权而言,转化的条件是,谁能治理好国家,谁能得到民众的拥护。史墨说,这就是天道。

从以上评论中我们看到,史墨所说的"天道",并不是上天赏善罚恶的意志,也不是"福善祸淫"的天命,而是指事物发展的法则、规律性。他充分肯定了对立面的转化是自然和社会的普遍法则,明确反对死抱传统的天命教条不放。应该说,史墨的言论,集中反映了赵人中少数精英分子先进的天命观。他们这种先进思想也或多或少影响着赵氏最高统治者,推动他们更加重视现实实践中的积极作为,开拓进取。

荀子,作为赵国杰出的思想家,战国末年的儒学大师,他对天命的认识,已经达到了同时代人绝难企及的高度。他完全剔除了传统天命观中神秘主义的残余,提出了惊世骇俗且在当时最为科学的天命观。

首先,他以无神论思想为基础,给天的概念做出了基本科学的定义。"列星随旋,日月递炤,四时代御,阴阳大化,风雨博施,万物各得其和以生,各得其养以成,不见其事,而见其功,夫是之为神。皆知其所以成,莫知其无形,夫是之谓天。"[4]177就是说,"天"是化生万物而莫知其形的物质运动规律,天是自然之天,并非万物的主宰者。

其次,提出了"明于天人之分"的思想主张。既然天是自然之天,我们就应当把人世的治乱与自然界的运行区分开来,认识到,天不会干预人世的治乱。"天行有常,不为尧存,不为桀亡。"[4]176圣贤之世,天不会降祥瑞给人间;暴君横行,天也同样不会降下灾异。同时,人的好恶也不能改变天道的规律。"天不为人之恶寒也,辍冬;地不为人之恶辽远也,辍广。"[4]180所以,天根本不以人的意志为转移。这样,不仅商纣王的"我生不有命在天？"的观念是十分可笑的,而且,即如"皇天无亲,惟德是辅",以及孟子的"顺天者存,逆天者亡"也是不科学的。因为,根本就不存在什么神秘的"天命"。

最后,荀子在前述思想的基础上,进一步提出了"制天命而用之"的辉煌命题。"大天而思之,孰与物畜而制之! 从天而颂之,孰与制天命而用之! 望时而待之,孰与应时而使之! ……故错人而思天,则失万物之情。"[4]183—184 他比较了对待天的两种不同态度:前者是仰慕天意、赞颂天德、期待天时,这是一种应当抛弃的消极无为的态度。后者则是要控制自然、变革万物、治理万物,这是值得提倡的积极奋进态度。荀子认为,前者的错误在于失掉了人的主观能动性,脱离了人的实际情况,不了解"天人之分"。在此,荀子于儒家正统天命观之外开拓出了另外一种积极有为的思想观念,否定了"尊德性"、"畏天命"的传统思想,从而一改以往天命观中人的消极被动地位,突出了人的主体意识,肯定了人在宇宙中的价值地位。

二

前面我们探讨了赵人的天命观念,以下,我们将对其鬼神思想加以讨论。

春秋战国时期,多数民众仍然保留着浓厚的鬼神信仰。但是,由于生产能力的提高,阶级的分化以及地缘的扩大,血缘因兼并融合而淡化,加上社会政治的超乎寻常的变动,导致以往那种玄虚的鬼神观渐渐不再是立"德"行"礼"的基准。至少在上层阶级中,鬼神已不再是他们真正虔诚信仰的对象。

虽然神鬼观念因功利的需要而有一定的变化,但整个先秦时期人们对鬼神含义的阐释还是较为一致的。神,多指自然的灵气,如山神、河神;日、月星辰之神等。而"天帝"则是众神之首。《礼记·祭法》云:"山林川谷丘陵,能出云,为风雨,见怪物,皆曰神。"可见,神的最早含义是指各种神秘的自然之力,是自然崇拜的产物。但是,随着时代的发展,祖先崇拜逐渐兴起,出现了神的人化和人的神化的双向发展。人们渐渐把自己的祖先和圣贤也奉为神明加以崇拜。这样,就出现了神的另一个组成部分即已逝的祖先和少数圣人贤士。

至于鬼,一般是指人类的灵魂。《礼记·祭法》说:"人死曰鬼,此五代之所不变也。"可见,人死为鬼即是鬼的基本定义。只不过鬼神二者间存在某种交叉,《潜夫论》卷六云:"且人有爵位,鬼神有尊卑。"有少数高等级的鬼可以上升为神,即"鬼之灵者曰神"。

赵人的绝大多数仍然是相信鬼神存在的。其贵族中盛行的厚葬之俗就是重要的证明。赵人鬼神信仰的浓厚突出表现在人殉陋习依然残留上。在赵都邯郸百家村所发掘的四十九座战国时期赵墓中,有五座发现殉人,这几乎占中原地区已发现的战国人殉墓的一半。在人殉陋习已遭社会舆论强烈谴责的情况下,赵国人殉墓多次出现,反映了赵氏鬼神崇拜风气之盛。

众所周知,与周人不同,商人有着更突出的多神崇拜的特征。也许因为赵氏身为颛顼苗裔,与商人有着共同祖先的缘故,"赵氏多神",已为众多史家所公认。

赵国人所崇拜的神,除了至上神"天"、"帝"外,还有山、川、日、月等自然神以及赵氏先祖等。他们相信,神时时都在观察着自己的一举一动,并善意地护佑着他们。神可以采用托梦、现形等方式,主动为他们指点迷津。同时,人也可以通过占筮从神那里了解吉凶。

由于受西周春秋以来道德伦理主义思潮的影响,赵人心目中的自然神也明显具有一种道德伦理色彩。他们认为,神具有鲜明的正义感,它只欣赏和护佑那些仁而有德的人。"婴梦天使谓己:'祭余,余福女。'使问诸士贞伯。贞伯曰:'不识也。'既而告其人曰:'神福仁而祸淫。淫而无罚,福也。祭,其得亡乎?'"[2]22这是说,赵婴齐与其侄媳通奸,遭到异母兄弟赵同、赵括的放逐。婴齐不愿离开故地。在梦中,神告诉他,只要祭祀神,便可以免除放逐。但贞伯不相信。他认为,婴齐做了坏事,这就决定了他必将受到惩罚,即使祭神也无济于事。

赵人对自然神的崇拜集中表现于其与神山霍泰山的密切关系上。据《史记》记载,霍泰山原为霍国之神山。可是,"晋献公之十六年伐霍、魏、耿,而赵夙为将伐霍,霍公求奔齐。晋大旱,卜之,曰:'霍泰山为祟'。使赵夙召霍君于齐,复之,以奉霍泰山之祀,晋复穰"[1]1093这样,该山便与赵氏建立了初步联系,以后就成了赵人的主要崇拜对象之一。这条材料似乎说明:第一,神是有感情和偏爱的,他会对伤害自己奉祀者并忽视、轻慢自己的人施加祸难。第二,神也并非永远一意孤行。在一定条件下,它又会承认人间的既成事实,把感情转移到新的奉祀者身上。否则,就不会发生霍泰山原为霍人的崇拜对象,继而成为赵之神山的事情。第三,神非常在意人对它的祭祀。祭祀,一方面是神的需要,但更是借以判断世人对其是否尊崇的标准之一。赵人认为,他们能够灭掉强大的智氏并进而向北占领林胡之地,拓展领土,与神山的帮助密不可分。霍泰山之神被尊崇为拥有神奇力量的保护神。

赵人所崇拜的河神当为漳河河神与滹沱河河神。广为流传的西门豹治邺的故事,清楚地展现了漳河沿岸的人们对该河神的敬畏态度。沈长云先生在《赵国史稿》中指出:虽然这个故事发生在魏,可邺地曾属于赵国的领地,且漳河在赵有很长的河道,在战国时期属于多害之河,赵国境内也应存在对漳河之神的崇拜和祭祀。另外,在今河北平山境内,发现了战国时期祭祀河神的祭祀坑,坑址位于滹沱河北岸,估计这些祭祀坑就是赵人祭祀滹沱河时埋牺牲所用。[5]

如果说,在赵人的心目中,天、地、山、川等自然神灵"福仁祸淫"有较强的正义感的话,那么,祖先神则更具有鲜明的感情色彩,与其后人的关系就更为亲密无间,所以,是他们最直接而可信赖的保护神。为什么祖先神不像其他神灵那样公正无私? 这应当与传统的"神不歆非类"观念有关。这种观念认为,祖先神只享用本族人的供祀,而外族人的祭品,它是无权也不愿享用的。所以,祖先神如果不对其后人悉心护佑,一旦在世的族人遭殃,那么,其本身也将无所皈依。这样,它对其族人的偏爱就是顺理成章的事情了。

《史记·赵世家》载:"晋景公之三年,大夫屠岸贾欲诛赵氏。初,赵盾在时,梦见叔带持要而哭,甚悲;已而笑,拊手且歌。盾卜之,兆绝而后好。"这是赵盾的先人赵叔带托梦与他,告知赵氏家族灾难(下宫之难)将至。果然,赵盾去世后下宫之难发生。十五年后,晋景公患病问于韩厥,韩回顾了赵氏的历史及功德,认为赵氏"世有立功,未尝绝祀"。力劝景公恢复赵氏的宗庙和政治地位,终有赵武复出,得复田邑。可见,赵氏对祖先的祭祀一直未曾中断,祖先神在其族人心目中地位之重要由此可见一斑。

鬼,古人普遍相信由人死后的魂魄生成。1974年在睡虎地出土了大量秦简,其中《日书》大部分内容均与鬼神有关,为人们研究秦人的鬼神观提供了丰富的资料。从中,我们看到秦人心目中的鬼可谓形形色色,种类繁多。有哀鬼、夭鬼、游鬼、厉鬼、饿鬼、等等,不一而足。鬼还具有人的基本特征。如男女之情、口腹之欲、喜怒哀乐之性,有人的形象、人的思维,且能直接与人言谈。[6]

囿于资料的限制,我们目前尚难以对赵人的鬼神观念作出详细的描述。但是,有一段赵景子(赵武之子)与郑国大夫子产的对话似乎可以反映当时赵人对鬼的基本看法。郑国的伯有死于襄公三十年,后来有人梦见他。伯有说要在昭公六年、七年分别杀死两个人。这两个人果然死了,国人皆惧。子产说:"鬼有所归,乃不为厉。"为安抚伯有之鬼灵,遂立其子为大夫,使其子能够祭祀他。以后,再无伯有鬼魂为害。及至子产访晋,赵景子问道:"伯有犹能为鬼乎?"子产曰:"能。人生始化曰魄,既生魄,阳曰魂。用物精多,则魂魄强,是以有精爽,至于神明。匹夫匹妇强死,其魂魄犹能凭依于人,以为淫厉。况良霄,我先君穆公之胄,子良之孙,子耳之子,……其用物也弘矣,其取精也多矣,其族又大,所凭厚矣。而强死,能为鬼,不亦宜乎?"[2]50

子产的这番高论告诉我们,首先,人死后便成为鬼。子产所谓"强死,能为鬼,不亦宜乎?"给人一种印象,似乎只有部分人死后成为鬼。但从他发表言论的具体环境分析,两人所说的"鬼",应当是特指"其魂魄犹能凭依于人以为淫厉"的厉鬼;其次,鬼有良善淫恶之分。之所以有淫恶之厉鬼,是因为鬼像人一样,也需要衣食住所。那些能够享受祭祀者,因为居食无忧,故能与人各得其所,相安无事,这些就是普通的鬼。特别是国家的先王和历史上的少数英雄圣贤甚至还可以由鬼升格为神。相反,鬼如果没有归宿,就会成为"厉"即恶鬼。恶鬼可以通过多种方式降附于人和动物以作恶,危害生人;最后,鬼像人一样,也有强壮和衰老之分。如果人是在正常情况下因衰老而死,则其魂魄较弱,以后便渐渐消散,此鬼也就不复存在。可是,如果人在年轻力壮时死亡,其魂魄旺盛,加之无所皈依,便会成为厉鬼。特别是那些生时吸收物品多的人,那些出身高贵家族的人,其魂魄就尤为强盛。这样的人如果是"强死"就更容易成为厉鬼。

赵人相信鬼神的存在,并且对其心存畏惧。《战国策·东周策》记载:"赵取周之祭地,周君患之,告于郑朝。……及(赵)王病,使卜之。太卜谴之曰:'周之祭地为祟。'赵乃还之。"赵国夺取了周的祭地,周君用三十金通过郑贿赂赵国的太卜。太卜利用赵王生病查找病因之机,故意用周之祭地鬼神作怪来恐吓赵王,赵王只好退还了侵占的领土。

赵人相信鬼神并畏惧之,但对社会现实问题的关注已远远超过了对鬼神之事的重视程度。其具体表现主要有:第一,赵简子的近臣史墨解释"季氏出其君而民服焉"的原因时,只字不提鬼神,完全从昭公和季氏不同的政治实践来分析,赵简子是赞同史墨意见的。他执政时期,始终把培养自身德行修养、延揽人才和取得民众的拥护作为稳定和发展晋国并壮大赵氏集团力量的根本措施,明确宣布,要把"无始乱,无怙富,无恃宠,无违同,无敖礼,无骄能,无复怒,无谋非德,无犯非义"。[2]59作为自己的座右铭,体现了鲜明的人文意识。这是一个虔诚的鬼神论者难以做到的。第二,尽管赵氏逢重大行动时仍大多要占卜吉凶,但已不再完全以占卜的结果决定自己的行动。甚至,有时,干脆"不烦卜筮",径直行动。《左传·哀公》载,哀公二年,赵简子率兵拦截齐国运往晋之范氏的粮车,与护粮的齐军和范氏部队交战。"卜战,龟焦。"乐丁说:"《诗》曰:'爰始爰谋,爰契我龟。'谋协,以故兆询可也。"于是,简子便命令发动进攻。这就是在没有占卜的情况下进军的一个例证。以后,晋国的知伯也有类似的行为。凡此种种,都预示着,赵人的鬼神信仰行将走向衰落,现实的实用理性正在逐步压倒神秘的鬼神崇拜。

荀子是赵国知识精英的集中代表,其鬼神观念之可贵,首先在于他大胆地撕开了千百年来笼罩在鬼神周围的神秘面纱,揭示了其内在本质。他认为,所谓神,其实只不过是大自然的造化作用,是存在于自然界中的人类所未知而有待探索的因素。"万物各得其和以生,各得其养以成,不见其事而见其功,夫是之谓神。"[4]177所以,神同样是一种客观的自然,根本没有传统的鬼神观所赋予它的人格特征。

为什么会产生那种错误的鬼神观念呢？"星坠木鸣，国人皆恐。曰：是何也？曰：无何也，是天地之变、阴阳之化，物之罕至者也。怪之，可也；而畏之，非也。"[4]181 人们对这种自然现象不能理解，于是就认为有鬼神作怪。此外，荀子还从心理学的角度解释了鬼神迷信产生的原因。指出，人之信鬼的原因在于"疑玄"。"凡人之有鬼也，必以其感忽之间疑玄之时正之，此人之所以无有而有无之时也。"[4]240 也就是说，人之见鬼，是因为人在恐惧、心神恍惚等心理状态下产生的一种以无为有的错觉。这样，荀子就以这种精辟的论述，从根本上否定了鬼神的存在。既然无鬼神，则遇到困难求神问鬼也就毫无意义了。有人问："雩而雨，何也？"荀子答曰："无何也，犹不雩而雨也。"[4]183 举行祈雨的仪式下了雨，其实，不举行这样的仪式也会下雨。下雨是大自然的造化，与求神无关。

值得注意的是，荀子虽然不信鬼神，但并不一概反对传统的迷信鬼神的仪式。对于居丧、祭祖和祭祀天地的仪式等反而竭力提倡。不过，他对这些仪式的作用和意义进行了新的阐释。"日月食而救之，天旱而雩，卜筮然后决大事，非以为得求也，以文之也。故君子以为文，而百姓以为神。以为文则吉，以为神则凶也。"[4]183 这是说，求雨、卜筮等仪式，君子只把其当做顺应人情风俗的一种文饰，并不是真的相信它。如果真的相信则是要受害的。那么，这种"文饰"有什么意义呢？荀子认为，其意义在于为自己"隆礼"的政治思想服务。"隆礼"，"重法"，礼法并举，是荀子政治思想的基本内容，其中，"礼"又是其思想的核心。他认为，礼本质上是一种区分等级、划分职分的标准。没有它，就没有"分"的标准，就不能让人安于职分。荀子进一步提出了礼的三本说："礼有三本：天地者，生之本也；先祖者，类之本也；君师者，治之本也。……故礼，上事天，下事地，尊先祖而隆君师，是礼之三本也。"[4]205 可见，荀子之"礼之三本"说，正是对其支持保留传统的祭祀天、地、先祖仪式的最好诠释。就是说，他要努力使历史遗留下来的神道仪节为今天的隆礼之目标服务。因为，传统的祭祀和丧葬活动中森严、烦琐的礼仪规定，能够区分尊卑贵贱，明确人们的身份等级，而在荀子看来，这恰好是巩固礼教的很好方法。

荀子的这种主张，初看起来颇有传统儒家"神道设教"的特色，但也有明显的区别。因为，既要"设教"，就应相信"神道"，否则，这种"教"便有失灵的危险。荀子这种以无可祭者而祭之的要求，事实上抽掉了祭祀、丧葬等宗教仪式的神学基础，最终把神道变成了人道，显示了鲜明的人文精神，这是应当给予充分肯定的。

三

综上所述,赵人的天命鬼神观念在不同的阶级、阶层有着不同表现。一般的下层民众,由于掌握的知识有限,加上统治阶级长期以来出于"神道设教"的需要而对传统鬼神观念的倡导,他们较为普遍地相信鬼神的存在,敬神、祭祖等活动,仍然是其日常生活中的重要内容。赵国的上层统治者对于天命鬼神则既信又疑。一方面,旧的思想观念在他们内心深处仍有着深刻烙印;另一方面,出于维护既有统治秩序的需要,也决定了他们不能轻易地走上否定鬼神存在的道路。于是,他们表现出讲鬼神但更重视人事的特征。至于如荀子等少数知识精英,由于其掌握了先进的科技文化知识,频繁地进行各种形式的文化交流,加之知识阶层相对超脱的社会地位,都有利于他们形成较为客观正确的思想。这种重人事,轻鬼神乃至早期的无神论思想,反映了春秋战国时期,生产力的发展,社会各个领域激烈变革引发的人们思想观念的巨大变化,代表着时代发展的方向。

参考文献:

[1] 张大可:《史记全本新注》,三秦出版社 1990 年版。

[2] 胡广文、康香阁、韩燕红等:《赵文化资料汇编及注释》,延边大学出版社 2004 年版。

[3] 杜预:《春秋左传集解》第 3 册,上海人民出版社 1977 年版。

[4] 章诗同:《荀子简注》,上海人民出版社 1974 年版。

[5] 沈长云等:《赵国史稿》,中华书局 2000 年版。

[6] 李晓东、黄晓芬:《从〈日书〉看秦人鬼神观及秦文化特征》,载《历史研究》1987 年第 1 期。

（原载《邯郸学院学报》2007 年第 1 期）

从赵盾"还嫡"之举看"嫡长子" 继承制的局限性

王杰锋*

家族(国家)权利和地位的传承有一个演变过程,从兄死弟及继承制,到嫡长子继承制,再到秘密立储,反映出统治集团在不断地摸索合适的继承制。从西周开始创制的嫡长子继承制因其便于操作等优点而被后世王朝尊为正统的传承制。但是传统的嫡长子继承制存在着很大的局限性,即在外部矛盾日益激烈的情况下,以嫡长子继承制确定的继承人可能因为能力有限而无法适应斗争形势的需要,存在着使家族(国家)走向灭亡的危险。春秋时期的晋国内部,诸卿族明争暗斗,各种势力复杂交错。各卿族为了谋求生存,对家族的继承人的选择慎之又慎,反复斟酌。本文即从赵衰和赵盾两代人挑选家族继承人的对比来展开讨论的。

一

赵盾是赵衰在政治上的继承人,但赵盾是庶子,并不是赵衰的嫡长子。这一点史书的记载是非常清楚的。《史记·赵世家》记载,"翟……长女妻赵衰而生盾。初,重耳在晋时,赵衰妻亦生赵同、赵括、赵婴齐。"[1]1781而《左传·僖公二十三年》的记载是"狄人伐廧咎如,获其二女,叔隗、季隗,……以叔隗妻赵衰,生盾。"[2]405二者的记载略有出入,但有一点我们可以明确的是赵盾是狄女之子。重耳在外流亡十九年后回晋国继位,为了报答赵衰的忠诚,也为

* 王杰锋(1982—),男,广东汕尾人,华南师范大学历史文化学院中国古代史研究生。

了笼络赵衰,把女儿嫁给赵衰,生下了赵同、赵括和赵婴。① 在正常的情况下,如果严格执行当时的宗法制度,赵盾是绝无机会继承赵氏宗族的。奇怪的是,赵姬以赵盾有贤才为由,不但坚持要把赵衰的狄妻迎回晋国,还要把狄妻所生的赵盾立为赵氏的嫡子。赵姬为了取得烈女的虚名而牺牲自己儿子的嫡子的政治权利,这有悖常理。②

晋国在没有发生内乱之前,"赵衰卜事晋献公及诸公子,莫吉;卜事公子重耳,吉,即事重耳"。[1]1781赵衰这种行为本来就带有很大的政治赌博投机心理。据《史记·赵世家》记载,叔带去周如晋之后的五代人,只能做到"赵宗益兴",在赵衰之前,赵氏并不是晋国的强宗大族。跟随重耳在外流亡的除了赵氏,还有魏、狐、先诸族。跟随夷吾的也有吕、郤等族。赵氏要在晋国复杂的政治舞台上谋得生存并不容易。在这种情况下,对于赵衰这种有政治谋略的政治家而言,他跟随重耳在外流亡,就是为了能取得足够的政治资本,以便为赵氏在晋国争得更好的生存话语权。联系到当时的晋国内部的竞争,赵衰以选贤为原则,而不是以贵为原则来选择家族的继承人也就是必然的了。因此,我们不能排除赵姬是在赵衰的压力下,才被迫以让贤的名义把嫡子的权利让给狄妻所生的赵盾。

赵盾继承了赵氏宗主后,在晋国太傅阳处父的主持下击败强敌狐氏当上中军帅,成为晋国正卿,在他主政晋国的二十多年里发展了赵氏的势力,使赵氏成为晋国强族。在家族势力得到发展的同时,赵氏家族内部也酝酿着危机。赵盾为了协调好宗族的关系,做出了"让嫡"之举。赵盾"让嫡",也就是默认了其地位的非法性,即赵盾能够执政,是篡夺了赵括兄弟的权利。宗法制下,宗主就是家族在政治上的代表,在"子以母贵,母以子贵"[3]36的礼制社会,作为狄女所生的儿子,在血缘上,在出身背景上,赵盾与赵括兄弟与生俱有的身份是不可同日而语的。赵括兄弟失去了其应有的地位和权利,心有所不甘,与赵盾一系发生矛盾也是在所难免的。

赵盾当初能取得嫡子的地位,除了其个人的贤能和其父的大力主持外,还离不开其父的属下阳处父的大力支持。在他的威势下,尚能维持赵氏宗族表面上的和谐,但是在内部却是矛盾日益尖锐。族人赵穿是晋襄公的女婿,"有宠而弱,不在军事;好勇百狂",[4]590在秦晋的河曲之战违背赵盾的指挥。为

---

① 按照《史记·赵世家》的记载,赵衰先娶赵姬,后娶狄妻。按常理似乎《史记·赵世家》有误,详见杨伯峻《春秋左传注·僖公二十四年》。

② 有学者认为赵姬是主动让出嫡位的,详见沈长云、魏建震、白国红、石延博著《赵国史稿》,中华书局 2000 年版,第 58—59 页,第 281 页;[汉]刘向《列女传·卷之二贤明传·晋赵衰妻》。

了维持宗族的利益,事后赵盾并没有利用自己的地位对赵穿作出处置。赵盾在两难中作为赵氏宗主和晋国正卿的权威因此而受损。①

随着时间的推移,因为与晋公室的血缘关系,赵姬所生三子在国内和族内的权势有增无减。如此下去,赵氏面临着分裂的危机。在这种情况下,为了维持宗族内部的和谐,赵盾只能向赵姬之子作出妥协。为此,赵盾借晋成公初即位之机,让出了自己的赵氏宗子的地位,"(宣公三年)冬,赵盾为旄车之族。使屏季以其族为公族大夫"。[5]666赵盾此举,使赵姬之子取得了宗子的地位,赵盾一系则退居小宗。赵盾试图以此平衡内部势力,消除族内矛盾。②

赵姬之子取得了失去的宗子地位,看似问题可以就此结束了,但却隐藏着更大的弊端。赵盾之子赵朔娶了晋君成公的之女(晋景公之妹),和赵姬之子如出一辙地因为与晋公室的姻亲关系而获得尊贵的地位。赵朔因为赵盾的让嫡而失去了赵氏宗主的地位,但并没有失去政治地位。公元前601年赵盾死,赵朔开始登上晋国政治舞台。到公元前597年爆发的晋楚泌之战时,赵朔便出任下军将,并有出色的表现。赵姬三子也参与了这场战役,赵括、赵婴任中军大夫,赵同是担任下军大夫。赵朔是赵氏的小宗,在政治职务上却高于身为赵氏宗主的赵括,嫡庶的政治地位出现偏差。赵朔在泌之战后不久就逝世了。在赵朔死了之后,赵括才真正地取得了作为赵氏宗主所应有的政治地位,"十二月甲戌,晋作六军。韩厥、赵括、巩朔、韩穿、荀骓、赵旃皆为卿"。[6]815从赵盾的"还嫡"过后将近二十年,赵括才依靠自己的赵氏宗主的身份取得了政治上相应的地位。可见赵括虽然取得了赵氏宗族的宗主地位,但是在政治上并没有太好的发展,这在极大的程度上是因为个人的能力确实有限。嫡庶关系的改变并没有反映在政治地位上,赵氏宗族在赵盾晚年有所缓和的内部矛盾又一次浮出了水面。

二

在泌之战中赵氏宗族的内部矛盾暴露无遗。赵朔与赵括兄弟之间的分歧,除了族内宗主地位之争的原因之外,还在于家族在以后如何发展的路线选择上出现分歧,在这场战争中主张何种立场,其实密切关系到赵氏以后整个家

---

① 此外分析可参见沈长云、魏建震、白国红、石延博著《赵国史稿》,中华书局2000年版,第68—69页。

② 有学者认为是赵盾此举是为了报答赵恩,见顾德融、朱顺龙著《春秋史》,上海人民出版社2003年版,第114页。

族的命运。因此，泌之战中赵朔和赵姬三子的立场抉择就能充分地说明赵朔和赵姬三子孰贤孰不贤。在泌之战中，面对强大的楚军，是战是避，晋军将帅的意见严重分歧。考虑到此时的楚国内部团结，风头正盛，荀氏、栾氏和范氏等主要将领主张晋军撤退，避免和楚军正面交锋。而先縠承认此时的楚军军势正盛，但"成师以出，闻强敌而退，非夫也"。坚持主张和楚国决战。与此相对应，赵氏内部对此也意见分歧。赵括、赵同兄弟依附先縠也主张出兵迎击楚军。而赵朔看到栾书的上升势头，此后必将执掌晋国大权，"栾伯善哉，实其言，必长晋国"，[7]732—733赞同栾书的看法，支持暂先撤退。在这场战争的决策上，赵氏叔侄公开出现分歧，赵氏内部日益尖锐的矛盾表面化，没有取得一致的立场，整个家族出现分裂。在家族斗争白热化的时候出现这种情况不能不说是赵氏的悲哀。

在赵朔死后，赵姬三子内部也有了矛盾。内部的不和使得外族有机可乘。前586年，赵同、赵括以和赵朔之妻赵庄姬通奸为名把赵婴驱逐到齐国。这最终成了导致使赵氏遭到灾难性打击导火线。赵氏灭门之难很多文章都有所论述，在此本文就不再加以论述，重点放在赵朔和以赵括为主的赵姬三子的才能对比上。从后来的事态发展，特别是泌之战中，就能看出赵盾当初屈从传统宗法制的立嫡长子继承制，以选贤方式确立继承人是不利于家族的生存发展的。

在赵盾死后，赵氏家族政治地位日益下降，在与其他卿族的竞争中，逐渐处于下风。赵朔名列六卿但排名靠后，赵括只是中军大夫，而栾氏、荀氏、郤氏等卿族的势力正处于上升阶段。赵氏的风头已大不如前。与此同时，赵氏在赵盾时期和其他卿族的和谐关系正在逐渐恶化（《左传·文公六年》记赵盾在执政期间制事典，正法罪，辟狱刑，董逋逃，由质要，治旧洿，本秩礼，续常职，出滞淹）。

赵盾临死前，选择了郤缺作为接班人而没有支持荀林父接替正卿之位。（郤缺当时将上军，排名第三，荀林父佐中军，排名第二，按照六卿排名的正常顺序，接替赵盾正卿位置的应该是荀林父，而不是郤缺）。此后，赵氏和荀氏一直关系比较疏远。一旦赵氏落难，难保荀氏会有落井下石之举。

在楚晋泌之战中，赵朔将下军，栾书任下军佐。史书没有记载赵朔和栾书之间的私人关系，但从赵朔在这场战役对栾书的支持来看，他们之间的关系应该不错，至少他们会保持一种表面上的和好关系。此时栾书的地位较低，但上升势头迅猛，是不可忽略的人物。这点是赵朔所承认的。资历尚浅的栾书也要顾及到赵朔与晋景公的关系。但是赵朔早死（赵朔在泌之战，史书就没有了他的踪迹）。与赵朔的表现出来的明智相反，身为赵氏宗主的赵括兄弟并没有承认家族势力下降的事实，也没有看清楚其他家族的发展趋势，不注重协调好和其他家族,特别是和栾氏和郤氏的关系。赵括兄弟没有审时度势,非常不明智地处处和栾氏作对。在泌之战争中,荀林父、栾书等人与赵氏发生了抵牾。①

前590年前后,赵同担任下军佐,跻身卿位成为赵家在政治上的代表。但和栾氏的关系似乎没有转好的意思。前588年,晋国建立新三军,扩大卿的队伍(12人),但赵家又有两人加入卿的行列——赵括佐新中军、支系的赵旃(赵穿之子)佐新下军。

前587年,栾书从下军将(在众卿中排名第五)直接担任中军帅,权势大盛。前585年,楚国攻打郑国,栾书率领晋军进行了救郑侵蔡的战争。在这次战役中,赵同、赵括依然是坚定的主战派,但是栾书还是听从荀首、范燮、韩厥的主张,决定退兵。仔细分析这场战役的各种因素,应该说栾书决定撤兵的决策是明智的,但是赵氏在这场战役所持有的的强硬立场,表明出来的盛气凌人,挑战了栾书的地位和权威,两家的矛盾继晋楚泌之战后进一步加深。赵括兄弟作为赵氏宗主,本应为家族争取利益,但却只顾于一时的意气之争,没有审时度势地谋求家族复兴。这只能说明赵括兄弟没有大局观,眼光短浅。

赵氏势力的重新回升使得赵家不但与主政的栾氏的矛盾有所加剧,与郤氏也有了权力争夺的冲突。郤缺之子郤克在荀林父之后担任中军帅,前589年(成公二年)郤克率晋军在鞌击败齐军,家族势力有所上升。此后郤氏极力扩张家族势力,在鼎盛时期郤氏整个家族共有三卿八大夫:郤至、郤锜、郤犨为"三郤"。此时赵家也有三个人在十二卿的行列中。成为郤氏进一步扩充家族势力最大的阻碍。如此两家的关系自然也就成了争夺政治地位和权利的敌对竞争关系,关系的紧张也就可想而知了。

在赵盾死后,赵括兄弟故步自封,不识时务,没有及时调整家族发展的路线,相反锋芒毕露,处处树敌。在赵括兄弟的引领下,赵氏日益孤立,已经处于极端不利的境地。此时的赵氏已经成为其他卿族的共同威胁。不过,此时的态势发展还不足以让赵氏与其他卿族的关系完全破裂,毕竟赵氏一直与晋公室保持着密切关系,其他的卿族有所顾虑。赵朔娶了晋景公的妹妹,赵朔死后,赵庄姬又与赵婴通奸,正是赵庄姬的缘故,赵氏尚能维持与晋公室的良好关系。晋公室也要依靠赵氏来平衡诸卿族的势力。在这种情况下赵氏与其他卿族的矛盾才隐而不发。这也是为何当赵庄姬一发难,其他卿族就能抓住时机给赵氏于致命一击的原因。如果此时的赵氏改弦更张与其他卿族作出妥协

---

① 童书业先生认为在此役中,"荀、范、栾、知等为一党","赵氏虽失大政,而犹甚专横,故速亡"。见童书业《春秋左传研究》,中华书局2006年版,第59页。

的话,可能还可以避免日后的灭族之难。但是赵括兄弟并没有意识到潜在的危机。赵氏家族在赵同、赵括的执掌下,一步步地在错误的路线上越走越远。

选择谁做自己的继承人关系到赵氏在以后的发展。赵盾在当时做出"还嫡"之举时,我们不能说他没有考虑到赵姬三子和赵朔孰贤孰不贤的问题,为此他做了必要的措施。赵盾在前601年离世前,安排卻缺作为自己的继承人,而不是荀林父,就体现出了一个政治家应有的权谋和良苦用心。卻缺在担任正卿的当年,为了报答赵盾的提拔,就以"蛊疾"为借口斥退下军佐胥克,把空出来的位子给赵朔。大概在前598年荀林父继卻缺出任中军帅,赵朔再次升迁,任下军帅,按照这种发展情况,赵氏不会出现以后的灾难。只是赵朔早死,使得赵盾当初的安排化为泡影。

三

至此,我们可以得出一个初步的结论:晋国诸卿林立,各家族相互制约,在复杂的斗争形势下,稍有不慎,便会有祸及家族的危险。要让家族乃至国家有更好的发展,就不能维护保守的周礼的"嫡长子"继承制,而是要顺应现实需要,以贤能为标准来选择继承人。只有选择贤能者做继承人才能确保家族占有立足之地,也才能在激烈多变的竞争中谋得生存发展。特别是在诸卿族并立而自己没有绝对优势时候,过分骄横,锋芒毕露,树立过多的敌人只会给自己家族留下祸患。

赵衰清醒地认识到继承人的贤能与否直接关系到整个家族的命运,在选择决定家族走向的继承人的时候,没有选择与晋公室血缘关系更亲密的赵姬所生的儿子,而是选择了在流亡时与狄女所生的赵盾,就是看到了赵盾身上的潜力。赵盾的确没有让其父失望,在赵衰死后的次年便在阳处父的支持下击败另一卿族狐射姑当上晋国中军帅。赵盾"始如国政",便采取各种措施极力协调与其他卿族的关系,"制事典,正法罪,辟狱刑,董逋逃,由质要,治旧洿,本秩礼,续常职,出滞淹"。[8]545—546 在使晋国国势得到发展的同时,也使得赵氏发展成晋国屈指可数的卿族。赵盾当政时期是赵氏势力发展的黄金时期。

但是赵盾在他执政后期的"还嫡",把家族交给赵括兄弟主持,毁掉了赵盾时代良好的生存与发展环境,差点把赵氏基业毁于一旦。正如上文所述,此举也是赵盾的无奈之举。如果把赵朔立为嫡子,矛盾就会更进一步的扩大化,整个家族必将出现分裂。在外部诸卿族虎视眈眈的生存压力下,赵盾以"还嫡"来平息家族内部矛盾,也是当时唯一的可行事项。为了弥补"还嫡"可能带来的危害,他提拔了卻缺任中军帅,把赵朔托付给卻缺,希望卻氏在关键时刻会给予赵氏援助之手。但是赵朔的短命和卻氏后人的攻击,使得这一弥补措施显得苍白无力。

四

周礼是周公旦在西周初年创定的。在周代礼制设计中,宗法制是其中最重要的组成部分,而嫡长子继承制又是宗法制中的最重要内容。宗法制的核心和实质就是通过大宗、小宗的区分和嫡长子继承的在礼制上的确认,来协调家族内部的相互关系,在整体上保证稳定。"立嫡以长不以贤,立子以贵不以长。"[9]36"故先王立法,立天子,不使诸侯疑焉;立诸侯,不使大夫疑焉;立嫡子,不使庶孽疑焉。"[10]第六册212其实,"嫡长子"继承制是一种理想状态的权力传承制度,它在假设以分明等级后达到息事宁人效果的基础上,能够取得既能保持权力的顺利交替,又能继续保持内部的和谐关系,"立长则顺,建善则治"[11]1474。

"嫡长子"继承制的确立,在巩固统治方面是起到了积极的正面作用,在一定程度上做到"是故人道亲亲也,亲亲故尊祖,尊祖故敬宗,敬宗故收族,收族故宗庙严,宗庙严故重社稷,重社稷故爱百姓,爱百姓故刑罚中,刑法中故庶民安,庶民安故财用足,财用足百志成,百志成故礼俗弄,礼俗弄然后乐"的效果,[12]卷第三十四1011并定了一些必要的措施来补充其不足,"王后无嫡,则择立长;年钧以德,德钧以卜;王不立爱,公卿无私,古之制也"。[11]1478—1479"大子死,有母弟则立之;无则长立,年钧择贤,义钧择卜,古之道也。"[13]1185但是它也有其适用范围的局限。即"嫡长子"继承制只能适用于局势处于稳定平和的阶段,才能保持内部的稳定,发挥它的积极作用。在竞争谋生存的时期,"嫡长子"继承制并不是选择继承人的最优方案。"嫡长子"是因为出身而具有的而不是因为后天各种综合能力突出所获得的继承资格。实际上,以这种出身来选择继承人,无法真正做到任贤使能,使得人得其用。当"嫡长子"与后天各种综合能力最佳者出现偏离的话,不但可能出现嫡庶之争,也有可能因继承人的能力的低下而出现毁灭性灾难。

参考文献:

[1] 司马迁:《史记·赵世家》,中华书局 1959 年版。

[2] 杨伯峻:《春秋左传注·僖公二十三年》,中华书局 1981 年版。

[3] 杜预:《春秋三传·春秋公羊传·隐公元年》,上海古籍出版社 1987 年版。

[4] 杨伯峻:《春秋左传注·文公十二年》,中华书局 1981 年版。

［5］杨伯峻:《春秋左传注·宣公二年》,中华书局1981年版。

［6］杨伯峻:《春秋左传注·成公三年》,中华书局1981年版。

［7］杨伯峻:《春秋左传注·宣公十二年》,中华书局1981年版。

［8］杨伯峻:《春秋左传注·文公六年》,中华书局1981年版。

［9］杜预:《春秋三传·春秋公羊传·隐公元年》,上海古籍出版社1987年版。

［10］吕不韦:《诸子集成·吕氏春秋·慎势》,上海书店出版社1986年版。

［11］杨伯峻:《春秋左传注·昭公二十六年》,中华书局1981年版。

［12］李学勤:《十三经注疏·礼记正义·大传》,北京大学出版社1999年版。

［13］杨伯峻:《春秋左传注·襄公三十一年》,中华书局1981年版。

（原载《邯郸学院学报》2007年第2期）

为政与为人相统一的宰相楷模——蔺相如

张建华* 李 娜

战国时期赵国上卿蔺相如是中国历史上一位重要的人物和杰出的卿相。当时已是誉满天下,后世对其赞许有加,今人更是称道不已。《中华历史人物传》将其列入"名臣卷";[1]181《赵国史稿》将其列入"功臣篇";[2]586《中国100位宰相传》称其为"完璧归赵"、"渑池斥秦"的智臣;[3]60《千古名相——蔺相如》称其为名相;[4]1—119《中外文学人物形象辞典》称其"同时又是一位能忍辱为国的贤臣";[5]320《中国政治家辞典》将其列入"中国政治家"行列,说"在我国古代灿若群星的政治家光谱中……有如周朝姜尚、春秋管仲、战国蔺相如、秦朝李斯、汉朝诸葛亮、唐朝魏征、宋朝赵普、王安石、元朝耶律楚材、明朝李善长等辅佐帝王治理天下的杰出卿相"。[6]280从以上今人的研究成果可以看出,他已以无可争议的历史功绩和光辉形象,屹立在中国社会发展的历史舞台上。

一、关于称"上卿"蔺相如为"相"的探究

时人、后人和今人,对蔺相如其人的职掌称呼有多种:"上卿"、"将军"、"相"、"相国"、"宰相"、"首相"、"丞相"等等。这些并不统一的称呼,并非互相矛盾,都有一定道理,都有一些背景,但却有一点区别,有一些不同。

据《史记》记载,[7]239—244蔺相如初为宦者令(太监也称宦官的首领)缪贤的门客(也称舍人),曾为缪贤出谋划策,使其躲过赵王的惩处。后经缪贤推荐给赵王(可能以郎官或大夫身份)持璧赴秦,因"完璧归赵"之功于赵惠文王

---

* 张建华(1950—),男,河北大名人,邯郸市历史文化名城委员会委员,邯郸市赵文化研究会副会长,编审。

十六年(前283年)被破格提拔为"上大夫"。上大夫为领取俸禄的较高级爵秩,地位在中大夫之上,在卿之下。大夫的主要职责是议论、谋划或出使等。四年之后,即赵惠文王二十年(前279年),因在秦赵"渑池会"上面折秦王,蔺相如被超擢封为"上卿",官至极品。上卿一职始自西周,西周春秋时代有上、中、下之分。诸侯国内之上卿,须经周天子任命,故也称命卿。因执掌国政,又称政卿或正卿。其时文、武尚未分职,担任卿职者,同时担任重要军职。春秋时晋国的赵衰、赵盾、赵朔、赵武、赵景叔、赵简子(赵鞅)等这些后来赵国君王的先世,分别是卿或正卿。

到了战国时期,各国纷纷变法,宗室世卿制度逐渐式微,而国家机构的组织迅速扩大。对人才的需求非常迫切,官吏选拔制度发生了很大变化。在这个变化过程中,国君都掺入了自己的主观意愿,能够采用见功与赏、因能授官的办法委任职官,并添设爵位。三晋(韩、赵、魏)、齐、燕各国的爵秩等级有"卿"和"大夫"两级。卿有上卿和亚卿,大夫有长大夫、上大夫和中大夫等。各诸侯国自命三军将佐,并以三军将佐、执政都称为卿,以将中军为首,称为元帅,又称为上卿或政卿。蔺相如为上卿后,位于大将军、另一位上卿廉颇之上。廉颇本人也是以高级武官兼有高级文官爵秩的。这说明,当时的赵国的文武分治的官僚机构并不严格或完善,其他事例也是如此,譬如廉颇负荆向蔺相如请罪时称其为"将军";再譬如有上卿之职的蔺相如于赵惠文王三十四年(前265年)将赵军攻齐至平邑(今河南省南乐县北);又譬如廉颇分别于赵孝成王十五年(前251年)以败燕之功封"相"和赵孝成王二十一年(前245年)加授假(代理)相一职。

人们习惯上不称其为"上卿",是为了方便、省事;称其为首相、宰相,是为了通俗易懂和便于归纳讲述;将其列入丞相和文臣行列,是与"有攻城野战之功"的武将廉颇相比较而言的结果,也是对其主政事迹的肯定和赞赏的结果,一句话,人为的因素在起作用。宰相,这个在国家政权机构中,作为最高行政首脑而总提全国政务的角色,历朝历代有着不同的或极少相同的叫法:扶助商汤灭夏的伊尹为"阿衡";辅佐文王兴周的吕尚(又叫姜尚或姜子牙)任"宰辅";春秋末,助吴灭楚的伍子胥是"相国"。战国时"完璧归赵"的蔺相如为"上卿";协助秦王完成统一大业的李斯被封为"左丞相";受托辅孤、安定社稷的西汉霍光担当"宰辅";西晋权臣贾充任侍中、尚书令;功高爵显的隋初高熲官拜尚书左仆射、纳言(即侍中);被称为唐代四大贤相的贞观时期的房玄龄、杜如晦和开元时期的姚崇、宋景等,因拜同中书门下平章事而有宰相之实;北宋时两朝重臣赵普,刚正清直的寇准,先天下之忧、后天下之乐的范仲淹,四朝重臣司马光等分别以参知政事、同中书门下平章事、尚书仆射、集贤殿大学士等职衔,行宰相职权;南宋初也是如此,孝宗时设左、右丞相;金及明初也如是。明洪武年间废丞相,由皇帝总揽政务;永乐以后提高内阁地位,大学士成为实际上的宰相;有清以来,往往以大学士和军机大臣为"相",但未以"相"为正式官名,"爵相"、"中堂"等往往成为"宰相"的代称。综上所述,"宰相"、"丞相"等称呼,是人们对中国历史上最高行政首脑的一种泛称、统称、俗称或尊称。所以,人们称蔺相如为"相",既在一定程度上符合历史事实,也是出于一种崇敬和一种理想主义的寄托。

后世人们之所以把蔺相如列文臣之列,而未列入名将,大致还有如下原因:一是与名将廉颇的对比的结果,廉颇以英勇善战闻名诸侯,而蔺相如代表着智慧和正义,一文一武,互为衬托。二是由于戏剧、曲艺等文化、文艺、文学手段不断加以渲染,使蔺相如的文臣形象愈加角色化、职业化。三是因史籍阙载(秦始皇、李斯焚毁了其他六国史书),其武功乃至文治事迹被遗漏、被丢失。

二、交口称赞、白璧无瑕的贤相

在绵延几千年的中国古代社会,无论是方国、王国,还是帝国;无论是中央政权,还是地方割据势力;无论是以汉民族为主建立起来的政权,还是以少数民族建立起来的边缘政权,出现过数以万计的宰相或类似职务的高官。从品质、才能、成绩等方面综合评价,他们不外乎三种类型:一是文能治国,武能安邦,运筹帷幄,料事如神,忧国忧民,直言忠谏,对上有辅助之功,对下有抚恤之谊的贤相,这类人是少数。二是既有功,又有过,既有优长,又有缺陷,善恶并存,莫衷一是。这类人是多数。三是玩弄权术,假公济私,残害忠良,误国误民,成为奸臣逆相,被永久地钉在历史的耻辱柱上。这类人为数并不少。

在第一类人中,颇孚人望、白璧无瑕的宰相,一致首肯、无可争议的,可谓凤毛麟角,屈指可数。仅有伊尹、吕尚、管仲、晏婴、蔺相如、萧何、李靖、房玄龄、杜如晦、魏征、狄仁杰、姚崇、宋景、张九龄、郭子仪、李泌、杜佑、范仲淹、文天祥、耶律楚材、徐达、张廷玉等,他们既有政治家的雄韬伟略,又有极高的为政之道,还有极高的个人修养,顺应了时代发展,推动了社会前进,成为中华民族三千六百多年以来引以为荣的精英人物(尽管他们有着时代的局限性和个人的阶级性)。而蔺相如是其中一位佼佼者。无论当时,还是后世;无论官方,还是民间;无论史官,还是艺人,都对蔺相如的扭转乾坤、叱咤风云、大智大勇、大仁大义的所作所为、所思所想无不给予充分赞赏和高度评价,可谓君臣咸服,士民景从。甚至连对手和敌人,也不得不表现出由衷的钦佩和敬重。

蔺相如的智能、品德和功绩主要表现在六件事上:

(1)在为宦者令缪贤的舍人时,审时度势,语重心长,成功劝阻了缪贤弃赵奔燕的念头,并使缪贤得到了赵王进一步信任,这说明蔺相如准确把握了燕赵关系和实力对比透彻揣摩了两国君主的心理状况,有着正确的全局观。

(2)在为难之际毅然持和氏璧出使秦国,当廷据理力争,以死相拼,大义凛然,有理有节,聪明智慧,完璧归赵,有力地挫败了秦昭襄王的霸权行径,赢得了国格和人格,并被秦王礼送回国。表现出了智勇双全、不畏强暴、不辱使命、忠于国家的品质特点。

(3)在"渑池会"上,蔺相如针对秦王羞辱赵王的做法,以其人之道还治其人之身,机智而又巧妙地回报了秦王。这件事表现出了蔺相如的机警敏捷、果敢坚毅、有理有节、聪明智慧的特点。

(4)"渑池之会"后,蔺相如被拜为上卿,位居大将廉颇之上。廉颇不满,寻机侮辱他。他却以国事为重,善自谦抑,感动了周围之人,感动了廉颇。廉颇肉袒负荆,登门谢罪,蔺相如不计前嫌,两人遂成"生死之交"。"将相和睦",使秦等各国不敢轻视寻衅,这件事证明蔺相如具有宽宏大度、以身许国、以德服人、团结亲和的品德特点。

(5)蔺相如于赵惠文王二十八年曾率赵军攻齐至平邑,得胜而还。证明蔺相如文武双全、智勇兼备,能够审时度势,适可而止。此外,民间传说蔺相如晚年率赵军与燕军交战。今河北省曲阳县西南10公里处有两个村,叫东、西相如村。

(6)长平之战时,蔺相如于病笃之际,仍谏阻赵孝成王用赵括为将取代廉颇。赵王不听,终招致长平惨败,赵国一蹶不振。这件事证明蔺相如有知人之明,先见之明。此举,他已是恪勤匪懈,竭尽所能了。

历史不会把荣誉平白无故地送人,也不会把恶名强加于人。经过大浪淘沙、斗换星移,今人对历史人物的功过是非评判得更加客观公正和平实冷静了。典籍文献、口碑流传、遗迹旧址、文学艺术,无不记载和传留了对蔺相如的褒扬之情,赞美之语,并且深入人心,流传甚广,这一文化现象,自古以来,实属罕见。即使是贤相、军事家、政治家诸葛亮,也有人说他用兵谨慎,北伐过度,不能放手与超拔人才,以至他去世后,"蜀中无大将,廖化做先锋"。其他如秦国商鞅、秦朝李斯、明朝张居正等一代名相,尽管大有作为,功高爵显,但品行、作风等方面的原因,难免被杀戮、被灭族、被抄家的下场。这些人尚有瑕疵或缺陷,遑论其他反面宰相如赵高、董卓、司马道子、李林甫、杨国忠、卢杞、蔡京、秦桧、贾似道、阿合马、胡惟庸、严嵩、和珅之流了。朝代兴亡有规律,有贤臣必有英主,必有天下太平,人民安居乐业;有奸臣必有昏君,或战乱不已,或弊政丛生。从蔺相如于赵惠文王十六年(前283年)任上大夫到赵孝成王六年(前260年)病笃至,蔺相如在赵施政23年。其中前17年是赵惠文王时期,赵惠文王是赵武灵王军事改革以后一个有为的国君。期间,将相团结,对内整顿税收,"国赋大平,民富而府库实"。对外能挫败强秦,又不断对齐、魏取得胜利。当时就有人说,"尝抑强齐四十余年,而秦不能得所欲"。这里面蔺相如、廉颇功莫大焉!赵惠文王去世,赵孝成王继位后,国势逐步在走下坡路,至赵悼襄王时,宠信小人,弃用廉颇。至赵王迁时,少不更事,冤杀李牧,终致赵国灭亡。每逢读史至此,不禁令人扼腕浩叹!

三、蔺相如的为政事迹植根于他的为人品格

将近2300百年前的历史人物蔺相如至今为何为人们津津乐道?这是因为他有着巨大的吸引力和亲和力。这一切,源于他的传奇色彩和人格魅力。

为人低调,为政严谨 他在为缪贤舍人时,安常履顺,老实本分,从不张扬。只是缪贤有罪,坐卧不安,向蔺相如讨主意时,蔺相如才正确分析,如实相告,帮助缪贤得到了宽大处理。由此,引起了缪贤的重视与信任。并在赵王犯难之际,向赵王推荐蔺相如为使,从而一举成名。后来,尽管蔺相如居于"一人之下,万人之上"的"上卿"地位,也未发现其有对上强谏,对下强压的事例。

为人恭让,为政简约 在蔺相如执政时期,他与廉颇一文一武,将相同心,辅佐赵惠文王,成就了赵国历史上辉煌的一段。[8]43赵惠文王十六年(前283年),赵、燕救魏,退秦;十七年(前282年),乐毅率赵军攻魏,取伯阳(今河北省磁县西);十九年(前280年),赵奢将兵夺齐之麦丘;二十年(前279年),燕大将乐毅奔赵;二十三年(前276年),廉颇攻取魏之几邑;二十四年(前275年),廉颇夺取魏之防陵……赵国国内也有大治的气象。这里面包括着蔺相如运筹帷幄,增强国力,巩固后方,团结文武,使人用命之功。放手让别人立功受奖,这是为相的最高境界。

为人精细,为政稳健 蔺相如不仅善抓大事,而且善于处理细节问题,特别是要害之处。比如在持璧赴秦期间,蔺相如看到秦王没有以十五城换取赵璧的诚意,一方面虚与委蛇,一方面安排随行人员怀璧化装,从小路潜返赵国。从秦咸阳回至邯郸,路途遥远,关山阻碍,铁幕重重,其难度可想而知。蔺相如所遣之随员,非是死士、勇士、义士、能士,完不成此事;非是蔺相如精心挑选、精心安排,亦完不成此事。一旦用人不当,谋事不周,稍有闪失,和氏璧就可能失落他国他人之手。那么,历史也就只好改写了。

为人厚道,为政宽宏 蔺相如因"渑池之会"之功拜上卿之后,受到廉颇

的抵制和侮辱，但他顾全大局，忍辱负重，退避三舍，表现出了宽厚与大度。在廉颇请罪时，又诚恳接待，不计前嫌，将相结成"刎颈之交"，使赵国出现了空前团结的景象。"将相和"成为千古佳话，"和为贵"成为中华民族优秀传统道德规范的重要元素。1945年10月，邯郸城解放，刘伯承、邓小平进城后，在祝捷大会上，特地让剧团演出了"将相和"这一脍炙人口的名剧，由此可见，其影响深远和意义重大。

为人忠义，为政坦荡 "渑池会"之前，大将军廉颇和上大夫蔺相如与赵王商定，廉颇在国内辅助太子守国，蔺相如随赵惠文王赴渑池会盟，另有将军李牧随行。一旦赵王被秦扣留，太子便即位。这是关键的一着，这一着，可使秦王要挟赵王的力度顿减，图谋落空。这是大胆的一招，廉颇和蔺相如冒着"一旦有变，赵惠文王便失去赵国国君之位"的极大风险，为赵王出谋划策。多亏了赵惠文王英明，欣然同意这一计谋，否则，"豁出去国君去冒险"的"犯上"罪名，立刻就可以加在他们的头上。这一招成了赵国克敌制胜的砝码和法宝。后世有过反面例子——北宋宰相寇准在辽兵南侵之时，力劝宋真宗御驾"亲征"至澶渊，打了个胜仗后，与辽朝订立了"澶渊之盟"，寇准本来立了大功，不但没有受赏，反而被王钦若谗言中伤，遭受贬谪；明朝于谦，在明英宗被瓦剌俘虏后，力挽狂澜于既倒，果断立代宗即位，保卫京城，人称"救时宰相"，可在"英宗复辟"后，惨遭杀害。

蔺相如之所以向社会和公众展示了一个良好的贤相形象，在于他为人上，是一个好人、智者、正直之人，为政上是一个好官、智臣、忠贞之臣。做到了为政与为人的统一。为政成败根植于为人好坏，为人好坏贯穿于为政成败——这就是蔺相如文化现象给人们的一点启迪和教益。

参考文献：

［1］张宏儒、张晓虎：《中华历史人物传》，团结出版社1997年版。

［2］沈长云、魏建震、白国红等：《赵国史稿》，中华书局2000年版。

［3］王军云：《中国100位宰相传》，中国华侨出版社2006年版。

［4］孔令德、王俊杰：《千古名相——蔺相如》，中国文史出版社2006年版。

［5］朱林宝、石洪印：《中外文学人物形象辞典》，山东文艺出版社1991年版。

［6］高放：《中国政治家辞典》，河北教育出版社1995年版。

［7］司马迁：《史记》，中华书局1959年版。

［8］张建华、左金涛：《邯郸历史大事编年》，中国文史出版社1999年版。

（原载《邯郸学院学报》2008年第3期）

阏与之战与中国马(服)姓的起源

郭秀芬*

姓氏文化是中国历史文化的组成部分之一。在邈远而悠久的中国历史文化长河中,中国的姓氏文化曾以源远流长的历史和形式多样的构成在人们的生活中产生了深远的影响。无论是标识血缘和衍生的姓与氏,还是用以"正体"和"表德"的名与字,乃至与其相关的堂号家联、世系谱牒等种种姓名异式,无不依循着追溯同源的走向,最终朝着炎黄始祖的源头归结。这种由传统姓名文化所承载的求本溯源意识,已逐渐积淀为炎黄子孙的共同心理,在凝聚民族情感、增强民族生命力和提高民族自信心等各个方面,都具有无可替代的作用,这也正是它迄今影响犹盛的魅力所在。正因为如此,笔者拟就阏与之战与中国马(服)姓的起源诸问题予以考辨,尚祈方家指正。

一、阏与之战与中国马(服)姓的显现

马(服)姓的显现是在中国历史上的战国时期。赵奢是中国马(服)姓的祖先。战国时期,七国角逐,狼烟不息,谁都想在群雄逐鹿中占有一席之地。赵燕秦魏韩五国破齐之后,强齐对赵的威胁不复存在,但也使东方少了一个可以与秦对抗的大国。在赵武灵王功烈余荫下走向强盛的赵国成为强秦对东方六国打击的主要目标。由于秦赵双方都不想立即发生大规模的冲突,为此,双方展开了外交上的周旋。尤其是在渑池之会后,赵秦修好,两国各自致力于攻占其他弱国的战争,彼此之间十年内没有发生太大的冲突。赵惠文王二十九年(公元前270年),赵派公子郚入秦为质,提出用焦、黎、牛狐交换被秦攻占的蔺、离石、祁。该地曾为赵国所用,赵惠文王十七年(公元前282年)时被秦

---

* 郭秀芬(1965—),女,河北大名人,邯郸学院历史系兼河北省燕赵文化研究中心教授。

占领。秦如约交还蔺、离石、祁等地,而赵国食言,拒绝将焦、黎、牛狐交给秦国。于是秦王大怒,派中更胡阳兵越过韩国的上党,进攻赵国的险要之地阏与(今山西和顺),战争一触即发。在是否救援阏与的问题上,赵国内部意见不一,廉颇、乐乘等人认为阏与道远险狭,难以相救;赵奢则认为,阏与"道远险狭,譬之犹两鼠斗于穴中,将勇者胜"[1]2445。赵惠文王采纳了赵奢的主张,命其率军迎敌。

赵奢率领赵军西援阏与,赵军刚离开邯郸三十里,赵奢就下令坚壁留守,前后达 28 天,造成了赵军不敢前往阏与和秦军交战的假象。秦派间谍侦察,赵奢佯装不知。秦将非常高兴,认为阏与唾手可得,放松了对赵奢的注意。赵奢见目的已经达到,突然命令赵军以急行军的速度开进,仅用两天一夜的时间就赶到了阏与前线。赵奢随后让弓箭手在离阏与五十里处扎营,构筑防御工事。这时,秦将才得到消息,急忙率军赶来。赵奢采纳军士许历的建议,一边严阵以待,避开敌人锐气,一边派一万军队占领了北山。秦军为了争夺制高点,向北山连续发动攻势,但都被赵军一一击退。接着,赵奢趁势转入进攻,大破秦军于山下,阏与之围随之解除。

阏与之战是战国时期赵秦之间为争夺土地而进行的一场著名的战争。在战争进行的过程中,就实力而讲,秦强赵弱,但赵将赵奢善于用兵,精于谋略,掌握了战场的主动权,取得了战争的胜利。战后,为了表彰赵奢的战功,赵惠文王封赵奢于马服,称为马服君。"赵奢于是与廉颇、蔺相如同位。"[1]2446赵惠文王时的赵国依靠强大的国力与赵奢、廉颇等著名战将,阻止了强秦进攻东方的步伐,"赵有廉颇、马服,强秦不敢窥兵井陉。"[2]3020《史记正义》载:"《括地志》云,马服山,邯郸县西北十里也。"[3]1822《史记集解》载:"张华曰:赵奢冢在邯郸界西山上,谓之马服山。"[1]2446马服山既是赵奢的封地,辞世后又葬于此,因此,人们都把这里作为中国马(服)姓的起源地。其子孙最初以马服两字为其姓氏,后省去服字,单用马姓。现在,每逢清明时节,四面八方的马姓子孙便从世界各地赶来,凭吊先祖,缅怀马服,其情其声,庄严肃穆,令人动容,正所谓中华一脉,同根,同族,同源,同宗。

2005 年 4 月 5 日,正值中国的传统节日清明节到来之时,这一天,春风万里,阳光灿烂,对于中国马(服)姓来说,这是一个值得追忆的日子。这一天,中国台湾、马来西亚两个马氏代表团来到河北省邯郸市寻根祭祖,这也是马(服)姓有史以来有记载的第一次大规模地登上紫山(又名马服山)祭奠其始祖赵奢。马服君赵奢墓坐落在马服山上,背靠大山,俯视平原,四周苍松翠柏,草木争荣,可谓灵光宝地。赵奢纪念碑正面黑底烫金字,上书"赵马服君赵奢墓"七个大字,背面镌刻碑文。墓前方两侧台阶下分立着《台湾马氏宗亲寻根祭祖纪念碑记》、《紫山祭祖碑志》，显得分外庄严。马鹤凌先生代表两个代表团宣读了祭文，代表团成员则纷纷捧起墓前的祖根之土和红石，小心翼翼地装进早已准备好的小口袋里，情切切，思悠悠，令人潸然泪下。正像代表团一位老者所讲的那样，"不管我们走到哪里，我们的根都在中国，都在邯郸"。

4月7日，代表团一行又来到了陕西省马援故里祭祖。4月12日，代表团又应邀到明代伟大的航海家郑和（原姓马）故里寻根。所到之处，代表团都受到了当地政府的热烈欢迎。

二、中国马（服）姓的历史溯源及演变

纵观可以看出，马（服）姓的产生是中国历史发展到一定阶段的产物。如果我们把片断的历史联系在一起的话，就可以看出，在马（服）姓产生之前，其始祖赵奢的姓氏可以追溯到一个更为遥远的时期。从某种意义上说，它从一个方面反映了中华民族历史发展的渐进过程，并随着中华文明的发展而逐渐演变为一个庞大的姓氏系统，为中华文明的发展作出了积极的贡献。

毋庸置疑，马（服）姓的产生与赵国有着千丝万缕的联系。因此，追溯马（服）姓的起源，应该从赵国的姓氏开始。史载，在赵国辽阔的疆域内，很早以前就有人类居住生活。约200万年前，在涿鹿就发现了相当于旧石器时代的文化遗存，距今约70万年左右，北京人也生活于这一地区。人类历史发展到新石器时代，赵国地区出现了仰韶、龙山和细石器三种文化遗存，而磁山文化则是这一时期的一颗耀眼的明珠。进入阶级社会前夕，河北中南部的漳河、洺河、滏阳河、滹沱河流域都产生了灿烂的文化，是中华文明的发源地之一。赵氏的祖先就可以追溯到这一历史时期。

我国古代的氏族，除了自己的"氏"名以外，还有自己的族姓，"姓"表示该氏族更早的来历。《史记·赵世家》载："赵世之先，与秦共祖。"[3]1779赵氏与建立秦国的嬴族人有着共同的祖先，其可追溯到的最早一位祖先为女性，名叫"女修"，是颛顼和少昊两支氏族互通婚姻繁育出的后代。这就把秦赵的祖先追溯到了所说的三皇五帝时代。

大业是赵氏（嬴秦氏）第一个记得清名字的男性祖先，他即是我国古代与大禹齐名的古代圣贤皋陶。那时，活跃在冀鲁豫一带的尧舜部落联盟已发展到一定规模，皋陶率领的氏族可能是其中之一。他在尧舜的部落中担任了"士"这个重要职务，执掌刑法。"皋陶作刑"的说法表明了皋陶是我国国家制度的重要奠基者之一。其儿子伯益（《史记》称之为大费）也是秦赵氏族的著名祖先，他的最大贡献就是辅助禹平治水土，教给民众种植稻谷。舜还将自己

家族人的姑娘嫁给了伯益。此后,伯益就在舜的手下担任虞官,掌管山泽,繁育鸟兽。许多文献还把凿井技术的发明也归之伯益,如《吕氏春秋·勿躬》说"伯益作井"等,为表彰其功,"舜赐姓嬴氏"。[4]173

伯益生有二子,一叫大廉,一叫若木。大廉的后代称作鸟俗氏,赵氏是其直接的传人;若木的后人用其祖父的名字为氏,称费氏。进入阶级社会后,赵氏的先人随着社会的发展而发展。夏朝末年,伯益后裔费昌去夏归商,为商汤车御,因佐商灭夏有功,封为费侯。至商王朝大戊时,大廉玄孙孟戏、中衍为帝车御,"自大戊以下,中衍之后,遂世有功,以佐殷国,故嬴姓多显,遂为诸侯"。[4]174以后,中衍的后世孙飞廉有后裔两支,一为恶来,一为季胜。恶来助纣为虐,为周人所杀。季胜则投奔到周王朝。至周成王时,已有一定的社会地位,成为周王朝的近臣了。

赵氏的名称,来源于季胜三世孙造父。史载,周穆王时,造父以善御著称。因周穆王喜欢远游和好动,造父便为周穆王选配多匹骏马,载周穆王"西巡狩,乐而忘归"。[4]175后因平定徐偃王叛乱有功,"(周)缪王以赵城封(秦)造父,造父族由此为赵氏",[4]175赵城在今山西洪洞。这一观点,基本上已成共识。

造父在周发展的过程中,其高祖季胜之兄恶来的后嗣也自托于赵氏宗族的名下,以求庇护。周孝成王时,其后裔非子为天子御马有功,被封于秦(今甘肃清水),始从赵氏中分离出来自立为氏,即秦氏,袭嬴姓。

造父的六世孙奄父因车御受宠于周宣王。宣王三十九年,周王室与姜氏之戎在千亩(今山西介休南)展开了一场较大规模的战争。《史记·赵世家》记载:"奄父曰公仲,周宣王时伐戎,为御。及千亩战,奄父脱宣王。"[3]1780如是,赵氏的社会地位肯定会有显著提高。周幽王时,周王室日暮途穷,气数将尽,赵氏迫切感到需要寻找新的出路。史载"奄父生叔带,叔带之时,周幽王无道,去周如晋,始建赵氏于晋国"。[3]1780

春秋战国时期,随着生产力的发展,尤其是铁器和牛耕的广泛使用,中国社会开始发生巨大的变革。赵氏在这样的大背景之下,逐步走上历史的舞台。叔带五世裔孙赵夙,以其助晋献公拓疆扩土之功,受封于耿邑。以后,其子赵衰随晋文公重耳患难与共19年,寸步不离,生死相依,并助其称霸诸侯,功拜晋卿。自此,赵氏世掌晋政,至赵籍时,被册封为侯,它为赵氏的发展开辟了广阔的空间。赵籍之子赵章,联合韩魏两家,三家分晋。公元前385年,赵敬侯赵章迁都邯郸,自此邯郸成为赵国的政治、经济、军事中心,拉开了与诸侯战争的序幕。到赵武灵王、赵惠文王时,经过胡服骑射改革,赵国成为七雄中的强国。其政治、经济、军事力量臻于鼎盛。马(服)姓始祖赵奢正是生活于这一诸侯争雄的历史时期。

赵奢,赵国宗室大臣。《史记》载:"赵奢者,赵之田部吏也。收租税而平原君家不肯出租,奢依法治之,杀平原君用事者九人。平原君怒,将杀奢。奢因说曰:'君于赵为贵公子,今纵君家而不奉公则法消,法消则国弱,国弱则诸侯加兵,诸侯加兵是无赵也,君安得有此富乎?以君之贵,奉公如法则上下平,上下平则国强,国强则赵固,而君为贵戚,岂轻于天下邪?'平原君以为真,言之于王。王用之治国赋,国赋大平,民富而府库实。"[1]2444—2445 从以上史料可以看出,赵奢依法收税,不畏强势,不仅得到了平原君的赏识,而且得到了赵惠文王的重用。赵惠文王不仅让他管理国家的赋税,后来还派他领兵攻打齐国,赵奢初战告捷,后又屡次出兵,都得胜回朝。尤其是阏与之战后,赵奢被封在马服,赐封号马服君,与廉颇、蔺相如比肩事主,社会地位显赫。

公元前 222 年,秦国攻打赵国,俘虏了赵王嘉。赵国自公元前 475 年赵襄子建国,到公元前 222 年赵王嘉被俘虏赵国灭亡,先后历经 13 代君 253 年。随着赵国历史的终结,赵国所属领土变为秦国一郡。为了削弱地方势力,秦始皇采取迁徙富豪政策,赵国的王公大臣、富商大族被迫离开家乡,赵奢的孙子马兴,"世居邯郸。秦灭城,牧子兴徙咸阳,秦封武安侯"。[5]2722 赵奢的后人先被迁徙至陕西咸阳,后又迁至扶风茂陵(今陕西兴平东北)。此后,扶风茂陵成为马(服)氏的发展繁衍中心。汉族马氏族人有"系承赵奢,望出扶风"之说。两汉至南北朝时期,马(服)氏除在扶风茂陵成为望族外,还分布于今河南、河北、山东、湖北、四川、甘肃、江苏、浙江等省的一些地方。唐朝末年,王潮、王审之入闽,有河南马氏随同前往,在福建安家落户。宋代以后,闽、粤地区马姓逐渐增多,明、清之际,马姓族人遍布福建,有的移居台湾,进而又远徙东南亚及欧美诸国,总数近千万。

马姓是中国的大姓之一,除马(服)姓以外,在我国还有回族马姓、满族马姓等。正像 2005 年 4 月 5 日所立紫山祭祖碑志所讲的那样:泱泱马姓,中华望族;追溯龙脉,源远流长。马姓族群文化底蕴丰厚,人才辈出,俊彦成阵。名将贤相,勋业卓著;先哲鸿儒,学贯经史;名媛淑后,懿德坤范;百业精英,各领风骚,不唯为中华民族争光,也为马姓族人引以为豪。尤其是马姓海外华人,虽已大都融入当地社会,但一刻也没有忘记自己是炎黄子孙,根在中国。中国始终是他们魂牵梦萦、心想往之的祖宗之国和精神家园,他们祝愿自己的祖国和马姓发源地邯郸建设得更加美好。

这是来自祖先遥远血管里的神秘力量,它把亿万炎黄子孙凝聚在一起,使我们的心中充满了自豪与希望,也让我们感到了一种责任和沉重。岁月的流失是挡不住的,但它留给人们的思考是凝重的,让我们慢慢地亲近那块浸透着祖先血汗的土地,细细地解读那藏在一砖一瓦、一草一木间的悲欢离合,爱恨情仇,去体验那古老的感动与美丽,这同样是历史。

参考文献:

[1] 司马迁:《史记·廉颇蔺相如列传》,中华书局1982年版。

[2] 班固:《汉书·傅常郑甘陈段传》第2版,中华书局1982年版。

[3] 司马迁:《史记·赵世家》,中华书局1982年版。

[4] 司马迁:《史记·秦本纪》,中华书局1982年版。

[5] 欧阳修:《新唐书·宰相世系表》,中华书局1975年版。

(原载《邯郸学院学报》2006年第2期)

解读赵国成语典故的文化内涵

王 雁*

先秦赵国,历史悠久,国脉绵延二百余年,列战国七雄之一。《战国策·赵二·苏秦从燕之赵章》载苏秦语曰:"当今之时,山东之国莫如赵强。赵地方二千里,带甲数十万,车千乘,骑万匹,粟支十万;西有常山,南有河、漳,东有清河,北有燕国。……且秦之所畏害于天下者,莫如赵。"在苏秦看来,当时的赵国幅员辽阔,地势险要,国富兵强,是秦国之外山东六国中数一数二的大国与强国。殊不知,先秦赵国不仅经济发达,兵多将广,而且文化昌盛,绚丽多姿。赵国成语典故便是赵文化百花园中的一株奇葩。

产生于先秦赵国与秦汉以降赵地的成语典故数量之多,流传之广,影响之大,是我国其他地区难望项背的。仅郝在朝先生编辑的《邯郸成语典故集》一书,就收录了与赵国都城邯郸有关的成语典故 1584 条。[1]1 可见,邯郸被誉为我国成语典故之都是名副其实的。以邯郸为中心的赵国赵地成语典故既是赵人在千百年历史长河中创造积淀的文化成果,又是赵文化的一种载体。作为文化成果,赵国赵地的成语典故高度浓缩了赵文化的内涵、精神、特质和风格;作为文化载体,赵国赵地的成语典故负荷着博大精深的赵文化一路走来,从昨天走到今天,还将一直走向明天和后天,并且远播八方。以邯郸为中心的赵国赵地成语典故,是历史上的赵人留给今人的一块文化瑰宝,我们应该深入研究,并在研究的基础上积极地开发和利用,把这一宝贵的历史文化资源转化为当今社会的三个文明建设资源,从而为邯郸市的经济发展社会进步服务,并且为中华民族的伟大复兴作出应有的贡献。因为以邯郸为中心的赵国赵地成语典故数量太大,内容太丰富,限于笔者之功力与本文之篇幅,不可能对其作一

* 王雁(1970—),女,山东淄博人,山东师范大学历史文化与社会发展学院博士生。现为山东理工大学法学院副教授,历史学博士。

全面、系统而深入的探讨，故截取其一断面，选取几个点来剖析，以求窥斑见豹之效。于是便有了《解读赵国成语典故的文化内涵》这个题目。

一、"安然无恙"的文化解读

"安然无恙"语出《战国策·齐策四·齐王使使者问赵威后章》。该章载："齐王使使者问赵威后，书未发，威后问使者曰：'岁亦无恙耶？民亦无恙耶？王亦无恙耶？'使者不说，曰：'臣奉使使威后，今不问王而先问岁与民，岂先贱而后尊贵者乎？'威后曰：'不然，苟无岁，何以有民？苟无民，何以有君？故有问舍本而问末者耶？'"又载："（赵威后）进而问之曰：'齐有处士曰钟离子，无恙耶？是其为人也，有粮者亦食，无粮者亦食；有衣者亦衣，无衣者亦衣。是助王养其民也，何以至今不业也？叶阳子无恙乎？是其为人也，哀鳏寡，卹孤独，振困穷，补不足，是助王息其民者也，何以至今不业也？北宫之女婴儿子无恙耶？彻其环瑱，至老不嫁，以养父母，是皆率民而出于孝情者也，胡为至今不朝也？此二士弗业，一女不朝，何以王齐国、子万民乎？於陵（仲子）尚存乎？其为人也，上不臣于王，下不治其家，中不索交诸侯。此率民而出于无用者，何为至今不杀乎？'"

笔者从上引文字中读出了以下五项文化内涵：

其一，国家利益至上的思想。

由上文可知，当齐国使者怀揣齐王国书拜见赵威后时，威后未启国书便急切地向齐使询问了三个问题，即齐国的年成好吗？齐国的百姓好吗？齐王的身体好吗？此三问，将年成与百姓置于前，这充分体现了赵威后具有国家利益至上的政治思想。

众所周知，我国古代是一个以农业为基础的社会，农业的丰歉直接影响、甚至决定着国家的安危，故有农本思想的产生。而在生产力水平不高的年代，农业的丰歉很大程度上决定于土地的开垦与管理，耕作的适时与勤劳，风调雨顺与旱涝虫灾对农业也产生巨大的影响。故而，《管子·乘马》说："地者，政之本也。"《管子·牧民》说："凡有地牧民者，务在四时，守在仓廪。国多财则远者来，地辟举则民留处；仓廪实则知礼节，衣食足则知荣辱。"《管子·臣乘马》说："彼王者，不夺农时，故五谷兴丰。"古代中国，决定国家命运兴衰的因素除农业经济基础外，那就是人民。《左传·庄公三十二年》说："国将兴，听于民。"《国语·周语下》说："众心成城，众口铄金。"说的就是得民心者得天下，失民心者失天下的道理。正因如此，《孟子·尽心下》说，国有三宝，那就是土地、人民和政事。由此可知，赵威后的国家利益至上的思想与管子、孟子及古代其他优秀思想家的思想是相通的。

其二，民贵君轻的思想。

当齐国使臣不解、不满赵威后询问之意，而发出"今不问王而先问岁与民，岂先贱而后尊贵者乎"的质疑时，赵威后回答道："不然，苟无岁，何以有民？苟无民，何以有君？故有问舍本而问末者耶？"[2]408—409在此，赵威后以反问的方式做出了肯定的答复，即民为本君为末，民为先君为次，充分表现了赵威后的民本思想。

自商末周兴以来，至于春秋战国时代，由于民在天下更始、争霸称雄的过程中，在社会政治生活中所起的作用越来越大，使统治者和政治思想家们认识到这样一个道理："天视自我民视、天听自我民听"，"君者，舟也；民者，水也；水可载舟亦可覆舟"。因而产生了光辉的民本思想。对此，《六韬·文韬》说："天下非一人之天下，乃天下之天下也。"《管子·小匡》说："士农工商国之石民。"《说苑·建本》载："桓公问管仲曰：'王者何贵？'曰：'贵天。'桓公仰而视天。管仲曰：'所谓天者，非苍苍莽莽之天也，君人者以百姓为天。百姓与之则安，辅之则强，非之则危，背之则亡。《诗》曰：人而无良，相怨一方。民怨其上，不遂亡者，未之有也。'"《管子·霸形》说："齐国百姓，公之本也。"《管子·霸言》说："夫霸王之所始也，以人为本；本治则国固，本乱则国危。"又说："以天下之财，利天下之人。"《孟子·尽心下》说："民为贵，社稷次之，君为轻"。由此可知，赵威后的民贵君轻思想与姜太公、管子和孟子思想是相通的。

其三，贤士治国的思想。

赵威后在问了齐国的年成、百姓和国王之后又着重问了齐国的四个人物。前两个是钟离子和叶阳子。从问的内容来看，这两个人是齐国的在野贤士，故赵威后有二士闲置不用，"何以王齐国、子万民"之叹！这里充分体现了赵威后贤士治国的思想。赵威后的这一思想与晏婴是相通的。晏婴认为，要想治理国家、教化百姓，必须任用贤能之士。《晏子春秋·卷三·第十三》载晏婴语曰："举贤以临国，官能以敕民，则其道也。举贤官能，则民与君矣。"同书同卷第十七亦说：明君治国，"其政任贤"。同书同卷第一从正反两个方面说明了任贤官能的重要性，说："中听任贤者，能威诸侯；……愎谏傲贤者，不能威诸侯。"同书卷二第十进一步说道："国有三不详……夫有贤而不知，一不详；知而不用，二不详；用而不任，三不详。"

其四，孝以导民的思想。

接下来，赵威后问的第三个人物是婴儿子。她认为北宫之女婴儿子自己素衣粗食，终身不嫁，奉养父母，是一个孝女，应该立为榜样，让齐民效仿。可是齐王尚未对婴儿子进行表彰，故赵威后有二士闲置不用，"一女不朝，何以王齐国、子万民乎"之叹！这里充分体现了赵威后孝以导民的思想。

古代中国是一个以血缘为纽带，以家族为基础，以宗法为核心的社会，因而伦理政治是一个大的特色。于是也便产生了以孝治国的伦理政治思想。对此，《左传·闵公二年》说："孝而安民。"管子亦说："令夫士，群萃而州处，闲燕则父与父言义，子与子言孝，其事君者言敬，长者言爱，幼者言弟。"[3]292儒家思想中则具有更多孝的成分，此不枚举。

其五，才为我用的思想。

赵威后问的最后一个人物是於陵陈仲子。陈仲子，齐国的隐士。他消极避世，不入仕途，不为诸侯所用，而极力追求廉洁无瑕的操守，过分机械地坚持自食其力，几乎到了自我残害的程度。赵威后认为这种脱离社会之人，留之无用，应杀之。

赵威后的这一主张与姜太公是相通的。据史载，姜太公封齐建国伊始遇到了来自三个方面的挑战：其一，莱夷的武力反抗；其二，狂矞华士的"非暴力不合作"；其三，营荡的以礼乱国。此专讲狂矞华士的"非暴力不合作"。据《韩非子·外储说右上》载："太公望东封于齐，齐东海上有居士狂矞、华士昆弟二人者，立议曰：'吾不臣天子，不友诸侯，耕作而食之，掘井而饮子，吾无求于人也，无上之名，无君之禄，不事仕而事力。'太公望至于营丘，使吏执杀之以为首诛。"这件事，《荀子》、《论衡》、《淮南子》等书都有记载。这件事反映出姜太公初至齐，当时社会上有这么一批人，各自出于不同的目的，比如，对乱世的畏惧和厌倦，对新统治者的不满和敌意，对天放牧歌生活的向往和追求等等，使他们不约而同地采取了一种可称之为"非暴力不合作"的态度，成为对姜太公建立齐国统治秩序的一大障碍。欲知人是社会之人，不能成为化民，便不能见容于社会，姜太公故而杀之。

二、"董狐直笔"的文化解读

"董狐直笔"语见《左传》。该书宣公二年载："己丑，赵穿攻灵公于桃园。宣子未出山而复。太史书曰：'赵盾弑其君。'以示于朝。宣子曰：'不然。'对曰：'子为正卿，亡不越竟，反不讨贼。非子而谁？'……孔子曰：'董狐，古之良史也，书法不隐。'"

笔者从上引文字中读出了我国史学的直笔文化精神。我国史学源远流长。史的原意是指史官。甲骨文中出现的"史"，即为史官的通称。汉人许慎《说文解字》云："史，记事者也。"《世本·作篇》说："沮诵，仓颉作书。"宗衷注云："黄帝之世,始立史官,沮诵、仓颉居其职。"这就是说,在古人眼中,早在黄帝时期便产生了史官。此说待考。《吕氏春秋·先识》说:"夏太史令终古出其图法,执而泣之。复桀迷惑,暴乱愈甚。太史令终古乃出奔如商。"如果这一记载可靠的话,那么夏朝末年,我国就已有了史官。殷商已有史官则是确凿无疑的了,因为有甲骨文字在。甲骨文中的史、尹、作册、太史、内史等,便是当时史官的名称。西周时期,已经形成了比较严密的史官制度。设有太史、内史、内史尹、史、作册、作册尹、命尹、尹氏等史职,而且分工明确,比如有左史记事,右史记言的规定。西周、春秋、战国时期,不仅周王室设有史官,各诸侯国、甚至卿大夫之家也设史官。秦汉以降,我国的史官制度更加完善,此不详述。正因如此,我国留下来的史书也非常丰富,常用汗牛充栋形容之。

在绵长的史学史中,我国创造了丰富的史学文化,形成了优良的史学传统和精神,比如许多优秀史家的爱国主义思想,进步的历史观,刚直不阿的品质,秉笔直书的精神,高度的社会责任感,严谨的治史态度,以及对史书体裁的创造,对略古详今编撰原则的坚持,对史家德才识修养的严格要求等,都体现了中华民族的优秀精神。其中,秉笔直书应是史学文化中最精华的部分所在。对此,《说文解字》曰:"史,记事者也,从又持中。中,正也。"所谓中正,就是求真、求实。因而坚持秉笔直书,反对曲笔造假便成了对史家的最基本却很难达到的要求。董狐直笔表现的恰恰是我国史学文化的这一内涵和崇高精神。

唐代史学家刘知几主张直笔,反对曲笔,对古代史学的直笔传统给予充分肯定。他在《史通·直书》中热情赞扬了历史上那些不隐恶、不虚美、敢于秉笔直书的史家,歌颂了他们"宁为兰摧玉折,不作瓦砾长存"的直笔精神,无情斥责了那些任情褒贬、"诔言媚主"的曲笔作风。

先秦时期,能与赵国董狐比美的史学家应首推齐国的太史和南史。据《左传·襄公二十五年》载:崔杼弑齐庄公,"大史书曰:'崔杼弑其君。'崔杼杀之。其弟嗣书,而死者二人。其弟又书,乃舍之。南史氏闻大史尽死,执简以往。闻既书矣,乃还"。齐太史和南史氏前仆后继、不惜以生命为代价忠于职守、捍卫史学尊严的精神和行动,唱响了一曲秉笔直书的高歌!

司马迁是秉笔直书的又一位杰出史家代表。班固在《汉书·司马迁传》中评价《史记》说:"其文直,其事核,不虚美,不隐恶,故谓之实录。"例如,在《平准》、《封禅书》诸篇中,司马迁一方面如实记载了汉武帝年间"人给家足,都鄙廪庾皆满"、"守闾阎者食粱肉,为吏者长子孙,居官者以为姓号"等一派繁荣、升平的景象;另一方面又揭露了汉武帝的穷兵黩武、好大喜功、迷信鬼神、轻用民力、重赋厚敛,因而导致"县官大空"、"黎民重困"的局面。杜周是汉武帝时期的酷吏。当有人责备他断狱"不循三尺"时,他回答说:"三尺安出哉？前主所是著为律，后主所是疏为令，当时所是，何古之法乎！"司马迁在《酷吏列传》中如实地记载了酷吏的斑斑劣迹和赤裸裸的言论，从而暴露了封建律令的虚伪和酷吏统治的黑暗。

董狐，齐国太史兄弟、南史氏，司马迁不愧我国古之良史，因为他们以高洁的操守实践了秉笔直书的史学文化精神。

三、"完璧归赵"的文化解读

"完璧归赵"语出《史记》。该书《廉颇蔺相如列传》载："赵惠文王时，得楚和氏璧，秦昭王闻之，使人遗赵王书，愿以十五城请易璧。……赵王于是遂遣相如奉璧西入秦。秦王坐章台见相如，相如奉璧奏秦王。秦王大喜，传以示美人及左右，左右皆呼万岁。相如视秦王无意偿赵城，及前曰：'璧有瑕，请指示王。'王授璧，相如因持璧却立，倚柱，怒发上冲冠，谓秦王曰：'大王欲得璧，使人发书至赵王，赵王悉召群臣议，皆曰：秦贪，负其强，以空言求璧，偿城恐不可得。议不欲予秦璧。臣以为布衣之交尚不相欺，况大国乎？且以一璧之故逆强秦之欢，不可。于是赵王乃斋戒五日，使臣奉璧，拜送书于庭。何者？严大国之威以修敬也。今臣至，大王见臣列观，礼节甚倨；得璧，传之美人，以戏弄臣。臣观大王无意偿赵王城邑，故臣复取璧。大王必欲急臣，臣头今与璧俱碎于柱矣！'相如持其璧睨柱，欲以击柱。秦王恐其破璧，乃辞谢固请，召有司案图，指从此以往十五都予赵。相如度秦王特以诈详为予赵城，实不可得，乃谓秦王曰：'和氏璧，天下所共传宝也，赵王恐，不敢不献。赵王送璧时，斋戒五日，今大王亦宜斋戒五日，设九宾于廷，臣乃敢上璧。'秦王度之，终不可强夺，遂许斋戒五日，舍相如广成传。相如度秦王虽斋，决负约不偿城，乃使其从者衣褐，怀其璧，从径道亡，归璧于赵。""相如既归，赵王以为贤大夫使不辱于诸侯，拜相如为上大夫。"又载：赵王与秦王会于渑池，相如从。"秦王饮酒酣，曰：'寡人窃闻赵王好音，请奏瑟。'赵王鼓瑟。秦御史前书曰：'某年月日，秦王与赵王会饮，令赵王鼓瑟。'蔺相如前曰：'赵王窃闻秦王善为秦声，请奏盆瓴秦王，以相娱乐。'秦王怒，不许。于是相如前进缶，因跪请秦王。秦王不肯击缶。相如曰：'五步之内，相如请得以颈血溅大王矣！'左右欲刃相如，相如张目叱之，左右皆靡。于是秦王不怿，为一击缶。相如顾召赵御史书曰：'某年月日，秦王为赵王击缶。'秦之群臣曰：'请以赵十五城为秦王寿。'蔺相如亦曰：'请以秦之咸阳为赵王寿。'秦王竟酒，终不能加胜于赵。赵亦盛设兵以待秦，秦不敢动。"

上引文字生动地讲述了关于蔺相如在秦赵外交斗争史上的两个故事。从

这两个故事中,笔者读出以下两项文化内涵:

其一,作为国家的使臣,在外交斗争中,尤其在敌强我弱的形势下必须维护国家的利益和尊严。

外交是政治的组成部分,是国际斗争的主要战场之一。我国古人高度重视外交斗争艺术,常以折冲樽俎比喻外交谈判。《晏子春秋·杂下》说:"不出樽俎之间,而折冲于千里之外。"折冲,拒敌之意。樽俎,盛酒菜的器皿,喻为外交谈判。这里突出了外交之于政治、军事斗争的重要作用,强调了外交谈判的艺术性。由此可见,作为一个使者肩负的责任之重大了。在关键的时刻,为维护国家的利益和尊严,使者必须作出巨大的牺牲,付出巨大的代价,甚至不惜自己的生命。蔺相如正是这样一位优秀的赵国使者。

我国古代,能与蔺相如比美的应首推西汉时期的苏武了。据史载,苏武出使匈奴,被扣,困于北海。"武既至海上,廪食不至,掘野鼠去草实而食之,杖汉节牧羊,卧起操持,节旄尽落。"[4]2463"武留匈奴十九岁,始以强壮出,及还,须发尽白。"[4]2467可见,蔺相如与苏武都实践了一个优秀使臣应具有的外交文化精神。

在此,齐景公访晋的故事也值得一提。据《左传·昭公十二年》载:"晋侯以齐侯宴,中行穆子相。投壶,晋侯先,穆子曰:'有酒如淮,有肉如坻,寡君中此,为诸侯师。'中之。齐侯举矢,曰:'有酒如渑,有肉如陵,寡君中此,与君代兴。'亦中之。"在晋国的都城中,右晋侯设的宴会上,齐景公借酒抒怀,直言"与君代兴"之志,也算颇具英雄气概了。

其二,作为国家的使臣,要想维护国家尊严,必须做到大智大勇。

作为国家的使臣,要想维护国家尊严,不辱使命,必须充满非凡的智慧,在与对方交锋的过程中,以智取胜。对此,《管子·霸言》说:"霸王之形,德义胜之,智谋胜之,兵战胜之,地形胜之,动作胜之,故王之。"又说:"夫争国之强,必先争谋、争形、争权。"《孙子兵法·谋攻》说:"上兵伐谋。"仅有智慧行不行呢? 答案是否定的。一个优秀的使臣必须有谋有勇,做到智勇兼备,才可稳操胜券。对此,孙武认为"将者,智、信、仁、勇、严也"[5]12。而蔺相如使秦与渑池之会的故事体现的正是中国传统文化之智、勇精神。

把智慧用于外交斗争中,以之维护国家尊严者,晏婴使楚应当是一个范例。《晏子春秋·内篇杂下·第九》记载了这样一个故事:一次,晏婴出使楚国。楚人有意侮辱他,让他从楚城侧门进。这是不合礼仪的一种做法。智慧的晏婴说,出使狗国者才入狗门。楚人落了个没趣,不得不打开正门迎入。晏婴进了楚王宫殿后,傲慢的楚王戏谑晏婴长得矮小,进而嘲笑齐国没有人才。晏婴从齐国人才济济的正面回击切入,再以不肖之人出使不肖之国的反语结束。晏婴凭借超凡的智慧维护了祖国的尊严，同时也维护自己的人格。

四、"刎颈之交"的文化解读

"刎颈之交"语出《史记》。该书《廉颇蔺相如列传》载：蔺相如完璧归赵后拜为上大夫，渑池之会后拜为上卿，"位在廉颇之右，廉颇曰：'我为赵将，有攻城野战之大功，而蔺相如徒以口舌为劳，而位居我上，且相如素贱人，吾羞，不忍为之下。'宣言曰：'我见相如，必辱之。'相如闻，不肯与会。相如每朝时，常称病，不欲与廉颇争列。已而相如出，望见廉颇，相如引车避匿。于是舍人相与谏曰：'臣所以去亲戚而事君者，徒慕君之高义也。今君与廉颇同列，廉君宣恶言而君畏匿之，恐惧殊甚，且庸人尚羞之，况于将相乎！臣等不肖，请辞去。'蔺相如固止之，曰：'公之视廉将军孰与秦王？'曰：'不若也。'相如曰：'夫以秦王之威，而相如廷叱之，辱其群臣，相如虽驽，独畏廉将军哉？顾吾念之，强秦之所以不敢加兵于赵者，徒以吾两人在也，今两虎共斗，其势不俱生，吾所以为此者，以先国家之急而后私仇也。'廉颇闻之，肉袒负荆，因宾客至蔺相如门谢罪。曰：'鄙贱之人，不知将军宽之至此也。'卒相与欢，为刎颈之交。"交友自古为国人所重。《论语·学而》载："曾子曰：'吾日三省吾身，为人谋而不忠乎？与朋友交而不信乎？传不习乎？'"交友信否是曾子每天自我检讨的三件事情之一，可见曾子对交友是多么地重视了。交友又因人而异，有不同类型的朋友。比如，刎颈之交、莫逆之交、忘年之交、酒肉之交等等。无论名称如何繁多，大致可以概分为君子之交与小人之交两大类别。因为君子喻于义，小人喻于利，故有"君子之交淡如水，小人之交甘若醴"的说法。大凡君子之交皆与一个义字有关，而在古人看来，人之大义莫若精忠报国。因而建立在以报国大义基础上的朋友关系都是值得礼赞的。廉颇、蔺相如二人的刎颈之交体现的正是这种交友文化精神。

先秦齐国也有一个建立在以报国大义基础上的交友佳话，那就是管鲍之交。据史载："桓公自莒反于齐，使鲍叔牙为宰。鲍叔辞曰：'臣，君之庸臣也。君有加惠于其臣，使臣不冻饥，则是君之赐也。若必治国家，则非臣之所能也，其唯管夷吾乎？臣之所不如管夷吾者五：宽惠爱民，臣不如也；治国不失秉，臣不如也；忠信可结于诸侯，臣不如也；制礼义可法于四方，臣不如也；介胄执枹，立于军门，使百姓皆加勇，臣不如也。夫管仲，民之父母也，将欲治其子，不可弃其父母。'"[3]288宰相，一人之下万人之上，可谓尊贵之极也，然鲍叔牙为齐国的最高利益着想，让相于管仲，可谓交友至诚、高风亮节也。对于管鲍之交，《史记·管晏列传》载管仲语曰："吾始困时，尝与鲍叔贾，分财利多自与，鲍叔不以我为贪,知我贫也。吾尝为鲍叔谋事而更穷困,鲍叔不以我为愚,知时有利不利也。吾尝三仕三见逐于君,鲍叔不以我为不肖,知我不遭时也。吾尝三战三走,鲍叔不以我为怯,知我有老母也。公子纠败,召忽死之,吾幽囚受辱,鲍叔不以我为无耻,知我不羞小节而耻功名不显于天下也。生我者父母,知我者鲍子也。"[3]如同廉、蔺刎颈之交一样,管鲍之交体现的是我国交友文化的崇高精神。

总而言之,产生在以邯郸为中心的赵国赵地的成语典故如汪洋大海,本文从文化内涵与精神切入,掬一瓢海水进行分析,以期见大海之全貌。只有这种文化内涵和精神,才具有穿越时空的力量,历久而弥新。

参考文献:

[1] 郝在朝:《邯郸成语典故集》,中华工商联合出版社 1997 年版。

[2] 《战国策》,中华书局 1990 年版。

[3] 赵守正:《管子通解》,北京经济学院出版社 1988 年版。

[4] 班固:《汉书》,中华书局 1982 年版。

[5] 徐勇:《先秦兵书通解》,天津人民出版社 2002 年版。

（原载《邯郸学院学报》2006 年第 2 期）

十五年来赵国历史文化研究综述

孙玉静[*]

战国时期,邦国林立,争战连年,弱肉强食。赵国幅员辽阔,兵多将广,是当时除强秦以外的山东六国中数一数二的强国,无论是其疆域、人口,还是其军事实力、战略地位,在列国中都具有举足轻重的地位。所以说,一部战国史的研究,绝不能离开对赵国历史文化的深入剖析。近年来,区域史研究逐渐受到重视,赵国历史文化研究也进入了一个新的发展阶段。1987 年 9 月 27 日至 30 日,首届全国赵文化学术讨论会在赵国故都邯郸市召开,参加会议的学者对一些问题进行了深入讨论,但在某些方面也存在着分歧。据不完全统计,从首届全国赵文化学术讨论会召开以来,出版了三十余部有关赵国历史文化研究的著作,发表了六百余篇论文和一批考古资料,涉及方面广阔,参与人数众多,涌现出了一批研究赵国历史文化的专家,有力地推进了赵国历史文化的研究。为了解近十五年来赵国历史文化研究的概况,有利于今后的研究,笔者对近十五年来研究成果作一简单综述。

一、赵文化的渊源和内涵

秦赵共祖,史有记载。罗平、孟繁峰在《赵秦墓葬的"共祖"现象刍议》(《赵国历史文化论丛》,邯郸市、河北省历史学会编,河北人民出版社 1989 年版。下同)一文中,认为葬制和葬俗在一定程度上反映着族属特征。并结合考古资料及文献典章,说明墓葬方向尚北是一种源远流长的葬俗,而赵氏、嬴氏独墓葬方向东西,则证明赵秦同族共祖的可信性很大。文中还对赵氏先民的祖地应着眼于淮泗流域东夷之地作了初步说明。孟世凯在《赵、秦、商族源

---

* 孙玉静(1980—),女,河北衡水人,河北师范大学历史文化学院学生。

初探》(《赵国历史文化论丛》)一文中,也认为赵、秦、商族源都与少昊氏有密切关系,都应是出自东方的氏族,秦与赵共祖,并认为赵氏是商的后裔。董林亭在《赵文化源头辨识》(《邯郸师专学报》2001 年第 2 期)一文中,依据历史文献记载和考古研究资料,从探寻赵氏族属入手,对赵文化的源头进行了考辨,认为赵文化的源头应上溯自古东夷人的少昊文化。

对赵文化的内涵,认为赵文化不等同于赵国文化。大部分学者都认为赵国文化呈现出两元特质:华夏文化与边地文化并存,农耕文化与畜牧文化同在,既有中原雅音,又有燕赵悲歌。同时又大都承认赵文化由晋文化增殖裂变而形成。唐嘉弘在《论赵文化及其历史地位》(《河北学刊》1988 年第 1 期)一文中,认为赵国文化主流是华夏中原文化,支流有不少异族和草原部落文化因素,但又不断融合。孙继民、郝良真在《试论战国赵文化构成的二重性》(《河北学刊》1988 年第 2 期)一文中,肯定了赵国文化的二重性:平原文化和高原文化,内地文化与边地文化,农耕文化与游牧文化,华夏文化与胡族文化的二重性。

有的学者还对丧葬文化进行了初步探讨。魏建震在《先秦赵国丧葬文化初探》(《邯郸师专学报》2000 年第 2 期)一文中,通过对先秦赵国丧葬观念与丧葬礼俗、居丧制度与居丧生活、陵寝与墓葬制度、谥法等内容研究,勾画出这些丧葬风俗中所包含的丰富的文化内涵,揭示出赵国丧葬文化的鲜明特点。

二、赵国的政治和经济

关于赵国的政治,研究者有的进行总体阐述,也有对个别问题进行论述的。林宏跃在《论三家分晋形成的社会机制》(《山西师大学报》1992 年第 1 期)一文中,从晋国社会发展机制上进一步探讨了三家分晋局面形成的原因。晋国实行"国无公族"制度;晋文公以来的称霸强盛和以军事膨胀、领土扩张为特点的社会发展,使异姓、异氏获得了发展壮大和自身强化的社会条件;以封建关系为主体的采邑独立王国的形成。这三个方面使分裂晋国的社会基础形成,导致了晋国的分裂。

赵国建立后,兴盛发展,其原因与改革有关。崔向东、贾义杰的《论赵国历史上的改革》(《锦州师院学报》1994 年第 2 期)一文,对赵国发展史上简襄时代的社会变革、赵烈侯变法、赵武灵王军事改革这三次规模较大、影响至深的改革作了论述。李瑞兰在《战国七雄改革成败得失散议》(《天津师大学报》1987 年第 2 期)一文中,论述了赵武灵王冲破重重阻力,打破传统观念,终于实行了胡服骑射,并说明单就军事改革而论,赵武灵王是成功的,但他忽略了军事改革应和政治、经济改革配套进行，尤其失策的是在政权结构上，没有加强中央集权，反而制造了权分为二的政局，使赵国前景暗淡，沙丘之变后，赵走向衰落，终为秦所灭。

赵国政治从总体上说具有两面性。史建群的《论赵国政治改革的失败：贵族政治与官僚政治并存》（《河北学刊》1988 年第 3 期），认为官僚政治虽有所发展，但仍有其落后性，在于贵族政治的遗存，贵族参政。对赵国的政治制度，研究者进行了多方面的论述。白国红在《试论赵国的人事管理制度》（《邯郸师专学报》1999 年第 4 期）一文中，就官吏的选拔与任免制度、俸禄制度及考核制度三个方面具体内容探讨了赵国的人事管理制度，并说明了贵族政治的遗存对赵国政治的影响。张润泽的《先秦赵国继承制度初探》（《邯郸师专学报》2000 年第 1 期），论述了先秦赵氏先祖较推崇嫡长子继承制度，但赵氏立国后，君主往往唯自己意志是从，动辄废嫡立庶，导致国力衰落，政局混乱。白国红在《试论先秦时期赵国的封君制度》（《河北师大学报》2002 年第 1 期）一文中，认为赵国封君可分为前后两个阶段：开始是局限于宗亲范围之内，以"亲贵受封"为特点；以后扩至异姓功臣甚或幸臣，以"计功受封"为主流。同时赵统治者又采取各种措施对封君严密控制。

有的学者还对赵国官制进行了系统研究。萧秦在《赵国官制渊源及演变》（《赵国历史文化论丛》）一文中，对赵国官制进行了概述。并说明渊源有三部分：一是继承周、晋旧制；二是借鉴、仿效各国官制；三是赵国自创。且对部分官职的名称、渊源、职掌及其演变，作了溯源叙流的考察。

赵国经济研究方面，近年来考古发现的货币、青铜器可以说明当时商业的繁荣。崔向东的《赵国社会经济概说》（《锦州师范学院学报》1992 年第 1 期），认为赵国各地区体现出其不同的经济特点。陈昌远的《论赵国社会经济的发展》（《河北学刊》1990 年第 6 期），总体论述了农业、手工业和商业的发展状况，并简要说明了社会经济发展原因。

三、赵国的军事

战国之际，七雄角逐，日以争战为事。各诸侯国国君为保社稷，都非常注重相关的军事制度的建立和完善。白国红在《论赵国的军事赏罚制度》（《河北师范大学学报》1998 年第 3 期）一文中，论述了以赏、军功爵制和官职升迁为特征的军事奖赏制度和以斩、免、随坐、鞭、收家、废等为形式的军事刑罚制度，两者相辅而行，互为补充。白国红在《试论赵国的兵役制度》（《邯郸师专学报》2001 年第 1 期）一文中，论述了赵国在普及郡县地方行政组织的基础上,大力推行郡县征兵制,从而保证了赵国在封建兼并中的兵力和兵源。此外,还以物质利益为推动力推行募兵制。

另外,战国时期"战"字当头,军事改革也成为学者关注的一个问题,赵武灵王胡服骑射就成了赵国史研究中的重点。崔向东在《试论赵武灵王军事改革》(《锦州师范学院学报》1989 年第 4 期)一文中,就改革的背景、步骤、具体内容、成功原因作了详述。林永光的《赵武灵王与"胡服骑射"》(《烟台师范学院学报》1998 年第 2 期),论述了胡服骑射的全过程,肯定了其实行的必要性,并就其改革的独特方式和价值给予分析,但也就其在政治上的失误以及过早引退给予批评。魏建震的《赵武灵王胡服骑射改革新研》(《河北师院学报》1996 年第 4 期),认为此次改革不是传统观点所认为的向胡人学习先进骑兵之术的军事改革,并通过对史料的分析,得出了一个与众不同的结论:变异胡服属于风俗改革,目的是利用胡俗同化胡人,以便招募胡骑为己所用。

四、诸子思想

赵国诸子思想主要有慎到之说、荀况之论和公孙龙之辩。

荀况是战国时期与孟轲齐名的儒学大师,是儒家历史学派的代表人物,他汲取法家、道家等思想的某些因素,对孔孟的儒家理论进行了丰富和改造,使儒家发展到一个新的阶段,对后世封建社会统治思想的成熟,具有深远的影响。关于荀子思想的研究,已由范红军老师专门作综述,这里不再赘述。

对公孙龙的研究,主要是对其"白马论"的研究。陈建中的《〈白马论〉新解:非马之谜》(《陕西师范大学学报》1994 年第 1 期),认为公孙龙的"白马非马"不但把白马包括在马之内,而且白马还不等于马,并分三部分对"白马非马"进行了阐释。张小燕、耿昭的《"白马非马"论析》(《北方论丛》1997 年第 1 期),证明了"白马非马"并非诡辩命题,"白马非马"中的"非"不是人们日常所谓的"不是"的含义,而是"不同于"、"不等于"、"有异于"、"区别于"的意思。

对慎到的研究,主要体现其法家思想。李廷勇的《论〈慎子〉的学术思想》(《西南师范大学学报》1997 年第 5 期),论述了《慎子》中所反映的学术思想,即遵循自然规律并充分利用,并在此基础上提出以"势"、"法"、"术"为主体的法家学术思想,又阐述了立法的重要性,提出了立法原则。王晓毅的《慎到的法理学说》(《东岳论丛》2001 年第 6 期),解释了慎到的法理学说,并探讨了在慎到的理论体系中,道家哲学是通过什么理论环节使其与刑名法术连接在一起的。

五、赵国人物

疆场征战靠豪杰,乱世英雄出四方。赵国时期涌现出一批杰出的人物,其中有君主、思想家、名臣武将等。靳生禾的《先赵人物述评》(《山西师大学报》1993年第2期),叙述和评论了赵氏在事晋的200多年间,在新旧势力的斗争中,为自己造就的一批文武兼备的政治家和军事家赵夙、赵衰、赵盾、赵武。靳生禾、李广浩的《赵无恤述评》(《史学月刊》1993年第5期),通过描述赵襄子兴兵平代、晋阳之役以及他为人处世的各方面,对其进行综合评价,肯定了他作为政治家的成熟、军事家的谋略以及他作为普通人的信守道义。张志哲在《公孙龙新评》(《学术研究》1993年第4期)一文中,首先叙述了从古至今公孙龙著作《公孙龙子》的流传、对公孙龙的研究、对《公孙龙子》作注的全方位史实,然后对公孙龙学术思想进行总体述评,也对"白马非马"着重说明。田卫平的《"孟姬之谗"与"赵氏孤儿"》(《河北学刊》1998年第1期),认为"赵氏孤儿"只能作为历史故事来看待,不能引以为"信史",与"孟姬之谗"相混淆。梁涛《荀子行年考》(《陕西师大学报》2000年第4期),对荀子的行年进行了重新考辨,证明了荀子首次游齐是在"年五十"而非"年十五",时间在齐湣王末年;荀子曾三次到齐国,且在来齐前曾游于燕;荀子游秦应在公元前265年。魏建震的《平原君身世与任赵相考》(《邯郸师专学报》1999年第4期),对平原君身世、平原君任赵相等相关历史史实进行了考证;也对平原君为政对赵国历史所产生的影响作了论证与分析。

六、其他方面

随着考古的不断发展,有关赵国史的考古资料也不断涌现。李海洋的《邯郸市西郊发现一座战国墓》(《文物春秋》1995年第3期),将墓地的地理位置和出土器物作了简述,并指出出土的青铜器为研究战国时期的铸造技术、工艺、葬俗及邯郸战国历史提供了实物资料。罗平在《对赵王城内建筑布局的探讨》(《文物春秋》1996年第2期)一文中,就赵王城的面向、建筑布局及部分建筑的用途作了探讨,得出了以东为上是赵族固有的习俗的结论。

另外,对邯郸的历史也进行了一些研究。孙继民、郝良真在《论早期邯郸城的兴起》(《邯郸师专学报》2001年第2期)一文中,用古代文献和地下考古调查相印证的方法,论证了早期邯郸城的兴起。张建华、康香阁的《邯郸历史略述》(《邯郸师专学报》2000 年第 1 期),略述了邯郸自远古至今各个历史时期的精要事实,对功过是非作了些点评,从中可看出邯郸社会发展的轨迹。

关于赵国长城、地理疆域、长平之战等问题的研究,田卫平、崔向东也已在《十年来赵国历史文化研究之回顾》(《中国史研究动态》1994 年第 3 期)中有所回顾,再则限于篇幅,这里不再重复。

河北师范大学沈长云教授主持撰写的《赵国史稿》一书,由中华书局 2001)年 11 月出版发行,这部书规模宏大,充分利用了文献和考古材料,是我国第一部系统地研究赵国历史与文化的专著,得到了李学勤、吴荣曾、朱凤瀚等专家的肯定。有关学者指出此书的五个特点:一、本书结构纲目设计科学,内容完整。二、填补了赵国史研究的空白,开拓性强,全面系统,并提出新见解。三、研究性强,考证与分析严谨。四、注意资料的完备性及资料来源的多样性。五、学术水平高,可读性强。

总之,十五年来赵国历史文化研究蓬勃兴盛,成绩卓著。尤其是在赵文化的渊源和内涵、赵国的政治、经济、军事、思想、人物等方面,老课题日益深化,新角度不断出现,研究逐步深入,成果日趋丰富,其数量之多、质量之高,可以说是前所未有的。我们应当在此基础上,继续努力,放开眼界,认真读书,开拓史料来源,仔细深入分析,把赵国历史文化研究推向一个新阶段。

(原载《邯郸师专学报》2004 年第 2 期)

赵国故地纵论赵文化

——记全国第二届赵文化研讨会

白国红*

2005 年 4 月 23 日至 24 日,全国第二届赵文化研讨会隆重召开。十一个省、市的六十多位专家学者云集河北邯郸,纵论赵文化。通过归纳整理,会议所涉及的内容主要包括以下几个方面:

第一,赵文化的内涵、外延、特质及其产生的原因和历史地位。这是与会专家学者关注的重点问题,涌现出许多精辟见解,最具代表性的观点是著名历史学家李学勤(清华大学历史系教授,中国先秦史学会理事长)在关于《赵文化的兴起及历史地位》的发言中指出的,他认为:赵文化是中华民族历史上最为重要的区域文化之一,具有独立的文化特点和文化精神,对赵文化进行深入研究具有极为重要的意义。他指出赵氏的兴起与草原文化有关,赵文化是华夏文化与戎狄文化相互交融的结果。他还对赵文化的精神进行了三点概括:首先,它是开放的文化,是多区域文化接触的结果;其次,它是进取的文化,是不同文化之间相互汲取的结果;再次,它是包容的文化,是农耕文化与草原游牧文化结合形成的。他认为正是基于上述特点,使得赵文化成为近年来备受瞩目的研究课题。李先生的观点在诸多学者中引起共鸣。

孙继民(河北省社科院副院长、研究员)认为赵文化至少具有三个特点:一是文化因素方面,赵文化的构成具有二重性;二是民俗方面,赵俗男子有喜聚会娱乐和不循法度的风习,而赵俗女子则以擅长音乐舞蹈作为游媚富贵的手段;三是在学术方面,赵文化既多元包容又允许优势学派存在。

杨善群(上海市社科院历史所研究员)则点明,在赵文化的发展过程中有一突出特点,即:谋求改革是其主流,并逐个从赵国的经济改革、政治改革、军

---

* 白国红(1970—),女,河北石家庄人,河北师范大学古籍整理研究所研究员,史学博士。

事改革和文化改革等方面进行了较详细的论述。

李瑞兰(天津师范大学历史文化学院教授)也肯定了"改革"是赵文化的优良传统之一,指出赵国在其崛起与发展过程中,当权者能够与时俱进实施改革,值得称道。此外,她还指出,"善于纳谏"也是赵文化在政治领域中的闪光点。

宣兆琦(山东理工大学齐文化研究院院长、教授)从三个方面对赵文化的精神进行了梳理与提取:一是以赵武灵王的"胡服骑射"为例,阐述了赵文化所具有的深刻的变革思想;二是以荀子为代表,论证赵文化中有一种明显的法治精神;三是从文献中记载的赵人讲诚信、重然诺、轻生死、知恩厚报、义酬知己等史实,说明赵文化中充溢着浓郁的侠义精神。

孙瑛和张润泽(邯郸学院历史系副教授)合撰的《赵文化特征刍议》一文,将赵文化的特质归纳为多元、务实的现实主义特质,并认为这一特质是从赵文化所具有的变革性、多元性、民族融合性、开放性及务实性(又称功利性)等方面具体表现出来的。

石永士(河北省文物研究所研究员)将赵文化的特点总结为五个方面:一是抓机遇,促变革;二是求务实,谋发展;三是勇创新,图大业;四是拓疆域,促融合;五是承远祖之遗俗,继晋文之传统。他在探索赵文化特征的同时,还对赵文化的构成要素进行了发掘,认为:认知体系体现着赵氏统治集团对当时社会动向的感知和深刻的思维过程;制度体系则体现在旧的制度体系被不断打破,新的封建制度体系不断的建立和完善;组织体系表现在赵国国君之下,设有一整套的官僚机构;物质体系则涵盖了赵国所创造出来的一切器物以及利用和改造自然所创造的人工环境;传媒体系中的文字则是研究赵文化不可或缺的重要资料。

由上所述可以看出,有关赵文化的形成、特质等问题,学者们基本上取得了共识。

在与会学者中,争论较多的一个问题是关于赵文化这一概念的具体内涵,而这一问题是必须加以解决的,如此才能规范赵文化的学术研究,进一步促进和推动赵文化研究向纵深发展。孙继民提出了"原生形态下"的赵文化这一新的命题,认为:所谓原生形态下的赵文化应该定义为先秦两汉时期赵国强盛时疆域内存在的地域文化。董林亭(邯郸学院历史系教授)等则以地域文化为切入点,将赵文化的概念表述为:先秦时期在赵国土地上形成的,具有鲜明的地域特征的文化,其具体内涵应包括先秦时期的赵人创造的全部文化的总和。与此相关的一个问题即文化的上限与下限问题,也一度在学者之间引起争论。学者们通常将赵文化的上限定在赵氏立国,以此作为赵文化正式形成的标志。然而，由于学术界对赵氏立国的具体时间存在不同认识，因此这一问题实际上并未取得一致意见，故而有关赵文化的上限有公元前403年、公元前475年、公元前490年左右三种观点。关于赵文化的下限问题，学者们也存在分歧，代表性的观点有两种：一种认为赵文化随着赵国的建立而形成，因此赵国历史的终结，也就意味着赵文化的消亡；另一种意见则主张把赵文化的下限界定在西汉王朝的初期，因为直至此时作为地域文化的赵文化才经过整合，真正融入汉文化，最终成为汉文化系统的一个组成部分。

有关赵文化的外延，学者们也还存在争论。董林亭等认为，赵文化的外延不仅仅包括其正式形成后赵人所创造的一切物质文明与精神文明的总和，而且还包括赵氏祖先从远古至赵氏立国这一历史时段的一切文化创造。

第二，从考古资料出发，对相关的赵文化问题进行探讨。李学勤对现藏于北京保利艺术博物馆中的"戎生编钟"进行了介绍并发表了自己的学术见解：戎生编钟是从香港收回的流散青铜器，出土地相传在山西，有长铭。根据中国社会科学院考古所张亚初的观点，"生"可考释为"乘"，故而"戎生"即"戎乘"，这与文献中所记载的赵氏先人从尧舜禹时期直至夏商周三代均以擅长驯化鸟兽，善于御马而闻名的史实正相吻合，而从铭文内容来看，戎乘之祖先——献公有追随穆天子左右并封在王畿之外（即山西），负责管理蛮戎，抵御外侮的事迹；而戎生之父昭伯服侍的则是晋侯；戎乘本人则有运盐至今安徽地域换回青铜以铸编钟的经历。铭文内容与文献所载赵氏祖先的发展脉络如出一辙，应该就是一事。铭文中的"献公"当为文献中的赵氏先人"造父"，"昭伯"当为初入晋的赵氏先人"叔带"，之所以称"伯"，是因为他是在晋国重建赵氏的第一人。山西古代盛产食盐，因此戎乘的经历也能得到恰当的解释。通过以上分析，可以得出结论："戎生编钟"乃是赵氏之器，这一发现对于赵文化研究意义重大。

曹定云（中国社科院考古所研究员）在对前人研究成果给予充分肯定的前提下对出土于东北地区的三件赵国青铜兵器，即：四年春平侯剑、七年相邦阳安君剑和廿年蔺相如戈，重新进行了考释和论证，指出了前人研究中的失误之处，发掘出有关赵国兵器铭刻的新资料。同时指出，这三件兵器的发现，对赵国历史研究具有重要意义：一是填补了以往赵国名臣蔺相如文物未见的空白；二是史籍未载却在铭文中出现的阳安君，也为战国末期赵国历史的研究提供了新的资料。曹先生对赵国兵器流入东北的原因进行了深入分析，指出：这三件赵国兵器应是秦灭赵、灭燕后由秦人带入东北，再落入高句丽人之手的，其最后的所有者应为高句丽人。

魏建震（河北省社科院副研究员、副所长）也对一件极为重要的赵国兵器

"王何立事"戈进行了考证,认为:王何确指赵惠文王,但"王何立事"只表明古代的一种纪年方法,"王何"并非以往学者所认为的是此件兵器的监造者,监造者另有他人,并推测"王何立事"所记之年可能即赵武灵王去世之年。

第三,学者们对与赵国有关的历史文献进行深入探讨,提出了令人耳目一新的见解。其中最具代表性的文章当属沈长云(河北师大历史文化学院教授)的《说〈国语〉出自战国赵人之手》,他首先对《国语》出自"鲁君子"左丘明之手的传统观点进行了有力的批驳,之后提出了《国语》的编定者当是战国中后期某位赵人的观点,其理由如下:一、从《国语》内容来看,全书共21卷,其中《晋语》9卷,几占全书的一半,说明编者不仅熟悉晋国历史,而且偏爱晋国,由此可推测,《国语》出自三晋人之手。二、《国语》中对晋国诸卿族的记述又以独记赵氏之事为最多,并对赵氏家族重要人物的历史活动十分清楚,由此可推测《国语》不仅出自三晋后人之手,更可能出自赵国人之手。三、《国语》一书在行文中有对赵氏祖先避讳的现象,这也可以作为《国语》成书于战国赵人之手的一个证据。四、从文化背景来看,战国时期赵国史才辈出,因此说《国语》出自赵人之手不无可能。这篇文章论述有力,层层深入,为解决《国语》到底出于何人之手这一千古疑案点明了路径。

廖名春(清华大学思想文化研究所教授)将上海博物馆所藏战国楚竹书《曹沫之陈》与传统文献中的《慎子》佚文进行比较研究,发现《慎子》佚文当晚出于楚竹书《曹沫之陈》,并从音韵学角度对"曹沫"之"沫"进行探析,指明"沫"当为假借字。这篇文章乃是传统文献与出土竹简比勘研究的又一佳作。

秦进才(河北师大历史文化学院教授)的《〈荀子〉与孝道管窥》一文,对在荀子思想体系中不占主导地位,也不十分系统却又极为重要的孝道思想进行了剖析。指出:荀子对战国社会的人情事理有具体而深刻的观察,透彻而深入的分析,并基于此提出了以性恶论为基础的孝道,奠定了人性教化的理论基础,对两汉时代的孝道教化有较大的影响。荀子的孝道思想是对孔子孝道思想的继承、发展与修正,其主张有可操作性;他的孝道思想无论是孝治措施,还是谏诤思想,以及为民父母等,既具个性,又带有战国时代的特色,对后世具有深远的影响。

第四,有关古赵人物及赵氏宗族的研究。此次研讨会所提交的论文中涉及赵文化历史人物研究的不是很多。白国红(河北师范大学历史文化学院副研究员)对赵氏可以直接追溯到的远祖,即生活在尧舜禹部落联盟时期的一位女性——女修的传说进行了考察,认为女修吞玄鸟卵而生子大业的传说,反映的是少昊氏族与颛顼氏族有姻亲关系的史实。至于赵氏女性始祖"女修"青史有名,而其男性始祖史籍无踪的疑问,既不能以"其名不著"来搪塞,也不能以其时尚处于母系社会来遮掩。女修生当父系社会不容置疑,有关其生子的神话传说只能说明当时的人们还笼罩在有关生育的神秘观念下,且当时的婚俗尚未脱离群婚的羁绊,而其生活于周代的后裔赵氏受当时习俗影响而"重母轻父"也未尝不是其"知母而不知父"的原因。

从家族形态方面对赵氏进行研究的,只有彭邦本(四川大学历史文化学院教授)的《三家分晋前赵氏卿族的宗亲组织试析》一文,他指出:进入春秋,晋国的宗法制度尽管遭到重大打击,但其范围局限于晋君的近亲子弟,而晋国卿大夫家族的宗亲组织一直到春秋末期都很严密,赵氏即其代表。这一见解颠覆了认为春秋时期晋国宗法制普遍崩坏的传统观点。

刘志轩(河北省邯郸市文化局)对学术界一直争论不休的荀子籍贯问题进行了考辨,得出了荀子是赵国都城邯郸人的结论。

第五,赵氏古都相关问题的探讨。关于这一问题,学者们的着力点放在邯郸故城的研究上;除此之外,也有学者对赵国早期都城中牟进行探究。申有顺(河北省邯郸市城科会秘书长)以邯郸赵都故城遗址为切入点,对赵文化在我国古代城市布局和规划中的影响及贡献进行了四个方面的剖析:一是在城市建设理念上,它代表了一种时代的情感;二是在都邑选址上,遵循了古代的传统定制;三是在城市环境上,实现了"天人合一";四是在城市空间布局上,突出了中轴对称的平面布局。他希望以此为契机引起学者们对邯郸故城及其周围城市遗址群研究的重视。

郑志瑛(河北省邯郸市城市信用社总经理)对近年来许多学者认同的"赵都邯郸故城有人口 30 万"的结论提出质疑,理由如下:一、赵都邯郸的城区面积不足以容下 30 万之众;二、战国时期的经济发展水平不可能使邯郸城内麇集 30 万人口;三、"战国时期邯郸城内有 30 万人口"之说的考据有误,乃是从战国时期纵横家苏秦的游说辞中推导出来的,不足为凭。他认为还历史以真实面目,无损于邯郸历史的荣耀,无愧于古赵文化的灿烂。

王文强(河南省鹤壁市文物局)的《略论赵治中牟在赵国历史上的地位》一文,从中牟是赵国的建都立国之地、赵在中牟的改革以及中牟重要的地理位置三个方面,对中牟在赵国历史上的地位进行了剖析,认为建都中牟是赵氏发展史上的重要转折点。

第六,与赵文化相关的姓氏研究。程裕祯(北京外国语大学教授)《邯郸与赵之天下及天下之赵》一文的核心论点是:中国赵氏"源于山西赵城而兴于河北邯郸",赵氏族人以其特有的政治智慧和主政才能对中国历史的发展产生了巨大影响,曾先后建立赵国、南越国及赵宋王朝,其政权灭亡后,赵氏族人三次大幅度地向全国流布,称为中国人口最多的氏族之一,堪称中国第一姓氏。

赵海成(山东省社科院教授)在其文章中对赵氏在秦汉时期至宋王朝时期的发展脉络作了钩稽,指出赵氏家族人才辈出,对中国社会生活某些方面产生过较大影响,属于中国历史上屈指可数的望族。

第七,有关赵国民风民俗的探讨。苏宏毅(邯郸学院历史系副教授)认为赵国民俗的本质是"好气任侠",它是赵国人物价值判断的最高标准。这一风俗的形成既有社会价值的冲突为根本依据,又依靠其他社会条件的催化:一是因为赵国是个用武用力的社会;二是因为赵国是个文化发达的国家,而文化发达的国家可以从根本上吸收"好气任侠"所展示的文化特征。

杜学德(邯郸市群艺馆研究员)和申凤鸣(邯郸市地方志办公室副编审)合撰了《历史文献与口碑中的赵国风俗资料对后世风俗的影响》一文,文中对赵国的宫廷礼仪、祭祀礼俗和外交礼俗,赵国人的生产与衣食住行等物质民俗,婚丧寿诞等人生礼仪民俗,赵国的信仰与占卜风俗等方面进行了梳理,从而对赵国风俗文化的特点进行了归纳:一是它沿袭了周礼的一些内容;二是体现了汉族和游牧民族风俗文化的多样性与相互融合;三是落后野蛮与开放进步风俗并存。最后,他们将赵国民俗在风物命名习俗、饮食习俗、信仰习俗和民俗心理定势等方面对后世民俗的影响进行了阐述。

此外,还有李现红(河北师大历史文化学院研究生)从邯郸百家村战国墓中食用陶器入手,通过分析赵国的经济条件、地缘因素、人文心态及饮食理论,对赵国的饮食习俗进行了探讨。

第八,有关赵文化与其他地域文化的比较研究。孙继民在《关于燕赵文化的几点看法》一文中,对"燕赵"一语出现的时间,燕赵文化的发展阶段,燕赵文化的地理内涵,燕赵文化的特点以及原生形态下的赵文化特点进行了较为系统的阐述。他认为"燕赵"作为一个地域名称出现的时间不会早于公元前5世纪中期,"燕赵"一词的指称对象有一个发展过程,或指一个区域整体,或指一个整体区域之下的两个分区。燕赵文化的发展阶段可分为三个阶段:第一时期自旧石器时代至两汉时期,为燕赵文化的发端形成时期;第二个时期自魏晋至明清时期,为燕赵文化的衍生变异时期;第三个时期自鸦片战争至五四运动,为燕赵文化的近代转化时期。燕赵文化的地理内涵应确立以战国时期的燕赵两国中心区为基本区域、随时代变化而适当伸缩的原则。关于燕赵文化的特点,孙先生认为燕赵文化本质上属于地域文化,具体则包括"构成二元、民俗质朴、风气尚武、宗教包容、学术崇实"等特点。相对于燕赵文化而言,赵文化应该属于二级文化区,原生形态下的赵文化是指先秦两汉时期赵国强盛时疆域内存在的地域文化。此外,侯廷生(邯郸职业技术学院赵文化研究所所长)也对赵文化、燕赵文化等概念的文化边界问题进行了辨析,提出了自己的见解。

刘顺超(河北省邢台市文物管理处研究员)研究指出:先秦时期,邢文化与赵文化相互影响,相互交融,两者有极为密切的关系,尤其是"邢"地归入赵氏采邑范围后,邢文化即渐渐纳入赵文化的范畴。

张润泽对赵文化与秦文化进行了比较研究,分析了二者的异同,指出"同源"且具有许多相同特征的秦赵文化,只是由于程度的不同,导致了处于两种文化下的秦、赵二国不同的命运。

胡广文、康香阁(邯郸学院教授)的《论邯郸作为中心城市的发展历程及其当代启示》则从经济发展角度论述了赵国都城邯郸作为中心城市历史兴衰的深层次原因。

由本次会议所涵盖的主要内容来看,自全国第一届赵文化研讨会举办以来,赵文化的研究在广度和深度上,都较以前取得长足进步。随着第二届赵文化研讨会的召开,学术界必将掀起新的赵文化研究热潮,研究成果及价值可期。

（原载《邯郸学院学报》2005 年第 2 期）

荀子研究

20 世纪后期大陆的荀子文献整理研究

廖名春[*]

引　言

20 世纪前期大陆的荀学研究,江心力博士最近已出版了专书。[①] 本文接着江著讲,故将评述对象的时间设置在 1950 年至 2005 年的五十多年之间。最后的几年,尽管已超出了 20 世纪,但为方便起见,仍取“20 世纪后期”之称。

1950—2005 年的五十多年来,大陆学者在海内外至少新出了荀学专著 101 部。其中 2000—2005 年计 31 部、1990—1999 年计 41 部、1980—1989 年计 7 部、1950—1979 年计 22 部。不过,有学术价值的不超过 31 部。如果分为文献整理研究和学术思想分析两大类的话,前者有梁启雄的《荀子简释》(古籍出版社 1956 年版),方孝博的《荀子选》(人民文学出版社 1958 年版),章诗同的《荀子简注》(上海人民出版社 1974 年版),北京大学《荀子》注释组的《荀子新注》(中华书局 1979 年版),杨柳桥的《荀子诂译》(齐鲁书社 1985 年版),高正的《〈荀子〉版本源流考》(中国社会科学出版社 1992 年版),邓汉卿的《荀子绎评》(岳麓书社 1994 年版),张觉的《荀子译注》(上海古籍出版社 1995 年版),骆瑞鹤的《荀子补正》(武汉大学出版社 1997 年版),董治安、郑杰文的《荀子汇校汇注》(齐文化丛书之 2,齐鲁书社 1997 年版),李中生的《荀子校诂丛稿》(广东高等教育出版社 2001 年版),黄晓冬的《〈荀子〉单音节形容词同义关系研究》(巴蜀书社 2003 年版),黄珊的《〈荀子〉虚词研究》(河南大学出版社 2005 年版)。这 13 部著作中,真正值得一读的是梁启雄、

* 廖名春(1956—),男,湖南武冈人,历史学博士,清华大学历史系教授、博士生导师。
① 江心力:《20 世纪前期的荀学研究》,中国社会科学出版社 2005 年 2 月版。

高正、张觉、骆瑞鹤、李中生,以及董治安、郑杰文的著作。① 后者有李德永的《荀子:公元前三世纪中国唯物主义哲学家》(上海人民出版社 1959 年版),夏甄陶的《论荀子的哲学思想》(上海人民出版社 1979 年版),胡玉衡、李育安的《荀况思想研究》(增订本,中州古籍出版社 1985 年版),汪国栋的《荀况天人系统哲学探索》(广西人民出版社 1987 年版),向仍旦的《荀子通论》(福建教育出版社 1987 年版)、赵宗正等的《孔孟荀比较研究》(山东大学出版社 1989年版),郭志坤的《荀学论稿》(上海三联书店 1991 年版),方尔加的《荀子新论》(中国和平出版社 1993 年版),廖名春的《荀子新探》(文津出版社 1994 年版),惠吉星的《荀子与中国文化》(贵州人民出版社 1996 年版),孔繁的《荀子评传》(南京大学出版社 1997 年版),赵士林的《荀子》(水牛出版社 1999 年版)、马积高的《荀学源流》(上海人民出版社 2000 年版),张奇伟的《荀子礼学思想研究》(北京师范大学出版社 2000 年版),韩德民的《荀子与儒家的社会理想》(齐鲁书社 2001 年版),周炽成的《荀子韩非子的社会历史哲学》(中山大学出版社 2002 年版),陆建华的《荀子礼学研究》(安徽大学出版社 2004 年版),高春花的《荀子礼学思想及其现代价值》(人民出版社 2004 年版),江心力的《20 世纪前期的荀学研究》(中国社会科学出版社 2005 年版)。这 19 部属于学术思想分析类的书中,值得注意的是李德永、夏甄陶、胡玉衡和李育安、廖名春、惠吉星、孔繁、韩德民、江心力的著作。

20 世纪 90 年代至 2005 年大陆荀学专题博士学位论文至少有 25 篇。1999—2005 年硕士学位论文至少有 46 篇。而 1950—2005 年中国大陆发表的荀学研究专题论文至少有 1177 篇,其中 1950—1979 年计 82 篇,1980—1989年计 219 篇,1990—1999 年计 443 篇,2000—2005 年计 433 篇。其中包遵信、王杰、郭志坤、刘周堂、廖名春、杨太辛、方尔加、李中生、惠吉星、韩德民、王天海、张涅、张奇伟等人荀学论文多而自成系列,值得重视。

五十多年来大陆荀学研究的专门会议罕见。1990 年 10 月在山东临沂召开过首届全国荀子学术研讨会,对荀学研究起到了一定的推动作用。中、韩、日、越"1993 年孔孟荀学术思想国际研讨会"在山东威海召开,提高了荀学研究的国际性。另外还有大量的儒学研讨会和先秦学术研讨会,其中也有许多有关荀学研究的内容。近年来,河北省的刊物上有较多荀学研究的论文发表。特别是《邯郸学院学报》(原《邯郸师专学报》),更设有荀学研究的专栏,经常刊载荀学研究的论作。

对这一阶段一定时间的荀学研究进行回顾总结的主要有潘加申《荀子哲

---

① 邓汉卿的《荀子绎评》是 1950 年前的著作,可以不计在此段时间的成果内。

学研究简介》(《国内哲学动态》1981 年 1 期)、惠吉星《四十年来荀子研究述评》(《河北学刊》1996 年 5 期)、杨文娟《二十年来荀子管理思想研究撮述》(《山西财经大学学报》,高等教育版,2002. S2)、范红军《十五年来荀学研究综述》(《邯郸师专学报》2004 年 3 期),以及首届全国荀子学术思想研讨会召开后连续发表的几篇会议综述文章①。此外,傅文龙的《近年来诸子思想研究综述》(《中国史研究动态》1994 年 2 期),徐勇、黄朴民的《近年来孟子、荀子研究撮述》(《历史教学》1994 年 8 期),以及各种荀学专著和博士硕士论文的文献综述里,也有详略不等的这方面的内容。

　　本文拟从文献整理、生平事迹研究、思想学说研究、荀学史研究诸方面,对 1950—2005 年的五十多年来大陆荀学研究的概况作一综述。但时间有限,诸多工作皆未完成,故只能先谈谈文献整理方面的情况。即便如此,遗漏不周或评述不当之处,还是在所难免。敬请各位同人不吝指正,以推进荀学研究的深入开展。

一、注释翻译著作

　　1950—2005 年《荀子》的注释、翻译本中国大陆至少出版了 41 部,其中选译、选注的有 17 部,全文注释、注译有 24 部。后者目录如下:

　　(1)《荀子简释》,梁启雄,北京:古籍出版社,1956。

　　(2)《荀子简注》,章诗同,上海:上海人民出版社,1974。

　　(3)《荀子新注》,北京大学《荀子》注释组,北京:中华书局,1979。

　　(4)《荀子诂译》,杨柳桥,济南:齐鲁书社,1985。

　　(5)《白话荀子》,杨任之,长沙:岳麓书社,1991。

　　(6)《荀子全译》,邬恩波、吴文亮,海口:三环出版社,1991。

　　(7)《荀子选译》,雪克、王云璐译注,成都:巴蜀书社,1991。

　　(8)《荀子白话今译》,王森,北京:中国书店,1992。

　　(9)《荀子绎评》,邓汉卿,长沙:岳麓书社,1994。

　　(10)《荀子译注》,张觉,上海:上海古籍出版社,1995。

　　(11)《荀子全译》,蒋南华、罗书勤、杨寒清,贵阳:贵州人民出版社,1995。

---

　　① 如:安斌《首届全国荀子学术会议研讨会综述》(《东岳论丛》1991 年第 1 期);于孔宝《蓬勃兴起的荀学研究——全国首届荀子学术研讨会概述》(《管子学刊》1991 年第 1 期);梁宗华《荀学术讨论会综述》(《枣庄师专学报:社科版》1991 年第 1 期);路德彬《首届全国荀子学术思想研讨会简介》(《哲学动态》1991 年第 4 期)、《首届全国荀子学术研讨会综述》(《传统文化》1991 年第 2 期)。

（12）《〈荀子〉译注》，孙晓春，沈阳：辽宁民族出版社，1996。

（13）《荀子汇校汇注》，董治安、郑杰文，济南：齐鲁书社，1997。

（14）《荀子》，［美］约翰·诺布洛克（John Knoblock）英译；张觉今译，长沙：湖南人民出版社，北京：外文出版社，1999。

（15）《荀子》，祝鸿杰注释，杭州：浙江古籍出版社，1999。

（16）《荀子直解》，王云路、史光辉，杭州：浙江文艺出版社，2000。

（17）《荀子》，王杰、唐镜译注，北京：华夏出版社，2001。

（18）《荀子》，牟端平译注，济南：山东友谊出版社，2001。

（19）《荀子注译》，谢丹，太原：书海出版社，2001。

（20）《荀子》，熊海英、佳仁译注，太原：书海出版社，2001。

（21）《荀子》，梁海明译注，太原：山西古籍出版社，2002。

（22）《荀子译注》，高长山，哈尔滨：黑龙江人民出版社，2003。

（23）《荀子》，白延海译注，西宁：青海人民出版社，2004。

（24）《荀子》，潘嘉卓、聂翀译注，广州：广州出版社，2004。

除去第9、第14两部不算，剩下的22部书较有影响的是梁启雄的《荀子简释》、章诗同的《荀子简注》、北京大学《荀子》注释组的《荀子新注》、杨柳桥的《荀子诂译》、张觉的《荀子译注》、董治安和郑杰文的《荀子汇校汇注》。其中以学术价值著名的当数梁启雄的《荀子简释》、张觉的《荀子译注》、董治安和郑杰文的《荀子汇校汇注》。

近代以来的《荀子》注本，基本上袭自清末王先谦的《荀子集解》①。百十余年来，全面超越其校释成果的荀学著作尚未出现。梁启雄1936年商务印书馆出版有《荀子柬释》一书。1956年，经修订后，更名为《荀子简释》而再版。江心力《20世纪前期的荀学研究》一书163至165页对其有详细的评论，可以参看。不过，应该指出的是，江书并非公论。所谓梁书的三大优点，基本上取自杨树达和高亨先生之《序》以及梁启雄的《自叙》、《述例》，至于它们是否符合事实，江书并没有深究。对于梁书的问题，江认为是"个别字句的解释并非尽善尽美，仍有值得商榷之处，《燕京学报》第20期对该书的介绍一文中就指出了这点"。然后引用了其对梁书两处字句解释的批评。② 其实，梁书远不是"个别字句的解释并非尽善尽美"的问题。梁启雄在1955年的《重印叙言》中已经检讨："《柬释》之缺点甚多，而以改易正文为尤甚……此次修正，已多所

---

① 《思贤讲舍》光绪十七年（1891）初刊。

② 江心力：《20世纪前期的荀学研究》，第165页。按：这种不称引题名和作者名的引用是不符合学术规范的。

复原而未能遍。"这并非自谦之语,李中生《〈荀子简释〉注释中校改意见的疏失》一文从"不明词例而改"、"不明词义而改"、"不明通假而改"、"不明语法而改"、"不明修辞而改"、"不明文意而改"、"文本易明而改"、"标注'阙疑'而改"八个方面例举梁书 24 条改易原文的错误,①其说基本上是能成立的。如果说 1994 年刊发的李文只是就"疏失"而言的话,此前三年张觉的《〈荀子简释〉校勘真相管窥》②一文则对梁书的校勘基本进行了否定。张文说:梁书132 处有关订正文字的校语表明取自等杨倞各家之说,其实皆取自王先谦《集解》一书。有 17 处校语表面上是作者"据群书"而校改《荀子》,"其实,这些校勘成果皆取自《集解》"。其中"转引《集解》校语时,有时还有错误"。梁书又有 6 处校语表面上是"据群书"而校改《荀子》,"实皆取自"久保爱《荀子增注》,其中一处,"竟连抄《增注》也抄误了"。梁书校勘所据"群书"其实不过 8 种,如果去掉"宋、明、日《荀子》善本"3 种,就只有 5 种。张文又指出:梁书在使用"宋、明、日《荀子》善本"3 种校勘时并不很"详",而是"颇多疏漏与失误"。《简释》凭台州本校改文字共 10 处,其中有 7 处出自王先谦《集解》、久保爱《荀子增注》,真正的订正只有 3 处。许多地方本可据"宋台州本"校改的,反而据后世第二手资料校改了。从梁书校语可以看到,梁竟不知久保爱所谓"宋本"即"宋台州本"。如果梁真正"取宋台州本……及日本《荀子增注》各详校一过",哪会不明了其间的关系呢? 所以,梁即使用古逸丛书本作了校对,其工作也是很粗疏的。《简释》据明世德堂本校改文字仅 3 处,却有 1 处误校。有许多可以据世德堂本校改的,也反而据后世第二手材料进行校改。梁之校改,除利用《集解》外,以利用《增注》最力。但却对《增注》与世德堂本、台州本之间的关系不甚了了,而且也有漫不经心之处。张文还指出了梁书校改文字的若干"疏漏":一是"仅注明'《荀子》原文如何'而不注明'何所根据',这不免有臆改之嫌";二是"既不注明'何所根据',亦不注明'原文如何'",其属于梁校对失误的有 68 处。其中有的是改用了异体字、古今字或通用字,有滥改古书之弊。有的是校对不慎而新增加的错误等等。由"该书之校勘,其虚假粗疏便可见一斑"。因此,"高亨先生说'梁氏此书,固初学之所棘求,亦鸿彦之所必取',并盛誉'梁氏著书之忠实谨慎云云',实为溢美之词"。张文对梁书校勘的评价,基本上是以完全归纳法得出的,当属实事求是之作。可以说,揭破了梁启雄《荀子简释》校勘的真相,得出了跟学术界定评

---

① 李中生:《〈荀子简释〉注释中校改意见的疏失》,《文献》1994 年第 4 期;李中生:《荀子校诂丛稿》,第 28—39 页,广东高等教育出版社 2001 年版。

② 张觉:《〈荀子简释〉校勘真相管窥》,《学术研究》1991 年第 1 期,第 127—184 页。

几乎完全不同的结论,应视为 20 世纪《荀子》文献学研究的一大成绩。江心力的评论对此视而不见,是应该检讨的。

章诗同的《荀子简注》是在"评法批儒"的特殊年代出版的。此书以现代汉语注释《荀子》三十二篇,语言浅显,批注简明,"多承袭前说而少新见","迻述他人之说而不指明出处"。[1]101 虽以王先谦《荀子集解》为底本,但校改文字则多依梁启雄《荀子简释》。① 没有多大的学术价值可言。

北京大学《荀子》注释组的《荀子新注》也成书于"评法批儒"时期,出版时"四人帮"虽已倒台,内容做了一定调整,但泛政治化的痕迹仍在。此书虽有张岱年、楼宇烈等中哲史专家参与其事,学术性也仍有限,存在着与《荀子简注》一样的毛病。但比较起来,批注更为详尽细致,用起来更方便,因而影响更大。《荀子新注》对《荀子》三十二篇几乎逐字逐句都作了现代化的注解和翻译,充分发挥了梁启雄《荀子简释》的长处。又几乎每篇都撰有说明(第29—32 篇的说明包含在第 28 篇中),概括地介绍了《荀子》每篇的内容和旨意,提出了批判继承的具体意见,"首开了逐篇撰写说明之先例"。[1]101 书后的附录有《荀况生平大事简表》、《部分名词和人名简释》、《部分词条索引》、《人名索引》4 项,颇便查检。此书虽无"注译"之名,实质就是一部注译合体的荀子整理之作。

如果说《荀子简注》、《荀子新注》代表了大陆 20 世纪 70 年代"评法批儒"时期荀子整理的水平,杨柳桥的《荀子诂译》则可代表大陆 80 年代初期的水平。该书前有《青出于蓝的孔门儒士——荀子》一文作为代序,介绍了荀子的生平、荀子的学说,强调荀子既法先王,又法后王,否定了荀子为法家说。其《诂译凡例》有 16 条之多,基本概括了该书的特色。其目录称"遵杨倞本",论者认为"实际上是以《集解》为底本而选用了杨倞之注文"。正文分"释诂"和"译话"两部分。书尾有《附录》:一是《刘向校书序录》,二是《〈战国策·楚策四〉荀卿遗春申君书诗》,三是《王念孙〈读书杂志〉所录〈荀子〉佚文四条》。其"释诂"部分简要地采摘了各家校勘的成果,但基本上是袭用《集解》本之说。自己的意见"一律冠以'按'字,以示区别"。论者认为"采他说简要明了而少考证,出己说则略引书证及古训。此虽是其所长,然亦不免有断章取义之弊。较为严重的缺点是臆改原文比梁氏过甚,已犯整理古籍之大忌"。其"译话"部分"畅达者有之,牵强者亦有之,故得失参半"。[1]102 这些评论,是实事求是的。

张觉的《荀子译注》、董治安和郑杰文的《荀子汇校汇注》可谓代表了大陆

---

① 详见张觉《〈荀子简释〉校勘真相管窥》表二。

20 世纪 90 年代《荀子》整理的水平。张书的译注,虽以通俗普及为用,但仍以学术考校为体,称得上深入浅出。其书以清光绪《荀子集解》初刻本为底本,并校以其他善本旧刻及古注、类书引文与古籍异文进行订正。凡所订正,均于注释中加以注明。凡无版本及古籍异文为据者,即使确实有误,亦仅于注释中说明之而不妄改。一反梁、章、《新注》、杨诸书臆改原文之弊,说其校勘工作严谨科学,较之《荀子集解》,有"青出于蓝而胜于蓝"之势,应不为过。其注释博采而简洁,精要而稳妥。译文以直译为主,辅之以意译,与注释互为补充呼应,平实而畅达。在现今诸多的荀子今译今注中,张书应是最佳的。① 但严格地说,此书"深入"方面也有一些问题。其中最典型的是译注校勘全用简化字,对其学术性颇有影响。其书以《荀子集解》初刻本为底本,并据其他善本进行订正,实质是择善而从,不主一本。目前各家《荀子》译注都如此,便于一般读者,本无可非议。但其流弊则会使《荀子》愈来愈失真,留下诸多以今代古的后遗症。受体例限制,注释"迻述他人之说而不指明出处"的现象也颇有一些,特别是 50 年代以来海内外学者校释《荀子》的大量论文,基本上没有提及。论荀子"时人尊而号荀卿,后人亦谓之孙卿子",以"性恶论"称其人性论,以为荀子思想"决非'儒家'所可包容"等等,都较为浅显。所以,此书还是属于普及之作。

董治安和郑杰文的《荀子汇校汇注》由于收入《齐文化丛书》,一般人不易见到。该书是《荀子》三十二篇校勘、注释资料的汇编。其《述例》称:凡所见历代《荀子》不同传本之间的文字差异,悉为比较、汇集;前人重要的考订成果和注释说明,亦按著作年代顺序,逐一收录。用王先谦《荀子集解》(中华书局1958 年重印本)作底本。原文每篇分若干章(段),每章(段)后依次排列"汇校"、"汇注"资料。"汇校"部分,首先依据由宋至清重要版本 10 种,与《集解》相校,列出异文。凡古今字、通假字之不同,亦全部载录。其次,以《群书治要》、《太平御览》等类书和《韩诗外传》、《大戴礼记》等有关专书与《集解》本相校,摘录其文字差别。学者注解著作有关校勘的意见,其中一部分直接涉及版本问题,也附载于此。"汇注"部分,参用主要注本 36 种,大多是古代重要专著,少数为近代之作,今人研究成果亦酌予采录。所收诸家注解,包括篇义、句义、词义、字义的诠释,间亦延及思想内容的论析,或文献的整理、文字的校勘等等。对于各家相互辩难、彼此对立的意见,一概兼取并收,少量明显偏

---

① 牟端平:"今人注释、翻译本……十余种,其中以张觉《荀子译注》最为公允精当。"(氏著:《荀子·引言》,齐鲁书社 2001 年版,第 12 页)王天海也赞成此说,见氏著:《〈荀子〉校勘注释源流考》,第 102 页。

误的一家之言,也尽量载入。"汇校"、"汇注"中都有部分"案"语,表示对已有校注的补充、说明或订正。故汇集他说中也不乏己见。编者称"迄今可求之《荀子》一书的重要校注参考数据,大体备列于此。这样,此册一编在手,可收遍览四十余种校注本之效,其学术性与实用价值显而易见",[2]79大体可信。但此书也有一些明显的缺点,今人王天海指出:一是"收采面狭窄。所遗民国以来名家之说尚多",海外著作更少引用。至于海峡两岸80年代以来的校释成果,不论优劣,一概不提。这与资料汇编之性质是不相符的。二是"校注刻意分立,资料零乱。编者此举本为眉目清楚而行,故校勘与训释数据人为分割而用。但我国古今校释之作,大多融校勘与释义、音读为一体,若率意截取,势必使原始资料支离破碎,文不成义,面目全非,更不便于学人阅读或者查检原典。此或编撰者始料所不及"。[1]102这些批评,有一定道理。

二、文献考释研究专著

大陆五十多年来《荀子》的文献考释研究专著大致有三种:一是版本学研究之作,二是读书札记之作,三是语言学研究之作。

大陆五十多年来《荀子》版本学研究最有名的当属高正。其代表作是《〈荀子〉版本源流考》(北京:中国社会科学出版社,1992)。该书是全面调查研究《荀子》版本问题的一项重要成果。作者将《荀子》52种重要版本逐一考核校勘,详加分析比较,归纳为18个系统,指出每一系统的特征,探索其渊流及递变过程,考订其刊刻年代,评论其得失。所涉及的不同版本凡100多种。力求根据详实材料作出判断,遇有文献无征或材料不足的情况,则采取阙疑态度,表现出谨严的学风。又列有《〈荀子〉版本源流示意图》,表明各重要版本的纵向和横向关系,脉络清晰,一目了然。附录的《〈荀子〉宋椠善本重要异文校勘记》,实即《荀子》善本异文集校,为深入研究提供了宝贵的资料。① 该书指出:《荀子》之校勘,宜取《古逸丛书》影刻南宋台州本为底本,而以南宋浙北刻本、南宋刊删"纂图互注"巾箱本、南宋刘旦校刻纂图分门类题注巾箱本及南宋坊刻元明递修本为主要参校本。得此五本,有校勘价值之《荀子》异文资料,则已略近完备,其余诸本文字,纵偶有可取者,亦甚寡矣。[3]85这一意见,是作者以归纳法得出的经验之谈,应该重视。

不过,校勘《荀子》,到底以何为底本为嘉? 尚有争议。《古逸丛书》影刻

---

① 说参楼宇烈《〈荀子〉版本源流考·序》。

南宋台州本与南宋浙北刻本相近,异文较少。① 因此,选择底本当不出《古逸丛书》影刻南宋台州本与南宋浙北刻本之间。高正意见是取影刻南宋台州本,因为其"为熙宁监本系统中现存之唯一既接近祖本原貌,又完整无缺之版本。加之刻工精致,字体美观大方,误文较少,故虽为清末之影刻,其版本价值仍颇高",而南宋浙北刻本"为熙宁监本之翻刻,详考之,其所据底本似有缺页,而以纂图互注系统本之文补之","二本差异之处,难断孰近于熙宁监本原貌,论可靠程度似台州本稍高"。[3]12,16王天海也认为:浙北刻本"共抄补十二页半,尚缺二页未补,亦有多处因书页残破而微描字画者,故其校勘价值已逊于《古逸丛书》影刻宋台本"。[1]100但同为《荀子》校勘专家的张觉却认为:《古逸丛书》本"已为宋台州本之影摹本之仿刻本,乃清刻本而非宋刻本",而南宋浙北刻本"乃今存《荀子》刻本之最古者,甚为可贵","此本又乃谢墉本之所自出而为《集解》正文之远源也,故更足以校正谢墉本及《集解》之误"。[4]692笔者认为张觉的意见有道理。从文字来看,浙北本的错误更少。② 其残缺部分可据《古逸丛书》本补足。因此,校勘《荀子》,以浙北本为底本当更佳。

该书用简化字,别的地方问题尚不大。但在附录的《〈荀子〉宋椠善本重要异文校勘记》中,则给人一种不放心之感。"锺"、"钟"之别作者虽然注意到了,没有用简体字;但"執"与"势",则看起来别扭。[3]108当然,作者也是出于无奈。

骆瑞鹤的《荀子补正》(武汉:武汉大学出版社,1997)是一部类似王念孙《读书杂志·荀子杂志》的著作。该书对《荀子》三十二篇及其各家之说进行补正校释,共有札记285条。其体例为:先以大字顶格列出正文,再另起一行低一格列出所补正的各家之说,然后另起一行以"按"出以己见。如无各家之说,则在正文后直接出以己见。其融辨析字形、订正音读、说解意义为一体,无论是纠正前贤时人的讹误,还是出以新说,都是专攻难点,专打硬仗。其基本准则有三:一是看是否符合校勘学、训诂学规范,二是看是否符合原文原义,三是看是否符合史实。比如《劝学》篇,就有札记12条。首条考释"干越夷貉之子,生而同声,长而异俗,教使之然也"说:"邓戛鸣引张怀民云:'教,读为学。'无说。按:张说是。《仪礼·燕礼》:'献庶子于阼阶上。'郑玄注:'庶子掌正六牲之体及舞位,使国子修德学道,世子之官也,而与膳宰、乐正联事,乐正亦学国子以舞。'清胡肇昕云:'亦学国子以舞,学当作教,各本作教。'贾公彦疏郑注学作教字,胡培翚正义本改为教。《仪礼》有乐正,略当《周礼》大司乐之官,参见《乡饮酒礼》贾疏。《大司乐》:'以乐舞教国子。'此郑玄所本。《礼记·

---

① 具体可参高正《〈荀子〉版本源流考》附录《〈荀子〉宋椠善本重要异文校勘记》。
② 具体可参高正《〈荀子〉版本源流考》附录《〈荀子〉宋椠善本重要异文校勘记》。

学记》引《兑命》曰：'学学半。'孔颖达疏：'上学为教，音敩，下学者谓习也。'《学记》又云：'幼者听而弗问，学不躐等也。'郑玄注：'学，教也。'《说文》：'敩，觉悟也。学，篆文敩省。'然则学为秦篆，古文作敩。《说文》另有教，别为一字。据《兑命》，则'学'、'敩'二字本相乱，故今本《尚书》改上'学'字为'敩'，失古字也。《荀子》此文当是以'教'为'敩'，即秦篆之'学'字。本篇主言学不主教，又以学字起首，其博用比喻，亦明学习之义，故曰'劝学'。"[5]1 又如释"为善不积邪。安有不闻者乎"条，说："王念孙云：'不积之不，涉上下文而衍，当依《群书治要》删。'按：不积之'不'不可删。为读曰谓，以为之义。《宥坐篇》：'孔子问于守庙者曰：此为何器？守庙者曰：此盖为宥坐之器。'《韩诗外传》卷三作：'此谓何器'。《韩非子·外储说左上》：'夫瓠所贵者，谓其可以盛也。'谓其，犹为其也。又《孟子·公孙丑上》：'管仲、曾西之所不为也，而子为我愿之乎？'为我，犹谓我也。《庄子·让王》：'今某抱仁义之道以遭乱世之患，其何穷之为！'为亦谓也。为善不积邪，言以为善德不可积乎？实谓可积。故前文云'积善成德，而神明自得，圣心备焉。'王说非是。"[5]5 可以说札记285条，条条都是心得，都是反复斟酌之作。作者大学时"披阅之间，时有所记"，后读硕士时"复诵读《荀子》再三，又工楷手自抄录，乃将原旧时心得合以复习时所记，参以所见各家之说，最初论列270事左右，后增为300余事。近五六年来，又见到些新材料，或有刚发表的论文，其中有与自己所论相合者，于是又将300余事删为280余事"。① 其审慎若此，无怪乎新见迭出，堪称大陆50多年来《荀子》考释订正的标志性成果。当然，此书也有一些可讨论之处。王天海指出了几条，②大都言之成理，可以参考。

李中生的《荀子校诂丛稿》（广州：广东高等教育出版社，2001）是作者1991年至1998年《荀子》校释论文的汇集，共收论文11篇，约22万字。1992年以来，李中生先后发表了《〈荀子〉零诂》（《古籍整理研究学刊》1992年第5期）、《略论荀子的"先王后王"说》（《中国哲学史》1993年第2期）、《〈荀子〉校释商补》（《孔子研究》1994年第2期）、《〈荀子〉"法正之治"考辨》（《东方丛刊》1994年第3、4期）、《读〈荀子〉札记》（《中山大学学报》社科版1994年第4期）、《〈荀子简释〉注释中校改意见的疏失》（《文献》1994年第4期）、《〈荀子〉"制天命"新训》（《学术研究》1994年第5期）、《读〈荀子〉札记

① 骆瑞鹤：《荀子补正·前言》，第11页。按：张觉《荀子译注》第2页将"教"译为"教化"，取的是传统的解释。
② 参见王天海《〈荀子·劝学篇〉校释订补四则》（《贵州民族学院学报》哲学社会科学版2002年第6期）、《〈荀子·修身篇〉校释订补五则》（《贵州文史丛刊》2003年第2期）、《〈荀子·不苟篇〉疑词新证》（《贵州民族学院学报》哲学社会科学版2003年第6期）诸文。

（续）》（《中山大学学报》社科版 1995 年第 1 期）、《读〈荀子〉札记（续）》（《中山大学学报》社科版 1996 年第 1 期）、《〈荀子〉虚词零笺》（《古汉语研究》1996 年第 2 期）、《据注误校〈荀子〉例释》（《古籍研究》1997 年第 3 期）、《〈荀子〉词例误释举例》（《广西师范大学学报》哲社版 1997 年第 4 期）、《略论荀子的词义"说"、"辨"及其对后世训诂学的影响》（《中山大学学报》社科版 1997 年第 5 期）、《〈荀子〉文句异例误校举例》（《中山人文学术论丛》第一辑，复文图书公司 1997 年版）、《杨倞〈荀子注〉评议》（《古籍研究》1998 年第 4 期）、《从〈荀子〉的两处比喻看修辞与训诂》（《修辞学习》1998 年第 6 期）、《从王先谦〈荀子集解〉看清代训诂学的得失》（《中山人文学术论丛》第二辑，广东高等教育出版社 1999 年版）、《〈荀子集解〉注文标点献疑》（《中山大学学报》社科版 2000 年第 3 期）等 18 篇《荀子》研究的论文。该书即从这 18 篇论文改写而来。其《读〈荀子〉札记》一篇有校释札记 250 条，发明甚多。其论杨倞《注》、王先谦《集解》、王念孙《杂志》、梁启雄《简释》的诸篇，在荀学研究史上，意义尤深。李氏认为：清以来的注家有两个较为普遍的缺陷。一是重训诂而轻义理。二是只注意由字词到句，然后到全篇之义、全书之旨的一面，忽视了由全书、全篇之义旨及用词特点到某句、某字词的另一面。[6]1,2 对王念孙《杂志》、王先谦《集解》得失的检讨，就是从这一观念展开的。这一认识，在清代学术史的研究上算不得新鲜，但在《荀子》校释方法的讨论上，却属少见，① 有纠偏之功。对清人，特别是后来的梁启雄《简释》轻易校改《荀子》，李氏既提出了严厉的批评，又分析了其误校误改的方法论原因：在利用本篇前后文字进行论证时，忽略了还需从整部书的义理和用词造句来融会贯通；在利用他书或类书的引用来比勘时，忽略了他书或类书的引文也会有省改的情况；在利用古注来改动原文时，忽略了古注与原文所存在的一些特殊对应关系；在利用古人行文的常规句法进行校对时，忽略了古人行文的文句异例。这些分析，是实事求是的；而其具体的校释工作，也大多是成功的。他与骆瑞鹤，可以说是大陆五十多年来《荀子》训诂考释工作的双子星座。

近年来，从语言学角度研究《荀子》的博士、硕士学位论文愈来愈多。我所查到的博士论文就有《〈荀子〉代词研究》（金大焕，导师严修、孙锡信，复旦大学，1999）、《〈荀子〉动词语义句法研究》（吕炳昌，导师何九盈，四川大学，2002）、《〈荀子〉单音节形容词同义关系研究》（黄晓冬，导师宋永培，四川大学，2002）、《〈荀子〉语法研究》（于峻嵘，导师白兆麟，安徽大学，2004）、《〈荀

---

① 于省吾曾指出："清儒每据上下文句法或类书以改古籍，得失参半矣。"（氏著《双剑誃荀子新证》，转引自李中生《荀子校诂丛稿·前言》第 3 页）

子〉词汇研究》(鲁六,导师杨端志,山东大学,2005)5 部。硕士学位论文有
《〈荀子〉句式考察》(于峻嵘,导师白兆麟,安徽大学,2001)、《〈荀子〉动词语
法研究》(于正安,导师毛远明,西南师范大学,2003)、《〈孟子〉〈荀子〉比较句
研究》(赵君,导师李索,河北师范大学,2003)、《〈荀子〉连词研究》(栾建珊,
导师张新武,新疆大学,2004)、《〈荀子〉介词研究》(王静,导师张新武,新疆
大学,2004)、《〈荀子〉词汇研究》(李素玲,孙雍长,广州大学,2004)、《〈荀子〉
反义词研究》(于江,导师周玉秀,西北师范大学,2005)、《〈荀子〉单音节动词
同义词研究》(周娟,导师宋永培,四川大学 2005)、《〈荀子〉句型研究》(欧阳
戎元,导师张新武,新疆大学,2005)9 篇。但真正出版的专著则只有黄晓冬的
《〈荀子〉单音节形容词同义关系研究》(巴蜀书社 2003 年版)和黄珊的《〈荀
子〉虚词研究》(河南大学出版社 2005 年版)两部。黄晓冬的书参考今人的
《荀子》研究专著非常有限,今人《荀子》研究的论文则只列举了两篇,其语言
学的价值不好评估,但就《荀子》研究而言,是没有什么意义的。

　　黄珊的《〈荀子〉虚词研究》一书我尚未见到,但读过她的《〈荀子〉"不"字
句初探》(《丹东师专学报》1997 年第 4 期)、《〈荀子〉虚词"安、案、按"研究》
(《丹东师专学报》1998 年第 3 期)、《荀子"刑错而不用"考释》(《古汉语研
究》2000 年第 3 期)诸文,印象较为深刻。其考释《荀子》"刑错而不用""错"
字含义为"搁置",文史互证,方法新颖,颇有说服力。[7]88−90其对《荀子》中的
虚词"安、案、按"进行了精细的对比研究,发现"安、案、按"用作连词、副词,仅
仅是先秦汉语的虚词用法,时间大约在公元前 967 年至公元前 209 年之间。
汉代以后,这种用法就已经消失了。[8]82−84这一根据语法研究得出的结论,对
《荀子》一书各篇的断代,对考察《荀子》一书的真伪,极具意义。这种工作,自
非那些言不及义的《荀子》语言研究之作所能比,也是《荀子》语言研究的诸多
作品所最为缺少的。

三、校勘考释杂论

　　五十多年来,尽管没有《荀子》研究的专著,但高亨、金德建、包遵信、王天
海诸位在《荀子》校勘考释方面也颇有成果。

　　高亨 1933 年就写成了《荀子新笺》,当时梁启雄著《荀子柬释》就曾借阅
并选录了若干条。后来高氏也有些增补,1957 年略予删修,刊登于当年的《山
东大学学报》第 9 期。[9]自序1961 年收入《诸子新笺》一书,札记共 94 条。高氏
乃训诂名家,在《荀子》字词的校释、训诂上也新见迭出,斩获颇丰。比如其释
《劝学》篇"金就砺则利"云:"砺乃厉之俗字。《说文》:'厉,旱石也。'《史记·

高祖功臣侯年表》：'泰山若厉。'集解引应劭曰：'厉，砥石也。'是厉之本义为磨刀剑之石。'金就砺'者，谓刀剑之属，就砥石而磨之也。此二句相对成文。绳为正木所用之物，砺为砥金所用之物。砺亦有磨义，但不可以解此文。"[9]141 这是以本字释后起孳衍字。又"安特将学杂识志、顺《诗》《书》而已耳"句，高云："顺借为训。《说文》：'训，说教也。'训诗书即说解诗书，诂释诗书。……顺训古通用。《书·洪范》：'于帝其训。'《史记·宋世家》训作顺。《诗·烈文》：'四方其训之。'《左传·哀公二十六年》引训作顺。《国语·周语》：'能训道诸侯者。'《史记·鲁世家》训作顺。并其证。"[9]142 这是破假借。又如《君道》篇"重味而珍备"，高云："备疑当作修，形似而误。珍修犹珍羞也。"[9]160 这是改错字。高氏之说，证据充分，又经长期斟酌，较为审慎，大多能成铁案。如《非相》篇"故长短小大善恶形相，非吉凶也"句，梁启雄《荀子简释》曾引高氏旧说，云："善恶当为'美恶'，字之误也。"[10]47 不过，在 1961 年版《诸子新笺》的《荀子新笺》里，此条就被删去了。这是正确的。先秦文献里大多以"美恶"相对。① 《国语·晋语八》："善人在患，弗救不祥；恶人在位，不去亦不祥。"《荀子·强国》："夫尚贤使能，赏有功，罚有罪，非独一人为之也，彼先王之道也，一人之本也，善善恶恶之应也，治必由之，古今一也。"《性恶》篇善恶相对之处则更突出。包遵信指出：善也有美训。[11]205 所以，不能因为美恶习见就否定善恶相对。高氏《荀子新笺》删去旧说是高明的。当然，以偏概全，好改原文是清代以来朴学家的通病，高氏也不能尽免。

金德建的《荀子》研究成果集中在《先秦诸子杂考》（郑州：中州书画社，1982）一书里。该书第二十一章《诸子丛考》有"《荀子·强国篇》有后人窜入"节，第二十二章《诸子丛考续》有"陈仲、史䲡遗说考"节、"《荀子·非十二子篇》与《韩诗外传·非十子节》之比较"节，第二十三章《诸子学丛论》有"《非十二子篇》舜、禹节疏释"节，第二十四章《〈尸子·广泽篇〉零笺》有"《尸子·广泽篇》与《荀子·解蔽篇》宗旨相通"节。第二十六章《〈荀子〉零笺》、第二十七章《〈荀子〉零笺续》、第二十八章《〈荀子〉零笺再续》更是《荀子》的专论，考辨了《荀子·非十二子》、《儒效》、《解蔽》、《不苟》、《天论》、《王霸》、《正论》、《强国》、《君道》、《王制》等篇的诸多问题，颇得学界瞩目。其中有些内容 1950 年以前就曾发表过，1950 年以后在大陆刊物上发表的则似乎只有《〈荀子〉零笺》（《中华文史论丛》第 4 辑，上海古籍出版社，1980）一种。金氏的研究以"辨章学术，考证源流"为主，但也有订正文字者。如其论《荀子·非

---

① 可参近藤浩之《无小と无大、善と不善——〈帛书周易〉二三子篇に有关する考察二则》（日本北海道中国哲学会：《中国哲学》，2002 年号，1—23 页）一文的有关部分。

十二子篇》的"它嚣"即秦相"范雎"形讹之说，[12]176很有影响。记得80年代我读研究生时，李德永教授给我们上《荀子》研究课，就曾大加赞赏。当然，这也有大胆假设有余而小心求证不足的嫌疑。

包遵信是"四人帮"被打倒后重评《荀子》的代表。其在大陆刊物上发表的论文虽只有《论荀况宇宙观的形而上学特征》(《历史研究》1977年第4期)、《读〈荀子〉札记(上)》(《文史》第5辑，中华书局1978年12月)、《读〈荀子〉札记(下)》(《文史》第6辑，中华书局1979年6月)3篇，却很有影响。《读〈荀子〉札记》上、下两篇有校释文184条，发明颇多。后来大陆的《荀子》考释，立说无不以其为基础。董治安和郑杰文的《荀子汇校汇注》于今人之作绝少收录，除其师高亨《荀子新笺》外，实质上仅取了包遵信《读〈荀子〉札记》一文，可见其分量。对包文的问题，骆瑞鹤、李中生、王天海、李亚明的论作都有一定涉及。① 不严谨处，笔者偶尔也有见。如开篇第一条批评高亨"善恶当为'美恶'，字之误也"说，实即高亨早年旧作，在后来出版的《新笺》里，早已删去。包氏视而不见，当属不妥。

王天海近年有《〈荀子·劝学篇〉校释订补四则》(《贵州民族学院学报》哲社版，2002年第6期)、《〈荀子·修身篇〉校释订补五则》(《贵州文史丛刊》，2003年第2期)、《〈荀子·不苟篇〉疑词新证》(《贵州民族学院学报》哲社版，2003年第6期)、《〈荀子·修身篇〉句读新辨二则》(《贵州文史丛刊》，2004年第3期)、《〈荀子·荣辱篇〉疑词新考》(《贵州民族学院学报》哲社版，2004年第4期)、《〈荀子〉校勘注释源流考》(《贵州民族学院学报》哲社版，2005年第5期)等一系列力作发表，学风规范，视野开阔，考辨精细而富有创见。《〈荀子〉校勘注释源流考》评论各家《荀子》校勘注释之作，持论公平而独具法眼。论荀学史的专著如马积高的《荀学源流》(上海古籍出版社2000年版)、江心力的《20世纪前期的荀学研究》与其比较，高下判然。至于非荀学史研究博士生的文献综述②在材料的占有和评判上难以与其比肩，就更清楚了。王氏在《荀子·劝学》、《修身》、《不苟》、《荣辱》4篇上有校释文27条，大多言之有理，堪成一家之言。如继钟泰读《劝学》篇"以锥飡壶"为"以锥飡瓠"，[13]74将《修身》篇"尧禹者非生而具者也夫起于变故成乎修修之为待尽而后备者也"读为"尧、禹者，非生而具者也，夫起于变故，成乎修为，修之待尽

① 如李亚明就有《〈读荀子札记〉志疑》(《古籍整理研究学刊》，1998年第6期；《云梦学刊》，2000年第2期；《古汉语研究》，2001年第2期)的专文。

② 如惠吉星《荀子与中国文化》(贵州人民出版社1996年版)之附录二《文献综述——荀子研究述评》、陆建华《荀子礼学研究》(安徽大学出版社2004年版)之《文献综述》等。

而后备者也",[14]7将《不苟》篇"君子大心则天而道,小心则畏义而节"读为"君子大心则制天而道,小心则畏义而节",[15]54均具匠心,富于启发性。不过,从发表的论文看,王氏的校释考证工作仍集中在《荀子》的头 4 篇,《非相》以下 28 篇尚未完成,可谓任重而道远。

余　论

　　总的来说,这五十年来大陆尽管出版了 40 多部《荀子》的注释、注译著作,但仍没有一部能与王先谦《荀子集解》比肩的注本。到现在为止,一百多年过去了,王先谦《荀子集解》仍是最好的注本。今天,深入研究《荀子》,我们迫切需要一部全面超过《荀子集解》的《荀子》新注。这部新注,首先需要选好底本,我们无论是选《古逸丛书》本还是南宋浙北刻本,都比所谓"不主一本,择善而从"要好,也比王先谦《荀子集解》选择卢校谢刻本为底本要好。高正、王天海推崇《古逸丛书》本而贬南宋浙北刻本;张觉尽管推崇南宋浙北刻本而贬《古逸丛书》本,但其《荀子译注》仍用《荀子集解》初刻本为底本,这是其《译注》的通俗性所致。笔者认为浙北本虽残缺了十来页,但由于其为"今存《荀子》刻本之最古者",文字错误较之《古逸丛书》本更少,当为上上之选。其次,广为搜集前贤今人的解释考订成果,既要将《荀子集解》遗漏的前贤之说一一补齐,又要将《荀子集解》以后的今人之说尽可能地竭泽而渔,一网打尽。不但要注意专书,更要重视单篇论文;不但要注意汉字文献,也要重视非汉字文献。第三,在广集各家之说的基础上,考据与义理相结合,得出最后的考释意见,力争优胜劣汰,优选出或创造出最佳方案。① 21 世纪的《荀子》研究,最应该做的就是这一工作。

参考文献:

[1] 王天海:《〈荀子〉校勘注释源流考》,载《贵州民族学院学报(哲学社会科学版)》2005 年第 1 期。

[2] 董治安:《汇文献整理之大成,出资料丛集之新编》,载《管子学刊》1999 年第 1 期。

[3] 高正:《〈荀子〉版本源流考》,中国社会科学出版社 1992 年版。

[4] 张觉:《荀子译注·附录》,上海古籍出版社 1995 年版。

[5] 骆瑞鹤:《荀子补正》,武汉大学出版社 1997 年版。

---

　　① 张觉的《荀子译注》虽为普及之作,但已打下了很好的基础,许多条例值得参考。而王天海《〈荀子〉校勘注释源流考》文末更有更具体的设想,可以参照。

［6］李中生:《荀子校诂丛稿》,广东高等教育出版社 2001 年版。

［7］黄珊:《荀子"刑错而不用"考释》,载《古汉语研究》2000 年第 3 期。

［8］黄珊:《〈荀子〉虚词"安、案、按"研究》,载《丹东师专学报》1998 年第 3 期。

［9］高亨:《诸子新笺》,山东人民出版社 1961 年版。

［10］梁启雄:《荀子简释》,古籍出版社 1956 年版。

［11］包遵信:《读〈荀子〉札记》(上),载《文史》第 5 辑,中华书局 1978 年版。

［12］金德建:《先秦诸子杂考》,中州书画社 1982 年版。

［13］王天海:《〈荀子·劝学篇〉校释订补四则》,载《贵州民族学院学报(哲学社会科学版)》2002 年第 6 期。

［14］王天海:《〈荀子·修身篇〉句读新辨二则》,载《贵州文史丛刊》2004 年第 3 期。

［15］王天海:《〈荀子·不苟篇〉疑词新证》,载《贵州民族学院学报(哲学社会科学版)》2003 年第 6 期。

(补注:本文为作者 2006 年 2 月在台湾云林科技大学参加"荀子研究的回顾与开创"国际学术研讨会所提交的论文,当时尚未读到上海古籍出版社 2005 年 12 月出版的王天海《荀子校释》一书,故未及论之。)

(原载《邯郸学院学报》2007 年第 4 期)

荀子与赵文化

董林亭　张润泽*

　　荀子是我国先秦时期诸子思想的集大成者,是赵文化所孕育出的堪称
"巨子"级的思想大师。然而,长期以来,学术界关注的只是对荀子所建构的
博大精深、包罗万象的思想体系的研究,从自然观、历史观到人性论,从社会政
治理想到教育、军事、经济思想等。这些研究无疑都是十分必要的,但却忽略
了对荀子及其思想与赵文化关系的研究。以至于在学术界只要一提及荀子,
即言其在齐国稷下学宫"最为老师"、"三为祭酒";出任楚国兰陵令等等。仿
佛赵国仅仅是荀子祖籍的一个符号,而荀子也因此成了一个漂泊不定的游魂。
更有甚者干脆将荀子称为"齐学"的代表人物。这种有意或无意地将荀子与
赵文化割裂开来的做法,对于深入研究和剖析荀子性格及其思想的文化成因,
显然是不利的。

　　事实上,荀子生于赵国,也长在赵国,是源远流长、底蕴丰厚、特征鲜明的赵
文化的乳汁养育了荀子,陶冶和模塑了他的文化性格,赋予了他汲取百家之长,
冶异说于一炉的博大胸襟和创新的勇气,使他能在全国走向统一的大趋势日益
彰显之时,担负起整合先秦思想文化的历史使命。本文拟就此问题略作探讨。

一、荀子的生平及主要活动考略

　　研究和探讨荀子与赵文化的关系,必须先搞清楚荀子的生平及其从事的
主要活动。目前学术界对荀子的生卒年代有三种代表性的说法:第一,公元前
313 年—前 238 年,75 岁。[1]238 认同这种说法的人较多。第二,公元前 340

*　董林亭(1956—),男,河北涉县人,邯郸学院历史系教授。
　张润泽(1967—),男,河北永年人,邯郸学院历史系副教授。

年—前 245 年,95 岁。[2]697 第三,公元前 336 年—前 238 年,98 岁。[3]77—82 之所以有如此歧义,盖源于先秦典籍对荀子的生平的记载过于简略,且语焉不详。因此,在一些论著中就采取了回避的办法,仅列荀子的主要活动年代为约公元前 298 年至公元前 238 年。[4]1

翻阅先秦典籍,最早关于荀子的记载是司马迁的《史记·孟子荀卿列传》,称:"荀卿,赵人。年五十始游学于齐,……齐襄王时,而荀卿最为老师。齐尚修列大夫之缺,而荀卿三为祭酒焉。齐人或谗荀卿,荀卿乃适楚,而春申君以为兰陵令。春申君死而荀卿废,因家兰陵。李斯尝为弟子,已而相秦。荀卿嫉浊世之政,亡国乱君相属,不遂大道而营于巫祝,信禨祥,鄙儒小拘,如庄周等又猾稽乱俗,于是推儒、墨、道德之行事兴坏。序列著数万言而卒。因葬兰陵。"[5]1842

按照司马迁的说法,荀子是在其壮年至 50 岁时才到齐国稷下游学的,而"游学"二字不仅仅是求学问道之意,同时还含有学术交流的意蕴。也就是说,荀子是在知天命之年才走出赵国,来到文化精英际会的稷下学宫。《颜氏家训·勉学》也作如是说。但到东汉时期,应劭却在《风俗通义·穷通》篇中说:"齐威、宣之时,孙卿有秀才,年十五,始来游学,至襄王时,孙卿最为老师。"[4]42应劭何以武断地将"五十"更为"十五",我们无从得悉,但这却为后世治荀学者制造了不少的麻烦。并由此在近代以来的学界分为两派,一派以胡适为代表,主张从《史记》之说;另一派则以清人汪中、近人梁启超、钱穆等为代表,仍坚持"年十五"之说。至今仍纷争不息。按照一般的常识,史籍记载越早的,其可信度就越高,也更接近历史的真实。司马迁去古未远,对所占有的第一手材料,自然会作去粗取精,去伪存真的处理,且其严谨的治学态度,是不可能将"十五"误记为"五十"的。同时,司马迁在此处使用"始"字,可谓意味深长,在此"始"字并非一般意义上的首次的用义,而与"才"字意合,即有"迟"、"晚"的意味,并暗含着一丝惋惜之情。因此,我们是赞同荀子"年五十始游学于齐"这一说法的。在荀子生卒年代的考订问题上,也比较倾向梁涛先生的第三种意见,即公元前 336 年至前 238 年。

另据荀子本人的著述以及其他先秦典籍记载可知:荀子在青年时代曾游燕国(时间约在公元前 316 年),[4]336参与了反对燕王哙禅让子之的活动。曾入秦见秦昭王和范雎(约在公元前 266 年)。[4]117后返赵国与临武君在赵孝成王前议兵(约在公元前 266 年)。[4]265曾两度"适楚",第一次约在齐湣王十六年(公元前 285 年);[5]149第二次约在楚考烈王八年(公元前 255 年)。荀子晚年活动主要在楚国,出任兰陵令(今山东省苍山县西南兰陵镇),李斯、韩非、浮丘伯、大毛公等皆为其弟子,约于公元前 238 年去世。

二、赵文化与荀子文化性格的形成

赵文化是战国文化百花园中的一朵奇葩,这不仅在它源远流长和有着极其丰厚的历史底蕴,更重要的是其具有鲜明而独特的地域文化表征。从赵文化渊源和流变上说,其源头可上溯至远古时期的少昊文化,据新的考古研究成果表明,在今山东省鲁中南地区汶泗流域的大汶口文化晚期,即其文化遗存。在它自东至西、由小到大的历史行程中,先后融入和吸纳了夏、商、周三代文化的精华以及戎狄文化的优秀成分。经过长达三百多年的晋文化母体的孕育(从赵之先祖叔带"去周适晋"到"三家分晋"),终于在公元前 403 年"三家分晋"时正式崛起。在七雄争霸,以武力相尚的战国时期,绽放出绚丽的花朵。从赵文化的内部结构和文化形态上看,由于赵国所处的独特的地理位置使然。即赵国纵跨中原华夏文明和北方草原文明两个文化圈,所以,赵文化的内部结构就表现为中原农耕文化与草原游牧文化的二元耦合。两种不同文明的冲突和碰撞,交融与互摄,遂使赵文化在形态上就呈现出既不同于齐、鲁、燕文化,又异于秦、楚文化,而且与其同胞兄弟韩、魏文化(二者与赵皆由晋文化孕育而出)也迥然有别的文化特征。简而言之,赵文化既具有中原农耕文明的重教化、主伦理、尚世俗的丰厚底蕴,凝重而浑厚,严谨且务实。同时,它又带有北方草原游牧文化的重自然、尚人为等粗犷豪放、雄肆健朗、激进热烈的壮美特色。

按照文化学的理论,所谓文化性格,是指人类群体或个体的思想、情感、性格、行为等心理特征。它由一整套价值观念、行为模式和文化心理积淀而成,而这一切都是一定的社会文化环境的产物。那么,荀子长期生活在赵国(直到 50 岁时始游学于齐),可以说无时不在接受着赵文化的濡染与浸润、教化和熏陶。因此,荀子的思想、情感、性格和行为等方面,自然会打上赵文化的烙印。尤其是历史进入战国后期,处于鼎盛期的赵文化新展示出的强烈的开放创新和开拓进取的意识,崇法尚武、崇礼尚贤、贵和持中、慷慨任侠、刚柔并济、义利兼容等文化精神,灌注、模塑和铸就了荀子的文化性格。尽管先秦典籍记载的缺失,我们已不可能详尽、完整地描摹出荀子的文化性格,但通过对荀子著述立意旨趣的解读及其行为轨迹的透视,仍可以粗略地勾勒出荀子文化性格的大致轮廓。

荀子的文化性格是复杂多元的,具体说主要有两个显著特点:其一,稳健、内向、务实、严谨,可称之为"君子"型的文化性格,这无疑是赵文化结构中华夏农耕文明长期教化的结果。具有"君子"型文化性格的群体或个人,比较注重礼仪和秩序。在《荀子》一书 32 篇文章中,几乎都涉及"君子"的立言行事。有论君子"正己"的:如"君子以德"[4]182,"君子必辩"[4]83,"君子安礼、乐利,谨慎而无斗怒,是以百举不过也"[4]256。"君子敬始而慎终,始终如一"[4]359。"君子明乐"[4]382,"以钟鼓道志,以琴瑟乐心"[4]381。"君子壹于道而以赞稽物"[4]399。或言君子"修身"的:如"君子务修其内而让之于外,务积德于身而处之以遵道"[4]128,君子"谨注错,慎习俗,大积靡"[4]144。君子"贫穷而志广,富贵而体恭,安燕而血气不惰,劳倦而容貌不枯,怒不过夺,喜不过予"[4]35。有谈君子治国安邦之道的:如君子"礼义之始也"[4]163,君子"法之原也"。"治之原也"[4]230,"无君子则道不举"[4]260,"君子也者,道法之总要也,不可少顷旷也,得之则治,失之则乱,得之以安,失之则危"[4]261。等等。不一而足。

荀子"君子"之论可以说寄托着他全部的人生追求和政治理想。生当战国晚期的荀子,有感于群雄争霸,杀人"盈城"、"盈野","残贼生而忠信亡,""淫乱生而礼义文理亡"的严酷现实,为谋求匡正之术,他高擎起"隆礼"的大旗,试图通过"君子"的"正己"和"修身",施及邦国,以达到天下大治,进而实现"一天下,财万物"的政治理想。诚如刘向所言:"如人君能用荀卿,庶几于王,然世莫能用,而六国之君残灭。"[4]39然而,荀子终究未能借着仕途而达成志向,遂以在野之身,发愤著书,序列数万言而卒。

荀子文化性格的另一个特点是:激进、豪放、热烈、外向,可谓"斗士"型的文化性格。具有这种文化性格的人,重自然、重实际、尚人为,强调个人奋斗,后来居上。荀子这种文化性格的养成,自然得益于赵文化中游牧文化成分的习染。但又缺少单纯的游牧民族那种剽悍威猛,放任不羁的野性,而洋溢着一种热情奔放、慷慨激昂、乐观向上的英雄主义精神。在《荀子》一书中,强调个人通过后天的努力奋斗,后来居上的言论可以说比比皆是,不胜枚举,在此不再引述。

"君子"与"斗士",二者似乎矛盾,但却辩证地统一于荀子一身。从区域文化的本质特征的角度看,荀子这种双重组合的性格,正是赵文化的本质与特征的典型体现。

需要指出的是,荀子这种"斗士"型的文化性格,深为后世儒家所诟病,在他们心目中,荀子就是孔门中的"异类",必欲将其逐出儒家道统谱系而后快。于是,抨击、贬损、中伤荀子的言论,历代不绝于书,致使荀子及其思想淹没千年不彰。直到清朝中叶以后,荀子思想才得以"正名"。

在我们看来,后世儒家攻击荀子的不外乎两个方面:一是"以性为恶,以礼为伪,非谏争,傲灾详,尚强伯之道";[4]7二是"主持太甚,词义或至于过当"。[4]10特别是批判思孟学派为"饰邪说，文奸言"。深为后儒疵之。孰不知善于礼且以儒家学统道统自居的荀子，其激烈言行背后的良苦用心，正在于为儒学厘清门户，以绍述光大孔子的学统。从这个意义上说，荀子是一位不折不扣的卫孔捍儒的斗士。总之，鲜明而独特的赵文化模塑铸就了荀子"君子"兼"斗士"的文化性格，同时，也成就了荀子"传经大儒"、"卫孔斗士"的历史地位。

三、赵文化与"荀学"

所谓"荀学"，是指荀子建构的思想体系。近代维新派代表人物谭嗣同在其著作《仁学》中，将"荀学"斥之为与秦政大盗转相利用的乡愿之学的总代表。他指出：中国"二千年来之政，秦政也，皆大盗也；二千年来之学，荀学也，皆乡愿也。惟大盗利用乡愿，惟乡愿工媚大盗，二者相交相资……"[7]337。维新派另一位代表人物梁启超在《清代学术概论》中惊叹，"二千年间，宗派屡败，壹皆盘旋荀子肘下"[8]193。由此看来，他们既批判荀子及其学说，同时也承认了荀学在中国思想文化上的学术地位。荀子的思想体系无疑是博大精深的，但其核心观念或者说最能代表荀子思想特征的则是儒家学派的"礼"。

众所周知，孔子及其开创的儒学体系是以"仁"、"礼"双元结构为核心的。"仁"是内在的伦理道德要求，"礼"是外在的制度规范。两者之间有着密切的关系。孔子之后，儒分为八。到战国中期，孟子一派发展了儒学"仁"的思想。而荀子则批判地继承了儒家"礼"的传统，并以"礼"为基础，引法入礼，提出了"隆礼重法"的思想。可以说"隆礼重法"的思想是"荀学"与"孔孟之学"相区别的最基本特色。本文无意全面论析荀子"隆礼重法"的思想主张，而仅就其援法入儒与赵文化的关系略作探讨。

关于荀子"隆礼重法"思想的学术渊源问题，学术界多数人认为，战国末年，诸子"百家争鸣"趋于缓和，与政治上大一统相呼应，在思想学术上也呈现出诸子百家彼此间交融互摄的局面，客观上为荀子的援法入儒提供了契机。而有些人认为，荀子是受到了稷下学者礼法融合学术思潮的影响。而我们则认为，赵文化中"尚法"、"重法"的文化特质是荀子援法入儒、引法入礼的文化潜因。

首先，春秋战国时期的晋国，向来被学术界称为法家思想的策源地和输出港，著名的法家学派的代表人物大都出于晋国或与之有着密切的联系。"三家分晋"后，原晋国形成的法治文化的传统又被赵、魏、韩三国所继承，并在新的形势下，得到了长足的发展，终于在战国之初形成了法家学派。其次，就赵国的法治文化传统而言,亦可谓源远流长,赵氏先祖赵盾和赵鞅都可称得上是法家思想的先驱。赵盾曾长期担任晋国执政,公元前607年,他"制事典,正法罪,辟狱刑,董逋逃,由质要,治旧洿,本秩礼,续常职,出滞淹"。[9]545—546进行了一系列的立法实践活动。其五世孙赵鞅,在公元前513年,则有"铸刑鼎"之举,即将赵盾所作的法典铸在铁鼎上。在成文法运动兴起后,赵国又及时颁布了《国律》。在列国大兴改革变法之时,赵国数代君王,励精图治,顺应时势,实施变法。如赵烈侯任用牛畜、荀欣、徐越等人实行变法;赵武灵王胡服骑射改革等等。同时,作为法家学派摇篮之一的赵国,还培养出像慎到这样"巨子"级的法家代表人物。因此,尚法、重法,依法治国,既是赵国的历史文化传统,又是赵文化的重要表征之一。

　　如前所述,荀子曾长期生活在赵国,置身于法治精神如此浓烈的文化氛围中,不受其濡染和熏陶是不正常的。那么,把荀子"援法入儒"说成是受稷下学者儒法合流思潮的影响,就令人费解了。作为一代思想大师,他何以要"抛弃家中无尽藏,沿街乞讨效贫儿",去到稷下学宫接受什么齐风鲁雨的洗礼?岂非咄咄怪事!我们认为,事实的真相是,赵国悠久的法治文化传统,不仅深深影响了荀子,铸就了他根深蒂固的法治观念,而且,这种"尚法"、"重法"的思想理论,早已内化并积淀为心理的潜意识。我们从他对慎到及其学说的批判就可以看出,他指责慎到"尚法而无法,下修而好作"[4]P93,"蔽于法而不知贤"[4]P392。实际上并非反对慎到关于法治的主张,恰恰表明他既推崇法治、依法治国,又讲究法度,更强调尚贤用人的思想与主张。如果说齐国稷下真有什么儒法合流思潮的话,那始作俑者,必定是荀子,是他自身携带的赵文化的"基因"(法治精神),在异国他乡产生了非凡的效应而已,荀子也只不过是充当了一个文化"载体"的角色。不仅如此,极具开放进取意识和兼容并包精神的赵文化,更赋予了荀子勇于创新的品格和融摄百家异说的博大胸襟,使他能站在时代的高度,担当起整合先秦思想文化的历史重任。

　　"隆礼重法"思想无疑是"荀学"的"主旋律",今天我们重读《荀子》,那跃动着的充满赵文化鲜明地域特征的"音符"与"旋律",仍依稀可辨。显而易见,荀子及"荀学"与赵文化的关系是不能够人为地割裂的,那种把荀子作为"齐学"代表人物的提法,倒似有强注"商标"之嫌。我们认为,与其把荀子及"荀学"称为"齐学"的代表,毋宁将之称为"赵学"的代表,更符合战国时代与赵文化的历史实际。

参考文献:

　　[1]《辞海·历史分册:中国古代史》,上海辞书出版社1981年版。

［2］钱穆:《先秦诸子系年》,商务印书馆2001年版。

［3］梁涛:《荀子行年新考》,载《陕西师范大学学报》2000年第4期。

［4］王先谦:《荀子集解》,载《新编诸子集成》,中华书局1997年版。

［5］司马迁:《史记·孟子荀卿列传》,中华书局1999年版。

［6］王利器:《盐铁论校注》(上),载《新编诸子集成》,中华书局1988年版。

［7］谭嗣同:《仁学》,载《谭嗣同全集》(下),中华书局1990年版。

［8］刘梦溪主编:《梁启超卷》,载《中国现代学术经典》,河北教育出版社1996年版。

［9］杨伯峻:《春秋左传注》(二),中华书局1981年版。

(原载《邯郸学院学报》2005年第4期)

荀子与赵文化三题

刘志轩*

一、荀子与邯郸

荀子是邯郸人。汉代经学家、文学家刘向说,荀子"有秀才"。就是说荀子聪明早慧,青少年时期就是一个出类拔萃的人才。

荀子大约出生在公元前 311 年。那时,诸侯混战已经持续四百多年,人民热切期盼天下一统,生活太平。

公元前 307 年,荀子 4 岁时,赵武灵王发出胡服令,要赵国人改变华夏民族的传统习俗,脱下宽袍大袖的衣服,穿上胡人的短装和皮靴,效法胡人。这是一场军事改革,也是一场思想改革。既增强了国力,也影响着赵国人的思想和精神,给少年荀子的内心打下了不可磨灭的印记。

邯郸是列国著名的大都会。在邯郸,荀子不仅见识到物质的繁华,也见识到"诸侯异政,百家异说"的繁华。赵国思想家慎到,比荀子要大几十岁。他在主张无为而治的同时极力提倡法治。比荀子大几岁的名家代表人物公孙龙,也是赵国人。他著名的"白马非马"论,以其惊世骇俗的思辨语言开辟了中国逻辑学的先河。还有纵横家张仪、苏秦,也经常出入邯郸,游说连横合纵,给邯郸带来许多的希望和烦恼。

目睹思想家与辩士的活动,尤其是亲历赵武灵王变革旧俗、发愤图强的业绩,激励荀子少年立志。他决心要改变自东周以来百姓的战乱之苦,辅佐圣王实现天下一统,创立一个平安、有序、和谐的社会。

他认为,"居必择乡,游必就士"。为了探求学问,实现自己的伟大理想,15 岁便毅然离家,出国深造,到当时人才荟萃的最宏大的学府——齐国的稷

---

* 刘志轩(1970—),男,河南新乡人,邯郸市文化局一级编剧。

下学宫去求学。

青少年时代是一个人的思想性格形成的关键时期。赵国都城邯郸塑造了荀子品格的起点，为荀子以后成为融会百家之长的伟大思想家，提供了坚实而丰厚的土壤。

二、荀子与赵国

荀子一生周游列国。他曾经寄希望于齐国、楚国，甚至于秦国，但是都失败了。

赵国是荀子的故国。但在战国时代，知识分子的一个共同特征是志在天下，成就大业。荀子最为关注的是天下太平。

在赵国与秦国长平大战惨痛失败之后，荀子来到了赵国。他希望自己的故乡能够痛定思痛，接受他的主张，重振赵武灵王时的雄风，以"仁义之兵，王者之志"一统天下。他带领弟子李斯、陈嚣一同面见了赵武灵王的孙子赵孝成王，与他共同商讨如何振兴国家的大计。荀子有一篇文章《议兵》，记录了他与赵孝成王所谈的内容。

赵孝成王问在座的人，用兵打仗最重要的是什么呢？将军临武君回答，打仗最重要的是上得天时，下得地利，采用机动灵活的战略战术。荀子说，不对！最重要的是"一民"。

所谓"一民"，就是获得民心，取得人民的支持。荀子认为，决定战争胜负最为关键的因素不是将帅的才智，也不是兵士的多寡，也不是武器的好坏，而是能不能把百姓动员起来，愿意支持打仗。是"道"，也就是政治路线决定战争的成败。正确的政治路线"能化善、修身、正行、积礼义、尊道德，百姓莫不贵敬"。仁义之兵会像莫邪宝剑一样，雄健无比，畅行于天下。

荀子的"一民"思想，就是民本思想。它不仅是用兵的经典，也是立国的经典，做好一切事情的经典。细想一想，有什么事情离开"一民"能够成功呢？包括今天我们创建现代文明、构建和谐社会、经营现代化企业，都必须把"一民"放在首位。可惜赵国的君王没有能够接受荀子的这个宝贵思想，自赵孝成王而后，一个一个都背离人民，抛弃贤才，赵国不但没有一统天下，连自身也不能保存，最后走到国破家亡。这不是荀子所愿意看到的，也不是赵国的后代子孙愿意看到的。

三、荀子与赵文化

《荀子》三十二篇,几乎篇篇都渗透着赵文化"开放、进取、包容"的精神。

荀子的思想开放。战国时期,学派并生,各个学派的门户之见是很深的。荀子最初学习儒学。但他不是学究式的对孔子的经典照本宣科,而是放眼中华,让儒学走出书斋,走向社会,走向实践。所以,荀子的儒学较之孔孟的儒学更接近实际。他研究社会,研究现实,为强盛国家提出了一系列切实可行的治世方略。对人生的行为坐标提出了具体可行的标准。他倡导"隆礼"、"重法",强调应用道德和法律相结合来治理国家。他的名言"治之经,礼与刑"成为历代治世的经典。因为荀子密切研究社会,而且提出了解决社会问题的正确主张,所以,英国的著名社会学家布朗称荀子是世界社会学的鼻祖。

荀子倡导积极进取的人生态度。在人与天的关系上,荀子不相信天命,他呼唤人不要被动的听命于天,要"制天命而用之",就是要掌握自然的运行规律,为人所用。在人生的态度上,他提出"化性起伪"。他说人的本性是恶的,但可以"化"。"化"是什么? 就是改造。他是一个人生改造论者。人,可以通过学习,通过老师的教诲,礼法的约束,逐步地改变恶的本性,完善品德。他说"涂之人可以为禹",人人都可以成为圣人。就看你用不用心去学习,去积累。他自己身体力行,以百折不挠的精神,奔走呼号于列国诸侯之间,希望结束诸侯混战的局面,实现天下一统。在耄耋之年,他从受人尊敬的上卿高位,落魄成一个民间穷愁潦倒的教书先生,依然执著地宣传他的治国主张。借用民间曲调《成相》,把他的治世思想填写进去,让百姓传唱,希望能被社会采纳。

荀子更善于将百家学说融会于自身。荀子毫不客气地批判百家学说之短,又虚心地吸取其长。他写过一篇《非十二子》,一连批评了12个有名望的学者。但是,在他的思想里,我们可以看到他很灵活地吸收了法家、道家、墨家、兵家、农家、名家的合理内涵。他总结了诸子的学术成果,吸取各家精华,独树一帜,被后世称为荀学,为中华大一统帝国的建立奠定了理论基础。

总之,荀子是赵文化土壤中生长出来的一株参天大树。荀子所创立的荀学,根基于赵文化,又高于赵文化。较之赵文化更丰厚,更宽广,更具理论价值。荀子将赵文化的精神在一个更为广阔的领域里发扬光大,形成一个集百家学说之大成的理论高峰,成为中国和世界思想库中的宝贵财富。近代思想家章太炎认为,自孔子之后,唯有荀子才可以称做"圣人"。

(原载《邯郸学院学报》2007 年第 4 期)

荀子名学思想述要

张路安*

荀子是战国末期赵国的一位名学大师。战国末年中国名学思想已进入总结阶段，荀子以实现自己的政治理想为出发点，在继承前人名学成果的基础上，深入探讨了名实关系，较为系统地论述了名的实质、名的作用及正名的目的和原则等一系列名学范畴。所以，荀子的名学既有着丰富的思想内涵，又有着深刻的时代烙印。

一、以经世致用为目标的名学思想

荀子的名学思想有着鲜明的治世目的和政治理想，在他看来政治高于正名;实用是其正名的最高追求。

（一）荀子在《正名篇》中从实用角度详细论述了"名"的作用

他认为恰当、名副其实的"名"是人们正确认识事物的重要思维工具，名的实质就是："名也者所以期累实也。"[1]250荀子在这里揭示的正是名在认识事物中的作用，属于一功用定义。接下来荀子从功用角度详细探讨了名的不同作用。

（1）名的认识作用：

"制名以指实，上以明贵贱，下以辨同异。"[1]246所表达的是名在政治生活中的认识作用。

"名守慢，奇辞起，名实乱，是非之形不明，则虽守法之吏，亦皆乱也。"[1]246这是名在社会生活中的认识作用。

什么样的名才能满足认识的需要呢？"名有固善，径易而不拂"。其实

* 张路安(1967—)，男，河北大名人，邯郸学院中文系教授。

"径易"与"不拂"目的都是为了便于人们认识事物,即"名足以指实,辞足以见极,则舍之矣"。达不到"径易"与"不拂"的目的,人们就无法正确认识事物,即"析辞擅作名以乱正名,使民疑惑。以辩讼"[1]248。

(2)名的交际作用:

1)"名定而实辨,道行而志通,则慎率民而一焉。"[1]321这是王与民的交流。

2)"散名之加于万物者,则从诸夏之成俗曲期,远方异俗之乡,则因之而为通。"[1]244这是异乡之间的交流。

3)"彼正其名,当其辞,以务白其志义者也,彼名辞也者,志义之使也,足以相通则舍之矣。"[1]252这是人与人之间交流与表达思想中的作用。

(二)荀子在《正名篇》中还从实用角度阐述了正名的方法

其基本原则是有循于旧名,有作于新名。所谓循于旧名,就是沿用已有的还有实用价值的名。荀子说:"刑名从商,爵名从周,文名从《礼》,散名之加于万物者,则从诸夏之成俗曲期。"[1]244此乃因循旧名。这里对散名的解释尤其值得注意,荀子完全站在当时的文化背景下,从社会需要出发,阐述"散名"的实用特征。

除因循旧名,还要有作于新名。作新名的基本方法,荀子表述为"所缘以同异以制名"。

辨察同异之别是古代名学思想家的共同追求,辨同异,荀子认为有两个层次,其一是缘天官。所谓天官,即"耳、目、鼻、口、形",荀子在《解蔽》中说:"凡以知,人之性也,可以知,物之理也。以可以知人之性,求可以知物之理,而无疑之,则没世穷年不能遍也。"[1]240在《正名篇》中,他再一次论述可以知的道理。他说:"所以知之在人者谓之知,知有所合谓之智,所以能之在人者谓之能,能有所合谓之能。"[1]244

缘天官并不是认识(知)的结果,认识的结果还要有缘于"心知"。荀子把心称为"天君",《天论》中说:"心居中虚,以治五官,夫是谓天君。"[1]178如何才能达到"心知"呢?"说、故、喜、怒、哀、乐、爱、恶、欲、以心异。心有征知。征知,则缘耳而知声可也,缘目而知形可也;然而征知必将待天官之当簿其类然后可也"。[1]247这里有两层意思,其一,"心知"首先是在"缘天官"的基础上才能达到,即"征知必将待天官之当簿其类然后可也"。第二层意思,"心知"就是对"缘天官"对外部事物的感觉而获得的认识进行的整理和调整。荀子认为,"缘天官"对事物的感觉是片面的,甚至会出现错误,他在《解蔽》中说:"凡观物有疑。中心不定,则外物不清。吾虑不清,则未可以定然否也。冥冥而行者,见寝石以为伏虎也,见植林以为后人也,冥冥蔽其名也。"[1]239但这里所讲的"缘天官"对外部事物的感觉的局限性不是"天官"本身引起,而是外在事物"暗其天君,乱其天官"造成的。所以荀子在《天论》中指出要"清其天君,正其天官",《正名》中所说的"心知"的作用就是要"清其天君,正其天官"从而达到辨别,即"所缘以同异"。

综上所述,荀子由"缘天官"到心有征知的辨同异过程,科学地概括了人的认识由感性认识到理性认识的"去粗存精,去伪存真,由此及彼,由表及里"的过程,经过这一过程,认识的结果,就成为有实用价值的"名",可以在相互交流与沟通中发挥作用。

(三)从交际与沟通的需要出发,对名进行分类

荀子在论述正名的过程中,从语言、交际、逻辑等不同角度对名进行了分类,充分反映了荀子的名学思想中所蕴涵的实用性特征。

(1)从语用学角度荀子将名分为单名和兼名。"单足以喻则单,单不足以喻则兼。"[12]248

(2)从思维实践角度将名分为共名和别名。"万物虽众,有时而欲遍举之,故谓之物;物也者大共名也。""遍举"是从概括的意义上来说明事物的,比如说"物"就是一共名,而且是一大共名。

有时,在思维实践中,需要从具体的意义上来说明事物,于是荀子又提出了"别名"范畴,他说:"有时而欲偏举之,故谓之鸟兽;鸟兽也者,大别名也。"

(3)从政治的角度,将名分为刑名、爵名、文名和散名。刑名、爵名、文名是与政治有着直接关系的名,所以,荀子说:"刑名从商,爵名从周,文名从礼。"散名是日常交流中使用的名,虽然与政治没有直接关系,但与社会生活休戚相关,所以散名同样也是政治范畴的概念。

(4)从制名的角度,将名分为新名和旧名,宜名、实名和善名。

"有循于旧名,有作于新名",旧名就是因循已有的名,新名就是在"缘于同异"的基础上"随而命之",即新命之名。

"名无固宜,约之以命,约定俗成谓之宜,异于约则谓之不宜。名无固实,约之以命实,约定俗成谓之实名。名有固善,径易而不拂,谓之善名",[15]321显然,宜名、实名和善名不是并列关系,从外延上讲有大小之别,但三者共同之处是均为约定俗成之名。宜名的外延比实名外延大,因为所有约定俗成之名皆为宜名,即"约之以命,约定俗成谓之宜。"而实名,是命名实体的名,即"约之以命实"。而善名是简明而又不自相矛盾的名,即"径易而不拂"。

总之,荀子名学思想中的实用性特征与公孙龙名辩思想中关注名本身所表现出的强烈的思辨性特征形成鲜明的对照。也正是荀子名学思想的政治功利性目的,使其名学思想过分关注思维内容,缺乏对思维形式的系统研究,再加上中国几千年来重实用的主流哲学的影响力,使荀子的名学成为正统,造成中国逻辑学发展上的先天不足。

二、荀子名学思想与各家各派的关系

一方面,荀子的名学思想以各家名学和辩学思想为理论基础,兼取各家之长,特别是荀子的"指实"理论与各家学说一脉相承。荀子认为制名的意义在于"指实",即"制名以指实",而指实的目的在于"明贵贱"和"辨同异",只有做到"贵贱明,同异别",才能"志无不喻之患,事无困废之祸"。考察中国古代名学思想,"指实"理论并不是荀子的首创,它与孔子所讲的"正名"在本质上是考察人的社会等级的同异、政治名分上的贵贱高低;墨子关于"察实"、"分物"而后"有名"的一般意义上的别同异;后期墨家从实的"形貌"、"居运"、"量数"等所进行的一般意义的别彼此与同异的理论分析;公孙龙所谓"正名"的基础是区分彼此同异之别;庄子"合异以为同,散同以为异"的同异相对关系等各家学说形异理同。总之,荀子的名学思想在理论上与各家名学有着共同的一面。

另一方面,荀子在确立自己的名学理论的过程中,又尖锐地对其他名家进行了多方面的解蔽。

荀子在《正名篇》中论述了"乱名"所产生的谬误及防止乱名的方法。首先,"用名以乱名"。荀子说:"见侮不辱、圣人不爱己、杀盗非杀人也,此惑于用名以乱名者也。"[1]249荀子认为这是无视名的确定性,而违反思维的基本规律,犯了偷换概念的逻辑错误,"见侮不辱"是宋研的观点,荀子在《正论》篇中引用了宋研的一段话,"明见侮之不辱,使人不平。人皆以见侮为辱,故斗也。知见侮之而为不辱,则不斗矣"[1]199。也就是说,人受到侮辱,不认为是耻辱,也就不会有奋斗的行为,天下就太平,但荀子认为"侮"和"辱"是密切相连的两种观念,即只要认为被侮,一定会感到辱。

"圣人不爱己"与墨家的思想有关。《庄子·天下》中有墨家称赞大禹为"大圣"的记载,墨家认为大禹"以白条为相"并提出"以此教人,恐不爱人,以此自行,固不爱己"。[2]73这就是"圣人不爱己"的出处。在荀子看来,"圣人"也是人,所以,"圣人爱人"也应包括自己。否则,就混淆了概念,即以名乱名。

"杀盗非杀人"也是墨家思想,但《墨经·小取》中对此作了多方面的论证,《小取》中提出言论有"多方,殊类,异故","不可偏观",他们认为,"盗"与一般人不同。盗"不与其劳获其实""亏人以自利",所以"杀盗"是为民除害,与一般"杀人"不同。而荀子在这里从一般生理意义上认为,盗与一般人是一样的,是共名与别名的关系,杀盗也是杀了人,所以,荀子认为"杀盗非杀人"是错误的,是"用名以乱名"。

其次,用实以乱名。荀子说:"'山与泽平''情欲寡''雏豢不加甘,大钟不加乐'此惑于用实以乱名者也"。[1]249

"用实以乱名"荀子认为是用个别事实与共名相混淆的谬误。这里的"山与泽平"是惠施历物十事中的观点,在荀子看来,"山与泽平"的意思是某处的山与某处的渊是平的,这是具体事物,个别事实,而"山"与"渊"属于共名,二者相混是错误的。

"情欲寡"、"雏豢不加甘,大钟不加乐"与宋研、墨家的观点有关,《庄子·天下》记载宋研说:"情欲寡浅",在荀子看来是个别人的感觉,感官有了毛病,而导致欲望减少了;个别有特殊嗜好的人就不喜欢吃肉,不喜欢听音乐,也就自然"雏豢不加甘,大钟不加乐"这些同样都属于以个别特殊事例与共名相混淆。

第三,用名以乱实。荀子说:"'非而谓盈'又'牛马非马',此惑与用名以乱实者也。"[1]249

"用名以乱实"荀子认为是用偷换概念的方式来混淆事实。这里的"非而谓盈"所说的是公孙龙的"白马非马",公孙龙从思维形式的角度认为"白马"与"马"是两个不同的名,二者是有区别的,而荀子认为"马"与"白马"是共名与别名的关系,前者"盈"后者。

"牛马非马"是墨家的观点,《墨经·经说下》中有:"牛马非牛非马",[2]136在荀子看来,某人有牛有马,不能说没有马,这是事实,荀子认为这是用"牛马"和"马"两个不同的名,混淆了"牛马"和"马"两种具体事物的关系。

除"三惑"之外,荀子在不同场合还对墨子、宋研、惠施、邓析的名学思想进行了分析和批判。

首先,对墨子、宋研的批判,荀子在《正名篇》中把墨子,宋研的名学思想归为"用名以乱名"和"用实以乱名",并且在《乐论》中认为墨子反对"乐合同,礼别异","墨子非之,几遇形也"。[1]225荀子以"一天下"为主旨,以"制名以指实,上以明贵贱,下以辨同异"为目标的名学思想和政治理念分析诸子的名学思想的,所以,他认为,墨子反对"乐合同,礼别异"几乎是犯罪,在《非十二子篇》中,荀子进一步认为,墨子、宋研"不知一天下,建国家之权称,上功用,大俭约而缦差等,曾不足以容辨异,县君臣",[1]46在荀子看来,墨子、宋研的思想与辨同异、一天下的思想是背道而驰的,所以,荀子在《富国篇》中说"墨子之'非乐'也,则使天下乱;墨子之'常用'也,则使天下贫"。[1]98

其次，对惠施、邓析的批判。

在《正名篇》中，荀子把惠施、邓析的思想归为"用名以乱实"的谬误。他认为惠施，邓析的"'坚白'、'同异'、'有后无后'之察"；"山渊平，天地比，齐秦袭，入乎耳，出乎口"等"邪说辟言"是"不法先王，不是礼仪，而好治怪说，玩奇辞"。[1]208

总之，荀子的名学思想既有对各家学说的继承与发展，有其兼取百家之长的博大胸襟，又有对各家学说的批判与解蔽，陷于独尊主流的狭隘。

三、荀子名学思想中的创新精神

首先，荀子的思想虽然属于中国传统主流哲学范畴，特别是儒家的重要代表，但是，荀子的名学思想又不同于孔子，他不一味地因循旧名，维护旧体制，而是顺应社会发展形势，追求、倡导建立统一的封建国家，所以，其名学思想的正名追求是"制名"，即"有循于旧名，有作于新名"。"循于旧名"就是继续沿用原有的可用之名，当然这里的沿用不是机械的，而是沿用中有创新，他根据不同情况提出不同的沿用原则，那就是"刑名从商，爵名从周，文名从《礼》，散文之加于万物者，则从诸夏之成俗曲期"。

"有作于新名"就是对新实要命之以新名。荀子关于作新名提出如下几条科学、系统的方法或原则：

（1）制名的基础是"缘以同异"。荀子从唯物主义认识论出发，强调客观事物的存在，也强调人对客观事物的认识能力，所以同与异的区别依赖人的认识，即"缘天官"。

（2）辩察实之间的彼此同异，相同的实命之以相同的名，不同的实命之以不同的名。"同则同之，异则异之。"

（3）名的最终形成是需要一个过程的，这个过程荀子谓之"约定俗成"。

（4）科学的名要做到清楚明白，直截了当，不相互混淆，即"名有固善，径易而不拂，谓之善名。"

（5）面对发展变化、纷繁复杂的事物，制名时要本着"稽实定数"的原则。

其次，荀子在《正名篇》中对名，辞，说等名学范畴给予了更加系统、科学的定义和界说，这是荀子在名学思想史上的一大贡献，也是荀子创新名学理论的重要体现。

（1）什么是"名"？荀子说："名也者，所以期累实也"。对这一定义的解释众说纷纭，这里的关键是"期"与"累"两个字，孙中原在《中国逻辑史》中将"期"解释为概括，将"累"解释为多。[4]321这样，名就是用来概括许多事物的。但是系统地考察，这种解释与荀子的本义并不相符。因为在荀子的名学思想中名有共名和别名之分,而且别名是相对的,"推而别之,别名则有别,至于无别然后止",无别之名,显然不是概括许多事物,而只有一个具体事物,所以孙先生的解释是欠妥的。

梁启超先生在《荀子简释》中有这样的解释"期"即"成俗曲期","共约名以相期"的"期",谓要约。累实,指许多事物。[4]321按照梁先生对"期"的解释"名"就成为约定的。约定什么呢?"累"有"连接"的意思,这里可以引申为"谓"或"命",这样上述定义可以解释为"名"是约定表达实的。

荀子这一定义应该说是比较科学的,与公孙龙的"名,实谓也"意思相同,但荀子的表达更清楚,更具体。

(2)什么是辞?荀子说:"辞也者,兼异实之名以论一意也。"从语用学的角度讲,荀子关于辞的定义与《墨经》中的"以辞抒意"是相似的,但,辞怎样抒意,荀子的解释更加具体、明确。即辞是由名构成的,辞比名更复杂,所以,在《正名篇》中荀子说:"实不喻然后命,命不喻然后期。"这里的"期"就相当于"辞"。

(3)关于说与辩。荀子说:"辩说也者,不异实名以喻动静之道也。"[1]250这一定义有两层意思,第一层是"不异实名"即不变更概念的名,思想要一致,不能偷换概念,转移话题;第二层,是"喻动静之道",即说明是非的道理。这里的关键是第二层,说明道理的思维形式相当于今天的推理和论证。接下来荀子说:"期命也者,辩说之用也",即,辞和名构成辩和说,从"期不喻然后说,说不喻然后辩"来看,辩比说更复杂,即说与推理相当,辩与论证相当。

荀子认为,说与辩的基本原则是"辩异而不过,推类而不悖,听则合文,辩则尽故"。[1]250概括起来有三条,第一,辩说名时,辩别其同异没有过错,推论其类别时不违背正道。第二,辩说要合于礼法。第三,辩说要把理由完全搞清楚。可见,荀子对说与辩的界说比前人要更加系统,也更加科学。

综上所述,荀子对各家学说的批判和解蔽在当时社会背景下,属于创新名学理论,他不仅为"制名以指实"打下思想基础,完善了儒家的"正名"理论,也为结束"百家争鸣"的局面,建立统一国家和政权做了思想和舆论准备。

参考文献:

[1] 章诗同:《荀子简注》,上海人民出版社 1974 年版。

[2] 翟锦程:《先秦名学》,天津古籍出版社 2005 年版。

[3] 崔清田:《墨家逻辑与亚里士多德逻辑比较研究》,人民出版社 2004 年版。

[4] 孙中原:《中国逻辑史》,中国人民大学出版社 1987 年版。

(原载《邯郸学院学报》2007 年第 2 期)

荀子与早期儒学道德话语的转向

王 楷*

一、问题的提出

　　大致而言,现代学术意义上的荀学研究者,对荀子之为儒学典范持保留态度而又“言之成理、持之有故”者凡三说:其一,受宋明理学道统观的影响,将荀子理解为从儒家到法家的过渡,新儒家之治荀学者多持此说,而以牟宗三为代表。[1]此说所以立者,在“韩非、李斯俱事荀卿”这一引申性“旁证”之外,其实质性的学理层面的理据实在于荀子非孟子而言性恶。关于这一点,笔者另有专文讨论,[2]兹不赘言。其二,由于荀子的稷下学背景以及荀子学说的“综合”性格,或有以荀子为杂家者。此说以郭沫若氏为滥觞,[3]持此说者至今不绝。其三,与前述第二说相联系,亦有以荀子为黄老之学者。这种观点的提出与稷下学研究的兴起之间存在着密切的关联,其中,赵吉惠教授是持此说之甚力者。[4,5]后两种荀学观,显然将一种学说借以发展成熟之思想资源与其理论性质本身混为一谈了。

　　荀子身处战国之季,亦即冯友兰先生所谓的“子学时代”晚期。荀子所处的时代使其能够对儒家及其他学派进行整体性的反思和总结,并在一个新的高度做出独特性的回应,从而成为早期儒学以及整个“子学时代”的集大成者。质言之,早期儒学连同整个先秦诸子学一起构成了荀子学说发生、发展的思想背景与资源。荀子学说中无疑吸收了许多其他学派的因素,然而,如果因此而将荀子视同《吕氏春秋》、《淮南子》等“杂家”者言,则显然是无视荀子高度的批判精神。事实上,不但对儒家之外的其他诸子学说,即使儒家内部(在

＊ 王楷(1975—),男,河南封丘人,北京大学哲学博士。现为北京师范大学哲学与社会学学院讲师。

荀子看来)偏离了孔子正统的其他派别,荀子都进行了全面的检视和批判,这一点在《解蔽》、《非十二子》等篇中有着集中的体现。《荀子》一书言及理想人格(圣人),每以"知明统类"相称许。由此,我们可以窥知荀子本人从事学术工作——特别是在从事学术史批判时——必以"以类行杂"、"知明统类"作为自我期许。质言之,荀子的"集大成"是在明确的儒家主体性主导之下"集大成",而以重建儒家正统为其旨归。

从历史的角度看,关于荀子学说性质之归属,从来就不是一个纯学理层面的问题,其中夹杂着太多的道统、学统,甚至还有政统的因素。甚至可以说,有什么样儒学史观,就有什么样的荀子形象。如前所述,在儒家内部,荀子最为人所诟病者,无疑在于其性恶论。事实上,诸如"荀子极偏驳,只一句性恶,大本已失"[6]198的批评,与其说是一种事实判断,毋宁说是一种价值判断,其背后显然隐含着一种潜在的标准:即以孟子性善说为儒家之正统。然而,这一标准本身是否成立是大可讨论的。事实上,"从儒家的人性论史来看,从先秦到宋明,并不存在一个一以贯之的人性论传统"[7]34。那么,儒学之为儒学的宗旨又是什么呢?照陈来先生的讲法,"从先秦到明清,儒学所以为儒学的标准、宗旨和核心,简单说来,就是'宗本五经孔子,倡导王道政治,挺立德性人格,强调家庭伦理,注重社会道德,崇尚礼乐教化'。"[7]34儒学宗旨既明,陈来先生又继而明确提倡一种新的儒学史观:

> 儒学史上的各种宇宙论、形上学、人性论、知识论等都是这些宗旨的不同论证或展开,这些不同的理论论证和理论延伸构成了儒学的丰富性。而儒学的这些不同的论证之所以出现,不仅是思想家的个体差异所致,更是不同时代课题、社会环境与矛盾的反映。正是这些不同的、特殊的、具体的儒学表达,由于适当地回应了自己时代的挑战,而对儒学发展作出贡献,因此,我们不能用一种论证为标尺,抽象地衡量其他各种论证,因为各个论证都是因应自己时代的特殊课题和自己的独特的存在感受。所以我们需要的是一种包容性最大的儒学史观,在这种儒学史观中,历史上的各种儒学的表达形式与论证方式,历史上各个时期对儒学发展作出贡献的思想体系,都能得到充分的肯定而包含其中。[7]34

在此,有必要特别指出的一点是,此一新儒学史观之倡导者恰恰以理学大家而闻于学林,这尤其值得我们注意。在某种意义上,陈先生的新儒学史观实可视为现代学术下的"'儒'的自我理解"。在这种新的儒学史观之下,荀子之儒家大师的身份自然也就不待多辩。当然,这种对荀子的认识,只是一种形式上的定性。如果要将这种理解落实下来,照前述陈来先生的讲法,荀子学说之作为一种"特殊的、具体的儒学表达",我们就必须回答儒学在荀子时代所面对的"时代课题、社会环境与矛盾"是什么,荀子如何"适当地回应了自己时代的挑战,而对儒学发展作出贡献",从而成为早期儒学发展中的一个典范?

二、早期儒学的话语困境

战国之季,诸子各家学说都进入了一个"综合"的时期,这期间,诸子之间的话语竞争是一个重要的背景。从儒家的立场来看,如劳思光所言:"至孟子之后,一方面由庄学之大行,道家之说取杨朱之地位而代之,其势甚张;另一方面则墨家后学与名家者流会合激荡,新论滋多,辨议滋繁,亦颇有孟子所未及驳议者。在如此之思想环境下,儒家亦不能不另有人出,重理旧说,益以新解,以抗诸子之言。"[8]249劳氏着眼于哲学学理层面而立言,强调道家、墨家对儒家的理论挑战,以此来解释荀子之在早期儒学发展历程中的出现,固为有见地之论。另外,照《淮南子》的讲法,"诸子之学,皆起于救世之弊,应时而兴"(《要略》),"百川异源而皆归于海,百家殊业而皆务于治"(《氾论》),各家学说都希望以学干世主,以本学派的理论重建社会秩序与政治秩序。在这一方面,真正处于强势地位,对儒家形成严峻挑战的是法家学说。事实上,在战国时代兼并战争的历史条件之下,以"耕战"为务的法家学说是唯一拥有充分政治实践机会的学派。

于是,如何在法家工具理性的强势话语之下,为价值理性争得空间,重建道德秩序与社会秩序就成为儒家所面对的一个严峻的时代课题。并且,在君主专制社会这一新的历史条件之下,如何在法家学说之外,提供另一种契合于官僚政治与平民社会,满足国君富国强兵之强烈诉求,能够与法家学说相抗衡、竞争,可供选择的(Alternative)"救世之道",也同样是儒家所要回应的一个严峻的挑战。儒家学说之在战国晚期发生调整与转向,此亦其一大背景也。大致而言,早期儒学的这一调整与转向是通过荀子而完成的。在这种理解脉络之中,荀子的意义在于系统而有创造性地发展了儒学的礼学思想,以儒家的"礼"与法家的"法"相颉颃,为儒家所期望的道德秩序与社会政治秩序之重建提供了理论支持;若从儒家学说自身发展的视角来看,则体现为从"仁义"到"礼义"的道德话语转向。

如韦政通所指出的:"就先秦儒学所担负的时代使命言,孔、孟、荀实可说有一共同的理想,此理想即欲以周文为型范而重建一新秩序。"[9]1 所谓早期儒家之"周文"理想,若以普遍性的语言来表达,即儒家追求社会秩序,特别是政治秩序与道德秩序的一致性。易言之,"儒家政治,以君子为主体。君子者以德位兼备之身,收修齐治平之效。此儒家所持之理想也"[10]23。——事实上,在传统儒家的理解中,社会秩序与政治秩序之间并没有现代语境之下的明确的界分。或者说,他们思想世界中的社会秩序首先就是政治秩序。——因而,社会、政治结构方面的剧烈变革,不能不引起儒家学说在道德话语形态上的理论回应。

三、荀子与早期儒家的转向

如前所述,在西周——春秋时代的贵族政治统治之下,宗法关系与政治关系同构,家国一体,而随着贵族政治在战国时代的解体,这种"家"与"国"之间自然的一体连续关系不再,故而,如章太炎所指出的:

> 大学有治其国者必先齐其家之语,……此殆封建时代,家国无甚分别。所谓家者乃〈千乘之家百乘之家〉之类,故不齐家者即不能治国,……郡县时代,家与国大异,故而唐太宗家政虽乱而偏能治国。①

这种贵族政治之下的"家""国"之间自然连续性的断裂,反映出宗法社会的解体所带来的社会形态及伦理观念上的变化。就一种思想之为思想而言,"修身"、"齐家"、"治国"、"平天下"(从"修己"到"治人")之理想无疑具有独立的普遍意义,完全不必局限于宗法社会的背景才是可以理解的。然而,出于同样"修、齐、治、平"的理想,在不同的社会形态之下,一个人从个体人格修养进而担当社会政治角色与责任,社会(或者说国家)显然对其在各种德行素质(即具体德目)要求与期望上会存在着不同的侧重。譬如,照《论语·学而》:"其为人也孝悌而好犯上者,鲜矣。不好犯上而好作乱者,未之有也。君子务本,本立而道生。孝悌也者,其为仁之本与?"一般地说,对一个具有完整德行人格的人而言,在各个人伦关系(家族的、社会的、政治的)层面的表现应该是一致的。并且,就经验的层面而言,一个在家族中修养良好的人多半也会在社会中表现得修养良好,反之亦然。因而,从理论上说,荀子的这一思想表现出儒家一种普遍性的价值取向。然而,另一方面,在宗法社会的历史条件之下,这种政治、社会伦理秩序建立在家族伦理之上的思想,无论在智性理解上还是

---

① 章炳麟:《章太炎国学讲演录》第65页。转引自李泽厚:《古代思想史论》,天津社会科学出版社2003年版,第11页。

在社会实践上都是自然而然的,社会政治伦理秩序(不犯上、不作乱)对人的德行要求以家族伦理(孝悌)素养为基础和保证的理路也容易为人所接受。而随着宗法社会的解体,在理论上我们当然理解这一思想所包含的普遍性价值取向并对之抱一种同情态度,但作为一种社会实践,毕竟要比宗法社会历史条件之下来得曲折。申言之,从春秋宗法贵族社会过渡到战国官僚帝国社会,家族伦理与社会伦理、政治伦理之间的正相关度无可避免地降低了。对于以"修身、齐家、治国、平天下"为取向,力图以道德秩序为主导重建社会、政治秩序的儒家而言,这无疑意味着一种挑战和困难。

在早期儒学之中,对这一挑战和困难作出理论回应的是荀子。观《子道》篇所言:"人孝出悌,人之小行也;上顺下笃,人之中行也。从道不从君,从义不从父,人之大行也。"显然,在荀子看来,家族伦理与社会政治伦理之间不再是天然地一致的,并且,从社会(或者国家)的视角而言,相对于家族伦理,社会政治伦理方面的德行修养更为重要。《王制》篇论"为政":"虽王公士大夫之子孙也,不能属于礼义,则归之庶人。虽庶人之子孙也,积文学,正身行,能属于礼义,则归之卿相士大夫。"正如我们所了解的,尚贤主义一直是儒家在社会、政治治理方面的一种基本的精神,而儒家之所谓"贤"并不是专就一个人的才能而论,而是兼及(甚至更为侧重)一个人的德行修养。而同样本于儒家的尚贤精神强调一个人的德行修养,相对于孔孟,荀子更多地是从社会伦理而不是家族伦理的视角对一个社会管理者提出德行素养的要求与期望。因而,简言之,同样主张从人格修身出发而平治天下,同样力图以道德秩序主导社会秩序、政治秩序,相对于此前的早期儒学思想家,在修身哲学的具体德目方面,荀子表现出了自己不同的侧重点。如果从儒学之作为一个学说整体来看,这种不同思想家之间的个体差异可以解释为早期儒学发展中在道德话语上的一种转向,荀子的意义也正在于此。如果从简约的语言来说,早期儒学在荀子这里所实现的道德话语转向可以归结为从"仁义"到"礼义"的转变。

早期儒学道德话语从"仁义"到"礼义"之转向,与春秋——战国时代社会性质的变化是一致的。如板野长八所指出的:"孔孟的思想是提供支持周公以来宗族封建制度的意识形态……如《荀子》、《孝经》中所显示的,儒学中也开始接受宗族受到强大的君权与官僚之控制。在此《荀子》的'礼'以及《孝经》的'孝',已经变成超乎宗族限制的价值概念,而君主由此控制天下的人民。"①这里,有必要指出的一点是,这里所谓的"转向"并不意味着一种断裂,

---

① 参佐藤将之:《二十世纪日本荀子研究之回顾》,载《国际荀子研究专号》(《国立政治大学哲学学报》第十一期,2003 年)。

而只是连续性发展之中的一种调适。儒家追求社会秩序与伦理秩序的融合。儒家语境之下的"伦理"就其原本的意涵而言就是以家族伦理、亲亲原则内容的。在西周——春秋时代的宗法制度之下,这种家族伦理同时承当着社会伦理、政治伦理的功能,其中一种最典型的表现即封建制度。随着宗法社会解体,家族伦理与社会伦理、政治伦理相对分化发展,但家族伦理在一定程度上始终发挥着着社会伦理的功能。这是因为:一方面,如前所述,早期儒家基于封建宗法社会这一具体的生活形态而提出的伦理精神本身具有一定的普遍意义,因而,在观念与意识的层面依然保留着家族伦理与社会政治伦理的融合,诸如"以孝治天下"、"举孝廉"、"求忠臣于孝子之门"等等;另一方面,如傅斯年诸前贤所指出的,战国以降,政治层面的宗法关系消解了,宗法关系转而保留在社会的层面,一种专制君权之下的包容社会宗法结构的双重统治方式得以确立。终其整个中国传统社会历程,宗法关系作为一种基本的社会结构始终是一个基本的特色,这种情形一种延续到近代,如费孝通先生《乡土中国》所揭示的。故而,就狭义的社会秩序而非政治秩序而言,家族伦理与社会伦理的融合也成为传统中国道德生活中的一种基本的形态。

四、道德话语的理性化

如韦政通所言,早期儒家从其发生之初即具有一种强烈的"周文"理想之情怀,期望着"德君行道"、"博施于民而能济众",重建道德秩序与社会秩序以救礼崩乐坏之时弊。然而,从孔子、孟子,直至荀子,这种政治理想与抱负都未能得以充分实现。孔子周游列国,道不合即去,晚年退而修《诗》、《书》。孟子以"仁政"说人主,每为人主目为"迂远而阔于事情"。即如荀子,观《尧问篇》"孙卿不及孔子"之论以及《强国篇》荀子对应侯"入秦何见"问而病其"无儒"之议论,显见儒家学说在战国之季仍然远远未能作为一种指导社会政治治理的意识形态而为国家政权所接受。

对于早期儒家政治理想的这一遭际,通常的解释偏重于强调时君们个体性的、偶然性的功利人格因素,如刘向《战国策序》所言"战国之时,君德浅薄,为之谋策者,不得不因势而为资……",可谓一种典型的说辞。事实上,抛开作为个别的国君本身的德行以及是否足够明智、富于远见等素质不论,我们真正需要反思的是,在这种表面现象的背后是否蕴涵着一种客观的历史理性。战国姑且不论,至如春秋,即使像子产那样具有儒者气象的贤大夫,当他作为一个政治家面对客观的情势("为齐难"),出于"救世"的需要,也不得不"作丘赋"、"作丘甲"、"铸刑书",推行某些近于后世法家性质之改革。如梁任公所言:"盖自'宗法政治'破坏以后,为政者不能不恃法度以整齐其民,于是大政治家竟以此为务",[11]80更遑论那些个体德行较子产相去甚远的在愈演愈烈的兼并战争之中"讨生活"的战国国君。这就提示我们,宗法社会的解体这一历史变迁所造成的人们在行为方式、价值观念以及精神世界上的剧烈变化是一个无可回避的社会现实,这也可以说是一种历史理性的表达。就儒家而言,就必须正面这一深刻的社会变迁,在自身学说的发展中作出相应的调适与转换,以扩大自己的理论解释能力,就如何在新的社会历史条件下重建道德秩序与社会政治秩序发展出一种新的理论形态,从而在诸子话语竞争中保持竞争力。

在早期儒学的发展中,实现这一理论突破的是荀子。就道德话语形态而言,通过荀子,早期儒学实现了从"仁义"到"礼义"的转换。这种道德话语的转换与宗法社会的解体,贵族政治向官僚政治的演变是互为表里的。或者,相对于政治理性化进程,这种从"仁义"到"礼义"的转向我们也可以理解为一种道德话语的"理性化"发展。如陈来先生所指出的,"早期德性人格的观念,是首先在政治领域作为对社会管理者的要求提出来的,任何普遍性的东西总是要通过特殊的具体的路径来表现,尤其在开始生长的阶段"[12]325。同样本于儒家的"人治"精神,但在对社会管理者德行人格的要求与期望方面,荀子表现出与此前儒家不同的侧重点,从主要强调家族伦理方面的修养素质转变为主要强调社会政治伦理方面的修养素质——尽管,在儒家那里,家族伦理与社会政治伦理的分别只是相对的——而这也正是君主专制下的官僚政治与宗法封建制度下的贵族政治对于社会管理者之不同要求的一种体现。另一方面,儒家传统的"德治"在荀子这里落实为"礼治",并进而就官僚帝国社会如何实现政治社会治理发展出一种完整的儒家的理论体系,从而为儒家学说在诸子话语竞争中成长为一种主导性的理论体系(或者说"意识形态")铺平了道路。① 也因此,荀子之在早期儒学发展历程中的地位与意义,我们也可以了解为从文化儒学向政治儒学的转向。

参考文献:

[1] 牟宗三:《荀子大略》,载《名家与荀子》,台湾学生书局1994年版。

[2] 王楷:《荀子性恶论考辨》,袁行霈:《国学研究》第21卷,北京大学出版社2007

---

① 当然,终荀子一生,也未能将这种可能转化为现实,但已经从儒学自身的理论上做好了准备。秦在法家学说的指导之下兼并六国,但同样在这种工具理性的驱动之下,二世而亡。两汉以下,儒家学说迅速融合到国家的意识形态之中,导致所谓"儒法国家"(the Confucian-Legalist State)的出现。

年版。

[3] 郭沫若:《荀子的批评》,载《十批评书》,人民出版社 1954 年版。

[4] 赵吉惠:《论荀学是稷下黄老之学》,陈鼓应:《道家文化研究》第 4 辑,上海古籍
出版社 1994 年版。

[5] 赵吉惠:《荀况是战国末期黄老之学的代表》,载《哲学研究》1993 年第 5 期。

[6] 朱熹:《四书章句集注》,中华书局 1983 年版。

[7] 陈来:《郭店楚简与儒学的人性论》,载《儒林》,山东大学出版社 2004 年版。

[8] 劳思光:《新编中国哲学史》,广西师范大学出版社 2005 年版。

[9] 韦政通:《荀子与古代哲学》第 2 版,台湾商务印书馆 1997 年版。

[10] 萧公权:《中国政治思想史》上册,联经出版事业公司 1982 年版。

[11] 梁启超:《先秦政治思想史》,东方出版社 1996 年版。

[12] 陈来:《古代宗教与伦理——儒家思想的根源》,三联书店 1996 年版。

荀子之字非"卿"考

闫平凡*

荀子的名字,在《荀子》书中称做孙卿或者孙卿子,《史记》称荀卿,刘向《叙录》称孙卿,名况。在这些最早的文献记载中,都没有言及他的字。

然而近人多以为"卿"是荀子的字。这种说法尤其以江瑔言之最详,今详录其《读子卮言》[1]36—38卷一"论荀子之姓氏名字"的论述如下:

> 荀卿名况,又称孙卿,其所以称为卿者,则载籍不明言其故,莫从考见。后儒多以为卿者尊美之词。胡氏(笔者谨按:指胡元仪)则以为卿为官名。
>
> ……
>
> 此论似精确,而实大谬不然。《史记·孟荀列传》、《汉书·艺文志》皆云荀卿名况,而不言其字,古人有名必有字。孟、荀之字均不见于古籍。窃谓卿者即荀子之字也。古者名字相因,王引之作《春秋名字解诂》搜录甚详,而证其因之义。卿与况皆同部字,其义均为长、为大,故名况字卿(按况字从兄,其义相同,古人每多通用,如《诗》"况也永叹",《释文》"况,本作兄"。又《修华岳碑》"兄乃盛德",兄即况字。然《说文》训兄为长,《广雅》训兄为大,《释名》又训兄为荒。荒亦大义,故况之义亦为长、大。凡虚字中所用况字,皆有增益之义,即为加大之义。荀子书成,名况乎诸侯,言其名之大可比于诸侯也。近人谓庚、青、蒸同部,诸字均有长、大之义,似奇而实确)。
>
> 古人有二字之字,亦有一字之字。荀况之字卿,亦犹刘邦之字季也。然则有证乎?曰:有。刘向叙曰:"兰陵人善为学,盖以孙卿也。长老至

---

* 闫平凡(1974—),男,山东莒南人,清华大学历史系暨思想文化研究所2004级博士研究生。

今称之,曰兰陵人喜字为卿。"而曰"喜字为卿",则卿为荀子之字可知。
盖荀子本字卿,兰陵人向往之遗风,故争以荀子之字为字,以示不忘典刑
之义,如孟卿之流是也。若以卿为卿大夫之称,则卿非荀子所固有矣,奚
为劾之。且如其说,必曾为卿而后可称卿,兰陵人未曾为卿,何为侈然而
为卿大夫之号?兰陵人素知礼,断不若是之无耻也。

……

然《荀子》书多称曰孙卿子,《汉书·艺文志》及《隋书》、《旧唐书》
《经籍志》亦皆曰《孙卿子》,《唐书》、《宋史》《艺文志》又皆曰《荀卿子》。
其称子者,尊美之词也,卿为尊美之词,子亦为尊美之词,既曰卿,又曰子,
则不词矣。是可见卿为荀子之字,而非卿大夫之称,故可曰孙卿子或荀卿
子。若如胡氏云云,则商君亦可曰商君子耶?

又刘师培《荀子斠补》[2]939曰:

刘向《序》兰陵人喜字为卿,盖以法孙卿也。此即字卿名况之确证。
《说文》及《广雅·释言》:"卿,章也。"况与皇同。《诗·周颂·烈文》传:
"皇,美也。"是卿、况义略相符,故名况字卿。

其后胡适①、钱穆②、冯友兰③、游国恩④、梁启雄⑤、刘汝霖⑥、泷川资言⑦、
杨柳桥⑧、向仍旦⑨、孔繁⑩、王天海⑪等都从江、刘之说,以"卿"为荀子之字。

综上所述,江瑔、刘师培等从"荀卿"这一称呼出发,以古人名字相为表里
为前提,以刘向《叙录》中所说的"兰陵人喜字为卿,以法孙卿也"为根据,论证
了"况"、"卿"意义相近,从而认为"卿"是荀子的字。

然而征诸典籍,"卿"为荀子之字的说法又有可疑之处。徐干《中论序》

---

① 胡适:《中国哲学史大纲》,东方出版社1996年版,第268页。
② 钱穆:《先秦诸子系年》,河北教育出版社2002年版,第270页。
③ 冯友兰:《中国哲学史》,《三松堂全集》第二卷,河南人民出版社1988年版,第266页。
④ 游国恩:《荀卿考》,载《游国恩学术论文集》,中华书局1989年版,第299页。
⑤ 梁启雄:《荀子简释》,中华书局1983年版,第413页。
⑥ 刘汝霖:《周秦诸子考》,文化学社1929年版,第427页。
⑦ [日]泷川资言:《史记会注考证》,载《史记会注考证附校补》,上海古籍出版社1986年版,第1433页。
⑧ 杨柳桥:《荀子诂译序》,齐鲁书社1985年版,第1页。
⑨ 向仍旦:《荀子通论》,福建人民出版社1987年版,第5页。
⑩ 孔繁:《荀子评传》,南京大学出版社1997年第1版,第1页。
⑪ 王天海:《荀子校释》,上海古籍出版社2005年版,第267页。

说："予以荀卿子、孟轲怀亚圣之才,着一家之法,继明圣人之业,皆以姓名自书,犹至于今厥字不传,原思其故,皆由战国之世,乐贤者寡,同时之人,不早记录。"[3]序言如上所述《荀子》书、《史记》、刘向《孙卿书录》都没有言及荀子的字,至汉末魏初,徐干明确说明荀子之字不传。今可从以下几个方面考察江瑔、刘师培的说法能否成立。

首先,我们知道古人名字相为表里,所谓"或傍其名而为之字者",[4]411清代王引之说:"名字者,自昔相承之诂言也。《白虎通》曰闻名即知其字,闻字即知其名。盖名之与字义相比附。"[5]571江瑔、刘师培论述荀子之字卿,就是沿用了这种例子。

不过早在唐代司马贞《史记索隐》、颜师古《汉书注》、章怀太子李贤《后汉书注》即有以训诂考人名字的例子。

如《史记》卷六七《仲尼弟子列传》"公孙龙字子石。"司马贞《索隐》曰:"《家语》或作'宠',又云'砻',《七十子图》非'砻'也。按:字子石,则'砻'或非谬。郑玄云楚人,《家语》卫人。然《庄子》所云'坚白之谈',则其人也。"又如《汉书》卷三六《楚元王传》"(刘)向字子政"句下,颜师古注曰:"名向,字子政。义则相配,而近代学者读向音饷,既无别释,靡所据凭,当依本字为胜也。"又如《后汉书》卷八十上《文苑列传·刘珍传》"刘珍字秋孙"句下,李贤注曰:"诸本时有作'秘孙'者,其人名珍,与'秘'义相扶,而作'秋'者多也。"

然而颜师古、司马贞、李贤言及荀子的名字时,都沿用刘向《叙录》的说法。如《史记》卷七十四《孟子荀卿列传》"荀卿,赵人"句下,司马贞《史记索隐》曰:"名况。卿者,时人相尊而号为卿也。仕齐为祭酒,仕楚为兰陵令。后亦谓之孙卿子者,避汉宣帝讳改也。"又《汉书》卷三十《艺文志》"《孙卿子》三十三篇"。班固自注曰:"名况,赵人,为齐稷下祭酒,有《列传》。"颜师古注曰:"本曰荀卿,避宣帝讳,故曰孙。"《汉书》卷三十六《楚元王传》"伯者,孙卿门人也"句下,颜师古注曰:"孙卿姓荀名况,为楚兰陵令,汉以避宣帝讳,改之曰孙。"①《后汉书》卷六二《荀韩钟陈列传》"荀淑字季和,颍川颍阴人,荀卿十一世孙也"句下,李贤注曰:"卿名况,赵人也。为楚兰陵令。著书二十二篇,号《荀卿子》。避宣帝讳,故改曰'孙'也。"

考颜师古注《汉书》,往往有据其他书的记载补出人之字的例子。如《汉

---

① 《汉书》卷二十三《刑法志》"时唯孙卿明于王道"句下,颜师古注曰:"孙卿,楚人也,姓荀字况,避汉宣帝之讳,故改曰孙卿。"此处"字况"与《艺文志》不同,王先谦《汉书补注》曰:"官本字作名,是。"杨树达《汉书窥管》曰:"《艺文志》班氏自注云:名况,赵人,颜注与彼不合。注字景佑本作名。"

书》卷二十九《沟洫志》"王莽时，征能治河者以百数，其大略异者，长水校尉平陵关并"句下，颜师古注曰："桓谭《新论》云并字子阳，材智通达也。"又同书同卷"大司马史长安张戎"句下，颜师古注曰："《新论》云字仲功，习溉灌事也。"又同书同卷"御史临淮韩牧"句下，颜师古注曰："《新论》云字子台，善水事。"有对它书所举之字提出怀疑者。又如《汉书》卷三十《艺文志》"《孟子》十一篇。"班固自注曰："名轲，邹人，子思弟子，有《列传》。"颜师古注曰："《圣证论》云轲字子车，而此志无字，未详其所得。"

由以上所引可以推知颜师古、司马贞、李贤也所以不言荀子的字的原因，应当是因为文献阙如，在他们那时候也已经不知道荀子的字到底是什么了。

其次，刘向《叙录》中所说的"兰陵人喜字为卿，以法孙卿也"应该如何去理解。司马贞以为乃"时人相尊而号为卿也。"[6]2348胡元仪以为"卿为列大夫之长，所谓荀卿三为祭酒是也。然则荀卿亦为卿于齐矣。《史记·虞卿传》虞卿说赵孝成王，再见为赵上卿，故号虞卿。荀卿亦为赵上卿，又从虞卿受《左氏春秋》，荀卿之称卿，盖法虞卿矣。刘向云：'兰陵人喜字为卿，以法孙卿也。'然则在齐人、赵人称郇卿，尊之之辞也。兰陵弟子称郇卿，美之之辞也。"[7]42则这是"卿"为尊号，为由官名所生的尊之、美之之辞。

考察刘向《叙录》的下文又有"孟子、孙卿、董先生皆小五伯，以为仲尼之门，五尺童子，皆羞称五伯"，此处以"子"、"卿"、"先生"相对为言，显然刘向不以"卿"为荀子的字。虽然《叙录》中也有"孟轲"、"荀卿"对称的语句，但那一方面应当是刘向不知荀子的字，另一方面又应当是以"卿"称来褒美荀子。

再次，"况""卿"之义。考"况"字之义。《说文解字注》第十一卷《水部》"况"字曰："寒水也。"段玉裁注曰："未得其证。《毛诗常棣》、《桑柔》、《召旻》皆曰：兄，滋也。《矢部》弥下曰：兄词也。古矧兄、比兄皆用兄字，后乃用况字。后又改作况。从水兄声。许访切。十部。"又《玉篇·水部》"况，寒水也"，"况"字下曰："俗况字"。又《广韵》（泽存堂本）《去声》四十一《漾韵》"况"字曰："匹拟也，善也，矧也。《说文》曰寒水也，亦修况琴名。又姓。何氏姓苑云今庐江人许访切。〔况〕俗。"考"卿"字之义。《说文解字注》第九卷《卯部》"卿"字曰："章也。"段玉裁注曰："此以叠韵为训，《白虎通》曰：卿之为言章也，章善明理也。六卿：天官冢宰、地官司徒、春官宗伯、夏官司马、秋官司寇、冬官司空。《周礼》之六卿也。《周礼》曰：治官之属，太宰卿一人。教官之属，大司徒卿一人。礼官之属，大宗伯卿一人，政官之属，大司马卿一人。刑官之属，大司寇卿一人。其一则事官之属，大司空卿一人也。天子六乡，乡老二，乡则公一人。乡大夫每乡卿一人，即此六卿也。从卯皂声。皂下曰：又读若香，卿字正从此读为声也。古音在十部，读如羌。今音去京切。鸟部鶌字皂声,则在古音七部。"

《玉篇·卯部》"卿"字曰:"去京切。汉置正卿九,太常、光禄、太仆、卫尉、廷尉、鸿胪、宗正、司农、少府。"胡吉宣《校释》曰:"金文中凡公卿之卿,飨食之飨,乡党之乡,方向之向,皆以卿之一文摄之。"[8]5626

由上所引可知况、卿之义不相属。故龙宇纯《荀子后案》曰:

> 案古人名字义必相应,以故刘氏(笔者谨按:刘师培)引说文、广雅及诗传说之如此也。然说文、广雅卿章为声训,乃汉人基于语音求"六卿"所以名卿之故,非谓卿作章解,古亦别无此例;而卿与章声母悬绝,决非其一语孳生。况与皇同云云,亦刘氏向壁虚造,于古无征。是卿况二字义不相及,一名一字之说不得立也。[9]3

第四,关于江氏"卿为尊美之词,子亦为尊美之词,既曰卿,又曰子,则不词矣"之说。其实,"卿子"一词《史记》、《汉书》已有解说。《史记》卷八《高祖本纪》记刘邦数项羽罪曰:"项羽矫杀卿子冠军而自尊,罪二。"司马贞《史记索隐》引如淳曰:"卿者,大夫之尊。子者,子男之爵。冠军,人之首也。尊宋义,故加此号。"《汉书》卷一《高帝纪》此句下,颜师古注引如淳曰:"卿者,卿大夫之号。子者,子男之爵。冠军,人之首也。"又引文颖曰:"卿子,时人相褒尊之辞,犹言公子也。时上将,故言冠军。"颜师古曰:"卿子冠军,文说是也。"《后汉书》卷二十六《伏侯宋蔡冯赵牟韦彪列传》记"(韦)彪清俭好施,禄赐分与宗族,家无余财。著书十二篇,号曰《韦卿子》。"可知"卿子"一词自有其渊源。

平凡谨按:先秦两汉的称呼词或者有与后世不同的。如《汉书·艺文志》着录"《(易传)服氏》二篇",颜师古注曰:"刘向《别录》云:'服氏,齐人,号服光。'"杨树达《汉书窥管》曰:"吴承仕云:服光,《释文叙录》作服先,是也。先者,先生之省称,如《梅福传》称叔孙通为叔孙先之比。以系尊称,故云号服先,若光是其名,不得云号矣。《儒林传》称服生,盖史家以通语追称之。"《陔余丛考》卷三十七[10]813"老先生"条曰:"先生,本古者父兄师长之通称,然古人有单称生或单称先者。"则此或可例之"卿子"的说法,《汉书》卷八十八《儒林传》"孟喜字长卿,东海兰陵人也。父号孟卿"句下,颜师古注曰:"时人以卿呼之,若言公矣。"显然这里"卿"不是孟卿的字。则刘向《叙录》所谓"兰陵人喜字为卿"的字,或者可以理解为号,并非全是名字的"字"。因此兰陵人以卿为称,不独字也(如孟喜字长卿),或者也像"号服先"、"号孟卿"这样的称呼,应当作为号来理解。

其他又如"夫子"称呼,本来是春秋时对先生长者的尊称,因此孔门弟子皆称孔子为夫子。《陔余丛考》卷三十六[10]795"夫子"条说:"颜渊曰:'夫子循循善诱。'曾子曰:'夫子之道忠恕。'子贡曰:'夫子之文章。'盖皆沿当时之称,非特创也。惟专称曰子,则自孔门弟子之称孔子始。如《论语》所记及《孟子》、《礼记》所引孔子之言,皆称'子曰'。《中庸》虽有'仲尼曰',然系首引孔子之言,以后即皆称'子曰',明乎子即仲尼也。"

由此可知称"卿"、称"子"、称"卿子",如称"先生"、称"先"、称"生",亦如称"夫子"、称"子",皆当是称呼演变中的不同形式,有的沿用了下来,为我们所熟悉,有的没有被沿用,故我们难以理解,因此产生了认识上的误差。

故廖名春师曰[11]:

"孙卿子"、"孙卿"等称呼在《荀子》一书中只出现于《儒效》、《议兵》、《强国》、《尧问》四篇中。前三篇明显系荀子弟子所记录荀子言行之作,《尧问》末尾一段驳世人对荀子的攻击,为荀子的遭遇鸣不平,其为荀子弟子之作的痕迹更清楚。先秦文献中,弟子在其作品中直称其师名字的,恐怕不多见,一般是尊称其为某子,如墨子、孔子等。韩非子、李斯为荀子学生,他们皆称荀子为"孙卿"。足见"卿"非字,当为尊称,其性质与称子同。"孙卿子"之称如同称"子墨子"、"子宋子"。卿与子,本为官爵名,后变为尊美之称,故可连用。楚汉之际,宋义号为"卿子冠军","卿子"含义当与称荀子为"孙卿子"近。如果卿为荀子字,弟子们直接在姓氏、名字后再加子以称之,就如同称孔丘子、庄周子、孟轲子、墨翟子一样,这样的用例,在可信的先秦著作中是不多的。

参考文献:

[1] 江瑔:《读子卮言》,商务印书馆 1917 年版。

[2] 刘师培:《刘申叔遗书》,载《荀子斠补》,古籍出版社 1997 年版。

[3] 徐干:《中论》,上海古籍出版社 1990 年版。

[4] 陈立:《白虎通疏证》,中华书局 1994 年版。

[5] 王引之:《春秋名字解诂》,载《经义述闻》,古籍出版社 2000 年版。

[6] 司马贞:《史记索隐》,载《史记》,中华书局 1959 年版。

[7] 胡元仪:《郇卿别传考异》,载王先谦《荀子集解·考证》(下),中华书局 1988 年版。

[8] 胡吉宣:《玉篇校释》,上海古籍出版社 1989 年版。

[9] 龙宇纯:《荀子后案》,载《荀子论集》,台湾学生书局 1987 年版。

[10] 赵翼:《陔余丛考》,商务印书馆 1957 年版。

[11] 廖名春:《荀子新探》,文津出版社 1994 年版。

(原载《邯郸学院学报》2007 年第 4 期)

荀子"圣人制礼"说探析

孙文持[*]

荀子是先秦礼学的集大成者,以礼治国是他的整个学说的核心。在礼的产生问题上,他继承了前人的思想,主张圣人制礼说。在《荀子》一书中,多次提到圣人制礼的说法。那么荀子的圣人制礼说有什么深刻内涵呢?它对于荀子的礼学以致荀子的整个学说有什么意义呢?下面,我们将从几个不同的角度对圣人制礼说进行剖析,以期能够有所收获。

一、圣人之所以为圣人

现在认为出于《荀子》之前的文献中,圣人一词多次出现,其含义大致有三:圣人是极有智慧的人;圣人是极有道德的人;圣人是极有才干的人。荀子的圣人观是沿着这个思路前进的,与众人的看法并没有多大的区别,问题的关键是圣人是怎么成为圣人的,他是怎样把自己与众人区分开的。荀子对这个问题的解释是有一定意味的。

荀子认为:"材性知能,君子小人一也。好荣恶辱,好利恶害,是君子小人之所同也。"[1]39人在基本的素质上并没有什么差别,所以圣人并非天生,而是"人之所积而致"。[1]334不管是什么样的人,只要认真修行,都能达到圣人的境界:"今使涂之人伏术为学,专心一志,思索孰察,加日县久,积善而不息,则通于神明,参于天地矣。"[1]334然而为什么现实中人们往往不能成为圣人呢?荀子的解释是因为人们往往"可以而不可使也"。[1]335小人之所以不能成为圣人是因为他们在主观上不能认真修行,而圣人君子之所以能成为圣人君子则是由于他们主观上能够认真修行。问题的解释到这里似乎就可以结束了,然而

* 孙文持(1973—)男,河南开封人,郑州大学文学院硕士研究生。

荀子不就此罢休。为什么圣人能够在主观上认真修行,而小人不能够呢? 这是受了人所处的具体环境条件的制约:"尧、禹者,非生而具者也,夫起于变故,成乎修修之为,待尽而后备者也。人之生固小人,无师无法则唯利之见耳。人之生固小人,又以遇乱世,得乱俗,是以小重小也,以乱得乱也。"[1]41

既注意到了个人的主观努力,又注意到了客观条件的限制,这种认识让人觉得是很辩证全面的。但我们若如此下结论还显得过早,在主观努力和客观条件二者的关系问题上,我们可以看出荀子认为人的主观是完全受客观制约的。因此,归根结底,在成圣问题上,荀子所持的是环境决定论。如他说:"工匠之子莫不继事,而都国之民安习其服。居楚而楚,居越而越,居夏而夏,是非天性也,积靡使然也。"[1]96这很明确地指出,人们的客观环境决定了一个人会成为什么样的人,人们的职业与社会地位也是世代相传。荀子还说过"天地生君子,君子理天地"[1]109。至此,我们可以得出结论,荀子的圣人非天生说是不完整、不彻底的,其实质还是圣人天生。

更进一步的问题是:既然荀子实质上主张圣人天生说,那他为什么还要绕来绕去说圣人非天生呢? 联系荀子所处的时代和他的学说的政治指向,我们可以很容易地发现答案。荀子所说的圣人或君子即是现实中的王或君,他们是天下或者一个国家的最高统治者。春秋战国时代,"礼崩乐坏",下僭上、臣弑君屡屡发生,周朝的政治秩序被破坏,新型的专制制度逐步形成。在这个过程当中,新贵们取代旧贵,他们需要能够否定原有的氏族血缘政治制度的"圣人非天生"说来解释自己获取统治权的合法性。然而,同时,他们又是从传统中来,不可能摆脱旧有的政治观念的制约。他们取代旧贵后,还想把自己的特权传给自己的子孙。这样他们又需要"圣人天生"说来维护他们统治的合法性。荀子的学说是为这些新贵们服务的。这种变动的现实中的矛盾使这位大思想家不能完美地统一自己的学说,不得不陷入自相矛盾之中。

再深入一步,我们从中可以看出,荀子在思维方式上选择了实证主义与实用主义的双重路线。在阐述圣人非天生时,他是从现实的经验出发,走的是实证的思路;而在含蓄地表达圣人天生的意思时,又纯粹是从目的出发,而不顾事实与逻辑,这又是实用主义的思维方式。实际上,正是现实与思维方式的双重作用使荀子在圣人生成问题上陷入了矛盾。

二、圣人的角色担当

圣人在智上是与天地相参,在德上是人伦之至,在才干上是无所不能,因此,从政治的角度来说,他最有资格担任最高统治者。在荀子之前,孔孟已经开始把历史上那些比较英明的统治者称为圣人,荀子当然也没能免俗。但是考察孔孟荀三人的学说,我们会发现,圣人的特点及其和统治者之间的关系在他们那里是有所不同的。孔孟的圣人作为统治者都不是真正的非常完美的。如孔子曾说过:"尧舜其犹病诸。"[2]65孟子允许周公犯错误。他们都比较地富有人情味。但荀子的作为统治者的圣人却是绝对的圣人:"圣也者,尽伦者也;王也者,尽制者也。"[1]305而且,在孔子那里,统治者成为圣人,仅仅是一种应然性的要求,是一种模糊的态度,圣人仅仅是一种努力的方向。孟子强烈地反对霸政,主张仁政,把二者完全对立起来,同时认为统治者只要把自己修炼为圣人,就理所应当地能够统一天下。在他那里,统一天下的王是从圣人当中产生的,其圣王结合模式是先圣后王。荀子和孟子一样,认为真正统治天下的人非圣人莫属,如他说:"天下者,至重也,非至强莫之能任;至大也,非至辨莫之能分;至众也,非至明莫之能和。此三至者,非圣人莫之能尽。故非圣人莫之能王。"[1]236但在他那里,王政与霸政并不是截然对立的,王政是在对霸政的补充或者说是霸政的进一步的发展,二者具有明显的统一性。因此其圣王结合的模式是霸者行王政,同时修炼为圣人。这是内在道德与外在事功兼修的路子。为什么会出现这样的差别呢?我们可以从社会历史和他们的学说气质的不同中去寻找原因。孔子所处时代,周朝统治秩序还没完全崩溃,似乎还有恢复周朝秩序的可能,因此,从孔子复古守旧的思想特点来说,他是不可能明确地提出君主应当成为圣人的,因为这是大逆不道的。孟子处于战国中期,虽然恢复周制的希望渺茫,但他却坚持自己的理想不放弃,因此他对现实持一种强烈的批判态度,对王道无限地推崇,对霸政极力地抨击。同时,学术上的浪漫气质使他对圣人的外在事功没有引起足够的重视,幼稚地认为只要道德高尚就可以统领天下了。从总体来看,孟子的学说具有鲜明的理想色彩。在荀子的时代,中国在经历了长期的分裂与战乱之后,统一的趋势越来越明显了,因此荀子的学说与孟子相比,重点已经不是批判的问题了,而是如何建构新的国家与社会模式的问题了,而且七雄中不管是谁统一中国,现实中他们实行的都是霸政,儒家如果再一味盲目地崇王批霸,则会显得过于迂腐荒谬;另外从学术气质上来说,荀子比孟子更显得成熟而理性,因为他走的是实证的思路。因此,荀子既尊王又重霸,他所提倡的王既是对霸的一种引导,同时又是对统一天下之霸的合法性的论证与阐释。他所提出的统一天下者必为圣人的说法,既是要求现实中的君主行王政、做圣人,同时还有一层言外之意,即统一天下者就是圣人。有人说,荀子的学术性格是圆滑的,确实有一定的道理。

三、圣人制礼对礼形成的规定性

圣人是智之极,能够与天地相参,能够体道,又是"尽伦者",是天下人的道德模范。因此,他所制定的礼,作为人们行为活动的准则,便体现了天地的运转规律,是绝对正确的。这是圣人制礼对礼所产生的最基本的规定性。礼的这种绝对正确性在空间上体现为礼与天地相配,在时间上体现为礼是万世不易之法则。如荀子说:"君臣、父子、兄弟、夫妇,始则终,终则始,与天地同理,与万世同久。"[1]109"两贵之不能相事,两贱之不能相使,此天数也。"[1]102

由于圣人是道的体现者,是完美无缺的人,在人事的各个方面都是人们的典范,因此,圣人制礼就对礼产生了另一个规定性,即是使礼具有了道性,因而也具有了多功能性。多功能性是中国古人的道性思维的一个很大的特征。礼的多功能性在《荀子》中表现得特别明显,礼不仅是规定社会秩序的政治制度和人伦道德规范,还是养生之道,是思想认识的标准。礼作为政治制度和道德规范的表述无须多谈,下面我们看看荀子是如何表述礼与养生和思想认识的关系的。荀子说:"扁善之度,以治气养生则后彭祖。"[1]15"食饮、衣服、居处、动静,由礼则和节,不由礼则触陷生疾。"[1]15"人无礼则不生。"[1]16"故人莫贵乎生,莫乐乎安,所以养生安乐者莫大乎礼义。人知贵生乐安而弃礼义,辟之是犹欲寿而刭颈也,愚莫大焉。"[1]214"生者以寿,死者以葬。"[1]355人的心情是否会快乐,身体是否会健康,是否会长寿,都和是否遵行礼义有关,礼义成了养生的重要条件。这里面有合理的因素,因为礼从根本上来讲是协调人际关系的,规定了人的物质权利和精神权利,一个人能否很好地应对这种人际关系,确实会影响一个人的心情、身体健康甚至寿命,但是荀子对这种因素作了过分的夸大。关于礼和思想认识之间的关系,荀子主要阐明了三点意思。第一,礼是人们判断是非的标准。如荀子说:"传曰:'天下有二:非察是,是察非。'谓合王制与不合王制也。天下有不以是为隆正也,然而犹有能分是非、治曲直者邪?"[1]306第二,礼是人们思想认识的最高层次。如荀子说:"学恶乎始? 恶乎终? 曰:其数则始乎诵经,终乎读礼。"[1]7"《礼》者,法之大分,类之纲纪也,故学至乎《礼》而止矣。"[1]7-8第三,礼是人们的思维活动的前提,又是思维活动所应遵循的规则和思维活动的范围。如"礼之中焉能思索,谓之能虑"[1]261。荀子如此表述礼与思想认识的关系,目的是想以礼对人们的思想进行完全彻底的禁锢。

圣人制礼对礼产生的最核心的规定性是使礼具有了神圣化的色彩和意味。礼的这种神圣性除了表现在前面所提到的绝对正确性和多功能性之外,还表现在礼对于凡人的不可知性。荀子把人的智慧分为圣人之知、君子之知、小人之知、役夫之知。其中圣人之知能够把握事物的大道理，以一应万，以不变应万变；君子之知能够把握事物的标准，处理事情有条不紊；小人之知是能言而不能行，做事情多有后悔；役夫之知则杂乱无章、是非混淆，毫无可取之处。在这种知的分类的基础上，荀子认为承载天地之大道的礼义只有圣人能够完全把握，而君子也仅仅是能够遵行礼义而已，小人则连遵行礼义也做不到。这样礼就成了一个高高在上的神秘存在，一般的人对它只能顶礼膜拜。

圣人制礼对礼所产生的最高层次的规定性是确定了礼的理性和工具性特质。礼的理性也可以称为"伪"，与"性"相对。荀子主性恶论，认为顺人之自然本性会导致恶，所以，有圣人出，制定礼义以规范人们的行为。这说明礼是以圣人的知为基础的，是一种理性的自觉存在，而不是纯任自然的非理性存在。同时也说明礼是一种工具性存在，它是用来规范人们思想行为的一种社会秩序。礼的理性与工具性体现出礼是社会性的存在，正是在这种意义上，荀子把礼作为人与动物区别的标志，谓修礼达到极高境界者为"成人"。由此可见，荀子把礼的理性与工具性看做礼的最终价值所在。

综合圣人制礼对礼所产生的规定性，可以看出，圣人制礼说在性恶论的基础上进一步确定了礼存在的必要性，这是圣人制礼说的真正目的与意义所在。

四、圣人制礼说的政治意义

圣人制礼说是为君主专制的政治制度服务的，这就是圣人制礼说的最根本的政治意义。这已属老生常谈，但关于圣人制礼的政治意义的探索若止于此，实际上是难免失之于肤浅的。

我们首先应当明确荀子所谓的礼的适用范围。荀子说："由士以上则必以礼乐节之，众庶百姓则必以法数制之。"[1]121礼乐是维持统治阶级内部秩序的工具，小民是被排斥在礼乐的适用范围之外的，他们所能得到的待遇只能是"以法数制之"。这样，我们就可以看出，圣人制礼的政治意义首先体现在统治阶级内部秩序的整合上。在这个前提下，我们来看《荀子·礼论》开首的一段话："礼起于何也？曰：人生而有欲，欲而不得，则不能无求；求而无度量分界，则不能不争；争则乱，乱则穷。先王恶其乱也，故制礼义以分之，以养人之欲，给人之求，使欲不必穷乎物，物不必屈于欲，两者相持而长，是礼之所起也。"就此，我们可以得出结论，礼是统治阶级内部利益分配的制度和标准，它的作用是使整个统治阶级成为一个有序的存在。按照荀子的说法，礼同时还是情之"饰"，是人们之间进行情感交流的工具，对于统治阶级来说，这种情感交流当然能够起到凝固内部关系,加强团结的作用。

礼对统治阶级内部秩序的调整作用的意义可以从两个方面来理解。一方面,它建立并维持一种有条理的等级式的而又和谐稳定的统治阶级的内部结构秩序,确保圣人(或者说君主)在整个统治阶级中的绝对权威地位(这种权威弥漫于物质、精神和情感三个层面);另一方面,礼对统治阶级内部关系的调节又能够保证统治阶级的整体力量的最大化与持续发展,这对统治阶级相对于"众庶百姓"保持实力优势以巩固统治阶级的统治地位是极为有利的(当然,这也是君主专制得以存在的最基本的基础)。因此,圣人制礼的最根本的政治意义是维护君主专制政体,但这种政治意义的实现却必须以调整统治阶级的内部关系为直接的基本手段。

圣人是儒家的人格理想,他身上凝聚着儒家思想的根本精神。在先秦儒学发展史上,孔孟多是强调圣人的爱民、惠民、利民的德行,而到了荀子,其圣人制礼说更加突出的是圣人制民的一面,至此,完全意义上的圣人彻底形成,圣人与现实中的最高统治者进行角色互换具有了可能性。这标志着大一统政治思想的成熟。后来,西汉前期的儒士在构建汉王朝统治理论的时候,不可避免地在很大程度上受到了荀子圣人观念的影响。

参考文献:

[1] 梁启雄:《荀子简释》,古籍出版社 1956 年版。
[2] 杨伯峻:《论语译注》,中华书局 1980 年版。

(原载《邯郸学院学报》2006 年第 1 期)

荀子"游学于齐"考

刘全志*

　　荀卿,名况,通称荀子,战国末期儒学大家。但因为现存史料记载其生平行事较为简略,遂使后代对其生平聚讼不已。特别是其游齐经历,更是诸家争论的焦点。随着对此问题讨论的升温,出现了多种多样的说法,其中不乏有真知灼见,但更多的则是一种牵强附会的演绎,甚至有时还存在着否定一切史实和承认一切史实的极端倾向。对此,笔者认为考察荀子的游齐经历,必须以史料为基础,但对于不同的史料,必须严加甄别、区分真伪,只有这样才能得出比较符合事实的结论。这里的史料主要包括两方面的内容:一是《荀子》本书中所包含的史料,另一是在《荀子》之外其他史籍、子书中的记载。对于研究荀子游齐乃至生平事迹来说,这两个方面都是同等重要的,我们不可偏废,这也是学界进行荀子生平行年研究的基本原则。笔者在此思想的指导下,结合前人有价值的研究成果加以探赜索隐,力求梳理出荀子游齐经历的基本事实。

一、"游学"的真正含义

　　《史记·孟荀列传》记载:

> 荀卿,赵人。年五十始来游学于齐。……田骈之属皆已死,齐襄王时,而荀卿最为老师。齐尚修列大夫之缺,而荀卿三为祭酒焉。[1]2348

　　对于司马迁此段事实的记述,后人多所增益改动,最为著名、影响最大的当属刘向和应劭的增益改动,刘向在《孙卿子·叙录》中说:

> 是时,孙卿有秀才,年五十,始来游学。诸子之事,皆以为非先王之法

---

* 刘全志(1981—),男,河南鹿邑人,北京师范大学文学院硕士研究生。

也。孙卿善为《诗》、《礼》、《易》、《春秋》。至襄王时，孙卿最为老师，齐尚循列大夫之缺，而孙卿三为祭酒焉。[2]559

应劭在《风俗通义·穷通》卷七中言：

是时，孙卿有秀才，年十五，始来游学。诸子之事，皆以为非先王之法也。孙卿善为《诗》、《礼》、《易》、《春秋》。至襄王时，而孙卿最为老师，齐尚卿列大夫之缺，而孙卿三为祭酒焉。[3]322

这两家的记载成为后代关于荀卿生平行年聚讼不已的依据，他们分别代表着两派的观点，一是荀卿年五十游齐，一是荀卿年十五游齐。笔者认为这两则材料不但都与《史记》的记载有承续关系，而且应劭对刘向的记载更有直接的传承与模拟。事实的情况很可能是在刘向时，觉得司马迁记述的过于简略，就吸收了有关《战国策》中的材料，记述了荀卿与春申君的关系，另外关于游齐经历，又随手增加了"有秀才"，而应劭感觉荀子"年五十游学于齐"，不太可能，而且据刘向记载荀卿当时亦有"秀才"之名，所以"年十五"更为合适，所以他在《风俗通义》中直接就改为了"年十五游学于齐"，也由此成为后人议论纷纭的公案：否定荀卿"年五十游齐"者，总是拿史料中的"秀才"、"游学"说事；而力挺荀卿"年五十游齐"者，总在"始来"一词做文章。笔者认为，关于这则材料的辨证，关键词不在"始来"上，而是在"游学"上。从史料来看，至少从应劭开始，人们就对"游学"一词就产生了误读。

"游学"在人们的意识里是游走学习的意思，对此笔者并不否定，但语言有历史的发展过程，游学一词后来的词义确实是"游走学习"，侧重于学习的过程。但在战国时期，却是"游走宣扬自己学说"的意思，侧重于讲学。《战国策·秦策四》载"楚人有黄歇者，游学博闻"[4]242，《史记·秦始皇本纪》载李斯曰"异时诸侯并争，厚招游学"[1]255，《史记·范雎蔡泽传》说蔡泽"游学于诸侯"[1]2418，其中的"游学"都是"游走各国宣扬自己学说"的意思。所以，以"游学"来否定荀子"年五十游于齐"，是不合理的。所以，《史记·孟荀列传》的记载不能被轻易地否定或者任意曲解，其记载荀卿"年五十游于齐"是可信的。"游学"的意义在于讲学，而不是学习。

二、荀卿于孟尝君卒年之后游齐

至于荀卿何时入齐，笔者认为可结合荀卿对孟尝君的态度加以考察。荀卿对孟尝君的态度，史料无载，但可以通过《荀子》各个篇章进行探赜索隐。

　　梳理《荀子》全书我们会发现,荀卿举证论说事例有一个原则,即是其在《非相》中所言:"必远举而不缪,近世而不佣"(《荀子·非相》)。所以荀卿在辩说之时,尽量远举前代例子,很少涉及当今目前事实。

　　对于齐闵王,荀卿在《荀子·王制》及《荀子·王霸》均有所提及,而且都是作为反面例证来说,如《荀子·王制》云:"闵王毁于五国,桓公劫于鲁庄,无它故焉,非其道而虑之以王也"[5]105;《荀子·王霸》则有两处提到:一则与宋献王对举,云"其綦也,索为匹夫不可得也,齐愍、宋献是也"[5]137;一则与孟尝君并提,云"国不免危削,綦之而亡,齐闵、薛公是也",[5]140甚至"后世言恶,则必稽焉"[5]142,可见齐闵王,在荀子看来,已是前代之人,而且其国毁人亡,已为天下人所共痛惜。由此看来,说荀子游于齐在齐闵王时,是站不住脚的。

　　然而,有些学者为了证明荀子于齐闵王时到过齐国,就设想出荀子两次游齐的经历,且云《史记》所记"年五十游齐"是后一次。笔者认为,这样的假设毫无依据,在《史记·孟荀列传》中,司马迁说的很明白,荀卿是年五十"始来"游齐,尽管有学者指出"始来"含有来迟了的意思[6]219,但笔者认为对于"始来"一词的解释,应只可限定为"开始到来",并不能说明含有"晚到"的意思,但它透露的信息也是相当重要的,即这是"开始第一次来到",也就是说司马迁认为此次荀卿"年五十游学于齐",应是第一次来到齐国。梳理《史记》其他篇章,发现只有《燕昭公世家》记载燕文公"二十八年,苏秦始来见,说文公"[1]1554一例,也就是说在整部《史记》中,司马迁只用了两次"始来"。可见"始来"一词,司马迁也不是无根据地滥用,而是有选择地、真正确定无疑时使用的,由此看来,司马迁是非常有把握地断定荀卿此次游齐是首次来齐。综合而言,荀卿游齐应当在齐闵王国毁身死之后。

　　另外,从《荀子·王制》云"闵王毁于五国,桓公劫于鲁庄",其口气像是推心置腹的衷谈,而且称齐闵王为"闵王",称齐桓公为"桓公",而鲁庄公,则加上了国号称"鲁庄",笔者认为这些细节都可证明此篇言论不但发于齐闵王之后,而且地点极有可能就在齐国的稷下学宫,不然,不会采用如此口气和称呼。

　　从《荀子》一书中,我们也可看对荀卿对于孟尝君的态度。梳理全书各篇,笔者发现《荀子》中有两次提到孟尝君,如齐闵王一样,都是作为反面例证来列。一则在《荀子·王霸》,即是与齐闵王并提,云"国不免危削,綦之而亡,齐闵、薛公是也","绵绵常以结引驰外为务"[5]141,"后世言恶,则必稽焉";另一则是在《荀子·臣道》,与各国乱臣对举,云"齐之孟尝,可谓篡臣也"[5]176,依据这两则材料可以说,荀卿是现存史料中贬低孟尝君最早的一位学人。结合荀卿评论人的原则观点,荀卿发此的议论,当是结合当事人终身行事所为而言,也即是当事人的身后之论,此时孟尝君已经死去。而结合《荀子·王霸》

云"后世言恶,则必稽焉",说明齐闵、薛公之时刚刚过去,只有这样荀卿才能预言其行为将"流恶后世"。

孟尝君卒年,据《史记·吕不韦列传》中张守节正义说:"孟尝君当秦昭王二十四年已后而卒,最早"[1]2510,以此推论孟尝君卒年最早应在齐襄王元年,荀卿应在此年后游齐。而荀子游齐,基本条件是齐国较为稳定。齐国平定燕国攻打之后,当在齐襄王五年。《史记·田敬完世家》载:"襄王在莒五年,田单以即墨攻破燕军,迎襄王于莒,入临菑。齐故地尽复属齐。"[1]1901按荀子此年后游齐的话,最早当是齐襄王六年即公元前278年。

另外,如前所论的"游学"一词还与"好辩",联系在一起。如《战国策·秦策》说"楚人有黄歇者,游学博闻,(楚)襄王以为辩,故使于秦",《史记·范雎蔡泽传》言蔡泽"燕客蔡泽,天下雄俊弘辩智士也"[1]2419,可见"游学"即意味着有很高的辩才,而对于"辩",荀卿更是极力提倡的,如《荀子·非相》曰"君子必辩"[5]57,《荀子·富国》又言"所以说之者,必将雅文辩慧之君子也"[5]135,《荀子·大略》中说"少不讽诵,壮不论议,虽可,未成也"[5]380,都是在提倡"辩"。另据《史记·吕不韦列传》记载"是时诸侯多辩士,如荀卿之徒"[1]2510,可见荀卿本人在时人眼中也是不折不扣的善辩之人。据《史记·田敬完世家》记载,齐国的稷下学宫重要的学风就是"不治而议论"[1]1895。《史记·范雎蔡泽传》记载,范雎随魏使须贾使齐,"齐襄王闻雎辩口,乃使人赐雎金十斤及牛酒,雎辞谢不敢受";[1]2401又《史记·穰侯列传》记载"齐襄王惧,使苏代为齐阴遗穰侯书"[1]2328,可知游说之士苏代也是齐襄王的座上客。这些都可说明,齐襄王非常欣赏有辩才的士人。荀卿于此时入齐,可以说适逢其主。由此看来,齐襄王的喜好辩士以及荀卿的善辩之风,也是荀卿此时游齐的另一例证。

按《史记·孟荀列传》记载,荀子在齐国的时间应终齐襄王之世,即在齐国十四年,期间"三为祭酒";在稷下学宫讲学,"最为老师"。近代学者钱穆也有同样的看法,即荀子在齐应终襄王一世。[7]529

三、荀卿去齐时间在齐王建初年

对于荀卿去齐适楚的时间,史料典籍语焉不详。《史记·孟荀列传》云"齐人或谗荀卿,荀卿乃适楚"[1]2348,近人钱穆考证认为,"荀卿殆以襄王死而去齐,如孟子以惠王死去梁之例"[7]530,其真知灼见令人佩服。

但笔者认为,结合《荀子》一书的具体篇章,我们可以推测出荀卿去齐适楚当在齐王建初年。齐王建登基对于齐国应该是大事,是改朝换代的时机。这对于荀卿来说,不可能不是个机会,所以齐王建即位之时,不可能是荀卿离齐之时。考索《荀子》一书,我们会发现《荀子·强国》中,荀子说齐相一段透露出的信息,很符合齐王建即位之初的形势。

首先,此时的齐相已不是安平君田单,据《战国策·齐策》云"襄王立,田单相之"[4]460。又据《史记·赵世家》记载:"齐安平君田单将赵师而攻燕中阳,拔之,又攻韩注人,拔之,二年,惠文后卒,田单为相"[1]1824。赵孝成王元年,田单将赵师伐燕,二年,田单为赵相,可见齐襄王十九年,田单已经去赵,而且在齐王建元年,任赵相。另外,据《战国策》记载,田单功高位重,齐襄王就时时感到田单对其地位的威胁,而对于自己的身后之事——太子建即位,齐襄王又怎能对田单放心?所以在齐襄王末年,把他派往赵国是在情理之中,其相位应到此终结。

再者,齐国的实权已掌握在君王后手中。从齐王建的年龄上看,按齐襄王元年生太子建,齐王建即位时不过十九岁,而且上有精明能干的母亲君王后。据《战国策·齐策》云"君王后事秦谨,与诸侯信","君王后以示群臣,群臣不知解"[4]472—473,至君王后死时告诫齐王建何人可用,齐王建还须"取笔牍受言",由这些可知齐王建性格较为懦弱,其即位之时更不晓事,齐相的安排应该由君王后决定的。

所以,此时的齐相由君王后撑腰,上虽有齐王,但幼弱。这在荀卿看来无疑是"上则得专主,下则得专国,相国之于胜人之埶,亶有之矣",进而建议"求仁厚明通之君子而托王焉,与之参国政",可见荀卿认为齐国的新朝廷应积极广纳贤才。但荀卿又言:"相国舍是而不为,案直为是世俗之所以为,则女主乱之宫,诈臣乱之朝,贪吏乱之官,众庶百姓皆以争夺贪利为俗,曷若是而可以持国乎?"盖女主乱之宫是意有所指,暗指君王后干预朝政,可能荀卿也因此受到诋毁,如《史记》本传所云"齐人或谗荀卿,荀卿乃适楚"。

蒋伯潜先生依据《荀子·强国》荀卿说齐相"今巨楚县吾前,大燕鳅吾后,劲魏钩吾右,西壤之不绝若绳,楚人则乃有襄贲、开阳以临吾左,是一国作谋,则三国必起而乘我。如是,则齐必断而为四、三,国若假城然耳,必为天下大笑。曷若两者孰足为也"[5]212的记载,推断"以燕与楚魏并举而不及宋,明在湣王三十八年宋已灭亡之后,燕昭王复国破齐,齐虽复国,燕势尚张之时,正合齐王建初年之形势也"[8]168。由以上所论,可知蒋先生的推测是合理的,但他据此断定荀子游齐时间在齐王建初年,则失之于详察,其结论如此,不但不明荀子说齐相的背景,更否定了《史记·孟荀列传》关于荀卿齐襄王时"三为祭酒,最为老师"的记载。

所以,荀卿说齐相之言,当发生在齐王建即位后、荀卿去齐前,荀卿言论也可能是导致其在齐遭谗的直接原因。

至于荀卿去齐适楚的具体时间,当依据其在楚地所见的情势而确定。

《史记·楚世家》载:楚襄王"三十六年,顷襄王病,太子亡归。秋,顷襄王卒,太子熊元代立,是为考烈王。考烈王以左徒为令尹,封以吴,号春申君"[1]1735,可见楚考烈王被立之岁,即楚襄王三十六年秋之后,已封黄歇为春申君。另外,《史记·春申君列传》言"(楚襄王三十六年)歇至楚三月,楚顷襄王卒,太子完立,是为考烈王。考烈王元年,以黄歇为相,封为春申君,赐淮北地十二县"[1]2394,言语中好像黄歇被封为春申君,在楚考烈王元年,其实不然。按照春秋战国时代君主即位惯例,楚考烈王在楚襄王卒后即登基,但史书不纪年,也即是楚考烈王即位在楚襄王三十六年秋,由此第二年才称"楚考烈王元年"。可见,楚考烈王封黄歇为春申君当在楚襄王三十六年秋,而此时也正是荀卿至楚之岁。

《史记·孟荀列传》载"齐人或谗荀卿,荀卿乃适楚,而春申君以为兰陵令"[1]2348,笔者认为荀卿此时适楚,虽然见到春申君,但并未授以兰陵令,这是后来的事情。《战国策·楚策》载荀卿到楚之后,被春申委以重任,但并没有说让荀卿去做什么令。我们只是可以从春申君之客的说辞——"今孙子,天下贤人也,君籍之以百里势,臣窃以为不便于君"[1]565—566——中看到春申君确实任用了荀卿,至于是否为兰陵令并不知道。刘向在《孙卿子·叙录》中说此时荀卿做了兰陵令,盖糅合了《史记》与《战国策》的记载,"想当然"之为。但是,《战国策》的记载确实给我们打开了另一条思路,即从说客反复左右春申君所为的情况可以看出,春申君此时应为被封不久,如此情势,才被说客左右思想。所以,此次荀卿到楚应是春申君刚刚被封之年。

结合荀卿离齐经历以及荀卿后来的居赵入秦经历,我们可以断定荀卿离齐适楚之年,当在齐王建二年、楚襄王三十六年,即公元前263年。

参考文献:

[1] [汉]司马迁:《史记》,中华书局1982年版。
[2] [清]王先谦:《荀子集解》,中华书局1988年版。
[3] [汉]应劭、王利器:《风俗通义校注》,中华书局1981年版。
[4] [汉]刘向:《战国策》,上海古籍出版社1998年版。
[5] 梁启雄:《荀子简释》,中华书局1983年版。
[6] 胡适:《中国哲学史大纲》,上海古籍出版社1997年版。
[7] 钱穆:《先秦诸子系年》,商务印书馆2001年版。
[8] 蒋伯潜:《诸子通考》,浙江古籍出版社1985年版。

(原载《邯郸学院学报》2008年第4期)

荀子与孟子"人性"概念
分歧的一种"语用学"解读

高海波[*]

一、什么是"语用学原则"

"语用学原则",这一观念来自西方语言分析学家维特根斯坦,维氏前期主张语言是世界的"图像",但是后期的他放弃了这一看法,提出了"语言游戏"的全新的观点:他认为在一个句子中词语作为基本的构成单元,其意义并不与世界中的事物存在一一对应的关系,因此词语和事物的关系不是先天固定的,词语意义也不是固定不变的,而是必须在日常生活的使用中才能获得明确的界定。也就是说词语的这种确定性来自于"生活形式"(form of life),词语的意义:"难道它不是这个用法嵌入生活的方式吗? 难道它的用法不就是生活的一部分吗?"①我们之所以能够理解词语在语言中的意义,就是因为我们拥有共同的生活形式和行为方式。因此,维氏认为一切传统哲学问题都来自于哲学家对词语做了超出日常语言的误用,只有恢复语言的日常用法,才能为哲学家"点明飞出捕蝇瓶的出路"②,维氏的这一思想也就是我们所说的"语用学原则"。"语用学原则"突出语言的非本质主义的特质,强调语言的功能因素对语言意义确定的重要,这种功能因素来自于传统和大众生活的约定,由这种原则必然导出对于既有传统的尊重,并强调语言意义的连续性及稳定性,杜绝私人意义上的语言用法。

＊　高海波(1976—),男,江苏东海人,北京大学哲学系博士生。

①　转引自李秋零主编:《世界圣哲全传·维特根斯坦》,中国人事出版社 1995 年版,第 143 页。

②　转引自刘放桐编著:《现代西方哲学》,人民出版社 1990 年版,第 410 页。

维氏的这种语言观,与荀子语言观存在着某种可以类比的地方,因此我们援引维氏的语言观作为阐释荀子语言观的一个工具,至于探究二者深层义理上的明显区别,非本文目的之所在,这里不拟讨论。

二、荀子的"语用学原则"

《荀子·正名》篇云:"名无固宜,约之以命,约定俗成谓之宜,异于约则谓之不宜。名无固实,约之以命实,约定俗成谓之实名。名有固善,径易而不拂,谓之善名。"荀子郑重其事地提出了"约定俗成"的语言原则,他认为语言的适当用法("固宜")即来自于使用语言的社会共同体的约定,当然这种约定不但包括现有生活群体对语言使用的约定,也包括文化传统对语言意义的界定。荀子强调,词语作为语言的单位,它的使用并没有一成不变的特点,其适合与不适合特定的语言环境,主要看它符合不符合约定,符合约定的就是好的名词。而且荀子还进一步说明:词语在产生的时候,和事物并没有一个固定的对应关系,词语只是事物的符号象征,和某一个事物并没有一种内在的必然关系(也就是"名无固实")。事物与名称的关系是一种偶然的外在的关系,同样遵循"约定俗成"这一原则。因此,是否能够获得一种"公共性",是决定此名称合法与否的关键因素,比如今天的牛之实,当初若公众一致称其为"马",马之名即可以指代今天的牛之实。但是荀子并不因此流入极端的相对主义,他认为存在一个判断好名称的原则,即简易直截,清楚明白,没有矛盾("径易不拂")。但是这一点又来自于哪里呢?从荀子的论述来看,它不可能来自于个人的自我创造。个人独自创造的名称,其意义缺乏公共性,无法满足清楚明白的特点。总的来说,荀子一方面坚持词语并不是天生就对应固定的事物,词语没有固定不变的本质,词语意义的确定存在于使用当中;另一方面荀子又对这种词语使用的相对主义原则做了某种限定,这就是"约定俗成",强调词语意义受公共交流约束的一面。荀子是十分警惕对于词语所做的个人主义的创新的,应该说荀子这种相对主义语言观并不会导致一种激进的"怎么都行"的结果,毋宁说是包含一种保守的心态。这可能与荀子在社会混乱的情况下对于"名实散乱"所导致的社会秩序的混乱的忧虑有关系。

荀子的这个思想在《正名》篇开首,就表达得很明白:"后王之成名:刑名从商,爵名从周,文名从礼。散名之加于万物者,则从诸夏之成俗曲期。远方异俗之乡,则因之而为通。"无论是法律制度、官爵、礼俗等社会名分,还是自然事物的逻辑之名,荀子都要求有所持循("从"、"因"),也就是强调对既有传统和话语系统要有所继承。这或许是中国古代农业文明社会对于过分依赖经验的一种不自觉的表现。

至此,荀子这种语言观已经基本明了,下面就看看荀子是如何将其运用到"人性"概念的定义中的,同时探讨一下荀子"人性"概念与孟子"人性"概念分歧的根本所在。

三、"语用学原则"在荀子"人性"观念中的运用及其与孟子"人性"概念的歧异

荀子在《正名》篇云:"散名之在人者,生之所以然者谓之性。"这是荀子对人性的定义,"生之所以然"中的"所以然"并不等于我们现代汉语中与"所然"相对的"所以然"。现代汉语的"所以然"是表示事物的现象背后的原因或者根据,而荀子这里的"所以然"是"那个样子"的意思,所以"生之所以然"就表示"生下来的那个样子",人性就是人与生俱来的本性。荀子为什么在《正名》提出一个总原则后,直接就对人性问题进行阐明呢?我们认为这是有为而发的,其针对的目标就是孟子的人性论。而且荀子对人性的这种定义使我们很容易联想到与孟子同时代的告子的观点:"生之谓性"(《孟子·告子上》),"食色,性也"(同上)。

把生而即有的欲望或能力作为性的内容其实是荀子以前的一个古老传统。"性"字从心,生声。"心"字出现较早,古人多从感觉说"心",人的欲望也往往透过心来显现,所以"性"字从心。这种透过心所显现的欲望或者能力是与生俱来的,"性"字的本意即为此。《尚书·召诰》中所说的"节性"的"性"字即为此意,告子、荀子对"性"的解释即顺此而来。[1]6

《正名》云:

> 生之所以然者谓之性。性(王先谦以为"性"当作"生")之和所生,精合感应,不事而自然谓之性。[2]309
> 性者,天之就也;情者,性之质也;欲者,情之应也。[2]322
> 《礼论》云:
> 性者,本始材朴也。[2]226

荀子认为"性"是伴随人的肉体生命的诞生而具有的生理机能("天之就"),是不待修饰的"自然","情"是其表现,"欲"则是由"情"引发的需求,荀子称这些为"本始材朴",即人生来具有的质料。这个"本始材朴"的具体内容是什么呢?荀子有明确的说明:

> 今人之性,饥而欲饱,寒而欲暖,劳而欲休,此人之情性也。[2]329
>
> 若夫目好色,耳好声,口好味,心好利,骨体肤理好愉佚,是皆生于人之情性者也;感而自然,不待事而后生之者也。[2]330

此等内容属于人的生理欲望方面:包括耳、目、口、体等身体官能对外物的欲求或者感受。荀子不以此为"性"的全部,他所说的"人性"还包括另一方面的内容:

> 今人之性,目可以见,耳可以听。夫可以见之明不离目,可以听之聪不离耳;目明而耳聪,不可学明矣。[2]328—329
>
> 人生而有知,……,心生而有知,知而有异,异也者,同时兼知之。[2]294
>
> 凡以知,人之性也。[2]304

即眼睛的视觉,耳朵的听觉,口的味觉,鼻的嗅觉,心的知觉。此方面内容与生理欲求不同,系与人的认识相联系的主体官能。

就生理欲望方面说,人与禽兽没有很大的区别,由此并不能将人真正从禽兽中区别出来。如果荀子主张的"生之谓性"仅仅包括此一方面,荀子即为自然人性论者。但荀子的目的不止于此,他的终极目标是要探寻人之为人的特异之处,并据此真正建立一套完善人类自身并使之超越于动物界之上的行之有效的操作规范。在荀子看来,人所以能够自我完善,不在于动物式的本能,而在于人天然具有认识能力,人性的这一方面的内容对于"人禽之辨"才至关重要。

由以上的论述,我们可以看出荀子的确是顺着先秦"生之谓性"的古义来界定"性"的,在荀子之前,以"生"言"性"是一个主流。但是我们在做这个论断的时候却不能绕开孔子和孟子:孔子很少直接讲"性",子贡曾谓:"夫子之言性与天道,不可得而闻也。"(《论语·公冶长》)的确,通检《论语》全书只有"性相近也"一句直接论"性"的话。单凭这一句话我们无法对孔子的人性论的内容作出判断,但联系孔子处处显发的"仁"字,"性善"应该说是其学说合乎逻辑的推论。只是孔子无意于对人性作形上的探讨,因此并没有"性善"的明确提法。不能否认,孔子对人性的领悟在当时已经是一种革新,并非主流形态。这点我们可以对比道家的人性论,就可以得到更明晰的理解。道家学派以"自然"论性,实际上就是一种"生之谓性"的引申。以"自然"论性实质上包含着对人的生理本性的肯定,这点从道家杨朱一派提倡"贵生"、"重己",直接肯定人的肉体生命,就可以看得出。儒家固然以孔子为学问的源头,其内部不同派别对于人性的看法也存在争议,这一方面固然是由于孔子在人性论方面没有明确的主张;另一方面,可能是由于"生之谓性"的主流人性论的影响使得孔子的后学在人性态度上表现出从"性善"到"性恶"的不同形态。我们可以对此作这样一种猜测:孔子的人性论的合理发展应该是"性善",但是由于孔子没有明确的人性理论建构的企向,因此他没有明确地把这种当时具有革新意义的人性论提出来。其弟子受当时"生之谓性"的主流人性论影响,才会表现出多种人性观点。关于孔子人性论的这种革新意义,孟子已有明确的意识:

> 孟子曰:天下之言性也,则故而已矣。故者以利为本,所恶于智者,为其凿也。如智者若禹之行水也,则无恶于智矣,禹之行水也,行其无事也,如智者亦行其所无事,则智亦大矣。天之高也,星辰之远也,苟求其故,千岁之日至,可坐而待也。[3]196

关于这一段的注释,历代学者存在不同的见解,汉代的赵岐和宋代的朱熹都认为这句话里面的"故"字都应指人的"善性"。朱熹还把"利"训为"顺",因此朱熹认为这段话是说:天下人谈论性,就是顺性而已,性以顺为根本,智者的主要任务应该是顺着人的本性,不要妄加穿凿。(《孟子·离娄》朱熹集注)按照朱熹的这种解释,孟子对人性的理解并没有和前人不同的地方。这种理解值得商榷,我们知道:"孟子道性善,言必称尧舜。"可见"性善"是孟子的一大发明,是其一生学问之宗旨。如果"性善"仅仅是对前人的因袭,那么根本不值得孟子这样张大其词。况且在孟子之前,并没有关于"性善"的明确提法。因此我们肯定朱熹的理解是存在问题的。

因此,徐复观先生提出一种与朱熹不同的看法:他认为理解孟子这段话的关键是对"故"字的解释,徐先生认为"故"应解释为"习惯"。这样,孟子这段话可以作如下理解:一般人说性,都是顺着("则")人的习惯性来说的,人的生活习惯,只是本于各人生理上的要求("利",《孟子》一书常将"义"、"利"对举)。但是这些人并不是反对仁义,而是用智来把仁义安放在人身上,有如告子的"以人性为仁义,犹以杞柳为杯桊",这种智是"率天下之人而祸仁义",这种智是可恶的("所恶于智者,为其凿也")。若智者像禹之治水("行"),只是顺水就下之性,则行其所无事,而水已治了。若言性者不溺于习而知仁义为性所固有,则顺着性里面的"几希"的仁义扩而充之,则仁义亦系行其所无事了。天虽高,星辰虽远,但是只要进而求其本("故"),则千岁的日至,也可以容易知道得很清楚("可坐而待也")。[1]147

也即是说在孟子之前,人们都是根据自己经验和习惯来理解人性,这样很容易把生理习惯看成人性的内容。孟子认为这些人只满足于表面现象,而没有深求其故,因此他截断众流,标举"性善"。在他看来,人和动物具有相近的生理本性,这只能说明人是属于动物界,而不能说明人性的特点。他认为人性的内容应该表现在与动物不同而为人特有的"几希"上("人之所以异于禽兽者几希!"),此点即为人具有的道德本性,也即以"四端"为表现形态的先验道德品质。在这里孟子是将"性"理解为"某事物与其他事物相区别的根本性质"。若按照"第一本质"与"第二本质"的划分,孟子是把道德作为人的"第一本质",而生理本能最多只能算是人的"第二本质",这种理解显然是一种本质主义的思路,而荀子对"性"的定义是"生之所以然",则采取的是一种现象主义的进路。荀子以经验的心态一眼就看到了人身上所表现出来的动物性,但是他没有把这作为人的本质的。在他看来,此"生之所以然"顶多具有"材质"的意义,并不是人的完成形态。因此荀子反对将"生之所以然"看成人的本质。孟子和荀子的这一差别,如果套用西方哲学的术语,孟子对人性的理解即近于"本质先于存在":即人要成其为人,必须具备人的本质,然后他才可以被称为"人"。在此意义上,后期墨家学派提出的"杀盗非杀人"也是有一定的合理内容的。"杀盗非杀人"表现的是一种价值判断,而不是实然判断:"盗"从本质上不符合人的规定,因此就不能获得"人"的称谓;荀子对人性的理解则相当于"存在先于本质":人的先天存在并不是人的本质,而只是后天活动的一个基质,这种先天的"材质"对人来说虽必不可少,但也绝非人的最终形态。人的一些规定是后天获得的,"人之所以为人"是一个敞开的系统,向未来开放。因此不能把人看得一成不变的,甚至看做先验道德的展开。荀子对"人性"的界定与我们今天对"人性"的理解也不同,我们今天说一个人没有"人性",意思是说这个人极端不道德,甚至就等于说一个人很有"兽性"。这种对人性的理解是受孟子影响而形成的,而孟子的这种理解在当时却不是一个主流的理解。在荀子看来,按照主流的理解,"人性"的内容和"兽性"的内容是很相近的,就表现为各种生理本能。荀子这样做并不是要把"兽性"作为人的最终形态,也不是为了反对孟子对人的理想形态的肯定,他所反对的是孟子对于"性"字的理解。在他看来,孟子对"性"的理解是违反传统的,也就是违反了"约定俗成"的原则。有意思的是,荀子这种对"人性"的自以为传统的理解,后来却成了非主流形态,而孟子对于"人性"的理解在当时虽然是一种对传统的革新,后来却取得了主流形态,成为一种新的"约定俗成",以至于我们今天反而对荀子的人性论不甚同情。这也从反面印证了"约定俗成"这一语用学原则。也正是由于这种对人性定义的不同才最终导致了"性善"与"性恶"的争论。

参考文献:

[1] 徐复观:《先秦人性论史·先秦篇》,上海三联书店2001年版。

[2] 梁启雄:《荀子简释》,中华书局1983年版。

[3] 杨伯峻:《孟子译注》,中华书局1960年版。

(原载《邯郸学院学报》2006年第4期)

浅析荀子和庄子"天人相分"的思想

姬海涛[*]

天与人(或称天道与人道)是中国哲学史上一对古老而又极其重要的哲学范畴,其中天一般就是指自然、宇宙,人一般就是指人或人为人类社会,中国的古代哲学就是围绕着"天人之辩"而产生和发展起来的。尤其在先秦两汉时期,天人问题竟成了当时哲学讨论的中心课题。之后,围绕着这一问题的争论时断时续,一直延续到近代。

在古代哲学史上天人问题概括地说可以分为两个方面,一是天人相分,一是天人合一,这两个问题又是紧密联系不可分割的,一般地说中国古代哲学的总体特征是重"合"轻"分"的,但又不是抽象地谈"合",而总是通过"分"这一具体途径来达到"合",也就是说古代哲学家谈"分"的目的是为了"合","分"是手段,合是目的,这在天人关系的认识上也概莫能外。这种哲学的思辨方法和内容在先秦哲学家荀子和庄子那里达到了成熟和较为科学的认识。这首先表现在荀子和庄子都认为天和人都是有区别的,都主张天是无意志人格之天,这种认识相对于当时的天帝天命思想和以后的天人感应学说显然是有巨大的历史进步意义的;其次他们主张天人相分的目的是为了达到天人合一的理想境界的,因此又没有把天人相分绝对化,这是其辩证思维的突出表现,表明我国古代哲学的思维水平也达到很高的程度;第三,尽管荀子和庄子在对天和人的具体认识和评价上存在着重大的偏差,但其最终的归宿却都是为了实现人生的意义和价值,实现天人合一的理想境界,冀图为人类的幸福生活提供一种现实的途径和终极理想。这其中又渗透了中国哲学浓浓的人文关怀和知识分子强烈的忧患意识,从而构成了中华民族的传统美德,激励了一代又一代志士仁人为之奋斗,甚至不惜牺牲自己的生命。最后荀子和庄子关于天人相分和

---

* 姬海涛(1973—),男,河南安阳人,福建师范大学公共管理学院硕士研究生。

天人合一的思想和其思维路径既是对前人的继承和发展又对以后中国哲学中的天人之辩产生了深远的影响,基本规定了以后中国哲学天人关系的内容和思维的走向,因此具有承前启后继往开来的历史地位和意义。基于以上四点因此我认为要想对中国哲学的天人关系有一个深刻的了解,就不能不谈到荀子和庄子的天人相分的思想和作为这一思想结果的天人合一的理论。

具体而言,荀子对天的认识,首先表现在否定天是有人格意志的天,是自然之天。他说:"列星随旋,日月递炤;四时代御,阴阳大化;风雨博施,万物各得其和以生,各得其养以成,不见其事而见其功,夫是之谓神;皆知其所以成,莫知其无形,夫是谓之'天'。"[1]368在这里荀子就给"天"下了一个定义。荀子认为,日月星辰四时交替以及其他的一切自然现象的变化都是得到各自的相适应的条件而发生的,都是各自得到所需要的滋养而成长,这是自然而然的事情,没有任何的人格意志的规定性。这里所谓的"神",并不是什么超自然的神秘的主宰和精神实体,而是自然内在的演变的作用与机制,是看不见摸不着的类似于客观规律。显然在荀子看来天就是自然之天,没有人格意志的天。基于这种认识,荀子又得出"天有常道"的主张,"天行有常,不为尧存,不为桀亡"。[1]366这简短而朴素的语言生动有力地说明了自然规律的客观性。既然天有自己独特的运行规律,因此自然现象的产生和演变与人类社会的吉凶福祉就没有必然的联系,所以他又提出了"天地之变不可畏"的哲学命题。星队(坠)木鸣,国人皆恐。曰:是何也?曰:无何也,是天地之变,阴阳之化,物之罕至者也;怪之,可也,而畏之,非也。夫日月之有蚀,风雨之不时,怪星之党(傥)见,是无世而不常(尝)有之。[3]373在荀子看来,陨星的坠落,树木发出的轰鸣声等自然现象都是自然自己独特的运行发展规律所致,没有什么值得恐惧的,更是人和人类社会的吉凶祸福没有任何必然的联系,人们不必为此感到恐慌。由此可见,荀子对天的认识是以"自然之天"为基础,从而推导演绎出了"天有常道"、"天地之变不可畏"的命题的,这些便构成了荀子对天的整体认识。

同样的是庄子对天的认识也是以自然之天为基础的,但在庄子的哲学理论中,其对天的本质和功能的认识和思维的方法又和荀子截然不同。庄子认为所谓的天就是"无为谓之之谓天。"[2]213"何谓天?何谓人?牛马四足,是谓天;落马首,穿牛鼻,是谓人。"[1]296显然在庄子看来以无为的态度去为就是天,就合乎道的要求,在这里天是无为和有为的统一体,几乎就等于道了,具有本体论的意义,这一点显然是和荀子有显著区别的。另外庄子所谓的天是一个与人相对的范畴,他认为"牛马四足"就是天,这里的天显然是指事物的本然、本性自然,是内在于事物的,是事物的根本。而"落马首,穿牛鼻"则是外在于牛马而强加于牛马的人为,在庄子看来,这是违背事物的发展规律的,是极不道德的,是社会问题产生的主要根源,因而是其极力反对的。由此我们可以看出尽管荀子和庄子都主张自然之天的观点,但其对天的本质认识是有显著区别的,从而也决定了其对天的职能和价值的认识也是有重大区别的。在荀子看来,自然虽然有其异于人类的独特的运行规律变化发展的过程,但是其是一个没有意志的天,是不能干预人和人类社会的发展的,因而人们不必对自然之天抱有莫名的恐惧,社会的治乱很大程度上是"人为"而非"天意"。可见,荀子之所以提出天人相分的观点,其用意并非在高扬天的客观性规律性,强调天的不可违背性,而在强调人为人治的重要性,其天道观中潜藏着贬抑自然弘扬人的主观性能动性的因素。与此相反,庄子则认为自然之天尽管是一个没有意志的天,是无为之天,但无为恰恰是最大的有为,自然的无为要比人类社会的有为更具有合理性,更合乎道的要求,社会的动乱不安都是由人为引起的。按天行事才是人类最好的选择。因此其理论暗含着高扬天道自然贬抑人道人为的因素。荀子和庄子这两种截然不同的自然观必然影响到其对人和人类社会的理解和认识上。

在荀子看来天既然是无意志之天,自然之天,是和人有本质区别的,那么这种区别表现在哪里呢? 荀子认为:"水木有气而无生,草木有生而无知,禽兽有知而无义,人有气有生有知亦且有义,故最为天下贵也。"[3]85人有气有生有知而且有义,是和宇宙万物有本质区别的,这种本质区别就表现在人有义上。那么什么是义呢? 荀子认为:"人之所以为人者,非特以二足而无毛也,以其有辨也。"[3]39"力不若牛,走不若马,而牛马为用,何也? 曰:人能群,彼不能群。人何以能群? 曰:分。分何以能行? 曰:义。"[3]85由此可见荀子所谓的"义"含有群辨分的意思,群就是指人类社会人的社会属性,其存在的依据就是"分"和"辨",主要是指社会的长幼亲疏秩序,社会的道德规范等。人因为有义为天下贵而能使牛马为之用,这其中就隐含着人是地球宇宙的治理者和主宰者的思想。"天生万物,不能辨物也;地能载人,不能治人也。宇中万物,生人之属,待圣人然后分也。"[3]213"故天地生君子,君子理天地;君子者,天地之参也,万物之总也,民之父母也。无君子则天地不理。"[3]85这些话则是其对人治理天下思想的具体化和进一步阐述。人和物是有区别的,这种区别在于人虽是天地所生,但天地不能辨不能分,只有人能分能辨,所以只有人才有资格治理天下,人是天地治理的主宰者,在宇宙中拥有崇高的地位。但是我们也应看到荀子在这里所指的人显然是圣人君子,而非人民、普通的民众。但荀子的思想并未止于此,他又高声疾呼:"大天而思之,孰与物畜而制之;从天而颂之,孰与制天命而用之;望时而待之,孰于应时而使之;因物而多之,孰与骋能而化之；思物而物之，孰与理物而勿失之也；愿于物之所以生，孰与有物之所以成。故错人而思天，则失万物之情。"[1]376 在这里荀子否定的是人们对天的盲目崇拜颂扬和逆来顺受，肯定的是人们对天的正确认识和利用，强调的是"制天命而用之"的人定胜天的精神，这一方面是对人的主体性的歌颂，要求人们相信自己的力量，发挥主观能动性，积极地利用自然规律和各种自然条件，去控制和改造征服自然，向自然夺取财富，增加生产，满足人的需要，另一方面，荀子在这里对人的肯定显然不再仅指圣人君子，而指广大的人民群众。由此，以天人相分为指导思想荀子也完成了对人和人类社会的认识，因为天和人是有区别的，人和人类社会能辨能分有义，故最为天下贵，是地球和宇宙的主宰者和治理者，人有权利且有能力"制天命而用之"，让其为人类造福。人为天下贵人定胜天的思想得以形成。

与荀子"人为天下贵"的思想相反，庄子则强调人生的渺小与虚无，他说："吾在天地之间，犹小石小木之在大山也。方存乎见少，又奚以自多！计四海之在天地之间也；不似礨空之在大泽乎？计中国之在海内，不似稊米之在大仓乎？号物之数谓之万，人处一焉；人率九州，谷食之所生，舟车之所通，人处一焉。此其比万物也，不似毫末之在于马体乎？"[1]288 这段话的大致意思是说一个人在天地即宇宙间是极其渺小的。宇宙大于海，中国又在四海之内，四海之比宇宙，如大泽里的石块小孔，中国之比四海，如大仓里的小米。人类是万物中的一种，个人只是人类中的一分子，个人与万物相比，犹如马身上的一根毫毛，极言人和人类社会的渺小。基于这种人生貌小的认识，庄子又提出了齐万物人生虚无的自然观社会观人生观的思想。"以道观之，物无贵贱；以物观之，自贵而相贱；以俗观之，贵贱不在己。"[1]293 这就是说从物的观点看总是以自己为贵而以别人为贱；然而从道的观点看，物无贵贱之分。"以差观之，因其所大而大之，则万物莫不大；因其所小而小之，则万物莫不小；知天地之为稊米也，知毫末之为丘山也，则差数睹矣。"[1]293 这是从大小空间角度来解释的相对主义思想。在庄子看来，万事万物的本质是一样的，是没有任何区别的，之所以产生不一样的错觉，主要是人观察的角度不一样所致，这就从根本上取消了"人为天下贵"的思想。在著名的庄周梦蝶中，这种思想尤为表现得淋漓尽致。庄子做了一个梦，梦中他变成了蝴蝶，飞来飞去很得意。可是一觉醒来发现自己还是自己。对此庄子发生了疑问，究竟是庄子做梦变成了蝴蝶还是蝴蝶做梦变成了庄子呢？庄子认为这个问题无法解决。应该说庄子是看到人的认识是具有主观性的一面，这是正确的，但据此无限夸大主观性的作用，也是有其不合理的地方的。显然在这里庄子主要表达了这样一个思想：人有理性能思考，并不能证明人就高于宇宙万物。相反老庄学派反而认为这是人和社会堕落的根源,如老子就认为:"智慧出有大伪。""以智治国,国之贼;不以智治国,国之福。"但是我们能不能据此就认为庄子哲学是根本否定人的主体性,否定人和其他事物的全部区别呢?这种理解显然也是片面的。

这是因为在庄子看来,人在形体上固然是藐小的、和万物齐一,受制于外部世界,是不自由的,但在精神上却是可以超越万物的,与"天地精神独往来",与道合为一体,真正达到"至人"、"神人"、"圣人"天人合一的境界。也就是说通过内心对道的体悟,就可以超越自己肉体上的和外部世界的局限,达到一种精神上的绝对自由。这种精神上的绝对自由在他看来就是要通过"坐忘"而到达"无所待"的地步而实现的。"坐忘"就是"外天下"、"忘世",忘却万物,忘得越彻底越好,最好能把自己也忘掉,这样就可以实现"无所待",得到精神上的绝对超拔。应该说庄子的思想在当时的历史条件下是非常深刻的,即使站在今天的理论高度上,我们也会为庄子深邃的思想所折服。人在形体上的确是渺小的,这一点就决定了人永远是有限的存在物,绝不能超越万物,不可能成为世界宇宙的绝对主宰,人的超越性只能体现在思想领域,只能在思想上达到无限、实现绝对的超越,也就是说这种超越是相对的而非绝对的。

综上所述,我们不难看出尽管荀子和庄子都讲天人之分,但其理论的侧重点显然是有重大区别的。荀子讲天人之分是假借天道弘扬人道,天不是真正的天,不能对人类的生存和发展构成威胁,相反人却可以"制天命而用之",虽然荀子也谈到天有其运行发展的独特规律,但其目的不在强调天的重要性和不可违背性,而是重在说明天是"自然之天",是无意志的天,是不能干涉人的行为和社会发展的自然之天。与此相通,庄子也谈"人"、"人为",但在庄子的理论视野中"现实的人"、"现实的人为"都是违背天道的,都是不合理的,都是应该遭到谴责和废弃的,因此其讲人都不是现实的人,充其量也只是理想的人而已,谈人的目的不是在弘扬人和人为,而是在弘扬"天"弘扬"道"。由此可见由于他们对天人之分的不同理解,所以尽管他们对人的生命价值都极端珍视,但其在实现的天人合一途径上却是有差异的。荀子认为人应该充分发挥主观能动性,积极地去认识和改造自然,"制天命而用之"为人类造福;庄子则认为自然是不能被认识和改造的,人本身是不能超越自然的,人只能在思想上认识道体味道,按道行事,才能获得彻底的解放。据此我们可以看出荀子的天人合一理论,更多强调的是天合于人,庄子的天人合一理论更多的是强调的是人合于天,他们的天人之分和天人合一的天人观是截然不同的。这两种理论应该说都是有其合理性也都有其不合理的地方,把天合于人,认为天是无人格意志的天,对社会和人的发展不能构成威胁,相反人却可以"制天命而用之",

固然在弘扬人的主体性,发挥人的主观能动性,推动人和社会的发展方面具有积极的意义,但是过于强调天和人的区别,突出人的主体性、社会性方面,极易导致人类中心主义的产生,最终也会危及到人类的生存,取消人的主体性。历史已经证明,天不是无意志之天,不仅仅是自然之天,当人类的行为超越了自然界设定的界限时,自然界也会毫不留情的对人类的行为加以报复。同样庄子哲学过于强调人和人类社会的渺小,取消人和物、自然和社会的区别,把人的自然属性看做人的本质,否定人介入自然的正当性,完全不考虑人改造自然的合理性方面也是有其片面性的。但是庄子哲学对人和自然关系的深刻阐述和对人的异化状态的深层追问却隐藏着深刻的生态智慧和生存智慧,尤其是在当今人和自然、人和人关系异化的现实下,如何协调人和自然的关系人与人的关系,重新认识自然的内在价值,重新把人的注意力从物质领域引向精神领域,注重精神的提高和超拔、心性的修养已成为迫在眉睫的任务,而庄子哲学在这方面显然是大有作为的。

参考文献:

[1] 顾宝田:《先秦哲学要籍选释》,吉林大学出版社 1988 年版。

[2] 杨柳桥:《庄子译诂》,上海古籍出版社 1991 年版。

[3] 《荀子简注》,章诗同注,上海人民出版社 1974 年版。

(原载《邯郸学院学报》2006 年第 2 期)

十五年来荀学研究综述

范红军[*]

荀子,名况,赵国人,战国晚期杰出的思想家,其学说予后世以深远的影响。1987年9月,首届全国赵文化学术讨论会在邯郸召开,作为赵文化突出代表的荀学,受到了与会专家学者的高度关注,从而有力地推动了全国性的荀学研究。十五年来,荀学研究在继承和反思前人已有学术成果的基础上,不断深化老课题,开辟新领域,从而进入了一个全面繁荣的新阶段。据初步统计,这一时期公开发表的学术论文逾400篇,出版学术专著10余部。此外,数十部哲学史、思想史和文化史著作都列有专题或专章论说之。

在荀学专著中,郭志坤的《荀学论稿》由上海三联书店于1991年9月出版。该书从研究方法到学术取向都与以前有所不同。作者除了对荀学的传统论题进行阐发外,还论述了荀子的自然科学观、宣传思想、语言艺术等新课题。方尔加的《荀子新论》由中国和平出版社于1993年10月出版。该书的特点在于对荀子的正统封建礼教持一种鲜明的批判态度。1996年,惠吉星的《荀子与中国文化》由贵州人民出版社出版,该书是运用新的文化学理论对荀学进行研究的新成果。作者不仅论述了荀子的天论、人性论等重要思想及对中国文化的影响,而且还提出了一些独到的见解。1997年,孔繁的《荀子评传》由南京大学出版社出版。该书以荀子本人著作为基本线索,参考历代对荀子学说的评价,力求对荀子思想作全面而符合实际的理解。在资料方面。高正的《〈荀子〉版本源流考》由中国社会科学出版社于1992年4月出版。该书搜求历代所传《荀子》一书的版本,详加考核比较,评论得失。书后附有《〈荀子〉宋椠善本重要异文校勘记》,为研究荀子,特别是注释解读《荀子》提供了宝贵的资料。此外,这一时期比较重要的荀学专著还有:汪国栋《荀况天人系统哲

---

* 范红军(1969—),男,河北邢台人,河北师范大学历史文化学院讲师。

学探索》（广西人民出版社 1987 年版），向仍旦《荀子通论》（福建教育出版社 1987 年版），赵宗正等合撰的《孔孟荀比较研究》（山东大学出版社 1989 年版）等。

下面就笔者所见，重点把有关荀学研究的部分论文予以概括介绍。限于时间、条件和学识，遗漏、谬误深知在所难免，敬祈方家指正。

一、社会政治思想

社会政治思想是近年来荀学研究的热点，学者们从荀子的政治哲学、价值立场、政治观、政治思想、治国从政思想、政治人格等方面进行了宏观性探讨。王长华认为，荀子在价值讨论中折中于原则与需要，甚至纳道义于历史现实，显示了远超乎孔孟之上的更为明确具体的政治取向，但同时也付出了以牺牲文化连续性来换取政治认可和肯定的巨大代价（《论荀子的价值立场》，《文献》1997 年第 4 期）。张奇伟指出，对"君"的理解是理解荀子政治人格的一个关键，对"圣王"的把握乃解读荀子政治思想的一条捷径（《荀子政治人格释析》，《管子学刊》2002 年第 3 期）。吴洁生比较全面地概括了荀子的政治思想内容：以礼为修身治国的最高准则；礼法并举的治国思想；尚贤使能的用人原则；"法后王"、尚改革的政治主张；赏罚严明以治国；爱民重民思想；反暴政的民主思想；保护生态环境思想等（《荀子治国从政思想探要》，《探索》1998 年第 5 期）。

礼是荀子社会政治思想的核心，学界主要围绕礼的产生、礼的内容和礼的评价三个问题展开讨论。马育良论述了礼之存在合理性的两个方面：一是人性恶，礼以"矫性"；二是"称情而立文"，后者比较准确地阐释了礼乐产生的内在心理依据，但局部道德自主与总体道德他律形成了鲜明的矛盾（《荀子对礼之存在合理性的另一种论证》，《孔子研究》1997 年第 3 期）。惠吉星和刘冠生概括了荀子礼论思想的内容：惠吉星认为，礼之文化意蕴、制度规范和日常行为规范三个方面构成了荀子的礼学体系（《荀子礼论研究》，《河北学刊》1995 年第 4 期）；刘冠生认为，荀子强调礼在社会生活各个方面的作用，以礼修身，以礼齐家，以礼治国平天下（《荀子的礼治思想》，《管子学刊》2002 年第 2 期）。对于荀子礼论的评价，学界主要有三种不同的看法：一是肯定论者。丁毅华指出，荀子的礼治思想是中国传统政治文化的思想基础（《荀子、贾谊礼治思想的传承：兼论中国传统政治文化的思想基础》，《天津师大学报》1991 年第 6 期）；惠吉星认为，荀子的礼论已完全超越了传统的樊篱，构成了一个创造性和综合性的理论体系，成为中国封建文化模式的雏形（《荀子礼论研究》),《河北学刊》1995 年第 4 期)。二是否定论者。方尔加指出,荀子"礼"思想乃中国封建礼教的开端,这种形式主义道德导致的后果是伪君子、假道学的涌现(《荀子:孔孟儒家的千古罪人》,《管子学刊》1994 年第 2 期);史应勇认为,荀子的"礼"明显地淡化了孔子那种文化关怀的倾向而构筑成一种赤裸裸的社会控制的强权理论(《由文化的到政治的——略论孔荀礼乐观念的变化》,《齐鲁学刊》2001 年第 3 期)。三是矛盾论者。何平指出,荀子礼论是科学与神学的统一,荀学体系中政治神话的发生是其礼学悖论的必然结果(《荀子礼学的悖论与政治神话的产生》,《天津师大学报》1993 年第 1 期)。

关于礼义问题,张奇伟认为,荀子重"义",但更重"礼",通过对"义"之行为原则性的张扬和对礼之行为规范条理化的阐释将二者联结起来,走过了义——礼义——礼——仪这一梯次递进、由内及外的礼之范畴的衍义和构建。(《论"礼义"范畴在荀子思想中的形成——兼论儒学由玄远走向切近》,《北京师范大学学报》2001 年第 2 期)。与礼义问题相关联的是义利之辨,谢振锁、刘玉照认为,荀子的义利观与孔孟义利观基本相同:利是基础,义是统帅,利寓义中,义利辩证统一(《孔孟荀义利观一致论》,《管子学刊》1996 年第 2 期)。

礼与法孰重孰轻一直是荀子社会政治思想研究中争论较大的话题。近年来,这一讨论有趋同的迹象。高积顺认为,荀子的礼法论主张以礼统法,礼法并用,奠定了汉以后中国古代社会正统法律的指导思想。(《试论荀子礼法思想的独特性格》,《管子学刊》1994 年第 4 期);陈延庆指出,荀子礼法观的基本特点是礼法并重——"隆礼至法"(《论荀子"隆礼至法"的礼法观》,《管子学刊》2000 年第 1 期);张泳从法的起源、基本价值、实施方法和预防犯罪四个方面对荀子的礼治法律思想进行了探究,并与孟子的仁治法律思想进行了比较研究(《孟荀法律思想的比较研究》,《南京师大学报》2000 年第 5 期)。

关于荀子的社会观,以往学界重视不够,近来有加强的趋势。陈界从社会群体观、社会等差观、社会分工和财富分配观、社会政治观四个方面论述了荀子的社会观(《论荀子的社会观》,《辽宁大学学报》1990 年第 2 期)。刘玉明就荀子的社会等级观进行了探讨(《论荀子的社会等级观》,《山东社会科学》1992 年第 3 期)。马志刚重点讨论了荀子的社会分层思想,认为人性论和社会起源论是其社会分层思想的理论基础;等级分层和职业分层是其理论核心;礼制是其实现社会分层和建立王道政治秩序的手段(《论荀子的社会分层思想及其特点》,《东疆学刊》2001 年第 4 期)。丁原明论述了荀子的社会交往思想,他认为,荀子同孔子、孟子具有一脉相承的交往思想,既提倡友好交往,又坚持适中的原则;既重视日常交往,又关注国与国之间的非日常交往(《孔、孟、荀交往论纲》,《东岳论丛》1993 年第 4 期)。朱松美从天道自然的本体依据、礼分而法治的政治手段、惠民裕民的政治举措三个方面论述了荀子的安民思想体系,并指出它为由分裂走向统一的中国社会指明了方向(《荀子安民观论议》,《东岳论丛》2000 年第 5 期)。

关于荀子的国家观和治国用人思想,王廷洽认为,社会在进化,国家在进步,是荀子国家理论最为明显的特征。在这一前提下,荀子论述了国家的起源,国家的定义和构成,富国、强国政策和大一统学说(《论荀子的国家观》,《中国史研究》1999 年第 2 期)。徐进总结了荀子选贤任能的原则,但也指出了其中"任人唯亲"等糟粕(《荀子尚贤思想初探》,《东岳论丛》1988 年第 4 期)。刘冠生从三个方面诠释了荀子的尚贤使能思想:重才、选才和用才(《荀子的尚贤使能思想》,《管子学刊》1996 年第 4 期)。

关于荀子的历史观,学界集中探讨的是荀子的"法后王"说。廖名春认为,"后王"是周文王、武王之后,当今之王以前西周时代的贤王。荀子的"法后王"说有三层认识:一是后王先王同理论;二是法后王易,法先王难;三是以法后王而法先王。他指出,主观上法古,客观上重今,这是法后王说的双重意义(《荀子"法后王"说考辨》,《管子学刊》1995 年第 4 期)。

关于荀子的军事思想,姜国柱认为,荀子不只是就兵论兵,而是把治国、政治、仁义等与军事结合,说明了战争胜利与多种因素有关。荀子的军事思想包括:人性好利,故有战争;民有国本,国富民强;仁义为上,不战而胜;隆礼至法,不施诡诈;明君用贤,胜于用兵;审明是非,赏功罚罪;音乐导善,民和兵劲(《荀子的军事思想》,《管子学刊》1997 年第 1 期)。

二、哲学思想

哲学思想是荀学研究的传统课题,向来为学术界所重视。20 世纪 80 年代以前,学者们往往从唯物主义与唯心主义完全对立和斗争的角度去研究荀子的哲学思想,一致肯定其唯物主义的属性。20 世纪 80 年代以后,学者们放弃了唯物、唯心两极对立的研究方法,开始多角度地重新审视荀子的哲学思想,提出了许多新观点。

关于荀子的自然观,学术界一般认为是唯物主义的自然观。对此,曾振宇进行了补充论证。他认为,荀子的唯物主义自然观存在着重大缺陷:一是神秘论;二是循环论;三是天命论(《荀子自然观再认识》,《东岳论丛》1990 年第 3 期)。晁福林亦认为,荀子天论中的天具有神秘属性,其天道观并未摆脱天命观羁绊(《论荀子的"天人之分"说》,《管子学刊》2001 年第 2 期)。与上述观点不同,宋立卿提出了荀子的二重化世界观。她认为,心、物二重化世界观是荀子哲学的基础。荀子关于物即现实物质世界的论述具有唯物论倾向,但荀子宇宙观中的天还具有本体含义,"本体之天"(大道)生成、变化现象(物质)之天(《荀况的二重化世界观》,《河北学刊》1989 年第 3 期)。

荀子的人学思想是其哲学思想研究中引人注目的新领域。宋志明认为,荀子通过对"群"、"伪"性、礼义、法度、道等范畴的解释,全面论述了人的文化价值,从而初步建立起文化哲学的框架(《荀子的文化哲学》,《东岳论丛》1992 年第 2 期)。魏义霞指出,对人的探讨和思索构成了荀子人生哲学的主要内容,它在杜绝消极无为的同时堵塞了通向狂妄之路,但最终并未摆脱封建等级制度投下的阴影(《试论荀子对人及人的命运的探索》,《学术交流》1994 年第 2 期)。陈红兵从天人理论、社会政治思想、个人礼义修养三个方面论述了荀子对人的主体性的强调(《荀子对人的主体性的强调》,《管子学刊》2001 年第 2 期)。萧鲁和杨太辛主要探讨了荀子的人文精神。萧鲁认为,荀子的人文意识包括两个侧面:一是人对外在自然的征服;二是人对内在自然的征服,两者存在着矛盾(《论荀子的人文意识》,《孔子研究》1991 年第 3 期)。杨太辛指出,荀子的人文精神高扬了人的主体地位,核心是仁礼之中,应从儒学的仁礼互动持两用中的矛盾运动去把握荀子的人文精神(《荀子的人文精神及其影响》,《浙江社会科学》1998 年第 5 期)。

天人关系是荀子哲学的核心和基础,向来是学界讨论的重点,意见分歧也较大。在天人相分与天人合一问题上,惠吉星认为,荀子既肯定天人有分,又主张天人合一(《荀子天人哲学的人学本质》,《河北学刊》1988 年第 2 期)。闵仲认为,荀子哲学中的天和人都具有二重性,天人之分与天人相合并不矛盾,前者是低层次的、具体的,后者是整体的,形而上的(《试论荀子天人关系的"分"与"合"》,《管子学刊》1991 年第 2 期)。晁福林则认为,荀子天论中的"天人之分"指天与人各自的职分、名分,并不含有"天人相分"之义(《论荀子的"天人之分"说》,《管子学刊》2001 年第 2 期)。在人定胜天问题上,王杰认为,人的价值在荀子天人哲学中始终处于被否定的地位,而"人定胜天"是一种模棱两可的人为规定,是一种沿袭已久的误解,荀子追求"不求知天"的消极心态(《荀子天人哲学新诠》,《管子学刊》1995 年第 2 期)。晁福林指出,荀子虽然提出了"制天命而用之"的思想,但他对"制"的范围做了很多限制,并不能据此引出"人定胜天"的意蕴(《论荀子的"天人之分"说》,《管子学刊》2001 年第 2 期)。

关于荀子的认识论和逻辑思想,闵永顺认为,荀子的认识论既强调"天官意物"的基础作用,又强调"心有征知"的统率能动作用,从而把朴素辩证法思想与唯物认识论相结合,达到了先秦认识论思想的最高水平(《荀子的"天官意物"与"心有征知"思想探析》,《管子学刊》1996 年第 3 期)。黄承贵等学者着重论述了荀子对老聃道体认识论的扬弃过程,探讨了荀子以道为本体的认识论本质(《试论荀况对老聃道体认识论的扬弃》,《安徽大学学报》2001 年第 4 期)。陈孟麟从"名"、"辞"、"说"的定义,"实名"、"共名"、"别名"的新术语,辨"三惑"三个方面论述了荀况逻辑思想对《墨辩》的发展,指出其局限性在于满足概念论研究,未深入探讨判断、推理的具体形式和规律,这是孔子"正名"思想和荀子本人的政治实用主义倾向所致(《荀况逻辑思想对"墨辩"的发展及其局限》,《中国社会科学》1989 年第 6 期)。高晨阳探讨了荀子的尚"名"逻辑学思想,认为他对概念的功能、本质、形成及逻辑规则的讨论,使名实之辨获得了纯逻辑学的意义(《荀子的基本精神与齐文化》,《管子学刊》1995 年第 1 期)。崔清田从背景、性质、功用、原则、特征和方法等方面论述了荀子的谈说之术,认为这是荀况论"辩"思想更加明白的表述,它服务于荀子的政治追求,以社会政治思想为基础(《荀子的"谈说之术"》,《河北学刊》1997 年第 2 期)。

三、人 性 论

性恶论是荀子独具特色的思想观点之一。过去,学术界一般认为荀子的性恶论是一种先验人性论。对此,吴乃恭提出了异议。他认为,荀子的性恶论是一种后天性恶论(《荀子性恶论新议》,《孔子研究》1988 年第 4 期)。徐忠有持类似的看法,认为荀子的人性论只能是一种后天道德观(《荀子"性恶"论新论》,《东北师大学报》1989 年第 6 期)。廖名春进一步提出,性恶非荀子人性论的全部,荀子的人性论还有非恶而又非善的一面。其人性最一般的意义是指人生而具有的本能,其第二层意义是二元的,由恶的情欲之性和无所谓善恶的智能之性构成(《荀子人性论再考察》,《吉林大学社会科学学报》1992 年第 6 期)。杨正馨对孟子和荀子的人性论进行了比较,认为二者同大于异,不存在根本对立,并从人兽区别、人性构成、人性培养、善恶起源、个人能动性、人性阶级实质六个方面展开论述,指出他们在先天人性善恶的抽象设定方面的对立只具有表面的意义(《也谈孟子荀子人性理论之同异》,《郑州大学学报》1991 年第 1 期)。黄宝先持有同论,并从孟、荀人性论的共同理论基础、人性追求目标的同一性、修养人性方法的一致性三个方面进行了论证(《孟荀人性论比较》,《管子学刊》1995 年第 2 期)。

道德与人性关系密切。王易探讨了荀子的性恶伦理思想:道德是社会生活对于人性的矫正,人的言行要符合社会道德,就必然从"克己"做起(《论荀子的"性恶"伦理思想》,《河北学刊》1997 年第 6 期)。李书友则从性恶论、道德与法并用、道德教育和道德修养四个方面论述了荀子的伦理道德思想,指出礼是荀子的主要伦理范畴(《荀子伦理思想述评》,《浙江学刊》1988 年第 1 期)。对于荀子的修身观,方尔加认为,荀子修身重他律,方法是外则以一推万,内则入留居玄。荀子修身论密切了修身与治国的关系,重视改变秉性的深层次修身,但易混淆君子小人之界线(《荀子修身论简论》,《北京社会科学》1993 年第 2 期)。孙希国认为,荀子通过性恶论、善伪论和性伪合论三个逻辑环节实现了对性伪由对立到统一的论证过程,从而建构了一条基于天人相分的由外而内的人生修养之路(《荀子人生哲学建构的基本途径》,《管子学刊》1995 年第 1 期)。张朝则从认知学习、品德、性格、气质修养等方面论述了荀子所倡导的君子人格特征,并指出了其实现的途径和方法(《荀子所倡导的君子人格特征探析》,《管子学刊》2001 年第 3 期)。王风贤对荀子的道德修养与孔、孟进行了比较研究,认为孔、孟由仁及礼,荀子重礼贵义,代表了先秦伦理学的两条不同思路(《论孔、孟和管、荀在道德修养上两条不同的思路》,《管子学刊》1994 年第 1 期)。

四、关于荀学的总体研究

荀学的总体研究主要包括荀学的属性、特征、历史地位和命运及与诸子学说之关系等。

关于荀学的属性,历来聚讼纷纭,莫衷一是。最有代表性的一种观点认为,荀学属于儒学,葛志毅、李元、王启发皆持此论。葛志毅认为,儒学至荀子实为一变,但在根本上终究未离儒家大体(《荀子学辨》,《历史研究》1996 年第 3 期)。李元从揭示荀子思想体系中的悖论入手,论证荀子是一个儒者(《论荀子思想体系中的悖论》,《求是学刊》1997 年第 2 期)。王启发指出,荀子以继承和弘扬孔门儒学为主旨,充实丰富了儒家学说,不失儒家传人的本色(《荀子与儒墨道法名诸家》,《中国史研究》2000 年第 3 期)。与此相近的观点认为,荀子是儒家左派,是儒家中唯物主义与社会进步主义传统的开端者(刘蔚华:《稷下荀学体系》,《齐鲁学刊》1991 年第 2 期)。第二种观点认为,荀子学于儒而背儒,建立了综百家之学的荀学(郭志坤:《浅谈荀子及其荀学之沉浮》,《学术月刊》1994 年第 3 期)。第三种观点认为,荀子属于黄老学派(赵吉惠:《荀况是战国末期黄老之学的代表》,《哲学研究》1993 年第 11 期)。此外,言荀子是法家者有之;言荀子既是儒家,又是法家者亦有之;还有学者认为荀子思想是齐学化的鲁学(刘宗贤:《荀子思想是齐学化的鲁学》,《社会科学》(甘肃)1994年第1期)。

与荀学属性密切相关的问题是荀学与诸子学说之关系。郭志坤《荀子与百家之学》(《齐鲁学刊》1987年第3期),张科《简析荀子对先秦诸子思想的整合》(《青海民族学院学报》2000年第4期)广泛论述了荀学与诸子百家之学的关系。葛志毅《荀子学辨》(《历史研究》1996年第3期)主要讨论了荀子对诸子的攻驳以及与经学、法家的关系。王启发《荀子与儒墨道法名诸家》(《中国史研究》2000年第3期)具体探讨了荀子对诸子百家理论的广泛批评和吸收,同时也指出了这种批评的局限性。马小红《孟荀思想异同小议》(《齐鲁学刊》1987年第3期),王长华《两极两通——孟荀思想比较三题议》(《华东师大学报》1994年第6期),方尔加《荀子:孔孟儒家的千古罪人》(《管子学刊》1994年第2期)集中对荀学与孔孟思想之关系进行了比较研究。方尔加指出,荀子扼杀了孔子思想中最有生命力的部分,是孔孟儒家的千古罪人。王长华却认为,孟荀殊途是表面的,他们手段异,目的同,荀子批判地吸收了孟子思想。至于荀子与道家的关系,学术界亦有分歧意见。于世君认为,荀况与庄周思想差异很大,但有互补性,不是绝对对立的(《荀况与庄周思想比较研究》,《辽宁大学学报》1994年第1期);余明光则指出,荀子对孔孟儒学的改造是以吸收道家黄老思想的精华为其理论基础的,荀子思想几乎到处都可看到道家思想影响的痕迹(《荀子思想与"黄老之学"——兼论早期儒学的更新与发展》,《河北学刊》1996年第1期)。此外,白奚《荀子对稷下学术的吸收和改造》(《兰州大学学报》1990年第4期)一文指出,荀子中每一部分都有稷下学术的影响。王启发《荀子与兵家、纵横家初探》(《中国史研究》1994年第1期)一文认为,荀子反对权谋兼并,与兵家、纵横家的思想倾向完全不同。张连伟《〈管子〉与〈荀子〉思想之比较》(《管子学刊》2001年第4期)则指出,《荀子》含有对《管子》思想的吸收和扬弃。

关于荀学的基本精神和特征,于世君从仁义、义利、礼法三个方面论证了荀学的现实主义精神(《略论荀子思想的现实主义精神》,《辽宁大学学报》1989年第4期)。吴乃恭指出,荀学的主要特征是理智主义(《荀学的理智主义》,《东北师大学报》1992年第2期)。高晨阳亦有类似看法,认为荀学新义及其文化价值是崇尚实践理性精神,并从其尚"分"的主客对立精神,尚"知"的理智精神和尚"名"的逻辑学精神三个方面进行了论述(《荀学的基本精神与齐文化》,《管子学刊》1995年第1期)。余明光认为,"儒表道里"是荀子新儒学的特征(《荀子思想与"黄老之学"——兼论早期儒学的更新与发展》,《河北学刊》1996年第1期)。葛志毅认为,荀子融汇百家之说乃其学术思想形成的一大特征(《荀子学辨》,《历史研究》1996 年第 3 期)。

关于荀学的历史地位和历史命运,于世君认为,在传统文化中最有地位的应当是荀子(《试论荀子思想在传统文化中的地位》,《辽宁大学学报》1987 年第 5 期)。方尔加指出,荀子是正统封建礼教的代表(《荀子:孔孟儒家的千古罪人》,《管子学刊》1994 年第 2 期)。刘蔚华却认为,荀学在儒家发展史中始终处于次要角色,俨然如异端(《稷下荀学体系》,《齐鲁学刊》1991 年第 2 期)对于荀学奇特、曲折的历史命运,学者们大都从其本身找原因。宋立卿认为,荀学内容丰富面博杂,由于时代的局限,其本身存在着矛盾(《试论荀学的历史命运》,《河北大学学报》1990 年第 4 期);刘周堂则认为,荀子过分强调等级差别、外力约束、王霸并重、"从道不从君"、不信怪力鬼神,这些主张太显露,太具体实在,致使统治者只能部分地默默用其实,而不便于倡扬于世。(《论荀学的历史命运》,《孔子研究》1992 年第 1 期)。

五、其　　他

十五年来的荀学研究除围绕上述重大课题展开讨论外,还广泛涉及荀子的经济思想、教育思想、美学思想、音乐思想、生态思想、民俗思想、养生思想、心理学思想和写作思想等。

关于荀子的经济思想,主要涉及欲多物寡、节欲等经济理论,富民富国经济政策,分配与消费、人群相分与务本事等管理思想。

关于荀子的教育思想,于会祥认为,"礼"是荀子教育理论的核心,他倡导学以致用,重视实践作用,把"行"作为学习追求的最终目的,并借助"喻"、"辩"等手段培养学生的主动性和思考能力(《从荀子教育思想谈素质教育的实施》,《管子学刊》1995 年第 3 期)。朱小平从教育价值取向、教育理论基础和教育培养目标三个方面对孟、荀的教育思想进行了比较研究,认为他们的教育思想在根本上是相通的,异处只是出发点和角度不同(《孟荀教育思想之比较》,《华南师大学报》2000 年第 2 期)。张曾还就荀子的学习心理思想进行了探讨(《浅析〈劝学〉中的学习心理思想》,《江苏教育学院学报》2000 年第 3 期)。

关于荀子的音乐思想和美学思想,包爱军认为,在荀况看来,声乐乃人的本能需要,要引导人们正确享用。主张建立同于礼义、天道的美善声乐为统一天下服务(《荀况论声乐与礼义、天道的关系》,《厦门大学学报》1997 年第 1 期)。杨晓青认为,荀子继承和发展了儒家的音乐理论,主张用"乐"调整熏陶人的本性,目的是引导人们改恶向善,去争止乱,从而维系社会安定。(《荀子的音乐观浅述》,《管子学刊》2001 年第 2 期)。王长华从美的本质、审美和音乐美学思想三个方面论述了荀子的美学思想,指出其美学思想具体而宽泛,理性而实用,丰富而庞杂(《荀子美学思想述评》,《河北学刊》1989 年第 6 期);张巍探讨了荀子中和美的思想(《论〈荀子·乐论〉中中和美的思想》,《甘肃高师学报》2001 年第 4 期)。

关于荀文的特点,熊宪光指出,荀文不再是如《论语》、《孟子》似的语录或对话的连缀,而是自成体系的章法明晰的专题论文,这在文体发展史上是新的飞跃。荀文还以其思想、艺术特色,屹立于先秦诸子散文之林(《荀子简论》,《北京师大学报》1992 年第 4 期)。朋星认为,荀子集先秦诸子之长,构筑了具备议论文三要素的先进写作模式,它作为文学史的参照系和考订古籍的推理依据,有其认识意义和实用价值(《试论〈荀子〉的写作模式》,《管子学刊》1997 年第 4 期)。

(原载《邯郸师专学报》2004 年第 1 期)

公孙龙研究

重新评价公孙龙

庞 朴[*]

编者按：2005 年 8 月 27 日下午，庞朴先生在接受邯郸学院学报采访时，专门谈到了公孙龙子研究问题。公孙龙子研究是赵文化研究的重要组成部分，现特将庞先生对于公孙龙子研究的一些新思考编发于此，希望引起更多的讨论。

康香阁：公孙龙子是赵国人，是赵文化研究的一个重要组成部分，邯郸的学者非常关注。你是公孙龙研究专家，你的《公孙龙子译注》、《公孙龙研究》、《公孙龙子评传》是邯郸学术界研究赵文化的必读著作。请您谈谈在目前情况下，邯郸学术界应如何开展对公孙龙子的研究，应注意哪些问题？

庞朴：借你这个机会，我一定要说几句。我觉得我过去对公孙龙的研究评价是错误的，需要更正。因为当时研究问题的指导思想是一个传统的思想，就是认为诡辩派是一种反唯物论、反辩证法的思想，按这个框子去理解，那么公孙龙基本上是被否定的。承认他的机智，承认他的智慧，但整体上认为他是错误的，对他是否定的。因为很简单，"白马非马"，你从表面上看，这当然是错误的。当时就是按这个思想去研究的。现在我想借你这个机会更正一下，如果有时间的话，我得重新研究它，重新弄这个东西。为什么？我觉得诡辩派所提出的这些问题，都是他们用一种非常特殊的、带有爆炸性的、刺激性的东西，引起那些正统派人物的注意，让他们听听自己的意见，基本上应该是这样。拿一个具体的例子来说，辩者有一个说法叫"鸡三足"，说鸡有三条腿，他就三个字"鸡三足"，别的我不说，你去弄吧。为什么？他就是把他的思想凝练在一

---

* 庞朴(1928—)，男，江苏淮阴人，中国社会科学院荣誉学部委员、研究员，北京大学《儒藏》总编纂，山东大学儒学研究中心主任，博士生导师。

个极端的、爆炸性的问题里头,摆在那儿,跟那个正统的观念相对抗。他们说"鸡三足",并不是说鸡真有三条腿。他是说,鸡有左腿,又有右腿,两个对立的腿到一起以后,它们之间一定还有一个东西,这就是我的一分为三的观点。我现在用一分为三的观点,来解释诡辩派。一条腿在左边,一条腿在右边,如果没有第三条腿的话,左腿要往左边走,右腿要往右边走,两条腿各管自己,谁来管大家呢? 如果左腿左走,右腿右走,两条腿走不到一起,这就乱套了。

公孙龙的思想就是说,一定还有一条腿,这条腿是看不见的腿,这个看不见的腿指挥着这两条看得见的腿。这就是我们现在的经济学家所说的市场经济有一只"看不见的手",这个看不见的手指挥着买方和卖方,市场价格不用政府去管,自由市场自然会把价格调整到一个合适的位置上去,大体上不会偏离价值太远,在价值上下浮动。这很简单,太便宜了谁也不去做;很少人去做,价格就会贵起来。太贵了,大家都去做,它就会落下来,一定是有一个看不见的手在指挥着这两个看得见的手。同样,一定是有一只看不见的足,在指挥着左右两个看得见的足,所以是"鸡三足"。"鸡三足"就是说对立的东西一定是统一的,两个对立的东西一定统一在一个东西上,或者有一个东西来统一它。过去注"鸡三足"的人说第三只足是"神足",神足是一个看不见的足。鸡两足是看得见的,可以数的;第三只是看不见的,没法用数来数。实际上整个公孙龙以及整个诡辩派的那些问题,基本上都是这个思路。当然,每一个问题可以有具体解法,但他的总思路就是这个,他的观念是比常识里看到的那些现象要深入。我们的常识看到鸡有两条腿,这不错。公孙龙不会愚蠢到不知道鸡有两条腿,但他说你只看到两条腿不够,还要深入下去,你发现还有一条指挥着这两条腿的那条腿,那是看不见的腿,只能靠理性来设想,而不是靠眼睛去感应的。

这个思想是很深刻的,是你们赵国了不起的智慧。过去我们把他解释为诡辩派,这很简单,这说明过去我们对这个问题还没有理解,过去我们解释诡辩派的看法,都要重新反思。辩者们当然熟知一鸡二足这样的简单事实和普通常识。他们之所以还要特立独行,大呼"鸡三足"和诸如此类的奇谈怪论,显然是由于,他们认定在平常道理和简单事实之外,已经掌握住了一种不平常的认识方法并认识到了不简单的事实真相,应该取常规而代之。这是一种智慧,智慧不同于知识——你说鸡有两条腿,这是知识;我们说鸡有三条腿,这不是知识,而是智慧。知识转化为智慧,转识成智,这是佛教追求的目标,大智大勇的人都在追求这个目标。怎么把人的知识转化成智慧呢? 这是一个了不起的事情。所以趁这个机会,我想更正我的公孙龙研究,将来有机会再写一篇公孙龙的文章,现在也写不动,但要更正一下,重新评价。公孙龙的思想是个了不起的思想,这是中国人的智慧。

康香阁:那么当前公孙龙研究应该怎么做呢?

庞朴:开公孙龙研讨会。你们组织公孙龙研讨会,重新解释公孙龙。你先在学报发表一点东西,现在你会找到年轻人做这个事情。这个事很细,你看这个"鸡三足",三个字,说起来简单,抠这个东西有好多说法。他说"二无一",为什么二无一? 要说清楚是很费头脑的。"白马非马",白马为什么不是马? 不是马是什么? 他绝不是随便说说,说白马是马,这是现象;我说白马非马,就算说到实质了。这个实质落实到什么地方? 怎么理解? 怎么解释? 就像我刚才说的"看不见的手"一样,把它说清楚,这要花很多工夫,确实值得研究。研究好了以后,对你们赵国来说,这就是一个旅游点,具有商品价值。

(原载《邯郸学院学报》2006 年第 1 期)

生活实际是今人与公孙龙对话的基础

——评庞朴先生《重新评价公孙龙》

方尔加*

　　拜读国学大师庞朴先生《重新评价公孙龙》一文如醍醐灌顶。由于庞先生重新评价公孙龙是从生活实际出发，庞先生的公孙龙研究又一次走在学术界前列。

　　公孙龙是战国时代伟大的哲学家，邯郸民众的骄傲。长期以来，人们对他的评价非常不公。公孙龙生前就受到过不公正的对待。首先给公孙龙本人命运致命一击的是阴阳五行家邹衍。《史记·平原君虞卿列传》载："平原君厚待公孙龙。公孙龙善为坚白之辩，及邹衍过赵，言至道，乃绌公孙龙。"邹衍说了些什么？集解引刘向《别录》曰："齐使邹衍过赵，平原君见公孙龙及其徒綦毋子之属论'白马非马'之辩，以问邹子。邹子曰：'不可。彼天下之辩有五胜三至，而辞正为下，辩者，别殊类使不相害，序异端使不相乱，杼意通指，明其所谓，使人与知焉，不务相迷也。故胜者不失其所守，不胜者得其所求。若是，故辩可为也。及至烦文以相假，饰辞以相悖，巧譬以相移，引人声使不得其意。如此，害大道。夫缤纷争言而竞后息，不能无害君子'。坐者皆称善。"[1]2370 邹衍之意为辩者旨在使条理清楚，意思明白，论者双方知所当守知所当求。切不可玩弄烦琐的文字游戏，辞意相悖，俾辩者愈惑。邹衍对辩说的价值评判标准是明"大道"，当君子。认为公孙龙的论辩妨害明"大道"，有害于做君子。荀子是先秦儒学大师，对公孙龙的思想也取否定态度。"天下有二，非察是，是察非。谓合王制与不合王制也。"[2]362 论辩对王制无用则弃。"无用之辩，不急之察，弃而不治。"相反，人伦道德对王制有用则不舍。"若夫君臣之义，

　　* 方尔加(1955—)，男，北京人，哲学博士，中国政法大学哲学系教授，《邯郸学院学报》学术顾问。

父子之亲,夫妇之别,则日切瑳而不舍也。"[2]276他们贬黜公孙龙的理由不是学术问题,而是政治问题。他们认为,学术不利于当时的政治不可,没有不利于当时的政治,而于当时的政治无用也不可。

邹衍和荀子非议公孙龙是囿于政治偏见,但他们身涉当时的生活实际,对公孙龙思想的理解并不浅薄。特别是荀子,在思维方式上恰当地吸收了公孙龙拆分方法,使自己的政治、伦理、哲学等思想达到新的高度。① 比之荀子,后人学者相当长时间内,最大的问题是完全脱离生活实际,只凭某些政治、哲学理念,就简单给公孙龙扣上"诡辩"、"反唯物论"、"反辩证法"等帽子。对于生活实际中有没有公孙龙思想产生的根据似无兴趣。

庞朴先生公开承认:"我觉得我过去对公孙龙的研究评价是错误的,需要更正。"并对公孙龙做了更加深入、更加实事求是的研究和评价,这是因为他开始把生活实际作为与公孙龙对话的基础。笔者曾在北京大学哲学系高级董事长班聆听庞先生讲"一分为三",并亲眼见到庞先生与企业家频繁交流。笔者也亲耳听到庞先生对许多实际问题的独到见解。大到国内外政治,小到百姓琐碎生活,鞭辟入里,启人智慧。

以生活实际为基础,庞先生对公孙龙的研究有如下新的进展:

第一,设身处地的体会极端性命题。庞先生说:"我觉得诡辩派所提出的这些问题,都是他们用一种非常特殊的、带有爆炸性的、刺激性的东西,引起那些正统派人物的注意,让他们听听自己的意见,基本上应该是这样。"微小柔弱的一方用"爆炸性的、刺激性的"极端方式引起世人注意,这类事情在日常生活中不胜枚举。许多青少年用离家出走来表达对父母错误教育方式的不满。一些被拖欠工资的民工愤而连杀数人,或在闹市准备跳楼来刺激社会对此类事情的关注。一些弱势群体以制造骚乱甚至自杀爆炸的方式表达自己的不满。日韩竹岛争端中,韩国民众聚集在日本使馆前示威。某志士竟以剁掉手指向全世界宣示不向日本屈服。历史上此类事很多。清末革命志士陈天华在《警世钟》中说:"我只怕各国不实行瓜分,倘若实行瓜分了,中国或者倒能有望。"[3]217邹容《革命军》第六章《革命独立之大义》提出:"中国为中国人之中国,我同胞须自认为自己是汉种,中国人之中国。""驱逐居住中国中之满洲人,或杀以报仇。"[3]210李贽提出:"穿衣吃饭即是人伦物理。"他说:"除却穿衣吃饭,无伦物矣。世间种种,皆衣与饭类耳。故举衣与饭,而世间种种自然在其中;非衣饭之外,更有所谓种种绝与百姓不相同者也。"[4]305再往前追溯,王阳明后学左派的"百姓日用之道"、魏晋名士对礼法的蔑弃、道家对仁义的

---

① 见拙作《公孙龙——邯郸民众的骄傲》,载于《邯郸师专学报》2003 年第 1 期。

否定,等等。只有深入生活实际,设身处地地思考极端性产生的缘由,才能像庞先生这样领悟其极端性言行的内涵,作出同情的评价。

第二,超言取意。庞先生的话太精彩了,恕笔者大段引用。庞先生说:"'鸡三足',并不是说鸡真有三条腿。他是说,鸡有左腿,又有右腿,两个对立的腿到一起以后,它们之间一定还有一个东西,这就是我的一分为三的观点。我现在用一分为三的观点,来解释诡辩派。一条腿在左边,一条腿在右边,如果没有第三条腿的话,左腿要往左边走,右腿要往右边走,两条腿各管自己,谁来管大家呢?如果左腿左走,右腿右走,两条腿走不到一起,这就乱套了。公孙龙的思想就是说,一定还有一条腿,这条腿是看不见的腿,这个看不见的腿指挥着这两条看得见的腿。这就是我们现在的经济学家所说的市场经济有一只'看不见的手',这个看不见的手指挥着买方和卖方,市场价格不用政府去管,自由市场自然会把价格调整到一个合适的位置上去,大体上不会偏离价值太远,在价值上下浮动。这很简单,太便宜了谁也不去做;很少人去做,价格就会贵起来。太贵了,大家都去做,它就会落下来,一定是有一个看不见的手在指挥着这两个看得见的手。同样,一定是有一只看不见的足,在指挥着左右两个看得见的足,所以是'鸡三足'。"把公孙龙的怪论"鸡三足"拉回到市场经济、价格浮动的生活实际中,比照市场经济有一只"看不见的手",突破有形之鸡足,升华到背后起激活有形作用的无形之鸡足。由此领会到的公孙龙的智慧真是妙不可言。笔者由此想到老子的"道"。对"道"的形容很矛盾。有和无都不足喻。其实有和无都只是就形体层次的有无而言。"道"不属于形体的有无问题,而是超越于形体的有无之上,使有无作为自己所支配的左右脚。有了"道"左右脚才能活,所以"道"生万物实乃"道"激活万物。王弼的"得意而忘言"、禅宗没有规定性的"佛性"、王阳明不可言喻的"良知"均属此类。

第三,转识成智。庞先生说:"知识转化为智慧,转识成智,这是佛教追求的目标,大智大勇的人都在追求这个目标。"庞先生提出了做学问中的一个非常重要的问题,即"知识转化为智慧"问题。庞先生对公孙龙的思想不再限于知道,而且达到了领悟。"鸡三足"在他头脑中不仅是知识,而且升华为智慧。智慧与知识有何不同?知识讲认识对象是什么;智慧讲怎样获得认识对象。知识授人以鱼,智慧授人以渔。鱼与渔经常反差很大。再以公孙龙的"离坚白"为例,把坚硬、白色与石头相分离,世间哪有此鱼!可是把一个整体对象从不同的部分、角度、层次拆开进行考察,却是科学研究的重要的"渔"之一。渔者,变换角度、层次、轨道、步骤之能力也。

知识如何升华为智慧?笔者个人体会是深入生活实际,具体考察一般性的理论在具体事物中出现的千奇百态的形变、曲折坎坷的实现途径、层次参差的结果。运用理论分析和解决现实问题。学术界普遍认同《共产党宣言》的发表是马克思主义哲学产生的标志。其实，马克思、恩格斯在《共产党宣言》发表前已经撰写过许多大部头哲学著作，如《德意志意识形态》、《哲学的贫困》、《神圣家族》等等。可为何偏把区区三万字的《共产党宣言》作为马克思主义哲学产生的标志呢？笔者以为，能够讲出理论的逻辑体系只能算掌握了知识。知识要上升为智慧，仍必须用这个理论分析解释生活实际，使人们对生活实际的理解进一步深化。《共产党宣言》解析了当时的生活实际中的资本主义，使人们对资本主义的理解达到新的深度。可以说马克思主义哲学在这本小册子里已升华为成熟的哲学智慧。在北京大学哲学系高级董事长班，庞先生是最受学生欢迎的导师之一。他讲授中国古代哲学经常用知识解剖生活实际问题。他讲的不仅仅是知识，更是智慧。他讲的智慧当然不能包打天下，但却启发出他人更多的智慧。董事长们真切地感受到，庞先生教的是"道"，把他们过去学到的"术"全激活了。

第四，深入浅出。庞先生用"买方"、"卖方"、"自由市场"、"价格上下浮动"之类的生活语言诠释公孙龙的深玄哲学，用语深入浅出。叔本华说："一个人只要有可能就应该像伟大的天才那样思考，而像普通人那样说话，假如作者能够认识到这一点，一般来说他都将获益匪浅。作者应当深入浅出地表述其非凡的思想"。"受过高层次教育的人说话常常更容易理解，也更加清晰明快，而受教育越少的人，他的作品也令人费解。"[5]325—327 孟子说："言近而指远者，善言也。"[6]338 荀子说："故知者之言也，虑之易知也，行之易安也，持之易立也。"[2]380 王阳明点化"良知"也不用高深玄奥的语言。他说："圣人之行，初不远于人情。"[7]197"与愚夫愚妇同的，是谓同德。与愚夫愚妇异的，是谓异端。"[7]107《共产党宣言》也是用语通俗的典范。据一位出版界的朋友讲，他们出版社想组织一些院士、名教授用深入浅出的语言撰写一套科普读物。结果发现写出的样品符合标准的不多。据说诺贝尔奖获得者绝大多数都有用深入浅出的语言表达自己研究领域的成果的能力。朋友感慨，这大概是我国学者至今拿不到诺贝尔奖的原因之一吧。

许多学者有一个不正确的认识，以为通俗就是庸俗。其实两者完全相反。庸俗是把高层次的东西解释成低层次的东西，降低了人们的认识水平。如，把文明化的饮食、婚姻、服饰、健身仅仅解释成生理的满足，把人们感情中的价值、理想、志向以及由此而做出的选择统统说成是利益最大化的表现。通俗则是启发人们从平凡中体会不平凡，用日常生活的语言表达深层的知识，提高人们认识和把握日常生活的水平。如，老子用风箱与气的关系阐释"道"与万物的关系。"天地之间，其犹橐籥乎？虚而不屈，动而愈出。"

(《道德经》第五章)王阳明用鱼、酒与钓具、糟粕的关系比喻义理与经典文字的关系。"五经,圣人之学具焉。然自其已闻者而言之,其于道也,亦筌与糟粕耳。"[7]876

　　庞先生用现代市场经济的语言解读"鸡三足",也启发了我们领悟市场经济背后的哲学,不光用经济学的智慧,也用哲学的智慧,自觉地把握市场经济中无形的手,利用市场规律趋利避害。

参考文献:

[1] 司马迁:《史记》,中华书局 1985 年版。

[2] 北京大学《荀子》注释组:《荀子》,中华书局 1979 年版。

[3] 北京师范大学历史系中国近代史组:《中国近代史资料选编》,中华书局 1977 年版。

[4] 中国科学院哲学研究所中国哲学史组、北京大学哲学系中国哲学史教研室:《中国哲学史资料简编》,中华书局 1972 年版。

[5] 《论风格》,载《叔本华论说文集》,商务印书馆 2000 年版。

[6] 杨伯峻:《孟子译注》,中华书局 1960 年版。

[7] 《王阳明全集》,上海古籍出版社 1992 年版。

(原载《邯郸学院学报》2006 年第 1 期)

中国古代逻辑的创始人公孙龙论纲

王永祥*

公孙龙，复姓公孙，单名龙，字子秉，战国后期赵国人，约生活于公元前325—前256年间，向以"白马非马"和"离坚白"而著称于世。他在政治上是新兴封建主阶级的思想家，在世界观上是个形而上学的唯物主义者，在逻辑发展史上则是中国古代逻辑的创始人。

一、公孙龙的生活时代及其人、其书

公孙龙的学术思想及其社会活动，是同他生活的时代紧密联系的，因此，评价公孙龙，首先必须搞清其人、其事、其书，特别是他生活时代的主旋律及其本人的立场和态度。

（一）生活时代及思想背景

从现存公孙龙曾说燕昭王和赵惠文王偃兵，长期做客于平原君，与孔穿辩，以及进言平原君，辞虞卿因信陵君存邯郸而为之请封等资料来看，很难确知其生卒年，而仅能据以推断其大约生活于赵武灵王、赵惠文王至赵孝成王之间，与惠施、庄周、邹衍大体同时。

这个时代，可以说正是我国社会从奴隶制向封建制转变的时代。春秋之前的夏、商和西周，普遍实行的是血缘宗族分封制下的井田奴隶制，天子和各诸侯国君以及卿大夫，即是这种奴隶制的政治代表。而自春秋以降，由于奴隶的起义和逃亡，这种奴隶制的生产方式便逐渐瓦解，而为租佃式的封建生产方式所代替。例如，作为田齐先人的田厘子，就以"收赋税于民"代替井田制，从

---

* 王永祥（1937—），男，河北束鹿人，河北省社会科学院哲学研究所研究员，河北省省管优秀专家。

而造成了"民思田氏"[1]1881的形势。而秦完成封建化则始于秦孝公任商君，"坏井田，开阡陌，急耕战之赏"。[2]食货志

在此期间，各大诸侯国还从田制、政制、军制等多方面进行了改革。如赵国，从赵简子起，就实行了新的田亩制改革；到赵武灵王，在军队内部又实行了"胡服骑射"。而秦自任商鞅后，便废除了世卿世禄，而实行了无军功者不得"属籍"的政策；为发展经济，实行了重农抑商、禁止父子、兄弟同室共财及统一度量衡政策；为加强中央集权，废分封，设县制，实行什伍制及连坐告讦法等。这样便造成了秦国横扫六合、统一中国的强势。

正是基于这些大变革，在意识形态领域同时或相继出现了儒、墨、道、法、兵、阴阳、纵横及名辩等思想家，引发了一场诸子百家的争鸣场面。作为名辩学派主要代表人物的公孙龙，就生活在这个社会大变革的时代，并参与了当时的政治活动与百家争鸣。

(二)其人、其事、其书

作为名辩学派主要代表人物的公孙龙，一生主要游走于燕、赵诸侯之间，并长期客居于赵平原君，一则为赵、燕国君和平原君设谋及谈"偃兵"；二则从事名辩学术的著述活动。

首先就其论偃兵及为诸侯设谋，来看公孙龙的政治倾向性。其谈偃兵有两条：一是公孙龙"适燕，说昭王以偃兵"；[3]应言篇二是与赵惠文王谈偃兵，[3]审应篇公孙龙均揭露了燕、赵两国君名曰偃兵的虚情假意，同时阐述了偃兵所体现的"兼爱之心"。[3]审应篇其为赵国君设谋见于，[3]淫辞篇秦、赵曾会于"空雒"，相约秦、赵各方"之所欲为"，对方要"助之"。随后，秦攻魏，赵欲救之，秦便派人来责"赵王"违约。平原君问计于公孙龙，龙曰："亦可以发使而让秦王曰：赵欲救之，今秦王独不助赵，此非约也。"这就既驳了秦王，又为赵救魏提供了合理论据。其为平原君设谋，就是要其辞虞卿为信陵君请封事。由此可见公孙龙的政治倾向，显然是为封建诸侯服务的思想家，而绝不是为复辟奴隶制而呼号的反动奴隶主阶级的代言人。

再来看公孙龙学术思想的倾向性。就其所处时代看，随着封建制取代奴隶制生产关系的完成，那些旧观念理应退出历史舞台，而代之以新观念，但思想意识总是落后于现实，因此，从孔子时代起，"必也正名乎"[4]280！便成为诸子的重要议题。为此，公孙龙专作了《名实论》，并探讨了初级逻辑思维的基本规律及论辩推理的诸形式。后期墨家和荀子正是在此基础上，论述了中国古代逻辑的基本内容：名论、辞论和辩说等。由此可见公孙龙对创建中国古代逻辑作出的重大贡献。这样就为其正名提供了哲学与逻辑的理论其础。

现存《公孙龙子》，全六篇，三千二百余字，其中《跡府》为公孙龙的遗事辑

略,其他五篇则均为公孙龙的著作。不过,今本《公孙龙子》是否确属《汉书·艺文志》著录之《公孙龙子》,则一直是一个未了的公案,大致有三种观点:一为"伪作"论,二为"残真"论,三为"全真"说。就此三种观点的论据来看,虽然有的略显充分些,有的略显不足,但就总体而言,至今尚无一种观点能够完全服人而无疑议;然而现在也只能以此五篇来评论公孙龙的学术思想了。《名实论》和《指物论》乃公孙龙整个哲学体系的核心和逻辑的理论基础;《通变论》为公孙龙的变化观及方法论;《白马论》、《坚白论》则是具体运用其哲学与逻辑理论的成名之作。下面就从哲学和逻辑两个方面对其学术思想作一简略论述,由此表明其并非什么反动思想家。

二、形而上学唯物主义的哲学思想

自侯外庐等撰著的《中国思想通史》论定公孙龙为"绝对主义"的唯心论之后,这种观点就一直处于统治地位。但我以为公孙龙是一个形而上学的唯物主义者。

(一)"唯乎其彼此"的唯物主义"名实论"

"正名"是先秦诸子、也是公孙龙子的一个重要议题。因此,名实关系也就成了公孙龙哲学的一对重要范畴,其所涉及的正是思维与存在的关系这一哲学基本问题。《公孙龙子》所载其五篇著作,都是为解决"正名"这个中心议题的,其《名实论》和《指物论》即表明了公孙龙的唯物主义哲学思想,同时也为解决名实关系提供了坚实的逻辑理论基础。

《名实论》开篇便说:"天地与其所产焉,物也。物以物其所物而不过焉,实也。实以实其所实[而]不旷焉,位也。出其所位,非位;位其所位焉,正也。"这就充分表明了公孙龙的唯物主义立场:天地及其所产生者,就是"物";而"物"充分展示其自身所实有且不过分,就叫"实"。这就把整个宇宙看做是一个实在的"物"的世界,且具有不依赖于神和人及人的精神的客观实在性。这恰好符合了恩格斯对唯物主义自然观的规定。但现在有人却把公孙龙的"实"释作形成物的"本体",[5]49这不但与其对"实"的规定不符,而且也有违于先秦尚未提出"本体"问题的史实。

上述"位"、"正"两概念,显然是用以说明"实"和审实的。在公孙龙看来,要正名,必先审实、正实,而后才谈得上正名。如公孙龙说:以位正之实在,可正非位之实在;否则,以非位实在为准,便会使人怀疑位正之实在。因而正名,首先要矫正实在本身。

如何正名和判断名正与否? 公孙龙确立了一个名正的标准:"其名正,则唯乎其彼此焉。"并提出了一个名正与否的公式:"故彼彼止于彼,此此止于此,可;彼此而彼且此,此彼而此且彼,不可。"应该说这个标准和公式,正是对"夫名,实谓也"思想的贯彻和体现。

正是据此,他在最后对其正名思想做了一个总结:名是实的称谓,因此,知道此、彼之名不是分别指此、彼的实在,或者知道了此、彼之实在不在此、彼之正位,那么就不可以此、彼的名称分别称谓此、彼之实了。这就充分表明了其唯物主义的名实观。此说当然有某种缺陷,这种缺陷就是没有涉及变化之中的实在的称谓,而这正是其形而上学世界观的反映。

有人将其打入唯心论的理由何在?前文提到的错误地以"本体"来阐释"实",是其一;其二是,本来《指物论》中的"物莫非指"应释为"物没有不是用概念来表述的",有人却错误地译作"物莫非概念",[6]447 这就把全篇的主旨与其《名实论》中的"夫名,实谓也"这一唯物主义的根本命题对立了起来。

(二)坚白相与离藏的认识论

公孙龙的认识论,可以用一句话来概括,就是:坚白相与离藏。而这也最集中地表达了他割裂人的感性认识、感性与理性及一般与个别关系的观点。

《坚白论》是以"坚白石"为"二"非"三"立论的:"无坚得白,其举也二;无白得坚,其举也二。"但坚、白、石岂不是三吗?公孙龙说:"视不得其所坚而得其所白者,无坚也;拊不得其所白而得其所坚者,无白也。"这是否意味着石之坚、白属性存在与否,全依人的感觉为转移呢?他明确否定了对其作主观唯心主义的理解,肯定了坚、白同为石所有。

既如此,那又何以视得白无坚、拊得坚无白呢?公孙龙说:这是见与不见的问题。这显然就割裂了事物与属性及感性与理性等的关系。公孙龙犯此错误并不奇怪,因为,世上确实不存在一般的白与坚或白与柔等属性的必然联系,而只存在具体物质的白与坚或白与柔的必然联系,而这是要靠近现代的科学从其各自特殊的分子结构及光学原理,才能解开的奥秘。当然这也与他不懂辩证法相关,他只见其差异和分离,而未见它们之间的联系和统一。

(三)"二无一"的形而上学变化观与方法论

《通变论》是公孙龙的变化观,也是其逻辑方法论原则。这主要就体现在其全篇的核心命题"二无一"中。

"二无一"的中心议题就是,作为整体的"二",并不含有构成二之前的"一"及"左"或"右"。他的这种观点虽然错误,但也有相当的合理成分:由两种事物构成的新体,并不包含构成它之前的独立未变成分;但他否定整体包含部分,则是明显错误的。

在这里公孙龙还讨论了变化问题。他认为,右与左结合在一起,那就可以称之为变了。因为结合而成的新体,已不再有变化之前的左与右了。这显然是在更深的层次上说明了二无一。这无疑有其正确的一面。但他不了解,变化之中又总是有不变的东西存在,二虽然没有了原来的左与右,但它却又包含了一个新的"左"与"右"。

公孙龙为了说明二是左与右的结合,他还以"羊合牛非马,牛合羊非鸡"作答,从而以羊、牛有角而马无角,马有长尾而羊、牛无长尾的不同属性,将其作了不同类属的区分,进而批评了以非类作类比的"狂举"做法。然而他在此也犯了"狂举"之病,这在下面再说。

三、中国古代逻辑的奠基人和创始者

在"文革"前,公孙龙历来被置于"诡辩学派"首领的地位。这纯粹是一大历史冤案。公正地说,他虽犯有逻辑错误,但却是对创立中国古代逻辑学作出了重大贡献的奠基者。

（一）首次以实例形式揭示了种属概念内涵、外延的差别

公孙龙在逻辑学方面的贡献,不仅提出了正名的标准、原则和公式,及以物的特殊属性区分了类与非类(见前),而且在概念论上他还揭示了种属概念内涵、外延上的差别。

首先说种、属概念内涵上的差别。如在回答何以能说"白马非马"时,他就指出:"马者所以命形也,白者,所以命色也。命色者非命形也。故曰:白马非马。"这显然就是说:从"马"的内涵来说,它是单纯命形的,而白马则是既命形、又命色的,因而只有既具备马的形体、且呈白色者,才能称之为白马。所以说白马概念与马概念是有区别的。

其次,种、属概念外延上的差异。如公孙龙在回答"有白马为有马,白之,非马何也?"时即指出:"求马,黄、黑马皆可致;求白马,黄、黑马不可致。"他在此显然是说,白马的外延只限于白色之马一种,黄、黑马当然不在其内;而马的外延,要广于白马,不仅白马,而且黄、黑之马也都包含于其内。这样,白马的概念异于马的概念,就更清楚了。

（二）首次阐述了形式逻辑的基本规律

公孙龙作为中国古代逻辑学的创始人,最根本的就在于他首次阐述了逻辑思维的基本规律:同一律、矛盾律和排中律。

首先说同一律。这主要就体现于他的名正标准和公式:"其名正则唯乎其彼此焉",及"彼彼止于彼,此此止于此,可。"公孙龙所说"彼当彼","此当此",即是形式逻辑中"A 是 A"或"甲是甲"的同一律公式,其实质在于:主项与谓项、名与实"当"。公孙龙的"白马非马"说,所遵循的显然正是以否定的形式"甲非乙"表述的"甲是甲"的公式;若违背了这个公式,就是犯了"以不当而当"的"乱也"的逻辑错误,即所谓"旷"或"过"。

其次说矛盾律。这一规律要求人们不能自相矛盾,即在同一时间、同一场合、对同一对象不能做出两种相互对立的判断,其公式就是:A 不是非 A。据此可知,公孙龙提出的正名原则中,"知此之非此也,知此之不在此也,则不谓也",所表述的正是矛盾律。而这正是"彼当彼"、"此当此"的否定形式,故而亦可称之为不矛盾律,若违背了它,公孙龙就称之为"悖"。

再次讲排中律。它说的是在同一时间、同一场合对同一对象,两个矛盾判断必有一真一假。其公式是:A 或非 A,二者必择其一。公孙龙所提出的"彼此而彼且此也,此彼而此且彼也,不可",所表述的正是排中律。在他看来,彼此不同的事物,只能有唯乎其彼、此的名称。所以他明确说:"谓彼而彼不唯乎彼,则彼谓不行;谓此而此不唯乎此,则此谓不行。"

(三)运用了多种论辩推理的方式

公孙龙虽未能从理论上总结出各种论辩方法和推理形式,但他在实践上已运用了各种富于机巧的论辩方法和推理方式,从而大大增强了其论辩力。

1. "援"式推理。通俗地说就是援引以往的成例或已证的同类真理,以证待证的真理性。这是后期墨家所提出的概念,但公孙龙早已运用了这种推理形式。这也是一种归纳推理。例如反驳孔穿时他就运用了此推理形式:"夫是仲尼异'楚人'于所谓'人',而非龙异'白马'于所谓'马',悖。"(《迹府》)这样就既证明了白马异于马,又反驳了孔穿。

2. "辟"式推理。简单说即是以已知之事理,来说明未知之事理。以惠施的话说就是:"以其所知谕其不知而使人知之。"(《迹府》)如《小取》云:"辟也者,举也(他)物而以明之也。"这种推理形式亦属归纳推理,而与类比推理相近。但这也是公孙龙常用的。例如,他曾举齐王与尹文关于好士之辩的例子(《迹府》),以反驳孔穿的难"白马非马"之说:"龙以子之言,有似齐王","此犹知好士之名,而不知察士之类"。

3. "假"式推理。此即"假言推理"。《小取》说:"假也者,今不然也。"这是由一般推及个别的演绎推理。如为了从外延上说明白马"非"马,公孙龙在肯定"求马,黄、黑马皆可致;求白马,黄、黑马不可致"的公认真理之后说:"使白马乃马也,是所求一也。所求一者,白者不异马也。所求不异,如黄、黑马有可有不可,何也?可与不可,其相非明。"尔后他正是在此假言与公理"相非"的基础上,得出了"是白马之非马,审矣!"的结论。

4. "效"式推理。这是一种接近于"模态"论的直言演绎推理。《小取》

云:"效者,为之法也;所效者,所以为之法也。故中效,则是也;不中效,则非也。"这是说凡符合法者为"中效",由此推出"是";否则就是"不中效",从而推出"非"。其谈偃兵即是以"效"式推理,揭露了燕昭王与赵惠文王所说与其所做的自相矛盾,从而否证了其虚伪的"偃兵"之说。

5.类比归谬推理。它是以两种同类对象必然具有同一属性为基础,以此来揭露论敌否定同类对象具有相同属性的荒谬、悖理的推理。公孙龙以白马与黄马类比,批评客方肯定异黄马于马及黄马非马,而否定白马非马,就是采用的这种类比归谬式推理方法:"以黄马为非马,而以白马为有马,此飞者人池而棺椁异处,此天下之悖言乱辞也。"

上述就是公孙龙以实例的形式在中国古代逻辑学的推理方式上作出的重大贡献。

(四)"白马非马"绝非"诡辩论"

以往人们之所以把"白马非马"说成是"诡辩论",主要就在于说他否定了"白马是马",违背了"个别就是一般"这个命题。其实这是一莫大的误解。事实上他从未讲过"白马不是马",相反却说:"白马者,马与白也",从而肯定了"白马"有马的属性。这亦可从"求马,黄、黑马皆可致"得到旁证。因此绝不能以"不是"解"非"字,而只能释作"异",且仅是"差异",而非"全异"。正是因此,他的"白马非马"与"白马是马"两个论断,并非不相容,而是互补的,它不过是以否定的形式表述的抽象同一性,而绝非"诡辩论"。

(五)所犯逻辑错误之所在

公孙龙作为中国古代逻辑的创始人是当之无愧的,但他确实也犯有不少逻辑错误。

首先,在个别与一般关系问题上的错误。虽然我们说他的"白马非马"与"白马是马"有互补性,但他终归没有公开肯定"白马是马"这个"个别就是一般"的辩证逻辑命题。同时,他虽肯定天下没有一般之"坚"存在物,但又认为坚、白与石可以离、藏,这就有了使一般脱离个别的倾向,且在《通变论》中把物的具体足数与一般之足名混淆起来,表现了思想上的混乱。此外,这同他不能把握变化中的事物与反映变化的概念,也有着重大关系。

其次,犯了"乱名"、"狂举"和推不出的错误。为了说明"二无一",公孙龙举了"羊合牛非马","牛合羊非鸡"的例子。他用这两个例子说明了分类规则,这是他的贡献;但他把羊、牛比作左、右,这就犯了他所批评的无类或非类之比之"乱名"、"狂举"的逻辑错误。

第三,论据与其论题发生了矛盾。公孙龙在《通变论》中多次否定"二有左"、"二有右",但他在论证这一论题之时,却作了相反的论证。如他说:"羊合牛非马也。非马者,无马也,无马者,羊不二,牛不二,而羊牛二,是而羊而牛,非马可也。"很明显,他这里所说"羊牛二,是而羊而牛",即恰与其所要证之"二无左,又无右",发生了矛盾。

公孙龙的这些错误是存在的,但绝不可据此而否定其中国古代逻辑创始人的历史地位。

参考文献:
[1] 司马迁:《史记》,中华书局 1985 年版。
[2] 班固:《汉书》,中华书局 1983 年版。
[3]《吕氏春秋》,载《百子全书》第 5 册,浙江人民出版社 1984 年版。
[4] 刘宝楠:《论语正义》,河北人民出版社 1986 年版。
[5] 庞朴:《公孙龙子研究》,中华书局 1979 年版。
[6] 侯外庐:《中国思想通史》,人民出版社 1957 年版。

（原载《邯郸学院学报》2007 年第 2 期）

公孙龙与荀子名学思想上的文化差异

张路安*

　　公孙龙和荀子同为赵国人,生活时代也大体相同,所以,二者思想形成的文化背景是相同的,所蕴涵的文化内涵也有许多相似之处。但是,由于二人出发点不同,政治立场有别,所秉承的文化重点差异较大,致使二人名学思想上呈现出各自不同的文化特征。

　　公孙龙所秉承的更多的是赵国的思辨文化传统。赵国有着浓厚和深远的思辨文化积淀。从赵国历史来看,赵国从晋国异姓贵族而成为一方诸侯,没有赵氏历代祖先思辨的眼光而顺应历史潮流、争取人心是难以成就如此大业的;从赵国地理构成来看,赵国西有幽幽太行,东南有广漠的大平原,北有三胡,可以说是"名守慢","奇辞"杂,"名实"不一,"是非之形不明",[1]403 所以才有赵武灵王"吾将胡服骑射以教百姓"[2]311 的伟大革新设想。可见,没有思辨的眼光就没有赵氏的辉煌与发达,就没有赵国的安定与繁荣。

　　在赵氏的历史上,影响最大的莫过于建国前的赵衰和赵国强盛时期的赵武灵王。赵衰作为赵氏嫡系祖先,如果没有他面对卫国农夫的土块,"土者,有土也,君其拜受之"[2]311 的思辨意识,恐怕难成文公霸业,也就难有赵国这一方诸侯。赵武灵王作为赵国历史上的一位声名显赫的君王,如果没有相当的思辨才能,就不会有胡服骑射的改革设想,有了改革设想,面对"群臣皆不欲"也难以成就其改革大业,也就失去了赵武灵王的功烈和赵国的强盛。

　　在赵氏的内政与外交生活中,更是以思辨而见长,从蔺相如的完璧归赵到毛遂自荐,从触龙说赵太后到秦赵和约之争无不显示着赵国历史上深厚的思辨文化传统。

　　总之,思辨文化传统是赵氏立国之本,在赵国的内政外交上影响深远。公

　　* 张路安(1967—),男,河北永年人,邯郸学院中文系副教授。

孙龙等人正是承继并充分利用了这一思辨传统,帮助其主人思辨地认识、处理内政、外交上一系列棘手的问题,一方面求得自己的生存与发展,客观上也刺激了其学说的形成。

公孙龙的名学思想,没有任何功利色彩和政治理想,虽然《名实论》的结尾有"至矣哉,古之名王"的感叹,表面看是对古代名王"审其名实,慎其所谓"[3]93的赞美,但结合全文,我们感觉到的实际上是他对名实关系明察秋毫的科学态度。相反在他的五篇论文,特别是四篇对话体文章中,借用与传统思维方式背道而驰,与传统主流哲学格格不入的"不登大雅之堂"的诡怪话题,采用反常的表达方式,来阐述自己的名学思想。在这种反常的论辩中,一方面使人们对其思想的认识更深,更远;另一方面,也深深地寄托着公孙龙对世界、对哲学、对政治、对伦理的全方位思考。所以,公孙龙的名学思想中蕴涵着的深厚的思辨文化,是尽人皆知的。

其实,公孙龙所秉承的思辨文化使他获益匪浅。首先公孙龙作为"客"的角色,是凭借"三寸不烂之舌",即思辨才能求得立身扬名,所以,他在军事征战和建国谋略上少有建树,致使他的才华被后人称为"雕虫小技",所以不登大雅之堂。但正是公孙龙的"雕虫小技",不仅使天下诸子望洋兴叹,博得了平原君的青睐,而且,在内政与外交上屡屡使平原君摆脱困境,为公孙龙谋得名和利。

据《史记·平原君列传》记载,当秦对邯郸之围解除后,虞卿等人请求赵王封给平原君以土地,公孙龙从全局出发力劝平原君坚辞此封,公孙龙说:"此(封地)甚不可。且王举君而相赵者,非以君之智能为赵国无有也。割东武城而封君者,非以君为有功也,而以国人无勋,乃以君为亲戚故也。君受相印不辞无能,割地不言无功者,亦自以为亲戚故也。今信陵君存邯郸而自封,是亲戚受城而国人计功也,此甚不可,且虞卿操其两权,事成,操右券以责;事不成,以虚名德君。君必勿听也。"[2]579此处公孙龙劝说平原君辞封的思想内涵与他的名实相符的思辨哲学可以说是一脉相承的,也正是由于他这样的思辨才能,才使"平原君遂不听虞卿"。

《吕氏春秋·淫辞》中还记载秦赵之盟曰:"自今以来,秦之所欲为,赵助之,赵之所欲为,秦助之,居无几何,秦王兴兵攻魏,赵欲救助之,秦王不悦,使人让赵王曰:'约曰,秦之所欲为,赵助之,赵之所欲为,秦助之。今秦欲攻魏,而赵国欲救之,此非约也。'赵王以告平原君。平原君以告公孙龙。公孙龙曰:'亦可发使而让秦王曰:赵欲救之,今秦王独不助赵,此非约也'。"[4]622这里秦站在自己的立场上依约所进行的辩解显然是一种狡辩,而公孙龙在反驳这一荒谬的观点时充分发挥了自己的思辨才能,抓住有利于自己的一面,抛弃不利于自己的另一面,机智地反驳秦王的谬误,使对方哑口无言。

公孙龙的思辨才能博得了"平原君厚待公孙龙",公孙龙从中所受的利益是可想而知的,所以,在他的名辩思想中蕴涵深厚的思辨文化也就在情理之中了。

其次,公孙龙的名辩理论,在当时虽然被天下之士看做"饰人之心,易人之意",[5]128并群起而攻之,但,其思辨才能却被天下之士刮目相看。面对公孙龙的"白马非马",儒家嫡系传人,孔子第六代孙孔穿,受众士之托,到邯郸与公孙龙辩。是公孙龙超常的思辨才能,使孔穿以"请为弟子"的代价,拜求公孙先生"请去此术(白马非马)"。孔穿不得不承认公孙龙的"词胜",即孔穿的所谓"理",不能取胜公孙先生的词,公孙龙从中所受到的精神上的刺激是可想而知的。

总之,在特定的历史与社会文化背景下,形成了公孙龙带有思辨文化特质的名学思想,并为中国理性哲学的发展带来了一线希望。

荀子的名学思想所体现的是以明天下大道为目标,倡导的是"别同异、明贵贱"的治世文化,所以,荀子在名学上所秉成的更多是带有治世性质的实用文化。荀子名学思想中的实用文化特征是与赵国历史上深厚的实用文化传统相关联的。

首先,从地理位置来看,赵国都城邯郸春秋时期即是北方最大的工商城市,在各诸侯国中是具有重要经济意义的城市。据《春秋谷梁传》记载,公元前546年,卫国发生政变,卫献公的弟弟"出奔晋,织絢邯郸,终身不言卫"。[6]100《辞源》中对"絢"有如下解释:"(一)古时鞋头上的装饰,犹今之鞋梁孔,可以结鞋带。(二)网罟的别名。"照前一种解释,说明邯郸当时制鞋业单这一个行业已有了较细的分工,出现了类似制作鞋头装饰的手工业者或手工业作坊;照后一种解释,说明邯郸已出现专门的织网业。总之,春秋时期邯郸手工业已有相当的发展。战国时期邯郸作为赵国都城后,工商业又有了更大的发展,冶铁业和铸铜业是邯郸手工业的主要部门。据《史记·货殖列传》记载:"蜀卓氏之先,赵人也,用铁冶富","邯郸郭纵以铁冶成业,与王者埒富"。[2]938可见冶铁业在邯郸规模是相当宏大的,近年的考古发掘,邯郸古城遗址范围内发现许多冶铁和铸铜遗址也证明了邯郸冶铁行业的发达。邯郸手工业中还有制陶、酿酒、石器制作、骨器制作等部门。

另外,《史记·货殖列传》还有记载"邯郸北通燕琢,南有郑卫",[2]938《战国策·秦策》还有:"赵氏,中央之国也,杂民之所居也",[7]75正是由于邯郸的地理位置处于南北东西交通交汇干道上,所以,邯郸商业也非常发达与繁荣。大商贾吕不韦从政前在邯郸行商,就是邯郸商业发展情况的一个例证。《史记·货殖列传》中还有"齐赵设智巧，仰机利"的记述，也证明邯郸尚经济文化的心理。总之，邯郸不是单纯意义上的政治城市，更主要的是一经济城市，作为一经济城市，所形成的文化更重经济实用，这种文化氛围对生活在赵国的荀子必然会有一种"润物细无声"的作用。

从赵氏发家史来看，赵氏集团同样也有着深远的实用文化传统。赵氏远祖伯益在舜的时代即掌管山泽，繁育鸟兽，其后人费昌、仲衍、造父、处父等皆长于训鸟兽，特别是造父以善御著称，他服事周穆王，并为周穆王挑选良马，驾车载周穆王"西巡守，见西王母"，使周穆王"乐而忘归"。东方淮水流域的徐偃王叛乱，造父"为穆王御，长驱归国，一日千里以救乱"[2]311。以此，造父被赐以赵城，造父即改称赵氏，所以，赵氏先祖实际上相当于今天的匠人，其实用文化传统是显而易见的。赵氏入主邯郸以后，更促进了城市经济的发展，也证明了赵氏重视实用，实业治国的文化内涵。赵氏与邯郸文化上的不谋而合，更促进了实用文化的影响力，荀子从中所受的影响是可想而知的，所以在《荀子·正名篇》中的"散名之加于万物者，则从诸夏之成俗曲期，远方异俗之乡，则因之而为通"[1]403与《战国策·秦策》中"赵氏，中央之国也，杂民之所居也"遥相呼应，同样，昭示着赵国以工商业为代表的实用文化精神。

荀子的名学思想有着明显的治世目的和政治理想，在他看来政治高于正名，其实用文化的痕迹跃然纸上。

实现自己的政治理想是荀子正名的最高追求。"名定而实辩，道行而志通，则慎率民而一焉"，[1]403所以，正名是为了辩实，辩实是为了行大道、通大志，如是则"壹于道法，谨于徇令，则其迹长矣"。否则"使民疑惑，人多辩讼"、"名守慢、奇辞起、名实乱，是非之形不明，则虽守法之吏、诵数之儒，亦皆乱也"。荀子在《正名篇》中还提出"明贵贱，辩同异"的正名理想。荀子认为"知者为之分别制名以指实，上以明贵贱，下以辨同异。贵贱明，同异别，如是，志无不喻之患，事无困废之祸，此所为有名也"[1]403显然，辨别贵贱是荀子正名的政治目标。在荀子看来，区别了同异，辨明了贵贱，表达思想就没有互相纠缠的困难，做事就不会陷于困境或失败。

荀子对正名的原则和方法的认识，同样以治世为标准。他提出"同则同之，异则异之，单足以喻则单，单不足以喻则兼"、"名无固宜，约之以命"、"名无固实，约之以命实"等一系列正名原则，最终要达到"远方异俗之乡，则因之而为通"的目标。所以，他认为"名辞也者，志义之使也，足以相通则舍之矣"，"名足以指实，辞足以见极，则舍之矣"。[1]403

荀子对名的分类同样也体现着他的以治世为目标的实用哲学。一方面，他为达到"迹长功成，治之极"的目标，倡导"有循于旧名，有作于新名"，旧名与新名的区分,寄托了荀子厚重的治世内容。另一方面,他还依据对治国是否有直接关系,将名分为刑名、爵名、文名和散名,提出了"刑名从商,爵名从周,文名从礼,散名之加于万物者,则从诸夏之成俗曲期",[1]403其中前三者与治国有着直接关系,而散名则是老百姓交流思想的重要工具。荀子还将名分为宜名和善名,其中的实用文化内涵更加明确。

正是荀子实用文化思想的影响,使他站在统治阶级的立场上,关注的重点并不在名学的研究与发展上,而是如何使国家的统治长治久安;也正是其治世文化的影响,使荀子过分重视思维内容,缺乏对思维形式的系统研究。同时由于中国几千年来重实用的主流哲学的强大影响力,使荀子的名学成为正统,公孙龙的名学成为不务正业的旁门左道,致使中国的逻辑学从开始步入歧途,使中国逻辑学的发展带上了先天不足的缺憾,中国理性哲学发展的一线希望也随之破灭。

参考文献:

[1]《荀子》,人民日报出版社 1998 年版。

[2] 司马迁:《史记》,岳麓书社 1983 年版。

[3] 王宏印:《白话解读公孙龙子》,三秦出版社 1997 年版。

[4] 殷国光、张双棣、陈涛等:《吕氏春秋译注》,吉林文史出版社 1993 年版。

[5] 黄永年校点:《庄子》,辽宁教育出版社 1997 年版。

[6] 顾馨,徐明校点:《春秋谷梁传》,辽宁教育出版社 1997 年版。

[7] 张清常,王栋校点:《战国策笺注》,南开大学出版社 1993 年版。

(原载《邯郸学院学报》2006 年第 1 期)

赵国都城研究

论赵都邯郸与赵国都城研究问题

朱士光[*]

一、关于赵都邯郸研究问题

邯郸是我国的一座重要古都。若按建都历时长短论,仅以其作为战国时期七雄之一的赵国后期都城 158 年计,就在我国多达 220 多座古都中排名第 18 位。[1]33—180加之在它近旁尚有临漳、大名、永年等多座古都所在城市以及由它作为代表的赵文化与以蓟(在今北京市)作为代表的燕文化合组而成的燕赵文化,是中华大地上汉文化圈中几个主要的地域文化之一,因此,邯郸在我国历史文化上是一座十分重要又颇具特色的城市。也正因为如此,1994 年即由国务院批准为我国第三批 37 座历史文化名城之一;而且除历史上屡为史籍所记述外,至近现代还多次成为学术界研究古代都邑的重要代表性城市之一。

论及现代对邯郸之历史与城市特点进行研究,首先还应从考古发掘与研究说起。尽管上世纪 40 年代初日本军国主义侵占邯郸期间,有日本学者曾在赵王城、插箭岭、梳妆楼等处进行过考古调查与发掘工作;但在他们后来发表的发掘报告中,①仍沿袭我国古代学者的陈说,只认为赵王城为战国时期赵都城。显然他们关于赵都邯郸城的判断是不全面的。幸而在他们的发掘报告发表不久,自 1957 年始,我国考古工作者相继在邯郸地区开展了颇为全面的调查、钻探与发掘,发表了多篇发掘报告。如:北京大学、河北省文化局考古发掘队之《一九五七年邯郸发掘简报》(载《考古》,1959 年第 10 期),邯郸市文物

---

* 朱士光(1939—),男,湖北武汉人,陕西师范大学西北历史环境变迁与经济社会发展研究中心教授、博士生导师,中国古都学会会长、中国地理学会历史地理专业委员会委员、国家哲学社会科学基金中国历史学科评审组成员。

① 驹井和爱:《邯郸:战国时代赵都城址的发掘》,日本东亚考古学会"东方考古学丛刊"乙种第七册,1954 年。

保管所之《河北邯郸市区古遗址调查简报》(载《考古》,1980 年第 2 期),河北省文管处、邯郸地区文管所、邯郸市文保所之《河北邯郸赵王陵》(载《考古》,1982 年第 6 期),河北省文物管理处、邯郸市文物保管所之《赵都邯郸故城调查报告》(载《考古学集刊》第 4 辑,中国社会科学出版社,1984 年)等。这就为全面、完整地探讨、研究赵都邯郸城提供了翔实的实证资料。

继考古学者之后,对赵都邯郸城进行深入研究者,有先秦史、赵国史、都城史、城池史、古都学与历史地理学等学科的学者,而在这方面做得既早又颇具深度的当首推侯仁之先生。还在文化大革命尚未结束的 1974 年夏季,侯仁之先生继对首都北京进行了长时间系统深入的研究之后,选定邯郸作为他开展历史城市地理研究的第二个重点对象,在对之进行了实地考察后,写出了《邯郸城址的演变和城市兴衰的地理背景》[2]308—335之长篇论文。在该文中,作者不仅从历史地理学角度,结合邯郸地区地理环境特点及其变化以及社会历史的演进,较为具体地论明了邯郸城自春秋以来直至上世纪 70 年代初二千七八百年间演变历程;并对战国、两汉、金、明等时期邯郸城进行了初步复原,特别是对战国时期作为七雄之一的赵国都城邯郸城的复原。在该文中,作者首先通过对史籍文献的释读、分析,又结合地面与地下之考古发掘资料,以翔实的论据,推翻了旧日的地理著作与地方志书,包括上世纪 40 年代初期日本学者关于赵都邯郸城的陈说,指明了战国时赵国都城邯郸并非仅为现今邯郸市区西南之“赵王城”,还应包括春秋时期就已形成,后被埋藏于现今城区以内地表以下 7—9 米深处,被学界呼为“大北城”部分。其次,作者还进一步分析证明了赵王城之建成是在战国初期,赵敬侯元年(前 386 年)迁都邯郸时所建的是由西、东、北三座相毗连的小城组成的宫城,是一个政治、军事堡垒;而“大北城”则建成于春秋时期,且当时商贸已很繁荣,冶铁、制鞋等手工业颇发达,赵敬侯迁来建都后,即成为赵都邯郸城之“郭城”。而由此“赵王城”与“大北城”,即“宫城”与“郭城”相组合,才是赵都邯郸城。

侯仁之先生的上述两个学术观点,后遂成为全面准确地研究与认识赵都邯郸城之基石。以后如徐兆奎所撰《邯郸》[3]23—31、陈光唐所撰《太行山麓赵王城——邯郸》[4]171—188与《试谈赵都邯郸故城形成、布局与兴衰变化》[5]333—335、石永士撰《燕下都、邯郸和灵寿故的比较研究》[6]41—42、马正林编著的《中国城市历史地理》[7]60—61、沈长云等著《赵国史稿》[8]255—264、李孝聪著《历史城市地理》[9]84—85,均沿袭上述观点。

当然也有持不同学术观点的,如丘菊贤、杨东晨在合著的《中华都城要览》一书中,对赵国都城邯郸,仍称:“由王城、东廓城、北廓城三部分组成,略为三角形。东廓城南北长 1400 米,东西宽 850 米;北廓城南北长 1550 米,东西宽 1275

至 1508 米；王城南北长 1475 米，东西宽 1387 米。王城有御道通东、北廓城，俗称赵王城。"[10]95—96 又张驭寰在其所著《中国城池史》中，则将赵国都城邯郸径称为"赵武灵王城"，且认为只由东、西两城组成，也可以说分为东西两个部分。[11]44 而曲英杰虽根据考古发掘资料，承认赵都邯郸由"王城"和"大北城"两部分构成；其"王城"又由西城、东城、北城三座小城构成，平面呈品字形；但对王城与大北城之功能却提出了与侯仁之先生等截然不同的见解。他认为"大北城"西北部有一小城，当是春秋时设县之邯郸县城，"大北城"为赵敬侯迁都邯郸后所营建。因大北城将小城包围在内，小城遂成为赵都邯郸之宫城。而"赵王城"建于"大北城"之后，其西城为赵武灵王（前 325—前 299 年在位）所修筑，东城与北城则为赵武灵王子赵惠文王（前 298 年—前 266 年在位）续建。终赵之世，赵王城似只为军事离宫，而不为宫城所在。[12]439—443,[13]78—81

由上述可知，尽管共和国建立以来，对于赵都邯郸的研究已取得长足的进展，但迄今这一领域的研究仍存在许多分歧意见与尚待进一步开展研究的问题。就愚见所及，主要有以下几点：

其一，赵王城与大北城之功能问题。即赵都邯郸之宫城究竟是赵王城，还是在大北城西北之"小城"内。这一问题还牵涉到赵王城与大北城之始建年代。即赵王城是建于赵敬侯元年（前 386 年）还是赵武灵王时（前 325 年—前 299 年），大北城是建于赵敬侯迁都邯郸时，还是建于春秋时期。

其二，邯郸之始建年代问题。史籍曾载，邯郸在春秋时为卫邑，后属晋，战国始属赵。① 迄止上世纪末，学界尚认为"邯郸"一名最初见于史籍记载是在《春秋·谷梁传》中，是卫献公元年，即公元前 546 年事。而当时之邯郸，已是手工业与商业颇为发达的城市。由此可知邯郸城之始建应更早，但究竟早在何年，迄今尚无定论。一般只笼统地说邯郸在春秋时已设县，[12]439 或说"邯郸是东周时代的重要城市"，[14]82 均无较确切之年代与论据。迨到新世纪之2003 年，中国古都学会与太原市人民政府、太原师范学院在古都晋阳所在地——太原市举行纪念古都太原建城 2500 年学术研讨会暨中国古都学会2003 年年会时，邯郸市博物馆郝良真馆长在提交大会的《邯郸古代城市研究的几个问题》一文中，根据唐代张守节在其《史记正义》中所述："《括地志》云，沙丘台在邢州平乡东北二十里。《竹书纪年》自盘庚徙殷至纣之灭二百五十三年，更不徙都。纣时稍大其邑，南距朝歌，北据邯郸及沙丘，皆为离宫别馆"，认为在殷纣王时，即距今 3000 年前已有邯郸，且是一处建有殷王朝离宫

---

① ［清］顾祖禹《读史方舆纪要》卷十五"邯郸县"条、清《嘉庆一统志》卷三十二《广平府》二"邯郸故城"条。

别馆的重要的城邑。[15]446—448此说将邯郸城始建年代向前推至公元前 11 世纪之殷王朝末期。是否可成立,最好能作进一步的论证。而对于一座重要的古都与历史文化名城而言,确定其始建年代应是一个较为重要的学术问题,因而需认真加以研究。

其三,赵都邯郸城在秦之后之城址变迁与城内布局问题。侯仁之先生在前揭他所写的长篇论文中虽作了初步研究,他也一再希望能对西汉时赵王宫城以及金与明、清邯郸县城之确切所在及城市布局,能通过新的考古发现与史籍发掘进一步加以探明;其间还包括结合沁河、渚河等河流之河道变迁进行更为全面的复原。

其四,赵都邯郸之古都文化问题。我曾在多篇文论中,不惮其烦地强调研究古都文化的重要性,将其列为中国古都学当前研究的五个重要问题之一。而综观赵都邯郸,尽管其古都文化资源十分丰富多样,正如邯郸市人民政府在对外进行宣传时介绍邯郸市的材料中所说,邯郸地区拥有女娲文化、磁山文化、赵文化与梦文化、成语典故文化及之后的曹魏建安文化、南北朝佛教文化、大名府文化、广府太极文化、磁州窑文化、近代革命文化等文化序脉。因而值得深入地从多角度多层次开展研究。

二、关于赵国都城研究问题

赵国作为战国七雄之一,甚至被一些学者指为"战国时期除秦以外二等强国";[8]4立国时间从赵襄子即位之公元前 475 年至赵公子嘉在代地被秦军俘获之公元前 222 年,长达 223 年;极盛时,其领土包有今河北、山西两省之大部与今内蒙古、河南、山东、陕西等省区部分地区。因而在整个战国时期,赵国是一举足轻重的大国,在当时之政治、经济、军事、学术文化等多个方面都具有重要之作用与影响。而作为赵国政治、经济、军事、学术文化中心之都城,自当有着特别的地位与作用。然而综观自上世纪以来有关赵国史研究,明显感到对赵国都城研究尚很薄弱。据沈长云教授等著《赵国史稿》所附"主要参考论文目录",在所列起自民国初年止于上世纪末的 262 篇论文中,有关赵国都城耿、晋阳、中牟、邯郸等的论文不过 20 篇;在有关邯郸的论文中,除去考古发掘报告,研究性与记述性文论不过 10 篇。而在所列 95 部"主要参考书目"中,仅有孙继民等著《邯郸简史》(中国城市经济社会出版社,1990 年)、陈光唐等编著《邯郸历史与考古》(文津出版社,1991 年)、赵树文与燕宇著《赵都考古探索》(当代中国出版社,1993 年)等三部。进入 21 世纪后,赵都中牟所在之河南省鹤壁市曾先后于 2000 年 11 月 14 至 15 日、2003 年 8 月 17 至 18 日与中国古都学会联合举办了"中国·鹤壁赵都与赵文化学术研讨会"、"中国古都学会常务理事会暨淇河历史文化资源开发研讨会",促进了赵都中牟遗址之探寻与淇河文化研究。另一赵都晋阳所在之太原市,也先后于 2003 年 8 月 21 日至 24 日、2007 年 8 月 20 日,举行了"纪念太原建城 2500 年学术研讨会暨中国古都学会 2003 年年会"、"建设特色文化名城国际学术研讨会暨山西省古都学会 2007 年年会"。2003 年太原会议后出版了论文集,即《中国古都研究》第二十辑(山西人民出版社,2005 年)。该论文集选录了有关古都太原之论文 31 篇与其他古都之论文 15 篇。太原的这两次研讨会,无疑对促进赵都晋阳与太原市之古都文化建设发挥了积极的作用。此外,2000 年以来,学术界对赵国都城的研究还推出了一些论著。除前述郝良真馆长的论文《邯郸古代城市研究的几个问题》外,在沈长云、魏建震、白国红、张怀通、石延博等几位学者合著的《赵国史稿》中,先邯郸,继晋阳,后中牟,对赵国都城相继作了陈述,对一些问题也作出了判断。此书被著名史学家李学勤先生在为其所写之"序"中誉为"是先秦史研究中的一项重要贡献",是关于赵国的系统著作中的"第一部"。总的看来,此评不虚。然而不足的是,对赵国上述三座都城的介绍是置于该书第九章"赵国的经济与经济制度"中第四部分"赵国的交通、城市与人口"之"城市"标题下,在全书之章节目录中竟未列"都城"。而且对邯郸、晋阳、中牟三座都城之述论,仅限于兴废演变与布局状况,对它们在赵国发展上的作用则很少论及。这些不能不说是赵国史与赵国都城研究上的缺憾!

从上述可知,对于赵国都城的研究,进入 21 世纪以来,虽然已取得了较为明显的新的进展,但从当前全国文化建设要求与中国古都学术研究之发展态势论,还需进一步加强努力。除晋阳、中牟、邯郸这三座赵都各自尚有许多问题有待深入探研外;从整个赵国都城研究而言,下列几个问题也当予以注重:

其一,赵国究竟先后有几座都城。通常的见解是有晋阳、中牟、邯郸三座;但也有学者提出有六座甚至七座都城。如侯仁之先生在《邯郸城址的演变和城市兴衰的地理背景》文中就写道:"赵敬侯迁邯郸之前,赵国的都城已经有过四次的迁移";并在脚注中写明:"赵国始都赵城(今山西汾河中游的赵城),一迁至耿(今山西汾河下游河津县东南),二迁至原(今河南济源县西北),三迁晋阳(今山西太原县),四迁中牟(今河南汤阴县西)。"[2]314前引徐兆奎撰《邯郸》[3]24与李孝聪在新著之《历史城市地理》一书[9]82—83中,均从此说。而丘菊贤、杨东晨在合著的《中华都城要览》一书中,于"赵国的都城"一节里列有"赵历代都邑简表",在赵城前又加上了皋狼邑(在今山西汾县西)一处,共列有七座赵都。[10]96对这一问题,需通过对赵国史的深入研究来辨正这一歧义。

其二,赵敬侯是由中牟,还是由晋阳徙都邯郸。按《汉书·地理志下》赵国邯郸县下载:"赵敬侯自中牟徙此。"而清顾祖禹在《读史方舆纪要》卷一《历代州域形势一》之"赵,河北之强国也"条下,引《竹书纪年》所载:周安王十六年(也即赵敬侯元年,前386年)"赵敬侯自晋阳徙都邯郸"。此条史料虽否定了元代胡三省所持至敬侯孙赵肃侯时始徙都邯郸说,①但又提出赵敬侯是自晋阳徙都邯郸说。此说与前述《汉书·地理志下》所载之赵敬侯自中牟徙都邯郸说,孰是孰非,也是赵国都城史上一大疑难问题,也当通过对赵国史的深入研究予以化解。

其三,则是赵国都城之文化内涵、特征、传承与影响研究。赵国都城不论三都抑或六都、七都,它们除各自具有自身之文化内涵、特色外,彼此间也必然具有一定的文化传承、影响作用。因此需要联系起来,结合这些都城各自为都时赵国之发展阶段政治、经济状况与各都城所处之地域环境,进行深入而又综合的剖析研究,辨析各都城文化之共性与个性,探明其间传承与传播之脉络、规律。这对我们更深入认识赵国古都文化与这些赵国都城之地域文化是十分需要的,也是大有助益的。

此外,我们还可进一步拓宽研究领域,将赵国都城与它们所处区域其他古都,即如将赵都邯郸与燕下都、中山国都灵寿进行比较研究,甚至将之与河北省境内其他古都进行比较研究;也可将赵国都城与战国七雄中其他几个国家之都城进行比较研究,以彰显赵国都城之特色,推进战国史、先秦史与古都学研究。

参考文献:

[1] 史念海:《中国古都概说》,载史念海:《中国古都和文化》,中华书局1998年版。

[2] 侯仁之:《邯郸城址的演变和城市兴衰的地理背景》,载侯仁之:《历史地理学的理论与实践》,上海人民出版社1979年版。

[3] 徐兆奎:《邯郸》,载陈桥驿:《中国历史名城》,中国青年出版社1986年版。

[4] 陈光唐:《太行山麓赵王城——邯郸》,载阎崇年:《中国历代都城宫苑》,紫禁城出版社1987年版。

[5] 陈光唐:《试谈赵都邯郸故城形成、布局与兴衰变化》,载邯郸市历史学会、河北省历史学会:《赵国历史文化论丛》,河北人民出版社1989年版。

[6] 石永士:《燕下都、邯郸和灵寿故城的比较研究》,载中国考古学会:《中国考古学会第五次年会论文集》,文物出版社1988年版。

[7] 马正林:《中国城市历史地理》,山东教育出版社1998年版。

---

① 元代胡三省所论详见《资治通鉴》卷一,胡三省对"邯郸"所作注。

［ 8 ］沈长云等:《赵国史稿》,中华书局 2000 年版。

［ 9 ］李孝聪:《历史城市地理》,山东教育出版社 2007 年版。

［10］丘菊贤、杨东晨:《中华都城要览》,河南大学出版社 1989 年版。

［11］张驭寰:《中国城池史》,百花文艺出版社 2003 年版。

［12］曲英杰:《先秦都城复原研究》,黑龙江人民出版社 1991 年版。

［13］曲英杰:《赵都邯郸城研究》,载《河北学刊》1992 年第 4 期。

［14］李孝聪:《历史城市地理》,山东教育出版社 2007 年版。

［15］郝良真:《邯郸古代城市研究的几个问题》,载中国古都学会:《中国古都研究》第 20 辑,山西人民出版社 2005 年版。

(原载《邯郸学院学报》2008 年第 4 期)

赵都邯郸故城考古发现与研究

乔登云　乐庆森*

　　古城邯郸,不仅是战国七雄之一赵国的国都,而且是西汉及东汉王朝分封的异姓或同姓赵国的政治、经济、文化中心,在历史上占有非常重要的地位。然而,随着时间的推移、环境的变迁、自然和人为的损毁,赵都故址及其相关遗迹,后人已知之甚少;直到现代考古学出现并广泛开展工作后,才使这一局面得到根本改观。对于赵都邯郸故城及其相关遗存的考古探索与研究,除日本侵华时期日中联合对局部地点进行过短期的调查和发掘并发表了《邯郸——战国时代赵都城址的发掘》一书,以及1946年9月在王郎村东北由尹达主持清理过一座大型汉墓(据查即现在的插箭岭墓群四号墓)外[1]52,可以说较为全面的考古调查、勘探、发掘与研究工作,基本上是从新中国建立以后开始的。自20世纪50年代至今,除配合基建工程全面开展田野考古或专题考察,并陆续报道考古资料和研究成果外,有的还根据考古及文献资料,对赵都邯郸故城的地理位置与范围、城市兴衰与变迁、城区布局与功能、建筑设施与特点、人口数量与经济发展以及陵墓分布等问题进行过系统研究,提出一系列非常有见地的认识或推断[2]38—137,[3]49—97。

　　本文拟在前人研究的基础上,结合近年来部分新的考古资料①,就某些相关问题予以进一步的探索。不妥之处,敬请方家指正。

一

　　据文献记载:自公元前386年赵敬侯迁都邯郸,至公元前228年赵国为秦

---

*　乔登云(1956—),男,河北武安人,邯郸市文物保护研究所所长、研究员。主要从事考古学研究,发表学术报告、论文等20余篇,主编有《邯郸考古文集》等专著。

　乐庆森(1951—),男,河北邯郸人,邯郸市文物保护研究所副研究员。

　①　本文所用考古资料,凡未注明者,均为邯郸市文物研究所内部资料。

所破,邯郸作为赵国的国都历经八代王侯,延续时间长达 158 年。并在战国后期发展成为黄河以北人口众多、商业繁荣的最著名的大都会之一。考古资料表明,战国时期赵都邯郸故城位于滏阳河支流沁河与渚河的冲击扇区,即今邯郸市主城区范围之内。沁、渚二河南北两侧丘陵自西东延,至现邯郸市区西部终止,故城即坐落在丘陵的东端及其以东地区,包括各自独立的赵王城和大北城两大部分。赵王城位居西南,由东、西、北三座相互依存的小城组成,正南北方向,平面略呈"品"字形,占地面积约 505 万平方米。城址内外现存高大建筑台基及地下夯土基址 20 余处。大北城位于赵王城东北约 60 余米处,平面近南北向长方形,占地面积约 1380 多万平方米。城垣除西垣北段,即今称之为"灵山"、"铸箭炉"、"铸钱炉"(又名皇姑庙、台地等)、"梳妆楼"、"插箭岭"、"王郎城"等建筑基址或城垣残段局部尚存外,其余全部被淤埋在现地表1—10 米以下。其西北角位于联纺路与京广铁路立交桥西北角的"灵山",西南角在赵王城北小城东垣外,即今庞村附近,东南角在今贺庄村;东垣北段及北垣东段尚未探明,按城垣走向,东北角大体在今联纺路与曙光街交叉口附近。此外,西垣北段"插箭岭"内侧还发现一座"日"字形小城,大城内各动土点也发现有大量窑炉、铸铜、冶铁、石骨制作等手工业遗址及水井、灰坑等生活遗存。结合文献资料基本上可以判定,赵王城当属赵王室的宫城,大北城则属以居民生活和工商业为主的郭城或外城。这不仅是以往数十年考古工作取得的巨大成果和科学结论,而且新的考古资料的发现使我们对此又有了更进一步的认识。

就赵王城来说,虽然近年来开展工作相对较少,但还是有所收获的。其中1997 年 5 月中上旬,邯郸市文物部门为配合邯钢化肥厂住宅楼建设,曾对位于赵王城西小城西垣北段外侧的 13 号住宅楼基槽进行了勘探,并对其南约300 米一线分段进行了探查。在西小城西城垣中心线以西 24 米处发现南北向壕沟一条,壕沟宽约 7—8 米、深约 5 米左右,并继续向南北方向延伸,显然属于护城壕遗址。2001 年 4 至 9 月间,还对赵王城西小城进行了普探调查。城内文化层较薄,但却发现较多的遗迹。在 1 号夯土基址西侧、1 号建筑基址南、西南、东南侧和 2 号夯土基址西侧、北东门内侧等发现古道路 8 段,在 1 号夯土台基北侧、3 号夯土台基西侧和 5 号地下夯土基址以北等地发现地下夯土基址 4 处,在 6 号地下夯土基址的西侧和南侧发现壕沟 2 条,在南城墙外发现有护城壕,并在城内不同地点发现灰坑、水井和一些性质不明的坑穴 40 处。遗物方面,除发现有战国时期常见的筒板瓦和陶器残片外,还在 1 号夯土台基即"龙台"一侧发现有宋金时期的砖瓦等建筑材料。

凡对赵王城有所了解者大都知道,西小城平面近方形,四面城垣及门阙基址尚存,是赵王城三座小城中保存最完整、布局最清楚的城址。城内现存建筑台基5座、地下夯土基址4座。其中规模最大的一号台基,位于城区中部偏南,俗称为"龙台",平面近方形,底边南北长296米,东西宽264米,四面呈台阶状依次升高,传为"宫廷之所";其北尚有台基两座,与龙台构成一条南北向中轴线。

上述新的考古资料不仅更加丰富了西小城的内涵,也进一步加深了我们对这座小城的了解。首先,从现有勘探、发掘结果即可看出以下三点:一是西小城内最主要的遗存为建筑台基和地下夯土基址,而一般日常生活遗迹较少,这说明该城确属赵王宫所在,其主要功能是处理国家政务,而非普通生活场所。二是西垣及南垣外侧护城壕的发现,使我们有理由确信赵王城外围当普遍有护城壕存在。其主要功能不外乎防御和排水两大作用。防御作用虽不比晚期城址的护城河,特别是赵王城地处丘陵地带,地势高差悬殊,不可能蓄水成河,但城壕存在既可提高城墙的相对高度,又可加大攻城的难度则是显而易见的;排水作用对御防洪涝灾害、保护城区及墙体安全的设施也是非常必要的,虽然到目前城内排水系统尚不清楚,但从赵王城城垣上曾发现有铺瓦和排水槽道可知,其排水系统应当是比较完善的。正如有些学者所述,赵王室之所以将宫城定位于西南地势较高的丘陵地带,除居高临下、易守难攻外,或许与防止水患并记取先祖水攻晋阳之难也不无关系。三是王城废弃后基本未再重新利用,宋金时期西小城虽出现过建筑,但规模及时间有限,功能或用途与城市性质亦不相同。而且,据实地考察及勘探材料分析,还可作出以下两点判断:首先是南北轴线以龙台为中心的建筑布局问题。龙台是赵王城内最大的建筑台基,也是西小城内的建筑主体,过去一般均注意到了台基在城内的中心位置及台基本身层层叠叠的磅礴气势,实际上根据城区地貌及现存状况还可看出以下特点:即龙台所处位置属于城区中部制高点,南部略平,东、西、北三面逐级下降,台基周围还有经整修的更大范围的平台,充分显示了其至高无上的突出地位;台基本身东、西、南三面坡度相对较陡,唯北坡稍缓且根部正中有一条突起的土垅向北随地势下延,中轴线北端的三号台基也有同样的迹象,由此说明以龙台为中心的中轴布局还是非常清楚的。至于建筑间的前后顺序或朝向问题还有待进一步研究。其次是部分地下夯土基址的性质问题。截至目前,西小城内已发现地下夯土基址9处,过去一般认为这些都是被破坏的建筑基址,从现有资料来看并不能一概而论。如前所述,龙台外围还有更大的平台,其他区域也有不同的建筑主体,实际上有些地下夯土基址就是因整修或加固台面形成的。

至于大北城,最近10多年来,随着城市建设规模的不断扩大,文物工作者在配合基建工程中曾进行过多方面的文物调查、勘探和抢救性发掘工作,获得了一批重要的资料。其中既有城垣遗址,又有生活遗址和墓葬等遗迹,现简述如下:

城垣方面,除对"王郎城"以北至插箭岭、梳妆楼一带西垣北段地下墙址及插箭岭小城进行过复查勘探外,自1995年以来,还先后在和平路以北曙光街一线的邯郸市第三中学、朝阳路口、人民银行办公楼、邯郸市档案局办公楼、曙光路小学门前、邯郸医专门诊楼东侧至邯郸医专院内、纺织公司医院住宅楼等不同地点勘探发现有东垣遗迹,并对东、西垣部分墙段进行了解剖或试掘。

1995年4月,配合丛台路地下管线埋设工程,于邯郸医专附属医院门诊楼东侧发现南北向地下城墙基址。墙体上部已遭严重破坏,发现有晚期砖窑等。城墙最高点距地表1.3米,残存高度约6.2米;下部2.4米因水未清理至底,但探明底部为污泥。墙体内外分先后两次夯筑,内侧墙体自下向上渐收,横断面呈梯形,距地表深5米处宽约12.5米,夯层清晰,夯窝明显,层厚0.01米左右;外侧墙体斜依内墙并直接修筑在塌落的堆积之上,夯筑较差,每隔数0.1米才出现一些夯层,可能系后期补修而成,包含物极少,当属大北城东垣。

2001年4月,邯郸医专综合楼建设工程施工中,于基槽东侧发现南北向城垣基址,墙体上部已被挖毁。暴露部分南北长约50米,原宽约26米左右,西半部已被叠压在建筑地基之下,东侧现存宽度约15米。城墙最高点距地表深1.7米,残存高度约6米,其中下半部因水位太高未清至底,探明基底以下为黑色淤泥。墙体夯筑分数层内外交错叠压,夯层结构紧密、层次清晰,层厚0.06—0.12米,夯窝直径0.05—0.08米,内含少量战国时期绳纹陶片,属大北城东垣遗址。

2002年3月底至5月初,为配合岭南路污水管线埋设工程,在今插箭岭公园南围墙外管线经过处,发掘清理104平方米,发现南北向城墙基址。墙体由东西两半部分组成,宽30余米。东半部墙体为较纯净的黄色夯土,底宽近20米,残高2.8米,夯筑较好,夯层一般厚0.08米左右,圆形夯窝,直径0.04—0.06米;而西半部墙体为含有较多红白色膨胀土的夯筑土,质量不一,墙体斜靠在东部墙体上,说明墙址经两次修筑或加固,并显示出建筑的先后关系。城墙西侧有一条口宽0.6米、深0.9米的小沟,内填冲积的红褐色淤土;沟外侧还有一条口宽约6米、深1米多的排水沟槽,两者也应有早晚之分。遗址中还出土一些铜箭头和少量陶器残片。从墙体位置、走向、结构来看,当属大北城西垣基址。

生活遗址及墓葬方面,在今东至曙光街、西至建设大街、南至渚河路以南、北至联纺路以北即大北城范围内,经勘探的数 10 个地点地表 1—10 米以下,普遍发现有古代生活遗址。其中清理发掘 10 余处,多数与两汉及更晚的遗存叠压在一起,并有少量墓葬发现。

2000 年 12 月,在邯郸市博物馆地下库房深 6.3 米的基槽内,发现并清理陶圈井 3 口、土井 1 口、灰坑和墓葬各 3 座,除墓葬明显为战国时期、两座灰坑为北朝至隋代外,其余全部为战汉时期。出土物包括大量陶井圈、绳纹筒板瓦、空心砖、圆底盆、折腹碗、浅盘豆、罐、瓮等建筑材料和陶器残片,而且还发现有残铜环、蚌刀及铜炼渣、猪骨、鱼骨等遗物。同时略早的墓葬、密集的水井区和铜炼渣,表明了该区域一种特别的用途和年代关系。

2002 年元月中旬,为配合邯郸市中心医院病房楼建设,在陵园路北侧距地表深 7 米的建筑基槽内,发掘 49 平方米。清理出战汉时期灰坑 4 座、汉代砖砌房屋墙址 1 段及唐墓两座,并在地槽东侧发现大量铁炼渣堆积,包含物除战汉时期的砖瓦和陶片外,地层中并有西汉末年的铜钱出土。

2002 年元月下旬,在和平路与陵西大街交叉口东南角金正城市广场深 6 米的地槽内,发掘 39 平方米。槽内表层为大面积北朝至隋代文化层和灰坑,距地表 7.5 米以下发现战国时期的灰坑,坑底距地表深 9 米以上;另在地槽西壁距地表深 3.5 米处发现有南北向古河道。

2002 年 7 月下旬至 9 月初,在大北城西垣"王郎城"段南侧的百花小学建筑工地,对探明的部分遗迹进行了清理,揭露面积 28 平方米。在距地表深 1.2 米处清理出一处建筑基址,上层为宽 2.15 米、呈东西走向的夯土,厚度在 0.55—0.63 米之间,由黄、黑混合土夯筑而成;其下铺设一层大小不一的石块,大者长 1.4 米、宽 0.7 米、厚 0.2 米左右;夯土北侧地层内出有少量绳纹板瓦、筒瓦、瓦当、空心砖及折腹碗残片等。在基址东北方向数十米处还清理了一口陶圈井,水井附近还发现 4 座小型战国墓葬。水井开口于现地表下 0.5 米处,深约 3.2 米,由 8 节直径 1.25 米、高 0.39 米、厚 0.04 米的外饰绳纹的陶井圈叠筑而成。井内填满筒板瓦、瓦当等建筑材料,以瓦件平面覆盖面积测算,可达 20 多平方米;筒板瓦表面饰绳纹,筒瓦直径约 0.12 米、板瓦宽度约 0.3 米,长度均在 0.40 米左右,瓦当均素面无纹,具有战国至西汉早期特点。水井中大量建筑材料的出土,说明周围当有大型建筑存在,很可能即与前述建筑基址有关,两者的使用年代或许即属同一时期,而战国墓葬的发现也有助于相互年代的判断。

根据上述材料,现就大北城有关问题谈几点看法:第一,大北城地下城垣基址问题。关于东垣基址,过去仅在和平路以南探明长约 1760 米(实际长度约 2000 米),现和平路以北邯郸市第三中学至纺织公司医院长约 2180 米也已大部探明;而且邯郸市档案馆办公楼下地质勘探时还发现有大型石块等遗物,怀疑与城阙遗址有关,可惜未能发掘,但东垣北端长约 600 余米及北垣大部至今未曾发现,一方面可能因工作开展较少或受地面障碍物、地下水位等客观条件限制尚未探明;另一方面也不能排除该段城垣局部或全部已遭破坏或冲毁的可能,这从已探明的东垣北端现纺织公司医院以北数十米、地表下 6.5 米内均为淤积而成的黄沙土或可得到说明。从城墙构筑情况来看,除发现有二次修筑或加固现象,说明城垣经长期使用或再次维修利用外,插箭岭一带西垣外侧还发现有护城壕存在,说明大北城与赵王城在排水系统上具有同样的特点。第二,城区布局及有效利用问题。城区内普遍有战国文化层或水井、铜铁炼渣等生活、手工业遗迹存在,其中邯郸市博物馆地下发现有密集的水井及铜炼渣,邯郸市中心医院地下则存在较厚的铁炼渣及红烧土堆积,说明该地及其周围当存有铸铜或冶铁遗址,为确定城区内工商业区及居民生活区的分布提供了线索。此外,在城区内今市博物馆、百花小学两地还发现 7 座战国墓葬,从年代看似超不过赵迁都邯郸之前,若无其他特殊原因,只能说明当时城区范围较大,部分地区人口密度较小,城内尚有空闲地带,并未完全利用。第三,赵都邯郸故城的兴建年代问题。虽然对赵王城三座小城及大北城城垣的具体修筑年代存在着各种各样的认识,但对于赵都邯郸是以春秋时期的邯郸城为依托逐渐发展起来的观点人们并无多大怀疑。然而,就现有考古资料来看,邯郸城区范围内几乎没有春秋时期文化遗存的发现,故城周围墓葬中也基本上没有发现春秋时期的相关资料,当然,最大的可能或许与该遗存埋藏较深而我们的工作开展有限有关,同时也不排除春秋至赵迁都邯郸之前邯郸城的位置也存在位移或变化的可能。因此,这也是文物考古及历史研究工作者今后应当努力探索并解决的课题。

二

据文献记载:西汉时期,自公元前 203 年至公元 9 年,邯郸先为张氏赵国继为刘氏间吕氏赵国的国都,不计除国及绝封时间,凡十三王 209 年;东汉时期,自公元 29 年至 213 年,刘氏赵国仍以邯郸为都,不计削王为公时间,凡八王 178 年。邯郸城作为两汉时期赵国的国都前后延续近 390 年,并在西汉后期发展成为享誉天下的全国"五都"之一。经文物考古及历史工作者长期调查研究而断定,两汉时期的赵都是在战国时期赵都邯郸故城大北城的基础上发展起来的,并且很可能存在旧、新二城,代表了不同的使用功能或年代阶段;城区有效利用范围也在不断变化,反映了赵都邯郸的兴衰过程。

现已初步查明,今邯郸市城区之下,确有两座相互交错套叠的地下城址,其一即战国时期初建、汉代整修沿用的旧城(即大北城),另一座可能即后期另筑的新城。关于汉代邯郸旧城,过去所发现的考古资料及相关论述较多;至于邯郸新城,则是根据旧城内所发现的两段地下城墙而提出来的。大家知道,早在20世纪90年代以前,在汉代旧城即大北城内曾发现两段地下城墙。一段位于西汉温明殿基址西侧300米处,南北走向,北起今常谢庄、南至北货场,全长900米,有的认为属汉代“赵王宫的西壁”。[3]84另一段位于今贸易街南侧东西一线,探明两处:偏东一处与大北城东垣相交并东延130米至光明大街原国棉一厂西围墙外,向西长约300米,据深度判定,交叉点墙址当叠压在大北城东垣之上,偏西一处在邯山路口附近,长约70米,两处及间距连线全长约1280米;有的认为属战国以后城垣缩小而修筑的邯郸城南垣,[4]162—195有的则认为“这段城墙应视为东汉邯郸城缩小而筑的见证”。[2]135现就旧、新两城新的发现情况及所涉问题谈一下初步认识。

近10多年来,文物工作者在配合城市建设中,对大北城内地下城垣基址广泛开展工作,又有不少新的发现,有的取得了突破性进展。其中汉代邯郸旧城亦即大北城城垣基址的主要发现已如前述,一是在现和平路以北沿曙光街一线的邯郸市第三中学、朝阳路口、人民银行、邯郸市档案局、曙光路小学、邯郸医专附属医院门诊楼、邯郸医专院内及纺织公司医院住宅楼下陆续发现了东垣墙址,使东垣已知长度由原来的1760米增加到4180米;二是邯郸市档案局办公楼下发现有大块石料,可能为东垣门阙基址。有关邯郸新城基址的主要发现有三:一是1996年至1997年间,在配合望岭西路南侧商业网点(常谢庄村南原罐头饮料厂)建设工程中,清理一段地下城墙遗址。墙体自南向北折而转向东北,伸入望岭路之下。二是2000年2至3月间,在浴新大街以东150米、贸易街北侧数米邯郸市第二运输公司住宅楼工地进行勘探时,于地表2.7米以下发现一处由东向西折而北转的城角遗址,转角处墙宽约30米,两侧墙体宽约20米,残高4.3米。为了解城垣的大体范围,又对城角两侧墙体进行了追踪探查。向东沿贸易街两侧分别在邯山路口、邯郸市第二医院门前、邯郸县建筑公司大门东侧、中华大街路口等地现地表2.5—2.8米以下发现城墙基址,与过去探明的相交于大北城东垣的墙址连为一体,全长约1900米;向北依城墙走向分别在劳动路路南侧、陵园路大时代影院对面(路南)地表3.5米以下发现同样的城墙基址,最远处与城角直线距离约440米。三是1995年3月,在曙光街路东邯郸市纺织公司医院住宅楼工地进行文物勘探时,发现大北城东垣墙址由此向北断缺,却出现“丁”字形东西分支墙体。东支伸入医院院内,追踪长约100米;西支偏向西北,追踪长度30余米。向北未探出墙址,或许已遭破坏,估计应似贸易街城垣和大北城东垣关系,亦呈"十"字形相交。如从宏观角度对上述不同地点进行整体考察将不难看出,这实际上是现邯郸市城区范围内一座新的区别于战汉时期大北城的地下城址。其中西垣,南起贸易街西端城角(邯郸市第二运输公司住宅区三号楼基下),中经大时代影院、铁路北货场及温明殿西侧,北至常谢庄村南望岭路(原罐头饮料厂)城墙转角,恰成南北一条直线,全长约3350米;南垣西起贸易街西端城角,沿贸易街并跨越大北城东垣,东延至原国棉一厂西围墙,全长约1900米;北垣自纺织公司医院院内向西,于该院住宅楼下穿越大北城东垣并按走向西北延,恰与望岭路城墙转角相交,两端连线长约2100米;东垣虽未探明,但从光明大街以东地下早期遗存较少分析,该垣向东亦不会太远,或许即在光明大街一线两侧,依南、北垣东端连线全长约3060米。这样便构成一座以贸易街城角为西南角、望岭路城角为西北角、东南角在原国棉一厂附近、东北角在纺织公司医院一带且与大北城交错套叠的新城址,城区总面积约640多万平方米,约相当于战汉时期大北城的二分之一。

要想搞清邯郸旧、新两城的修筑、使用年代及相互关系,需要了解城垣本身的包含遗物及不同遗存间的叠压、打破关系;同时,也必须了解城区内各文化遗存的分布状况及其年代。早在日本侵华时期,大北城西垣及其附近的"插箭岭"、"梳妆楼"等地即发现过西汉时期的建筑遗迹、遗物及新莽货币等。建国初期至20世纪90年代以前,文物工作者不仅确认包括1946年发掘的西汉赵敬肃王之孙象氏思侯刘安意墓[5]51—58,[6]44在内的插箭岭汉代墓群部分墓葬位于城内;而且,在"王郎城"墙体内侧及上部发现有东汉时期修筑加高的夯层、墙体外侧及其附近发现有新莽以后的小墓,还在城区内各动土点发现有大量战汉时期的炼铁、铸铜、烧陶、制骨、石作、水井等遗迹遗物和少量小型墓葬,为判定邯郸新、旧两城的修筑和使用年代提供了重要依据。近10多年来,随着基建规模的不断扩大,新的考古资料也越来越多。除战国大北城讨论中所涉遗存外,较重要的考古发现还有以下多处。

1991年5月,曾对贸易街邯郸市第二医院门前新城南垣地下墙址进行过试掘。墙址发现于现地表2.5米以下,墙体残高约4米,内侧因现代路面叠压而未能清理,外侧根部以上发现有厚约1.5米的汉代文化层及数座打破文化层的东汉晚期贫民墓葬,墙体上部亦被一座唐代小型砖墓打破,反映了墙体与不同遗存间的年代关系。①

2003年3月,对曙光街与朝阳路交叉口西南角某商住楼基槽内探明的一

---

① 本资料由原发掘者刘勇提供。

段旧城东垣墙址进行了发掘。该墙体保存较好,最高点距现地表1.3米,现存高度达7米,夯层厚度在0.05至0.15米之间,一般厚0.1米左右,圆形夯窝,直径0.045米。在墙体东侧根部还发现有道路,墙体上部发现有打破城墙的瓮棺葬和火塘各1座,出土有砖、瓦、铁夯锤等遗物,并在墙体上部夯土层中发现部分筒板瓦、细柄豆、厚胎碗、陶水管等战国时期的陶器残片和一枚"半两"铜钱,对判断城墙的维修和利用年代极具参考价值。

1991年4月中下旬,配合陵西大街西侧日月城商场建设工程,在现地表5.5米以下、共50平方米范围内,清理灰坑15座,并发现有夯土墙、排水道等遗迹,出土战国、汉代、北朝、唐宋等不同时期的文物百余件,首次发现了北齐时期的文化遗存。1998年3月间,还在其南的康德超市深达6米的地槽内发现了战汉遗址,清理陶圈井1口,小型唐墓3座。

1997年12月,为配合新世纪商业广场建设工程,在距地表深6—6.9米的地槽内,发掘清理40平方米,发现道路1条、陶窑1座、水井3口、灰坑2座,并出土大量战国晚期至西汉前期的碗、钵、盘、豆、壶、罐、瓮、量等陶器残片以及筒板瓦、瓦当等建筑构件,有的陶器上还带有文字戳印,另有少量铜钱。

2001年9月至10月,在丛台路南侧春厂农贸市场距地表深4米的基槽内南北两侧,发掘清理100平方米。南侧发现长10.5米、宽3米的卵石面一处,其上叠压一层石板铺砌的不重合斜坡状路面或踏道遗迹。北侧发现先后两层陶质排水管道,下层管道距地表深约7米左右,并列两排,揭露部分长8米,由圆形陶管套接而成,南北走向,略呈南高北低状态,北端伸入一条东西向排水沟内,沟沿铺砌卵石护堤;上层管道距地表深约6米,残存长度约3米,由单排圆形陶管套接,自南而北流,北端伸入一条口宽约1米左右的排水沟内,该水沟并将下层排水管道打破。南北两组遗迹间距约16米,其间未能清理,不过从走向看,两者之间当有直接关系,而且,地层堆积中均发现有大量筒板瓦和较多的红烧土块等,说明附近可能还有其他大型建筑遗迹。此外,遗址中还发现有碗、盆、瓮等陶器残片,并有五铢钱1枚,说明建筑遗迹的年代上限不超出汉代。

2001年11月下旬,为配合邯郸市电业局南变电站工程建设,在贸易路西端、浴新大街西侧一座深6.2米的建筑基槽内,试掘25平方米,发现土井两口。出土物中包含有筒板瓦、卷云纹瓦当、碗、盆、豆、瓮等陶器残片和"半两"铜钱等,瓦当中还有一片带有"千"字,应是"千秋万岁"瓦当残片,时代约为西汉时期。

2002年7月中旬至8月初,在人民路北侧、新世纪商业广场东侧邯郸市电业局变电站建设工地,开挖探方两个,计42平方米。一号方内发现有路面及排水沟槽 4 条、灰坑 3 座、婴儿墓葬 15 座。路面呈东西向,分早晚两期,晚期路面距地表深 6.8 米,路土分上下两层,厚约 0.5 米;早期路面深 7.6 米,路土可分四层,底部路基系夯筑而成,厚达 1.2 米。排水沟槽与路面走向一致并配套使用,亦有早晚之分,早期沟槽与早期路面相对应,可分三层,下层为土沟,中层为陶质排水管道,上层为砖石结构排水沟槽;晚期仅一层,为土沟式。由此说明本道路延续使用时间很长,当属赵都邯郸城内最主要街道之一。婴儿墓开口层位不一,相互之间打破关系复杂,墓葬结构有砖砌、石板、瓮棺、土坑之分,代表了不同年代、不同居民的丧葬习俗和特点,也反映了与本道路间的时空关系。有的灰坑叠压于早期路面之下,确立了道路修筑的时代上限。二号方主要发现三座灰坑,有的较深,可能为废弃坍塌的土井,坑内均出土有大量的建筑材料和日用陶器残片。

2003 年 2 月中下旬,对位于人民路南侧、郝庄村北的华信大厦基槽地下遗址进行了小型发掘,揭露面积计 65 平方米。在距地表 7.3 米以下,发现道路 1 条、灰坑 1 座、水井 1 口、婴儿墓葬 14 座。道路呈南北向,灰坑和水井中出有大量陶器残片。墓葬结构分砖砌、陶棺、瓮棺(以釜、盆、瓦、陶器残片等为葬具)等几种,一般头向东,少数头朝北,有的还以铜钱随葬,为墓葬时代判断及城市布局研究提供了依据。

根据原有考古资料及新的考古发现,我们基本上可以对邯郸新、旧两城的修筑、使用年代及相互关系作出以下推测或判断:第一,汉代赵都邯郸旧城确以战国赵都邯郸故城大北城为基础,自西汉前期开始曾不断进行维修加固并利用,丛台路、岭南路和朝阳路口城垣段补修加固遗迹,特别是朝阳路口东垣上部夯层中出有"半两"钱币即是绝好的证明。旧城的使用年代可能主要在西汉时期,废弃年代当始于东汉,并有一个较长的逐渐收缩的过程,而彻底或大部废弃当在汉末魏晋之际,这从有关考古资料中也可找到证据。如"王郎城"墙体外侧东汉时期曾维修并加高,而不久又被部分小墓打破,说明旧城西部城垣自东汉开始已得不到有效保护,开始出现破败荒颓现象[4]177-178;但整个城区内除发现部分婴儿墓葬外,仅在局部边缘地带发现少量贫民墓葬,与城垣外侧密集的汉墓群形成明显的反差;且城区内普遍发现有两汉时期的生活遗存,又说明直至东汉时期旧城可能仍在继续延用,只不过城区范围已在日渐收缩,但并未彻底废弃。至于插箭岭墓群,可能系西汉赵王室在城区边缘特意选定的家族墓地。过去插箭岭一带曾探明一座"日"字形小城,一般认为属战国赵王离宫或官署区;所谓"五号墓"即位于小城北侧正中,该城是否与陵园建筑有关,有待进一步研究。而城区内较多的婴儿墓葬,不仅说明当时婴幼儿的死亡率较高,而且还体现了中华民族尊老爱幼并将幼儿就近或就地掩埋的传统美德和文化习俗,当与城市废弃与否无关。第二,邯郸新城的年代上限当不晚于西汉,这从南垣叠压在旧城东垣之上及南垣外侧墙体根部被厚约1.5米的汉代文化层叠压即可得到证明;而且,最初修筑新城的目的可能并不是为了取代旧城,而是别有用途。因为新城南垣处于汉代旧城之内,既然新城外存有较厚的汉代文化层,只能说明新城在旧城废弃之前即已建成,至少在某一阶段甚至较长时间内两城曾同时使用。那么,新旧两城究竟属于什么关系,或者说新城属何性质或功能何在呢?作为汉代赵王宫城,显然面积太大,城内堆积与之亦不相符;作为西汉赵都城区全部,显然范围太小,既与邯郸所处全国"五都"地位极不相称,又与两城同时使用相背;作为东汉都城全部,若非利用前代城址,也同样存在为何新城并未取代旧城、两城又同时使用间的矛盾;而且,无论何种可能,均无新城局部位移于城外、城内仍保留旧垣之必要。因此,我们认为新城最大的可能,应是汉代赵都邯郸旧城内用于对付外敌、特别是洪涝水患的内城或防御设施,并逐渐成为城区收缩、人口聚集的中心;同时,也不排除随着外围旧城逐渐废弃,最终演变为邯郸城全部。

众所周知,邯郸城区东部地势低洼,战汉文化层一般被淤埋在现地表6米以下,特别是东垣及其以东地区,城垣基底以下多为黑色污泥,说明战汉时期为大面积洼地。而且,西汉赵王刘遂参与吴楚"七国之乱"时,即曾遭到郦寄、栾布引水灌城攻击,以致城破而自杀;[7]214~215 现旧城北垣东段至今未能探明,东垣至纺织公司医院断失而新城北垣恰交于此处,其间存在某种联系亦不无可能。换言之,旧城东北角两侧城垣未能发现,是否即与此次毁城史实有关;新城北垣呈东南至西北走向恰与旧城缺失部分相应,是否就是因旧城被毁而建,应是值得考虑的。至于新城东延至旧城外,可能也是基于东部地势低洼,为保护旧城东垣而修筑的。如果上述推测能够成立,那么邯郸新城的修筑年代也就不难确定,新旧两城间的关系或矛盾也就迎刃而解了。至于新城的下限,根据城内既有两汉时期文化层堆积,又有较多北朝至隋代文化遗存分析,其延用时间当在北朝以后,彻底废弃可能在唐代之前。

此外,根据原有考古资料及新的考古发现还可看出:两汉赵王宫殿区当主要位于今展览路东西一线以北新城范围内。其内不仅现存有"温明殿"、丛台等著名的大型宫殿建筑基址,而且在今丛台路以南的春厂农贸市场地下发现有较宽的卵石面、料石坡道及双层排水管道、壕沟等重要建筑遗迹。旧城西北"梳妆楼"、"铸钱炉"一带西汉时期也曾建有宫殿式官署建筑并作为官方冶铜铸造业基地;其西南"插箭岭"一带西汉中后期并辟为刘氏王侯墓区。人民路两侧及其以南则为居民生活区及工商业区,地下遗存比比皆是,并以新城范围内文化层堆积最厚、文化遗物最丰富。城区内道路纵横、交通发达,并有较为完善的排水设施,其中人民路变电站工地发现的道路,据排水槽道可知为东西向,路面分上下两层,不仅路基堆积之厚、沿用时间之长非常罕见,而且恰与其东约 400 米处、推测为东垣门阙基址的市档案局位于同一直线上,应是邯郸城内最主要的交通大道之一。从道路及建筑基址旁的排水管道、沟槽可知,当时邯郸城内有着比较完善的排水系统和设施。这些基本上反映了汉代赵都邯郸城的大体布局及道路、排水系统等公用设施的大致情况及特点。

三

居址与墓葬,既是互有区别、不容混淆的两种现象,又是互有联系、不可分割的同一整体。居址是人们生前必需的生活场所,冢墓则是人们死后常见的安葬形式。邯郸作为战国至两汉时期长达 550 多年的赵国都城,自然会留有众多的王侯陵寝、贵族冢墓及平民墓葬,对其加以发掘和研究,将可获得大量居址无法包容和反映的信息,加深我们对赵都邯郸故城及其相关问题的认识和了解。

自新中国成立以来,文物工作者在对赵都邯郸故城进行全面勘察的同时,也对故城周围战汉时期的陵丘冢墓进行了大量的调查、发掘等工作,取得了较大收获。据不完全统计,截止 20 世纪 90 年代初期以前,一是在城区周围及附近郊县调查发现了插箭岭、郝村、王郎、百家村、彭家寨、西大屯、西小屯、张庄桥、马头、车骑关、北张庄、林村、户村、三陵乡、温窑等大型墓群或陵墓 10 余处,计 100 余座墓葬,并在车骑关、张庄桥墓群及周窑三号陵内发掘数座[8]597—605,出土大量珍贵文物。二是在城区内外及近郊发掘清理战国至汉魏墓葬 300 余座。其中包括城区东门里汉代贫民墓及婴儿瓮棺葬 14 座[9]11—17,西郊百家村至林村一带战国墓 102 座、车马坑 6 座、汉魏墓 20 余座[10]531—536,[11]613—634,王郎城西及彭家寨新村战汉墓 100 余座[12]72—73,插箭岭西山战汉墓 20 余座,邯钢厂区周围战国墓 10 座、汉墓 14 座,等等。文物考古及历史工作者并据此推断,邯郸西北三陵乡及永年县温窑一带当属战国赵王陵区,西郊百家村至齐村一带为战国贵族墓地,西南郊为两汉赵国王公贵族墓区和平民墓地。近 10 年来,文物部门除对战国赵王陵再次进行了全面调查外,还在配合基本建设中对城区周围探明的地下古墓进行了及时的抢救性发掘工作,获得了一大批非常有价值的实物资料。现从赵国王陵区和贵族、平民墓地两个方面予以简要概述,并就有关问题谈些看法。

(一)战国赵国王陵区

战国赵王陵区位于邯郸西北 15—20 千米处,即邯郸县与永年县接壤处的紫山东麓丘陵地区,包括 5 座陵墓。其中邯郸县三陵乡一带三座,俗称为"三陵"或一、二、三陵台,永年县温窑村附近两座,俗称为温窑陵台;1993 年以后统一编号为一至五号陵,定名为战国赵王陵。

　　自 20 世纪 50 年代以来,文物部门曾对赵王陵进行过多次调查,1978 年还对三号陵西北角一座带封土的陪葬墓进行过发掘。1998 年至 1999 年间,二号陵和四、五号陵相继被盗,为配合案件查处并加强保护,1998 年 10 至 12 月市、县文物部门曾进入二、四号陵被盗墓室进行现场勘察,并对二号陵进行了初步钻探。2000 年 3 月以来,省、市文物部门又联合进行了多方面的调查,除对 5 座陵进行详细踏查和测绘外,还重点对二号陵进行了全面铲探和试掘调查。据调查可知:5 座陵均坐西朝东,以山为基,由陵台、神道、主墓、陪葬坑、陪葬墓、建筑址等几部分组成。陵台系将山顶削平并整修而成,多呈覆斗形方台体,顶面南北长 156—342 米、东西宽 74—215 米不等;台面周边均经夯打加固,原筑土墙或回廊式内宫垣、东侧设门阙;三号陵台外围还发现有陵园墙。神道均位于陵台东部,呈斜坡状,长 130—290 米、宽 60—70 米不等。主墓居台顶中部,其中一、三、五号陵各一座,二、四号陵各两座,封土高 6—11 米。三号陵为长方形覆斗状,余均为方形覆斗状,前者南北长 72 米,东西宽 34 米,可能也属两座主墓并列而成。墓室结构部分已经初步查明,其中四号陵北主墓为竖穴土坑木椁结构,封土顶部距墓底深 32 米,下部已坍陷,底部向上高 13 米处尚留有高约 2 米的空洞。二号陵两座墓均为带前后墓道的"中"字形大墓,全长均在百米以上,且北墓为洞室结构,即由山体东西两侧凿出斜坡式墓道,进而凿入山体内腹形成岩洞式墓室,封土顶部距墓底亦深 32 米;墓室平面呈方形,边长约 11 米,顶部原貌不详,现坍塌为穹窿状,通高 17 米。室内下部积炭及淤积、塌落土石厚近 9 米,似经早期盗扰;已追回近期被盗文物包括圆雕铜马 3 匹、兽面铜铺首 1 件、透雕金牌饰 1 件,另有方形穿孔玉衣片及圆形、圭形玉片 200 余片;盗洞中还残剩玉衣片 15 片和少量铜器碎块。陪葬坑多在东墓道南侧,一般二至三座,以车马坑为主,个别为模型明器"偶车马"坑穴。建筑基址多在台面西北角及其下侧,有砖瓦砌成的建筑散水和甬路等。陵台下还有数量不等的陪葬墓,其中二号陵探明 23 座,均位于陵台东侧台下,少数为带一条墓道的"甲"形大墓,有的尚存有低矮封土;三号陵的两座分别位于陵台西侧南、北两角台下,均存有高大封土,西北角墓葬 1978 年已经发掘,亦呈"中"字形、东、西两条墓道,全长达 77 米,西南角墓葬规模更大。

　　根据上述材料可以看出以下明显特点:一是墓向全部为坐西朝东,陵墓均以山为基并筑有大型陵台,四周设宫垣墙,东侧设斜坡状神道。二是墓葬结构至少可分竖穴木椁式和崖洞式两种,后者首开洞室结构王陵的先河。三是陵台上多有车马等陪葬坑,并最早出现以"偶车马"陪葬现象;随葬品中还首次出现玉衣或护甲玉片、圆雕铜马等。四是陵台下均有数量不等的陪葬墓,主陵与陪葬墓间主次分明。五是建筑基址多位于陵台顶部西北角及其下侧,封土上不见享堂等建筑遗迹。

(二)战汉贵族墓区及平民墓地

战国贵族墓葬,过去多集中发现于沁河以北今百家村至齐村一带,有的位于丘陵顶部或半腰,部分尚存有高大封土。经发掘的墓葬较多,大部分已遭盗掘。墓向除东西向外,也有较多的南北向。墓室全部为竖穴木椁结构,多有二层台及壁龛发现;较大型墓葬还有"积石积炭"等防盗防潮设施或车马坑、人殉等陪葬现象。随葬品以鼎、豆、壶等铜器或仿铜陶礼器及兵器、车马器为主,并有较多的玛瑙、玉饰等,多者可达 150 余件。墓区内也有较多的小墓,随葬品多者 10 余件,少者仅数件。

两汉赵国王公贵族墓葬,多位于城区西部附近及西南郊丘陵边缘及其东侧。由于多数未经发掘,所以西汉与东汉墓区分界及各自特点还不太清楚。总的来看,除插箭岭西北郝村墓群位于丘陵顶部外(也许属战国贵族墓),其余多座落在丘陵边缘地势相对较高、周围较平缓的地带,且均有规模较大的封土。据已经发掘或被盗墓葬可知,墓葬形制结构差别较大。其中 1946 年发掘的插箭岭墓群四号墓,仅知为砖拱结构,随葬有较多穿孔玉衣片,有的孔中残留铜锈,可能为"铜缕玉衣",并伴有鎏金铜饰、嵌琉璃铜饰和陶舞俑等,据说为西汉赵敬肃王之孙象氏思侯刘安意墓[5][6],无论其因何归葬于祖茔内,肯定遵循了赵室丧礼祖制。1970 年至 1972 年于城南张庄桥村发掘的两座大墓,均为单墓道多室砖墓,坐北朝南,室长 20 余米。其中一号墓仅盗余文物即包括战国铜鉴、"建元"鎏金大爵樽、"永元"铜洗、长颈投壶、带架熨斗、鎏金三足薰炉等大型铜器和成组陶器、玉衣片、各类铜铁骨角饰品数百件及"五铢"钱 5 万余枚。发掘者认为,两墓年代均为东汉晚期,墓主人不出赵末三位侯王之外。[3]95 1975 年发掘的车骑关一号墓,封土高大,北与二号墓南北并列,坐西朝东,单墓道,平面呈"甲"字形,墓室为石砌拱券式,长约 16 米,宽、高均在10 米左右,拱顶及壁外填积砂石;椁室为"黄肠题凑"结构,即由柏木心方木构筑而成,平面呈"回"字形,棺椁已被早期盗扰并烧毁;随葬品仅剩成套鼎、壶等大型陶器 40 余件和残碎铜器、鎏金饰品、玉石饰件等近百件,铜器碎件中并有西周铸造精美的大型方彝等;墓葬年代约当西汉末年,墓主当属赵国某王之一。[3]97 另据 1998 年盗掘北张庄墓群十号墓疑犯口供获悉,该墓由较厚的方木垒砌(未进入墓室),未发现砖石等材料,当属竖穴木椁结构。

此外,1995 年以后,还先后在城区内及西、南郊 40 多个地点发掘战国至汉魏墓葬 1000 余座。除少量贵族墓葬外,基本属于平民墓葬。因尚未系统整理,所以,准确年代还有待进一步分析和研究。现据发掘资料初步分作战国、西汉、新莽、东汉等四期(详见附表1)。

现对附表 1 简要说明如下:

一是表内所列墓葬仅限于战汉时期,而且除个别地点外,并非该墓群墓葬的全部,而是限于动土区内的一小部分,如邯钢新厂区,墓葬多成片套叠,相互打破,仅探明部分即达 1000 余处,实际数量至少可达数千座,其他各地也有同样现象。二是表内时代划分与实际年代并不完全一致,年代判断也可能并不十分准确。其中秦代墓葬尚未识别,应含于战国末期和西汉早期墓中;新莽墓葬约包括西汉末期至东汉初期;东汉墓中也有少量可能晚至曹魏,但大致年代当不会有太大出入。三是目前所见墓葬,多发现于故城西南城郊;城区内仅发现市博物馆、百花小学、人民路变电站、信华大厦、丛台酒厂梅林大厦等 5 处,而且除前两处共 7 座墓葬外,另三处均为婴儿葬。四是战国墓中以齐村墓群和百家村墓群两地墓葬较集中,规模也较大,复兴区地税厅下也发现有以五鼎等较多仿铜彩绘陶礼器随葬的中型墓葬。其中齐村墓群内还发现一座曲尺形车马坑和两座马坑,前者殉马 24 匹、狗 1 条、车 8 辆,后者各殉马 10 匹、狗 1条。其他各地也多有鼎、豆、壶等陶礼器及玛瑙、玉饰随葬的墓葬。五是各墓区内墓葬大小、随葬品多寡并不一致,可能反映了当时以族而葬的特点。

大家知道,墓葬既是一种常见的文化现象,也是一种特殊的社会现象。墓葬形制规模及随葬品种类数量,不仅直接受到人们的思想意识、文化传统及丧葬习俗的支配和影响,而且还会受到社会生产力与生产关系及经济基础与上层建筑等各种因素的制约。换言之,墓葬实际上是不同时期现实社会的一种缩影或另一种反映形式,可以从中得到大量政治、经济、军事、思想、文化等方面的信息。现仅据本文所述材料就战汉墓葬的分区、贵族墓葬的差异及墓葬数量与人口间的关系谈几点认识:

第一,战汉墓葬的分区问题。从不同时期墓葬的发现情况来看,尽管各墓区的墓葬地层上相互叠压或打破、年代上相互交叉,且大小墓葬间亦交错存在,并无明显的区域界限,反映了古代聚族而葬的文化传统和特点,但局部差异或规律还是存在的。如,战国墓主要发现于大北城以西、赵王城以北的故城西郊地区,并以西北郊较密集,故城南郊则基本不见,其中今复兴路以北、前进大街以西即百家村至齐村一带,墓葬规模较大,有的并有封土或车马坑、殉人现象等;两汉及新莽时期墓葬除西郊较密集外,大北城以南、赵王城以西的故城南郊和西南郊亦有较多发现,但西北郊齐村一带却非常少见,带封土大墓以插箭岭一带及西、南远郊数量较多等。因此,基本上可以划定,故城西郊及其以北为战国墓葬分布区,其中今复兴路以北、前进大街以西即百家村至齐村一带当属战国贵族墓葬区;西郊及其以南则属两汉墓葬分布区,今插箭岭一带及西、南远郊属汉代王公贵族墓葬区。

第二,战汉贵族墓葬的差异问题。从上述墓葬材料可以看出,战汉贵族墓葬间的区别及特点还是非常明显的:一是战国墓多位于地势较高的丘陵地区,有的并以山为基或筑于高台之上;汉代墓则建于丘陵边缘地带,多平地构筑,无明显高台。二是战国墓主要为竖穴木椁结构,多有二层台及壁龛设置;两汉墓至少可分为竖穴木椁、石质拱券和砖室结构等三种,后两者可能系借鉴战国王陵洞室结构而形成。三是战国墓中规格较高者多有车马等陪葬坑或殉人现象,有的并有"积石积炭"等防盗防潮设施,随葬品主要为显示等级身份的礼器等;汉代墓则不见车马坑陪葬,可能主要以模型明器"偶车马"代替,且全部置于墓室内,葬具中出现"黄肠题凑"椁室,并多以玉衣敛尸、以前代旧藏随葬。

第三,墓葬数量与城市人口问题。从表中可以看出,在近年来所发现的1000余座战汉墓葬中,时代较明确的包括战国墓约245座、西汉墓529座、新莽墓91座和东汉墓94座。虽然墓葬数量与实际人口并不能划等号,但一般或正常情况下两者应成正比当毫无疑问。尽管战国及秦汉600余年间,邯郸人口何止数百万计,而其墓葬保留至今特别是已发现者不过九牛一毛,且不同地点墓葬分布、年代阶段及发现情况可能带有某种偶然成分,年代判断也可能会存在一定的误差;但遍布城郊内外40多个地点上千座墓形成的组合,只能是一种客观的必然,应当代表了与各时期人口数量相应的墓葬数量或大致比例。根据前述墓葬年代划分,战国大致包括公元前386年赵敬侯迁都邯郸至公元前221年秦统一六国之前约165年,西汉大致包括秦统一全国至西汉后期公元元年前后约220年,新莽自西汉后期公元元年前后至公元29年东汉初期赵国初封约30年,东汉自赵国初封至公元220年三国鼎立约190年;那么,各时期年平均墓葬大约为战国1.48座、西汉2.4座、新莽3.03座、东汉0.49座,与战国墓葬之比分别为西汉约1.62倍、新莽2.05倍、东汉0.32倍。有的学者曾推测,战国时期邯郸城市人口可达30万人,[2]77如推测不误,那么西汉城市人口当在45万至50万人左右,新莽时期达60万人左右,而东汉仅10万人左右。尽管上述数字并不一定准确,但就邯郸古代城市发展状况来说,至少可以说明战国时期邯郸当处于较繁荣阶段,西汉基本达到鼎盛时期,新莽时期城市人口仍处于上升或发展趋势;而东汉则处于急剧衰败、人口锐减状态。这与文献所载史实及赵都邯郸故城发展状况也是完全一致的。

总之,以上所述是我们就现有考古资料对赵都邯郸故城历史沿革、城区演变、基本布局、重要设施、陵墓分布、人口状况等问题所形成的大致认识或初步推断。其中很多观点或看法不仅需要新的考古资料加以证实或修正，而且还需要对现有资料的进一步地消化吸收及研究工作的不断深入才能得到解决。同时，也希望更多的文物考古及研究邯郸历史的专家学者共同参与，从一点一滴事项做起，并有计划、有目的地开展工作，全面开创赵都邯郸故城考古及历史研究工作的新局面。

参考文献：

［1］黎晖：《玉衣片》，载《文物参考资料》1958 年第 11 期。

［2］孙继民等：《邯郸简史》，中国城市经济社会出版社 1990 年版。

［3］陈光唐等：《邯郸历史与考古》，文津出版社 1991 年版。

［4］河北省文物管理处等：《赵都邯郸故城调查报告》，载《考古学集刊》第 4 期。

［5］卢兆荫：《试论两汉的玉衣》，载《考古》1981 年第 1 期。

［6］隆尧县文物保管所：《河北隆尧县出土刻花贴金玉片》，载《文物》1992 年第 4 期。

［7］《水经注》卷十，巴蜀书社 1985 年版。

［8］河北省文管处等：《河北邯郸赵王陵》，载《考古》1993 年第 6 期。

［9］邯郸市文物管理处：《邯郸市东门里遗址试掘简报》，载《文物春秋》1996 年第 2 期。

［10］北京大学等：《1957 年邯郸发掘简报》，载《考古》1959 年第 10 期。

［11］河北省文化局文化工作队：《河北邯郸百家村战国墓》，载《考古》1962 年第 12 期。

［12］唐云明等：《邯郸王郎村清理了五十二座汉墓》，载《文物》1959 年第 7 期。

附表 1：1995 年—2003 年邯郸城区周围战汉墓葬发掘情况

序号	发掘时间	发掘地点	战国	西汉	新莽	东汉	不明	合计
1	1995.5—9	邯钢新厂区	92	180	30	23	35	360
2	1996.3—4	复兴区经技委	1	3			6	10
3	1996.4—5	复兴区检察院		3	1		6	10
4	1996.5—8	铁西水厂	12	56	10		16	94
5	1997.2—3	复兴区土地局	5	5	2		1	13
6	1997.3—4	邯钢化肥厂		1		2	1	5
7	1997.5—6	复兴区劳动局	6	9	2	1	8	26
8	1997.5—6	彭家寨乡政府		4				4
9	1997.9—10	百家村住宅区	8					8
10	1998.11	邯济线起土场				1		1

序号	发掘时间	发掘地点	战国	西汉	新莽	东汉	不明	合计
11	1998.11	第十八中学	1	2			2	5
12	1998.12	复兴区防疫站	4	1		1		6
13	1999.3—4	南环路渚河桥		8	1			9
14	1999.4	水利工程处				1		1
15	1999.4	农机公司	3	8	3			14
16	1999.5	五七钢厂		11	1	1	2	15
17	1999.5	安装公司		4				4
18	1999.7—8	昌源小区	4					4
19	2000.5	酒务楼村东	1		2	2	1	6
20	2000.9	四季青住宅区	10	7		1	8	26
21	2000.6—9	西环路齐村段	26			4		30
22	2000.12	市博物馆	3					3
23	2001.3	王郎公寓楼	3	28	5		3	39
24	2001.5—6	百花小区	5	16	8	1	3	33
25	2001.7—8	通达转运中心		24	1	2	1	28
26	2001.10	钢材销售中心		5	2	1	1	9
27	2001.12	大学生公寓	2	4	3	1		10
28	2001.12—2002.7—8	岭南路污水线		22	4	1	11	38
29	2002.3—4	龙城小区	1	10			3	14
30	2002.3—4	德源小区	1	1				2
31	2002.4	梅林大厦				5		5
32	2002.5	锦花小区	3	31	6	3	7	50
33	2002.8—9	百花小学	4					4
34	2002.7—8	人民路变电站				15		15
35	2002.9—11	第三建筑公司	3	23	1	4	1	32
36	2002.12—2003.1	安庄小区	26	30	8	5	11	80
37	2003.1—2	土产公司	12	11		1	2	26
38	2003.1	彭家寨信用社		2		1	2	5
39	2003.2	信华大厦				14		14
40	2003.3—4	复兴区地税厅	9	20		3	7	39
合计			245	529	91	94	138	1097

（原载《邯郸学院学报》2005 年第 1 期）

赵王城遗址及历史文化内涵述略

李广　张波[*]

　　文物古迹是历史文化长河中同类物品中的幸存者,大多经历了漫长的历史岁月,是一定时期内人类活动的产物和结晶,不同程度地蕴涵着当时社会政治、经济、文化和习俗等诸多方面的信息,反映着历史的面貌。赵王城遗址也不例外。据史料考证,远在春秋或更早的时期,邯郸就已经具有工商业城市的雏形。进入战国时期,作为"七雄"之一赵国的国都,邯郸巍然屹立于这个"兵戈乱浮云"的时代,披坚执锐,所向披靡,逐渐成为包括今河北中南部、山西大部、陕西、河南、山东、辽宁、内蒙古各一部分在内的政治、经济、军事、文化中心,历经八代国君 158 年,可谓盛极一时。西汉时期,作为诸侯国的国都,邯郸前后经历二百多年的兴盛,是当时全国著名的五大都会之一,商贾云集,物阜民安,仅次于长安、洛阳,成为位居全国第三的大城市。夕阳残照,垣颓风清,当两千多年的岁月把过去湮没在尘埃之中的时候,邯郸赵王城遗址仍然耸立在燕赵大地,不肯低下高傲的头。无疑,这是历史的见证。

　　1961 年 3 月 4 日,赵王城遗址被国务院公布为第一批国家重点文物保护单位。因此,开展对赵王城遗址的研究、保护及开发工作,深入发掘其历史文化内涵,对于弘扬中华民族的优秀文化有着深远的意义。

一、赵王城的布局

　　赵都故城位于今河北省邯郸市区西南部,分宫城与廓城两部分。宫城是赵国王宫所在地,由西城、东城、北城三部分组成,三城平面呈"品"字形分布,

* 李广(1962—),男,河北魏县人,邯郸学院邯郸文化研究所教授;
　张波(1975—),男,河北邯郸人,邯郸学院历史系讲师。

城址总面积为 505 万平方米。遗址周围残存着高 3 至 8 米蜿蜒起伏的夯土城墙,围墙内地面有布局严格的十几处夯土台,地下有面积宽广的十几处夯土基址。廓城称大北城,主要是居民区、手工业区和商业区。现只有西垣南段地面尚有断续的残墙,其余墙址均随着岁月的变迁逐渐淤埋于地表以下 6 至 9 米的深处。目前是我国保存最完整的一处战国时期的古城址。以下仅就宫城部分即王城予以阐述。

1. 赵王城的西城

西城平面近方形,每边长近 1400 米,面积 188.2 万平方米。四面城墙保存完整,残高 3 至 8 米,墙基宽 20 至 50 米,有"凹"字形门址两处。西城共有城门 8 座,遗址内有大小夯土台 5 个,地下基址 7 处,古道路 1 条,古井 1 口。其中被称为 1 号夯土台的是王城内规模最大的土台,位于西城中部偏南,俗称"龙台"。"龙台"现存地面台基近似正方形,南北长 296 米,东西宽 264 米,残高 17 米,四面为梯田状,顶部平坦。现存"龙台"基址是国内同时期规模最大的王宫基址。透过历史的云烟,巍峨的龙台似乎仍在炫耀着昔日的辉煌,展示着王城的壮观,透着一股王者之气。

由夯土台和地下夯土基址分布,可以看出整个西城建筑布局是由"龙台"和它南北两个被称为 2 号、3 号的夯土台,形成南北一条中轴线,西侧有两处地下夯土基址,紧靠主体建筑,形成大面积的建筑基址。在这条中轴线的东侧以被称为 5 号的夯土台为中心,与它南北两处夯土基址构成东部的南北一条中轴线,西侧有两处地下夯土基址,形成西城东部的一组建筑群。这些建筑群基址充分说明,西城应是王宫所在地。

2. 赵王城的东城

东城与西城仅一墙之隔,东城西垣即西城的东垣。东城面积略小于西城,平面不及西城规整,东西最宽处 926 米,南北最长处 1442 米,面积约为 129.9 万平方米。四面城墙除东墙北段、北墙东段外,其余地面夯土墙比较完整,宽 20 至 40 米,残高 3 至 6 米。遗址内共有夯土台 3 个,地下遗迹 2 处,地下夯土基址 3 处,古道路 1 条。3 个夯土台中有两个较大,俗称"北将台"与"南将台"。

整个东城布局是以"北将台"和"南将台"为主体,与"北将台"以北的一处遗址,形成南北一条中轴线的大型建筑群。由此可见,东城可能是赵王阅兵或远征出兵时点将之地。

3. 赵王城的北城

北城位于东西两城的北面,其南墙即东西城北墙的一部分。东墙由南向北不规则弯曲,因此北城平面为不规则长方形。东西最宽为 1410 米,南北

1520米,面积约为186.5万平方米。城墙西墙南段保存有800余米的地面墙,宽30米左右,残高2至7米,其余只有地下墙址。目前城内发现夯土台1个,面积仅次于"龙台",是赵王城内第二大台。据推测,北城内以夯土台为中心,可能也有一组大型建筑群。

经考古探查,赵王城遗址的地表下大都只有薄薄的战国文化层,没有战国以前和以后的文化层叠压现象。但到处可见战国时代的遗物,如筒瓦、板瓦、素面瓦当、变形卷云纹瓦当、钉稳和生活用具的陶器残片,并出土过甘丹、白人、安阳等古币和铜簇、铁铲、斧、锛等。从遗址内的文化层及遗物来分析,赵王城应是战国时期赵国王官所在地。

二、赵王城遗址的价值

研究发现,在两千多年的岁月里,邯郸古城虽有过多次兴衰,但城址仅仅是随着邯郸的兴衰或扩大或缩小,而没有全盘的变迁,这在中外都城发展史上是罕见的。赵王城气势宏伟,布局严谨,在漫长的历史发展过程中,虽受到天灾与人为的损毁,但其遗存仍可见证当时的雄伟与壮观。作为迄今保存较为完好的战国时期古城址,具有极高的历史价值和科学研究价值。

1. **历史价值:**

毋庸置疑,文物古迹是人类在历史发展过程中所创造的文化遗存,是一个国家、一个民族用实物书写的历史。邯郸赵王城遗址不仅反映了中国历史文化的演变和发展,同样也承载了厚重的邯郸历史和文化。远在商王朝时期,这里就是"离宫别馆"和"畿内重地",西周为卫国的繁华城市。据《春秋·谷梁传》记载,公元前546年,卫国统治集团内部爆发了一次政变,卫献公的弟弟为此"出奔晋,织绚邯郸,终身不言卫"。[1]84 绚是古代人缝在鞋头上的条带,有孔,可以穿鞋带。说明邯郸当时已有制鞋手工业,卫国贵族可以逃到邯郸以"织绚"为业而长期居住下来。另外,战国币铭文有"甘丹"。三国时魏人张宴释曰:"邯郸山在东城下。单,尽也,城郭从邑故加邑云",邯单邑后演化为"邯郸"。可见早在春秋时期邯郸已是一座重要城邑。尤其是战国中后期邯郸成为了赵国的都城,这时的邯郸城规模宏大,包括赵王城与大北城,经济繁荣,商贾如云,人口最多时达30余万人。作为赵国的统治中心,在这里发生了许多重大的历史事件,不甘落后的赵武灵王励精图治,发愤图强,进行了轰轰烈烈的胡服骑射改革,使赵国成为东方唯一与强秦相抗衡的国家,促进了农业文化与游牧文化的碰撞与融合;渑池之会的蔺相如面对强秦的咄咄逼势大义凛然,完璧归赵,展示了赵国人临危不惧、智勇双全的无畏气概;尤其是在强秦兵临城下的时候,英勇的赵国人民奋起抵抗,顽强斗争,虽九死而不屈。这里还出现了众多著名的历史人物,如赵武灵王、廉颇、蔺相如、赵奢等等。尤其是在这里还诞生了一大批杰出的思想家、哲学家,如荀子、慎到、公孙龙子等,在百家争鸣的历史时代,采百家之长,成一家之言,对中国思想界生产了深远的影响。这里还产生了大量脍炙人口的成语典故,是中国著名的成语典故之乡。如胡服骑射、刎颈之交、奇货可居、邯郸学步等等,为中国历史文化的发展作出了卓越的贡献。显然,赵王城遗址为这些内容提供了鲜活的佐证。

2. 军事价值

赵王城遗址具有很高的军事研究价值。仅以现存遗址来看,赵王城西城城墙残高 3—8 米,墙基宽 20—50 米,东城城墙残高 3—6 米,墙基宽 20—40米,北城城墙残高 2—7 米,墙基宽 30 米左右。保存较好的南垣中段偏西被称为 10 号的门阙,结构形式非常特殊,其缺口内侧的小型夯土台基具有军事防御功能,是研究战国时期城墙防御体系不可多得的实物资料。仅此而论,很难想象,在 2500 多年前,在缺乏火炮等现代武器条件下,古代的军事家们该如何攻打这座城池。不仅如此,从邯郸王城的地形看,西高东低,四水纵流,形成了王城的天然屏障,易守难攻,进退自如,可谓是兵家用武的天然战场。

赵孝成王七年九月,秦昭王派兵攻打赵国,兵锋直抵邯郸城下,邯郸保卫战开始。秦将王陵率部虽全力攻打邯郸,但赵国凭借强固的城市防御体系奋力抵抗,使秦军伤亡惨重。"陵战失利,亡五校"。[2]210赵国虽然也蒙受了巨大损失,但历时两年之久的邯郸保卫战还是以赵国的胜利而宣告结束。由此不难看出,开展对赵王城遗址的军事研究同样有着重要的意义。

3. 科学价值

史书记载,曹魏时人刘劭曾写了一篇名文《赵都赋》,文中记载了赵都的繁华与鼎盛,文辞优美,叙事如诗,对雄伟壮丽的赵国都城给予了美轮美奂的描绘。有道是:"层楼疏阁,连栋结阶。岐华爵以表甍,若翔凤之将飞。正殿俨其天造,朱榱赫以舒光"。由此可以使人想象赵王城当年的巍峨气象。

通观整个赵王城遗址,不仅可以发现,三个小城坐落都是正方向,建筑群都以主体建筑为中轴线而分布,布局严整,排列有序,堪称同时代都城的代表。而且从上个世纪 50 年代以来,特别是 60 年代由河北省文物工作队和邯郸市赵王城文物保管所共同对赵王城进行的全面调查中,在西城的南墙和北城的西墙内侧曾发现防雨的铺瓦和排水的槽道,使我们对城墙的结构有了初步的了解,城墙外侧面垂直,内侧为斜坡式槽道基础。防雨的雨棚基础是由下往上,每升高 2 米内收 1 米,形成斜坡式台阶,在台上布铺瓦、筒瓦。排水槽道的布局是间隔 20 至 30 米处设一个斜坡式陶质排水槽,水槽断面呈凹形,老百姓称它为"水簸箕",在略宽的一头内底有两个"顶鼻",安装时上一个放在下一个的"顶鼻"上,由下往上连接成排水系统,构成排水槽。雨棚与排水槽对城墙的建筑起到了极好的保护作用。无疑,正是这种良好的防雨排水设施的使用,才使得赵王城的城墙能够坚持如此之久,历两千多年岁月而不化,可谓是奇迹,具有极高的科学研究价值。

史学界及建筑学界的人们都普遍认为以中轴对称为特征的城市建筑开始于曹魏时期的邺城,并对以后我国的城市规划和布局产生了深远的影响,甚至于国外。事实上,仔细地考察一下邯郸王城,同样是中轴对称的建筑群,出现了以城市中轴线为特征的布局特色。这都有待于人们去进行进一步的研究。

当然,赵王城遗址的价值还表现在其他方面。

三、保护文化遗产的几点认识

两千多年过去了,在长卷里回味岁月的沧桑,在遗迹中寻找曾经的辉煌,往往使人愈来愈感到赵王城的厚重和分量。无疑,在沧海桑田的社会变迁中,一个民族的风风雨雨,一个国家的浮浮沉沉,总会在历史的备忘录里留下痕迹。人们在思想观念、道德情操、思维方式、个性特征、行为模式以及想象力等各个方面的情况,或以物质形态的古迹遗存,或以非物质形态的风情传世,泽被后人。每一个民族、每一个国家,在其独特历史进程中形成的独树一帜、别具一格的文化形态,构成了色彩斑斓的世界文化之林。

邯郸作为一个国家历史文化名城,千百年来始终以文化的独特性、持久性、厚重性著称于世,给后人留下了蔚为壮观的文化遗产。从赵王城又使人想起磁山文化遗址、建安文化遗址、磁州窑文化遗址等等,从这些伟大的遗产中,我们能够明白,"我们是谁"、"从哪里来"、"又要到哪里去",我们能够给出自己的文化图谱,找到自身的优缺点,找到与外界对话的恰当位置。因此,文化是一座城市的"根",也是一座城市的"魂",是我们穿越时空、保持独立与完整、走向未来的精神纽带。而保护这些根之所系魂之所在的文化遗产,则是历史赋予我们的庄严使命,也是我们对后代所肩负的神圣职责。

保护文化遗产,就是保护一个民族文化的 DNA。这是一个十分形象的比喻。DNA 是生命个体在生理上区别于其他个体的标志。而对于一个民族、一座城市来说,以物质或非物质形态存在的传统文化表现形式及这些表现形式相关的文化元素,经过时间的千锤百炼,留传至今,凝结着历史的必然选择,凝聚着人类的共同记忆。这些记忆犹如人类进化发展的固化的或活态的"基因",历经沧桑而脉络不断,成为民族生生不息的文化底蕴,彰显着民族的文化身份和民族性格。

这些年来,我国颁布了一些政策法令,并将 6 月 9 日定为中国文化遗产日,对文化遗产的保护工作起到了积极的作用。正是由于我国政府以及民间方面有识之士的不懈努力,才使得文化遗产保护意识逐步强化,成效逐步提高。人们越来越清晰地认识到,无论是"静态"的物质文化遗产,还是"动态"的非物质文化遗产,如果不能与时代、与生活、与群众建立联系,那么其价值就不能得到体现,其保护和传承就无从谈起。因此,保护文化遗产应该有活态思维、平民视角、发展眼光:活态思维就是使文化遗产在历史与现实的沟通中鲜活起来,在本土与国际的对话中凸显出来;平民视角,就是要摸索一条使文化遗产贴近大众的模式,使其在最朴素的"文化回家"当中彰显人文精神和实用价值,充实人民群众的精神世界和生活方式;发展眼光,就是把文化遗产放在动态发展的过程中,去伪存真,去粗取精,锤炼提纯,使之适应我们的时代,而不是固守陈规,一成不变。

而这一切,都有赖于全民族的文化自觉。这种文化自觉,包括政府的政策自觉——文化政策的导引和管理;学者的智力自觉——观念与知识的阐述和支持;媒体的宣传自觉——传播的广度和深度;"活态"传承人的传承自觉——文化的自信与坚守;还包括广大民众的参与自觉——更多的人积极投身到文化遗产的保护中来。

任何一个时期人们都不会忘记古罗马的城墙、神殿、角斗场等宏伟建筑,也不会忘记古埃及的金字塔、狮身人面像以及法国的凯旋门,因为它们不仅仅是一个民族智慧的象征。作为一个炎黄子孙,更不会忘记雄伟的万里长城和星罗棋布在 960 万平方公里版图上的历史印痕,因为无论过去和将来它都将强烈地映射出古国文化的辉煌和睥睨八荒的气势,并闪耀着永恒的光芒。

参考文献:

[1] 胡广文、康香阁等:《赵文化资料汇编及注释》,延边大学出版社 2004 年版。

[2] 沈长云等:《赵国史稿》,中华书局 2000 年版。

（原载《邯郸学院学报》2008 年第 1 期）

赵都邯郸编年记

——公元前386年至公元前228年

宫长为*

公元前386年

赵敬侯元年,公子朝作乱,不克,出奔魏。赵始都邯郸。

公元前385年

赵敬侯二年,败齐于灵丘。

公元前384年

赵敬侯三年,救魏于廪丘,大败齐人。

公元前383年

赵敬侯四年,魏败我兔台。筑刚平以侵卫。

公元前382年

赵敬侯五年,齐、魏为卫攻赵,取我刚平,堕中牟之郭。

公元前381年

赵敬侯六年,借兵于楚伐魏,烧棘蒲,坠黄城。

公元前380年

赵敬侯七年,拔魏黄城。伐齐,至桑丘。齐伐燕,赵救燕。

公元前379年

赵敬侯八年,袭卫,不克。

公元前378年

赵敬侯九年,伐齐,至灵丘。

公元前377年

---

* 宫长为(1957—),男,吉林省吉林人,历史学博士后,中国社会科学院历史所研究员,中国先秦史学会秘书长。

赵敬侯十年,与中山战于房子。

公元前 376 年

赵敬侯十一年,魏、韩、赵共灭晋,分其地。伐中山,又战于中人。

公元前 375 年

赵敬侯十二年,敬侯卒,子成侯种立。

公元前 374 年

赵成侯元年,公子胜与成侯争立,为乱。

公元前 373 年

赵成侯二年六月,雨雪。

公元前 372 年

赵成侯三年,大成午为相。伐卫,取乡邑七十三。魏败我蔺。

公元前 371 年

赵成侯四年,与秦战高安,败之。

公元前 370 年

赵成侯五年,伐齐于鄄。魏败我怀。攻郑,败之,以与韩,韩与我长子。

公元前 369 年

赵成侯六年,与韩懿侯迁晋桓公于屯留。伐魏,败涿泽。围魏惠王。

公元前 368 年

赵成侯七年,侵齐,至长城。与韩攻周。

公元前 367 年

赵成侯八年,与韩分周以为两。

公元前 366 年

赵成侯九年,与齐战与阿下。

公元前 365 年

赵成侯十年,攻卫,取甄。

公元前 364 年

赵成侯十一年,秦攻魏,赵救之石阿。

公元前 363 年

赵成侯十二年,秦攻魏少梁,赵救之。

公元前 362 年

赵成侯十三年,秦献公使庶长国伐魏少梁,虏魏将公孙痤。魏败我浍,取皮牢。成侯与韩昭侯遇上党。

公元前 361 年

赵成侯十四年,与韩攻秦。

公元前 360 年

赵成侯十五年,助魏攻齐。

公元前 359 年

赵成侯十六年,与韩分晋,封晋君以端氏。

公元前 358 年

赵成侯十七年,成侯与魏惠王遇葛孽。

公元前 357 年

赵成侯十八年,与魏会鄗,赵孟如齐。

公元前 356 年

赵成侯十九年,与齐威王、宋桓侯会平陆,与燕文公会阿。

公元前 355 年

赵成侯二十年,魏献荣椽,因以为檀台。

公元前 354 年

赵成侯二十一年,伐卫,取漆、富丘城之。魏围我邯郸,邯郸四噎,室多坏,民多死。

公元前 353 年

赵成侯二十二年,魏惠王拔我邯郸,齐亦败魏于桂陵。

公元前 352 年

赵成侯二十三年,魏以韩师败诸侯师于襄陵。齐侯使楚景舍来求成,魏惠王会齐、宋之围。

公元前 351 年

赵成侯二十四年,魏归我邯郸,与魏盟漳水上。秦攻我蔺。

公元前 350 年

赵成侯二十五年,成侯卒。公子緤与太子肃侯争立,緤败,亡奔韩。

公元前 349 年

赵肃侯元年,夺晋君端氏,徙处屯留。

公元前 348 年

赵肃侯二年,与魏惠王遇于阴晋。

公元前 347 年

赵肃侯三年,公子范袭邯郸,不胜而死。

公元前 346 年

赵肃侯四年,朝天子。

公元前 345 年

赵肃侯五年,魏绦中地圻,西绝于汾。

公元前 344 年

赵肃侯六年,攻齐,拔高唐。

公元前 343 年

赵肃侯七年,公子刻攻魏首垣。

公元前 342 年

赵肃侯八年,魏穰疵率师及郑孔夜,战于梁、赫,郑师败逋。

公元前 341 年

赵肃侯九年,齐因起兵,使田忌、田婴将,孙子为师,救韩、赵以击魏,大败之马陵,杀其将庞涓,虏魏太子申。

公元前 340 年

赵肃侯十年,秦孝公使商君伐魏,虏其将公子卬。赵伐魏。

公元前 339 年

赵肃侯十一年,魏为大沟于大梁北郭,以行圃田之水。

公元前 338 年

赵肃侯十二年,秦孝公卒,商君死。

公元前 337 年

赵肃侯十三年,楚、韩、赵、蜀人朝秦。

公元前 336 年

赵肃侯十四年,齐威王与魏惠王会平阿南。

公元前 335 年

赵肃侯十五年,起寿陵,困于万民而卫取茧氏。

公元前 334 年

赵肃侯十六年,肃侯游大陵,出于鹿门,大成午扣马曰:"耕事方急,一日不作,百日不食。"肃侯下车谢。

公元前 333 年

赵肃侯十七年,围魏黄,不克。筑长城。

公元前 332 年

赵肃侯十八年,齐、魏伐我,我决河水灌之。兵去。

公元前 331 年

赵肃侯十九年,公子卬与魏战,虏其将龙贾,斩首八万。

公元前 330 年

赵肃侯二十年,田公子居思伐邯郸,围平邑。

公元前 329 年

赵肃侯二十一年,楚威王卒,子怀王熊槐立。魏闻楚丧,伐楚,取之陉山。

公元前 328 年

赵肃侯二十二年,张仪相秦。赵疵与秦战,败,秦杀疵河西,取我蔺、离石。

公元前 327 年

赵肃侯二十三年,韩举与齐、魏战,死于桑丘。

公元前 326 年

赵肃侯二十四年,肃侯卒。秦、楚、燕、齐、魏出锐师各万人来会葬。子武灵王立。

公元前 325 年

赵武灵王元年,阳文君赵豹相。梁惠王与太子嗣,韩宣王与太子仓来朝信宫。武灵王少,未能听政,博闻师三人,左右司过三人。及听政,先问先王贵臣肥义,加其秩;国三老年八十,月致其礼。

公元前 324 年

赵武灵王二年,城鄗。

公元前 323 年

赵武灵王三年,魏将公孙衍合魏、赵、韩、燕、中山五国相与王。

公元前 322 年

赵武灵王四年,与韩会于区鼠。

公元前 321 年

赵武灵王五年,娶韩女为夫人。

公元前 320 年

赵武灵王六年,秦假道韩、魏以攻齐,齐威王使章子将而应之。

公元前 319 年

赵武灵王七年,燕、齐、赵、楚皆以事因犀首,魏惠王亦以事因焉,遂主天下之事,复相魏。

公元前 318 年

赵武灵王八年,魏、韩、赵、楚、燕击秦,不胜而去。五国相王,赵独否,曰:"无其实,敢处其名乎!"令国人谓己曰:"君。"

公元前 317 年

赵武灵王九年,与韩、魏共击秦,秦败我,斩首八万级。齐败我观泽。

公元前 316 年

赵武灵王十年,秦取我西都及中阳。

公元前 315 年

赵武灵王十一年,燕国大乱,齐伐燕。王召公子职于韩,立以为燕王,使乐池送之。

公元前 314 年

赵武灵王十二年,立燕公子职,即燕昭王。

公元前 313 年

赵武灵王十三年,秦拔我蔺,虏将军赵庄。楚、魏王来,过邯郸。

公元前 312 年

赵武灵王十四年,赵何攻魏。

公元前 311 年

赵武灵王十五年,秦惠王卒,子武王立。韩、魏、齐、楚、赵皆宾从。

公元前 310 年

赵武灵王十六年,吴广人女,生子何,立为惠王后。

公元前 309 年

赵武灵王十七年,王出九门,为野台,以望齐、中山之境。

公元前 308 年

赵武灵王十八年,秦使甘茂攻韩宜阳。

公元前 307 年

赵武灵王十九年,遂胡服招骑射。

公元前 306 年

赵武灵王二十年,王略中山地,至宁葭;西略胡地,至榆中,林胡王献马。归,使楼缓之秦,仇液之韩,王贲之楚,富丁之魏,赵爵之齐。代相赵固主胡,致其兵。

公元前 305 年

赵武灵王二十一年,攻中山。赵袑为右军,许钧为左军,公子章为中军,王并将之。牛翦将车骑,赵希并将胡、代。赵与之陉,合军曲阳,攻取丹丘、华阳、鸱之塞。王军取鄗、石邑、封龙、东垣。中山献四邑和,王许之,罢兵。

公元前 304 年

赵武灵王二十二年,秦昭王王冠,与楚王会黄棘,与楚上庸。

公元前 303 年

赵武灵王二十三年,攻中山。

公元前 302 年

赵武灵王二十四年,命吏大夫奴迁于九原,又命将军、大夫、适子、戍吏皆貉服矣。

公元前 301 年

赵武灵王二十五年,攻中山,中山君奔齐。惠后卒,使周袑胡服傅王子何。

公元前 300 年

赵武灵王二十六年,复攻中山,攘地北至燕、代,西至云中、九原。

公元前 299 年

赵武灵王二十七年五月戊申,大朝于东宫,传国,立王子何以为王。王庙见礼毕,出临朝。大夫悉为臣,肥义为相国,并傅王。是为惠文王。惠文王,惠后吴娃子也。武灵王自号为主父。

公元前 298 年

赵惠文王元年,以公子胜为相,封平原君。

公元前 297 年

赵惠文王二年,主父行新地,遂出代,西遇楼烦王于西河而致其兵。

公元前 296 年

赵惠文王三年,灭中山,迁其王于肤施。起灵寿,北地方从,代道大通。还归,行赏,大赦,置酒酺五日,封长子章为代安阳君。章素侈,心不服其弟所立。主父又使田不礼相章也。

公元前 295 年

赵惠文王四年,主父饿死沙丘宫。

公元前 294 年

赵惠文王五年,与燕鄚、易。

公元前 293 年

赵惠文王六年,秦左更白起攻韩、魏于伊阙,斩首二十四万,虏公孙喜,拔五城。

公元前 292 年

赵惠文王七年,秦大良造白起攻魏,取垣,复予之。攻楚,取宛。

公元前 291 年

赵惠文王八年,城南行唐。

公元前 290 年

赵惠文王九年,赵梁将,与齐合军攻韩,至鲁关下,反。

公元前 289 年

赵惠文王十年,苏秦自赵献书于燕王。

公元前 288 年

赵惠文王十一年,董叔与魏氏伐宋,得河阳于魏。秦取梗阳。

公元前 287 年

赵惠文王十二年,苏秦、李兑约赵、齐、楚、魏、韩五国伐秦,无功,罢于成皋。赵梁将攻齐。

公元前 286 年

赵惠文王十三年,韩徐为将攻齐。公主死。

公元前 285 年

赵惠文王十四年,相国乐毅将赵、秦、韩、魏、燕攻齐,取灵丘。与秦昭王会中阳。

公元前 284 年

赵惠文王十五年,燕昭王来见。赵与韩、魏、秦共击齐,齐王败走。燕独深入,取临菑。

公元前 283 年

赵惠文王十六年,王与燕昭王遇。廉颇将,攻齐阳晋,取之。

公元前 282 年

赵惠文王十七年,乐毅将赵师攻魏伯阳,而秦怨赵不与己击齐,伐赵,拔我两城。

公元前 281 年

赵惠文王十八年,秦拔我石城,王再之卫东阳,决河水,伐魏氏。大潦,漳水出。

公元前 280 年

赵惠文王十九年,秦取我二城,斩首三万。赵与魏伯阳。赵奢将,攻齐麦丘,取之。

公元前 279 年

赵惠文王二十年,廉颇将,攻齐,破其一军。王与秦昭王遇西河外渑池,蔺相如从。

公元前 278 年

赵惠文王二十一年,赵徙漳水武平西。

公元前 277 年

赵惠文王二十二年,大疫。置公子丹为太子。

公元前 276 年

赵惠文王二十三年,楼昌将,攻魏幾,不能取。十二月,廉颇将,攻幾,取之。

公元前 275 年

赵惠文王二十四年,廉颇将,攻魏房子,拔之,因城而还。又攻安阳,取之。

公元前 274 年

赵惠文王二十五年,燕周将,攻昌城、高唐,取之。

公元前 273 年

赵惠文王二十六年,取东胡欧代地。与魏共击秦,秦将白起破我华阳,得一将军,沉其卒二万人于河中。

公元前 272 年

赵惠文王二十七年,徙漳水武平南。封赵豹为平阳君。河水出,大潦。

公元前 271 年

赵惠文王二十八年,蔺相如伐齐,至平邑,罢城北九门大城。

公元前 270 年

赵惠文王二十九年,秦昭王拜范雎为客卿,谋兵事,远交而近攻。

公元前 269 年

赵惠文王三十年,秦、韩相攻,而围阏与。赵使赵奢将,击秦,大破秦军阏与下,赐号为马服君。

公元前 268 年

赵惠文王三十一年,秦昭王使五大夫绾伐魏拔怀。

公元前 267 年

赵惠文王三十二年,秦太子质于魏者死,归葬芷阳。

公元前 266 年

赵惠文王三十三年,惠文王卒,太子丹立,是为孝成王。

公元前 265 年

赵孝成王元年,秦伐我,拔三城。赵王新立,太后用事,秦急攻之。太后遣长安君为质于齐,齐兵乃出。齐安平君田单将赵师而攻燕中阳,拔之。又攻韩注人,拔之。

公元前 264 年

赵孝成王二年,惠文后卒。田单为相。

公元前 263 年

赵孝成王三年,建信君为相。

公元前 262 年

赵孝成王四年,韩上党郡守冯亭以上党郡降赵,王令赵胜受地,封冯亭为华阳君。

公元前 261 年

赵孝成王五年,使廉颇拒秦于长平。

公元前 260 年

赵孝成王六年,使赵括代廉颇将,白起破括四十五万,皆坑之。

公元前 259 年

赵孝成王七年,秦既破赵长平,引兵而归,而赵王入朝,使赵郝约事于秦,割六县而媾。王还,不听秦,秦围邯郸。武垣令傅豹、王容、苏射率燕众反燕地。赵以灵丘封楚相春申君。

公元前 258 年

赵孝成王八年,秦王使王龁代陵将,八、九月围邯郸不能拔。

公元前 257 年

赵孝成王九年,平原君如楚请救。还,楚来救,及魏公子无忌亦来救,秦围邯郸乃解。

公元前 256 年

赵孝成王十年,燕攻昌城,五月拔之。赵将乐乘、庆舍攻秦信梁军,破之。天子死,而秦攻西周,拔之。徒父祺出。

公元前 255 年

赵孝成王十一年,城元氏,县上原。武阳君郑安平死,收其地。

公元前 254 年

赵孝成王十二年,邯郸廥烧。

公元前 253 年

赵孝成王十三年,秦昭襄王郊见上帝于雍。

公元前 252 年

赵孝成王十四年,平原君赵胜死。

公元前 251 年

赵孝成王十五年,以尉文封相国廉颇为信平君。燕王令丞相栗腹将而攻鄗,卿秦将而攻代。廉颇为赵将,破杀栗腹,虏卿秦。乐间奔赵。

公元前 250 年

赵孝成王十六年,廉颇围燕。以乐乘为武襄君。

公元前 249 年

赵孝成王十七年,假相、大将军武襄君攻燕,围其国。

公元前 248 年

赵孝成王十八年,延陵钧率师从相国信平君助魏攻燕。秦拔我榆次三十七城。

公元前 247 年

赵孝成王十九年,赵与燕易土:以龙兑、汾门、临乐与燕;燕以葛、武阳、平舒与赵。

公元前 246 年

赵孝成王二十年,秦王政初立。秦拔我晋阳。

公元前 245 年

赵孝成王二十一年,廉颇将,攻繁阳,取之。孝成王卒,子偃立,是为悼襄王。使乐乘代之,廉颇攻乐乘,乐乘走,廉颇亡入魏。

公元前 244 年

赵悼襄王元年,大备魏。欲通平邑、中牟之道,不成。

公元前 243 年

赵悼襄王二年,李牧将,攻燕,拔武遂、方城。

公元前 242 年

赵悼襄王三年,庞煖将,攻燕,禽其将剧辛。赵相、魏相会鲁柯,盟。

公元前 241 年

赵悼襄王四年,庞煖将赵、楚、魏、燕、韩之锐师,攻秦蕞,不拔;移攻齐,取饶安。

公元前 240 年

赵悼襄王五年,傅抵将,居平邑;庆舍将东阳、河外师,守河梁。

公元前 239 年

赵悼襄王六年,封长安君以饶。魏与赵邺。

公元前 238 年

赵悼襄王七年,秦始皇帝上宿雍,己酉王冠,带剑。

公元前 237 年

赵悼襄王八年,入秦置酒。

公元前 236 年

赵悼襄王九年,赵攻燕,取狸、阳城。兵未罢,秦攻邺,拔之。悼襄王卒,子幽缪王迁立。

公元前 235 年

赵幽缪王元年,城柏人。

公元前 234 年

赵幽缪王二年,秦攻武城,扈辄率师救之,军败,死焉。

公元前 233 年

赵幽缪王三年,秦攻赤丽、宜安,李牧率师与战肥下,却之。封牧为武安君。

公元前 232 年

赵幽缪王四年,秦攻番吾,李牧与之战,却之。

公元前 231 年

赵幽缪王五年,代地大动,自乐徐以西,北至平阴,台屋墙垣太半坏,地坼东西百三十步。

公元前 230 年

赵幽缪王六年，大饥，民讹言曰："赵为号，秦为笑。以为不信，视地之生毛。"

公元前 229 年

赵幽缪王七年，秦人攻赵，赵大将李牧、将军司马尚将，击之。李牧诛，司马尚免，赵忽及齐将颜聚代之。赵忽军破，颜聚亡去。

公元前 228 年

赵幽缪王八年十月，邯郸为秦。以王迁降。

（原载《邯郸学院学报》2008 年第 2 期）

赵国的南北长城

王 兴[*]

　　赵长城是赵国疆域和国力的象征。赵长城分为南长城与北长城。南长城位于漳水、滏水及今河北武安、河南林州、辉县市境内的太行山脉,而北长城则位于河北张家口坝上和内蒙古的阴山山脉。

　　赵国是诸侯国中较早修筑长城的国家。早期的长城都是在原有河流的堤防上修筑的,通过扩建把水利工程改造成军事防御工程。赵国最早的长城是赵肃侯时期修建的,由于其他诸侯国还未曾大规模修建堤防,因而赵长城是我国历史上最为古老的长城之一。当时赵国刚从中牟(今河南鹤壁西)移都邯郸不久,势力强大的魏国频繁叩击赵国南部的边关,为防止魏军的北犯,便连接漳水、滏水的堤防,修筑了南长城,构成了河水与长城的双重险阻,也由此形成了赵国向南防御、向北扩张的战略。据《史记·赵世家》记载:"赵肃侯十七年,围魏黄,不克,筑长城。"公元前333年,赵国对齐国与魏国相互称王极为不满,便派兵攻打魏国的黄城,兵败后,为防止魏国报复,于是开始修筑长城。又载:赵武灵王十九年,"召楼缓谋曰:我先王因世之变,以长南藩之地,属阻漳、滏之险,立长城"。这是两段关于赵长城的最早的文献记录,它标明了修筑赵南长城的具体时间、方位与走向。这条长城西起今河北武安市西南的太行山下,沿漳河东南行,经峰峰矿区至磁县折而东北行,途经成安县,直达今肥乡县南。现峰峰矿区有界城镇,据《邯郸市志》载:"界城古靠赵长城,在赵、魏之界,故名。"现成安县有商城,据《磁县志》载:商城为一古城,大约建于战国时期。又据《中国历史地图集》载:"此处有一条自西而东北走向的赵长城,城外(南)有漳河流经,设有渡口、城门,为赵国边界要塞。"以河防为基础而修建

---

　　[*] 王兴(1957—),男,河北魏县人,邯郸市文物局局长。著有《赵国历史故事》、《邯郸历代名人》、《磁州窑史话》、《磁州窑诗词》等。

的这条赵长城，由于河水泛滥，水道变化无常，而且当时是以土坝修筑的，因而其遗址早已夷为平地，或淤于地表数米以下，已无遗迹可寻，只能从史书与历史地名中探寻它的踪迹。

另外还有两条依山修建的南长城。一条位于今河北武安市西北 50 千米阳邑后柏山村西与沙河市、山西省左权县的分水岭上。当时是在赵国与韩国的分界处筑长城，呈南北走向，现存遗迹为明代重修，由红砂岩石块砌筑而成。另一条位于今河南省林州市境内，是为防范魏、韩的入侵而修建的，沿太行山呈南北走向，至辉县市东折，它依山就势，气势磅礴。

赵国的北长城修筑于赵国的第五位君主赵武灵王时期，是为阻挡西北少数民族的入侵而修建的。公元前 325 年，武灵王赵雍即位后，毅然推出了"胡服骑射"的改革举措，实施了政治、军事等一系列改革，一改赵国积弱不振的局面，具备了与强国争衡天下的军事实力。改革的当年赵武灵王便发兵攻打中山国，经过连年征战，最终于公元前 296 年灭掉中山国，成为赵国走向强盛的重要标志。它使赵国消除了心腹之患，打通了中原与北部代郡的道路，使赵国的南北领土连为一体。改革的第二年，赵武灵王率领铁骑，攻城略地，四面出击。西略胡地，将九原、云中等边塞重邑归入赵国版图。西北则向频繁叩击边境的楼烦、林胡等胡人发起攻击。攻破草原诸族后，扩地千里，使赵国的北部疆域扩展到了阴山山脉全线。赵武灵王攻破林胡、楼烦后，借助天然的地势，沿阴山修筑了北长城，长城呈东西走向排列。东起今河北蔚县，中经山西雁北地区进入内蒙古，再沿阴山东段大青山南麓逶迤西行，然后西北折至阴山西段乌拉尔山、狼山至今巴彦淖尔盟临河市东北的高阙塞一带为止，全长达1000 千米。秦始皇统一中国后，将战国时燕、赵、秦三国在北方修筑的长城连成一体，形成了具有中华民族象征意义的万里长城。其中沿用了呼和浩特境内的赵长城，使其成为万里长城的重要组成部分。

最早的赵北长城筑于西起五原、河曲，东至阴山一带。据《水经注》载：

> 《虞代记》云：赵武侯自五原、河曲筑长城，东至阴山，又于河西造大城，一箱崩不就，乃改卜阴山河曲而祷焉。昼见群鹄游于云中徘徊经日，见大光在其下。武侯曰："此为我乎？"乃即于其处筑城，今云中城是也。

《资治通鉴·周纪》卷中也有类似的记载："胜州榆林县界有云中古城，赵武侯所筑。"这里的赵武侯即是指赵武灵王。他先在黄河西岸造城池，因土质松散，城墙倒塌，城池尽毁。于是又选择阴山之南、黄河自西向南的转弯处筑城。当时正好有一群天鹅在空中飞翔，徘徊不去，于是便取名为云中城。云中城现位于呼和浩特西南 45 千米处的托克托县,是我国古代在内蒙古西部地区最早建立的一座古城,也是赵国最北部的边陲重镇。第二段长城筑于赵武灵王攻破林胡、楼烦之后。《史记·匈奴传》记载:"秦昭王时……筑长城以拒胡,而赵武灵王亦变俗胡服,习骑射,北破林胡、楼烦,筑长城,自代并阴山下,至高阙为塞,而置云中、雁门、代郡。"林胡、楼烦位于今山西北部与内蒙古、陕西交界处,赵逐走二胡,将其地置为云中、雁门、代三郡,并沿三郡北部边境修筑长城,并与五原至河曲的长城连为一体,建起了一道千里屏障。

雁门郡位于今山西的河曲、五寨及与内蒙古的交界处,是赵国南北通道的咽喉。代郡的首府位于河北蔚县城东 10 千米的代城乡。春秋末,赵襄子的姐姐为代王的夫人。北伐夏屋诱代王,使厨子操铜斗杀代王及其随从,一举平定代地,从此代地归赵氏所有,是赵国在北方最早开辟的根据地,也是形成赵国向北发展战略的依据。

按《史记·匈奴传》的记载,赵国的北长城东起于代(今河北蔚县境内),中经山西北部,西北折入阴山,至高阙(今乌拉尔山与狼山之间的缺口)为止。赵长城的东端位于河北蔚县恒山余脉的小五台山上,东起涿鹿的山涧口,向燕山延伸,向西经金河口、松枝口、九宫口、北口至西庄头,西端入山西广灵县宜兴一带,然后与雁门的长城相接,全长约 80 千米。它就地取材,用简易加工的自然石片垒砌而成,石片厚约 0.05 至 0.06 米,长 0.3 米。西庄头和莲花山两处遗址保存较好,现存城墙遗址高 1.5 米、宽 2 米,其烽火台残高 3 米,而且间隔较大,现为省级文物保护单位。但这段长城的走向与《史记》中"自代并阴山下"的描述不相一致,考古工作者在实地考察中,发现了一条自河北张家口市怀安进入内蒙古的赵长城,由兴和往西,经卓资、旗下营,沿大青山南麓过呼和浩特市北,包头市的石拐区、兴胜乡,越昆仑沟口,断续延伸到白彦乡北面的山脚下,与史书记载相符。

内蒙古境内的赵长城横亘于阴山山脉。阴山西起狼山、乌拉山,中为大青山,东为大马群山。其主峰位于大青山,海拔 2338 米。阴山南麓便是与之环绕的黄河,阴山与黄河之间,形成了一个狭长的平原。阴山是大漠与草原的分界线,也是兵家必争的军事要塞。翦伯赞先生在《内蒙古访古》一文中曾指出:"阴山以南的沃野不仅是游牧民族的园囿,也是他们进入中原地区的跳板。只要占领了这个沃野,他们就可以强渡黄河,进入汾河或黄河河谷……汉族如果要排除从西北方面袭来的游牧民族的威胁,也必须守住阴山的峪口,否则这些骑马民族就会越过鄂尔多斯沙漠,进入汉族的心脏地带。"所以赵国北拒匈奴,南夺中原,除重兵把守外,还要依托筑于阴山天险的长城,才能挡住匈奴南下的脚步。

如今在内蒙古西北部地区有东西走向的两条古长城,据沈长云先生《赵北长城西段与秦始皇长城》一文考证,其中南面的一道为赵长城,由内蒙古兴和往西,经卓资、旗下营,沿大青山南麓过呼和浩特市北、包头市北的石拐矿区、兴胜,越昆都仑沟口,至乌拉山下,再循乌拉山麓西经哈德门沟口,继续延伸到白彦花北面的山脚下。这道长城除个别地方外,一般都采用夯土,筑于山侧慢坡的腰部或山脚下面。而赵长城之北的石砌长城,则为秦始皇时期修筑的长城。

呼和浩特境内的赵长城,多用夯土或石块叠砌,宽者五至六米,残高多为一至二米。地理学家郦道元在《水经注》中对呼和浩特境内的长城记载道:"芒干水(今大黑河)又西南径白道南谷口,有长城在右,萦带长城。背山而泽,谓之白道城。自城北出,有高阪谓之白道岭。顾瞻左右,山椒之上,有垣若颓基焉。沿溪亘岭,东西无极,疑赵武灵王所筑也。"阴山南麓的赵长城横贯呼和浩特全境,其中尤以卓资县至呼和浩特东郊之间60千米这段长城保存最好。今呼和浩特北郊坝子口村,史称"白道南谷口",从该谷口西至台阁木这段长城,因山势较高,在山的南侧多慢坡,长城建于慢坡的腰部。该段长城多为就地取土夯筑,夯层厚约0.1米,其现存夯层遗迹多达20至30层。从台阁木至毕克之间,山南侧多无慢坡,故长城又多修筑于山脚下。从水涧沟门向西至包头市,山峦起伏,长城又穿行于山,跨山越水,宛如蛟龙。

包头境内的长城遗迹矗立于丘陵之中,跨山越水,地势险要,是赵长城至今保存最为完好的一段。乌拉尔山是一道天然的屏障,长城遗迹位于其山脚下。这段长城遗址位于石拐区,长城为夯土筑成,基宽3.5米至4米,高达5米,夯筑的层次清晰可辨。登临高处,长城遗址时隐时现,两端望不到终点。在断路的豁口处,立有一通汉白玉碑刻。碑石雕刻精美,正面用蒙汉两种文字书写着:"战国赵长城遗迹"。碑的背面文字为:"神龟虽有竞时仍存渡海负载之功。腾蛇终为土灰,仍留叱咤风云之威。战国赵长城傍依阴山至今已两千余年,瞻观遗迹,赵武灵王经营北方雄图于斯可见。"汉司马迁著《史记》云:"而武灵王亦变俗胡服,习骑射,北破林胡、楼烦,筑长城,自代并阴山下,至高阙为塞。"经今包头境之赵长城越土默特右旗,继之市郊区迤西,傍山之阳;昆都仑河口以西城障集布,足称险要;赵辟田屯耕,九原县为本区建制之始。事俱往矣,今人保护文物之责任重焉,立碑为记。此碑为包头市人民政府于1999年7月1日立。

碑文中所说的城障是指山中修筑的小城,它与长城有着密切的关系,是守护长城的兵营和屯兵戍边的居所,面积约为400平方米左右。在长城内外,尤其是南面,现存众多的城障遗址,位于大青山沿线的,如呼和浩特市西台阁木的给青村遗址,包头市北的青图城障遗址;位于乌拉尔山沿线的,如包头市西的西哈德门沟口城障遗址等。

赵长城的西端止于今内蒙古临河县东北的两狼山口,即赵时所说的高阙。郦道元在《水经注》一书中对赵长城末端的“高阙”作了如下描绘:“山下有长城,长城之际,连山刺天,其山中断,两岸双阙,善能云举,望若阙焉。”修筑长城后,赵武灵王为巩固边防,除重兵驻守外,又从内地大量迁民至九原,在阴山南麓屯垦戍边。经赵国的开垦,到汉代时,这里已成为“五原北假,膏壤殖谷”的富庶之地。

赵国北长城西接燕山山脉,横贯阴山山脉,途经河北、山西、内蒙古三大省区,在北国边陲筑起了一道长达千里的军事屏障。赵武灵王修筑长城,不仅遏制了匈奴的进犯,而且成为军事防守上的一大创举。著名历史学家翦伯赞先生曾写有《登大青山访赵长城遗址》一诗,诗中盛赞赵武灵王修筑长城的历史功绩:“胡服骑射捍北疆,英雄不愧武灵王。邯郸歌舞终消歇,河曲风光旧莽苍。望断云中无鹄起,飞来天外有鹰扣。两千几百年前事,只剩蓬蒿伴土墙。”

关于赵长城的修筑,在《战国策》、《史记》、《水经注》、《括地志》、《资治通鉴》等史书上有多处记载,虽然简略,但却为后人的研究提供了宝贵的资料。近代张维华在《禹贡》半月刊第七卷第七、八期合期上发表了《赵长城考》一文,当时的《绥远通志》一书中也记载了赵长城的调查情况:“包头境内有古长城,东自什拉淖起,沿大青山及乌拉山之麓西行,至西山嘴子而止,长凡二百六十余里,为土石所筑,高二三尺以至六尺不等,或断或续,尚多存在,而以什拉淖至城塔汗之一段较为完整。”建国后,历史学家和文物工作者经过长期调查研究,基本廓清了赵国南北长城的位置所在、具体走向和遗址现存情况,发表了一批颇有价值的论文、论著,为我们窥探赵长城的全貌提供了可靠的依据。如唐晓峰的《内蒙古西北部秦汉长城调查记》(载《文物》1977 年第 5 期),郑绍宗的《战国秦汉时期的古长城的发现与研究》(载《河北师院学报》1981 年第 1 期),盖山林、陆思贤的《内蒙古境内战国秦汉长城遗迹》(载《中国考古学会第一次年会论文集》)及《阴山南麓的赵长城》(载《中国长城遗迹调查报告》,文物出版社,1981 年),内蒙古文物工作队、内蒙古博物馆合著的《内蒙古文物考古工作二十年》,沈长云的《赵北长城西段与秦始皇长城》(载《历史与地理》第七辑,上海人民出版社,1990 年)等,作者对呼和浩特至包头段的赵长城进行了实地踏勘,可以使人们了解到赵长城建筑的详细情况。还有一些学术著作也对赵长城进行了详细的论述,如靳和生的《赵武灵王评价》、杨宽的《战国史》、沈长云的《赵国史稿》等。

对赵国南北长城的研究,是赵文化的一个重要组成部分。南长城的修筑展现了赵国早期励精图治的雄心壮志,而北长城的修筑则展开了一幅开发北疆和"胡服骑射"军事改革的雄伟画卷。也让我们从赵长城的雄关堞影和残垣断壁中,更为深刻地感受到赵文化慷慨悲歌的历史基调。

(原载《邯郸师专学报》2004 年第 4 期)

从文献记载看古代的丛台

郝良真*   孙继民

丛台,是古代赵国的重要文化遗存,遗址位于邯郸市中华大街与丛台路交口西南角地带。民国二十八年(1939 年)辟为丛台公园,当时占地仅 3 万平方米。现存丛台是 1963 年遭遇特大洪水后的重修建筑。平面呈"丅"字形(见图),南北长约 110 米,东西宽约 60 米,底部东半部为半圆形,直径约 32 米,总高约 25 米,分上中下 3 层。在迄今两千多年间,不仅历代史籍对丛台颇多记载,更有唐代以来诗人词家凭栏吊古的诗文辞赋流传于世。今天的丛台虽然历经维修改建而失历史原貌,但它仍以古代亭榭的独特风韵,成为赵都邯郸的历史见证与象征。

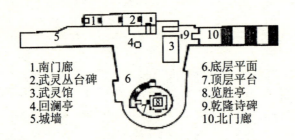

1.南门廊   6.底层平面
2.武灵丛台碑   7.顶层平台
3.武灵馆   8.览胜亭
4.回澜亭   9.乾隆诗碑
5.城墙   10.北门廊

一、关于丛台的建造时代

明清时期,有关赵武灵王始筑丛台的说法非常普遍。明人陈耀文撰《四库全书》本《天中记》卷十五《台·丛台》称:

* 郝良真(1954—),男,河北邯郸人,邯郸市博物馆馆长、研究员。主要著作有《先秦两汉赵文化研究》、《邯郸简史》、《邯郸近代城市史》等。

赵武灵王建丛台于邯郸。①

《大明一统志》卷四《广平府·宫室》也称：

丛台，在邯郸县北，《史记》赵武灵王所筑，因其丛杂而名。[1]

《大清一统志》卷二十一《广平府》："丛台，在邯郸县城东北，相传赵武灵王筑"；《四库全书》本《畿辅通志》卷五十四《古迹·广平府》称"丛台，在邯郸县东北隅。《名胜志》赵武灵王所筑，上有雪洞、天桥诸景"。至于县志、府志的记载，莫不如此。民国二十二年（1933年）本《邯郸县志》卷三《地理志·古迹》也同样说"丛台，在县城东北隅。世传赵武灵王所筑，其上有雪洞、天桥诸景"。上述文献比较晚，有关说法是如何产生的呢？其根据何在？可靠性如何？以往人们并不十分清楚。下面我们从早期文献记载的辨析入手，对此加以考述。

目前所知有关丛台最早的资料，是《汉书》卷三《高后纪》吕后元年（公元前187年）条所记"夏五月丙申，赵王宫丛台灾"。所谓"灾"即火灾，意思是说这年的五月丙申日赵王宫丛台发生了火灾。这里所记"赵王"，是指西汉初期刘邦所封的同姓王刘如意（刘邦之子）。从这条材料可知，丛台是西汉赵王宫的一部分。这里虽未涉及丛台的始建问题，但至少说明西汉初年丛台已经存在的史实。

与"赵王宫丛台灾"差不多同时，还有一条与丛台相关的材料，这就是《汉书》卷五《邹阳传》所载传主上吴王刘濞书中提到的"夫全赵之时，武力鼎士袨服丛台之下者一旦成市，而不能止幽王之湛患"。邹阳是西汉文、景时期人，他所说的"全赵之时"，颜师古注引服虔语称："全赵，赵未分之时"。西汉初期的赵国与战国时期的赵国疆域相当，后经汉政权削藩而逐渐缩小，"全赵之时"即指疆域缩小之前的西汉赵国盛况。颜师古注语还说："袨服，盛服也。鼎士，举鼎之士也。丛台，赵王之台也，在邯郸。"并说："幽王，谓赵幽王友也。湛，读曰沈。沈患，言幽王为吕后所幽死。"邹阳上书的意思是说汉初赵国最盛之时，盛装的武士云集于丛台之下，但并未能阻止赵幽王刘友被害之祸。这里也未涉及丛台的始建问题，但提供了西汉早期丛台之下武士云集的盛况。

---

① 陈耀文自注称此引自《前汉书》，但《汉书》并无此语。《四库全书提要》称《天中记》较之于一般"明人类书所列旧籍，大都没其出处，至于凭臆增损，无可征信"，要差强人意，但仅就此条而言并不见得。明人著述粗疏于此可见一斑。

　　现在流传下来的西汉史料还有一条涉及到丛台。《四库全书》本刘向《新序》卷九《善谋》记春秋末年智氏率韩、魏二氏攻赵晋阳时，"知伯之信韩、魏也，从而伐赵，攻晋阳之城，胜有日矣，韩、魏畔之，杀知伯瑶于丛台之上。"其中的"丛台"二字，《四库丛刊》本、《丛书集成初编》本、《百子全书》本《新序》和赵善诒《刘向新序疏证》①均同，但互联网络"文化频道"所录电子本刘向《新序》作"凿台"②。按《战国策》卷六记此事亦作"凿台"。《史记》卷七十八《春申君传》有传主上书说秦昭王语，也提及智氏率韩、魏二氏攻赵晋阳事，称"韩、魏叛之，杀智伯瑶于凿台之下"，并说"昔智氏见伐赵之利而不知榆次之祸"，可见"凿台"为是。又，关于凿台所在，《史记集解》引徐广语称"凿台在榆次"，《水经注》卷六也说榆次"县南侧水有凿台，韩、魏杀智伯瑶于其下"，《元和郡县图志》卷十六太原府榆次县条也说"麓台山，俗名凿台山，在县东南三十五里"，这说明凿台确在榆次。榆次靠近晋阳，而邯郸距晋阳近千里，智氏攻赵失败被杀于凿台与事理相符。总之，"杀知伯瑶于丛台之上"有误，刘向《新序》有关丛台已见于春秋时期的记载不足为据。

　　东汉和三国时期，有两条材料涉及到丛台的始建问题。《文选》卷三有张衡的《东京赋》，其中有云："是时也，七雄并争，竞相高以奢丽，楚筑章华于前，赵建丛台于后，秦政利觜长距，终得擅场，思专其侈，以莫己若也。""七雄并争"是指战国时期；"楚筑章华于前"是指楚灵王所造章华台；"赵建丛台于后"，是指晚于楚灵王所造章华台，张衡也认为丛台建于战国时期。张衡是东汉时期人，他是最早提出丛台建于战国时期的学者。《文选》所收张衡《东京赋》还有薛综的注文，他对"赵建丛台于后"一句注释道："《史记》曰：赵武灵王起丛台，太子围之三月。于后，在六国之时。"薛综是三国时期孙吴人，史称他"凡所著诗赋难论数万言，名曰《私载》。又定《五宗图述》、《二京解》，皆传于世"，[2]1251《二京解》即对张衡《二京赋》（《西京赋》、《东京赋》）的注解。以上注文当为其《二京解》的内容。但今本《史记》并无"赵武灵王起丛台"之类的内容，《史记》卷四十三《赵世家》记载赵武灵王晚年因宫廷之变被围困"三月余而饿死沙丘宫"，疑所谓"太子围之三月"，即指武灵王被围饿死的沙丘宫之变。薛综注引赵武灵王起丛台的内容不见于今本《史记》，是《史记》流传过程中有所亡逸呢，还是薛综张冠李戴或完全出于臆断呢？不得而知，但薛综认为丛台始建于战国赵武灵王时期并无疑问。薛综是三国时期人，他是最早记述丛台为战国时期赵武灵王所建的学者。此外,曹魏时期刘劭在《赵都赋》中也记:"正殿俨其造天,朱榱赫以舒光。盘虬螭之蜿蜒,承雄虹之飞梁。结云阁于南宇,立丛台于少阳。"①《赵都赋》虽是残文,其华美的辞藻也不免渲染夸张。但所提到的三座重要建筑,即"正殿"、"云阁"、"丛台",则是提示赵都宫殿十分重要的资料。其中,俨其造天的"正殿"应是赵王宫城中的重要建筑物,在赵王城"正殿"之南还建有"云阁",是一座参天高大的建筑。而"丛台"则建在赵邯郸故城的东部。② 从其描写的情况而言,应是指战国时期的赵都盛况。

北魏至唐代,有两条材料涉及丛台的始建。郦道元《水经注》卷十《漳水》称丛台为"六国时赵王之台也",唐人颜师古于《汉书》卷三《高后纪》"赵王宫丛台灾"下注称:"连聚非一,故名丛台。盖本六国时赵王故台也,在邯郸城中",他们二人认为丛台是"六国时赵王之(故)台",亦即认为是战国时期赵国所建(所谓"六国"一语是借用战国时人的习称)。他们的观点与东汉的张衡实属异曲同工。

至宋代,赵武灵王始筑丛台之说开始盛行起来。《元丰九域志》卷二河北西路磁州古迹条:"丛台,赵武灵王所筑。"《玉海》卷一百六十二《宫室·赵丛台》于汉邹阳上书"全赵之时武力鼎士袨服丛台之下"句下注道:"《史记》武灵王起。"③宋贺铸撰《四库全书》本《庆湖遗老诗集》卷一《歌行三十九首·丛台歌》有序:"按《邯郸县谱》丛台赵武灵王筑,起地三百尺,今故址犹十仞,在县中东北隅。元丰辛酉七月同邑令濮人杜俨仲观登,杜先有此诗,要予同赋。"诗歌内容即说:"累土三百尺,流火二千年。人生物数不相待,摧颓故址秋风前。武灵旧垄今安在,秃树无阴困樵采。"卷二《答杜严仲观登丛台见寄庚申九月滏阳赋》亦说:"邯郸古都会,陈迹武灵筑。"都说丛台是赵武灵王所筑。贺铸所说的《邯郸县谱》当是宋代的邯郸地方志,它不仅记载说赵武灵王始筑丛台,而且说是"起地三百尺"。可见至迟北宋时期邯郸地方志已认定丛台始筑于赵武灵王,北宋盛行武灵王始筑说可能与邯郸地方志的记载有关。④

————————

① 明万历本《邯郸县志》卷二《地理志》所记《赵都赋》之残文。

② 《集解》引《汉书音义》认为,"少阳、东极"。战国丛台遗址位于赵邯郸故城"大北城"(廓城)的东部地带。

③ 《玉海》所说"《史记》武灵王起"可能是因袭薛综之说。

④ 民国二十二年(1933)本《邯郸县志》卷三《地理志·古迹》附录有明代邯郸县令张慎发的《丛台纪事》,张称引宋人《北辕录》说:"邯郸有丛台,世传赵武灵王所筑。其西北有照眉池,皆赵宫人游玩之地。"但《四库全书》本的《说郛》所收宋人周煇辉《北辕录》没有以上内容,疑是脱落。若张慎发《丛台纪事》可信,亦可作为宋人盛行赵武灵王始筑丛台说的例证之一。

从以上有关丛台早期文献材料的辨析可知,最晚在西汉初期丛台就已经存在,此后学者有关丛台始筑的时间,或持概称之战国始筑说,或持细称之赵武灵王始筑说,无论是概称之说还是细称之说,均认为早于西汉,换言之,都认为是在战国时期。古代学者的这一见解很有道理,仅就丛台最早出现于史籍的吕后元年(公元前187年)而言,此时上距西汉建国不过20年,上距秦占领赵都邯郸不过40年,因此丛台建于战国时期的赵国很有可能。① 而且这一点也得到了考古材料的证实。1963年夏,邯郸遭遇特大暴雨,洪涝成灾,丛台东南部倒塌,文物工作者对丛台进行了勘探调查,从倒塌部位的断面发现,其台心下部是黄褐色纯净土,夯土层为6—8厘米,夯土结构与战国赵王城遗址考古发现的夯土墙结构相同。在台的上部及表部,土色发黑,内含战国时代的陶片、陶豆把等杂物较多,夯层厚薄不均,夯筑不及台心部坚实。[3]82这说明丛台夯筑结构的下部中心是战国时期的夯土结构,其上部及表部应是经过历代维修过的夯土结构。考古遗存证实丛台确实为战国时代的建筑。当然,丛台究竟出自哪位赵王之手,目前还无法考实,不过我们可以知道,最晚在三国时期就已有赵武灵王始筑说。

二、关于古代丛台的地理方位

前引《赵都赋》"立丛台于少阳"句,这是古代文献记载丛台方位最早的一条资料,它指出了古代丛台的大致方位在都城的东部,与今天的丛台遗址方位基本一致。战国时期的赵邯郸故城由"赵王城"和"大北城"(廓城)两部分组成。赵王城位于大北城的西南角,两城间隔60余米。1970年在配合市人防工程建设中,通过对城区内300多处文物勘探动土点发现,战国、汉代的大北城遗址大致在今市区北起联纺路,南到贺庄至庞村,西起建设大街,东达曙光街南北一线的范围内,总面积约为1383万平方米。[4]162丛台位于大北城的东北部位,东距大北城东垣约1千米,北距大北城北垣约1500米。从考古调查可知,邯郸的地形西高东低,在故城西垣附近,其地表下0.5—1.5米处便可见到战国、汉代的文化层;而故城东垣附近,其地表下6—9米,最深达11米处才是同时期的文化层。[3]76在1963年丛台文物调查时,于地表上约4米的台心可见战国夯土层,如果考虑地下的6—9米深度,则战国丛台至少应是15米以

---

① 秦统一时期不可能有丛台之建,秦汉之际天下大乱也不可能有丛台之举。据《汉书》卷二十四《食货志》,西汉之初,百废待兴,物资贫乏,"天子不能具醇驷,而将相或乘牛车"。所以,修筑丛台的可能也不大。

上的高台建筑。至于《邯郸县谱》所称丛台"累土三百尺",虽然系渲染之辞,也说明古代的丛台是一个庞然雄伟的高台建筑。

北魏郦道元《水经注》卷十《漳水》所记当时丛台的地理方位,与现存丛台遗址的位置也基本一致。

> 漳水又东北径列人故城南,(中略)东南流经邯郸县南,又与拘涧水合。(校记略)拘涧水又东,(校记略)又有牛首水入焉。水出邯郸县西堵山,东流分为二水,洪湍双逝,澄映两川。(中略)其水东入邯郸阜,径温明殿(校记略)南,汉世祖擒王郎,幸邯郸昼卧处也。其水又东径丛台南,六国时赵王之台也。(中略)其水又东历邯郸阜,(中略)其水又东流出城,又合成一川也。[5]

《水经注》所记古代的牛首水(今沁河),是经丛台之南流过,而今天的沁河则流经丛台之北。关于古代牛首水流经邯郸城的走向,侯仁之先生在《邯郸城址的演变与城市兴衰的地理背景》一文中,曾推测古代牛首水大致经过今和平路东西一线。[6]324根据这一推测,丛台距古代牛首水大约2000米左右。2000年9月,市博物馆实施扩建后楼地下工程,在开挖地下深6.5米、南北长50米、东西宽23米的基槽内,靠北半部发现了古河道流沙层,逾北则深,可知此处是河道的南边,呈东西流向。由此向西约1500米距其北的丛台遗址约100米,这处河道疑是古代牛首水遗址的一段。今沁河则流经丛台遗址之北,应是经过历史上改道变迁形成的结果。

丛台在战国秦汉时期的历次大规模的战争兵燹中,与邯郸故城一样,至少经历过秦灭赵战争、秦汉之际章邯平毁邯郸城以及西汉景帝时平定刘遂之乱引牛首水灌城等几次较大的战争破坏。其中的自然灾害破坏自不待言。《汉书》所记丛台遭受火灾也只是烧毁丛台之上的木结构建筑,并不能直接毁坏丛台建筑台基本身,而能彻底毁坏丛台的也只能是水灾。有关洪水灾害,《汉书》卷九十九《王莽传》称:"邯郸以北大雨雾,水出,深者数丈,流杀数千人。"这是文献记载西汉末年邯郸的一次大水灾,但古代文献有关水灾、战争对丛台的直接破坏并无明记。《史记》、《汉书》的《张耳陈余列传》记,在秦末农民战争中,地方割据势力武臣、赵歇相继在邯郸称赵,秦将章邯引兵再破邯郸,"皆徙其民河内,夷其城廓"。这是继秦灭赵战争之后邯郸遭受战争破坏最为严重的一次,丛台肯定受到了战争的严重破坏。之后赵歇政权一度曾迁都信都、襄国,恐怕是与邯郸在这次战争中受到严重破坏而不堪为都有直接关系。西汉赵国建立以后,丛台作为赵王宫的一部分,必然又得到重新修复与利用。在汉景帝二年(公元前155年),赵王刘遂参与了"七国之乱",据《史记》卷五十《楚元王世家》和《汉书》卷三十八《高五王传》:"汉使曲周侯郦寄出之(赵),赵王城守邯郸,相捍七月,……乃并兵引水灌城,城坏,王遂自杀,国除。"《水经注·漳水》称:"引牛首水、拘水灌城,城破,王自杀。"所记虽然没有涉及对丛台的直接破坏,但从引水灌城的后果可以推测,丛台很可能在这次灌城中倒塌毁坏。在多年的"大北城"考古调查中,至今未能发现其东垣北段与北垣东段地下城墙。承蒙邯郸市文物保护研究所薛玉川同志见告,知大北城东垣到曙光街东侧的纺织医院以北则被泥沙所打破,而自纺织医院向西北方向又有一道城墙出现,并叠压在战国大北城东垣之上,在此形成了"T"字形城垣结构,这段城墙有可能就是汉代重修的城墙北垣。这一情况说明,战国大北城的东垣北段和北垣东段有可能是在郦寄灌城中被冲毁而彻底破坏,丛台靠近大北城的东垣,在这次战乱中的命运就可想而知了。但丛台是赵国的主要宫殿建筑,在遭受一次又一次的厄运之后,又必然得到一次又一次的维修与改建。古代文献记载与考古调查的结果均证明,古今丛台的地理方位并没有因此而迁移。这一点不仅魏晋南北朝时期的刘劭、郦道元还有所了解,唐代的颜师古等一批学者也还知道丛台的有关情况,这些重要的资料便被保留在《汉书》、《水经注》等古代文献中。

在宋、金时期,虽然邯郸已经完全衰落,但丛台遗址尚存。南宋淳熙四年(1177年)一月十六日,周辉出使金国时途经邯郸,他在日记《北辕录》中写道:"邯郸县古赵国,赵王丛台在县之北。"据邯郸市文物保护研究所乔登云所长介绍,在今中华大街中段的市供电局大楼施工中,发现了唐代墓葬,并出土有一块墓志,志文称该墓位于邯郸城南3里。从今丛台之南供电局大楼的实际距离可知,唐代邯郸城南垣很可能紧靠丛台之南,这时的丛台应位于城东北角部位。上引《北辕录》说丛台在县之北,而宋代以后的邯郸城较唐代已发生了向西南一带的转移。明《广平府志》与《邯郸县志》所载"明洪武年间,邯郸重建城垣",当时的邯郸城"南不过斜街口,北不过观音阁,南北不够二里,东西仅半里"。明成化年间进行过拓城,在县城南北各拓半里。据清代《邯郸县志》所记,自明代以后,邯郸城再无扩大。而宋代以后的邯郸城较唐代已发生了向西南一带的转移,故丛台位于"县之北"了。

从文献记载到考古调查的资料显示,自战国以来的两千多年间,邯郸城发生了沧海桑田之变,但古今丛台的方位并无更移,只是"连聚非一"的丛台逐渐变成现存的孑然一台了。

三、关于丛台的性质与作用

上引《汉书·高后纪》"赵王宫丛台灾",已经说明丛台是西汉时期赵国王宫内的一座重要建筑。侯仁之先生在《邯郸城址的演变与城市兴衰的地理背景》一文中依据《汉书》等记载,推测它是汉代赵王宫的宫苑。[6]325上引《汉书·邹阳传》颜师古注曰:"丛台,赵王之台也,在邯郸。"这里所谓"赵王之台",是说丛台是汉代赵王宫的建筑。《后汉书》卷二十二《马武传》记载了西汉末年农民起义军建立更始政权后,光武帝刘秀曾与马武在邯郸击败王郎政权之事,"更始立,以武为侍郎,与世祖破王寻等,拜为振威将军,与尚书令谢躬共攻王郎。及世祖拔邯郸,请躬及武等置酒高会,因欲以图躬,不克。既罢,独与武登丛台,故赵王台也,在今潞州邯郸城中"。所记为东汉初年之事,亦说丛台是赵王之台。在东汉时期,除偶尔间断外,东汉王朝仍然以邯郸为都设置赵国。东汉的赵王宫必然又是沿用了西汉的赵王宫。《后汉书》卷一百一十《郡国》赵国条也记"邯郸有丛台",说明东汉时期的丛台也是赵王宫建筑的组成部分,只是东汉时期的赵王宫已经不能与西汉时期同日而语了。《后汉书》卷八十一《向栩传》:"拜赵相。及之宫,时之谓其必当脱素从俭,而栩更乘鲜车,御良马,世疑其始伪。及到宫,略不视文书,舍中生蒿莱。"赵王宫中遍生蒿草,已见其萧条衰颓之况。东汉建安十七年(212年),占据邺城的曹魏集团,为了进一步削弱刘姓诸侯王势力,正式废除赵国,邯郸由此成为魏郡所辖的县城,丛台也由此随着赵国废封的命运而失去其宫殿建筑的政治意义与地位。

汉代的赵王宫除丛台之外,还应包括丛台以西的温明殿等遗址在内。在这些遗址的考古调查中,曾发现了大量的战国汉代遗物,调查者认为,汉代的赵王宫是在这一带战国建筑基础上修复利用的。[3]84上世纪40年代初中日考古学者曾对这一带的遗址进行过考古调查,[7]17在梳妆楼遗址中曾发现了由河卵石铺设的建筑散水、柱础石、铺地陶砖、"千秋万岁"纹瓦当及"大泉五十"铜钱等汉代遗物。在梳妆楼遗址西南有西汉贵族墓,其东不远处有地下汉代城墙,这说明梳妆楼一度属西汉赵王宫建筑,以后逐渐退到赵王宫之外了。而对温明殿遗址的考古调查则发现它始建于汉代,并有后世维修的痕迹。《后汉书》卷十九《耿弇传》记,刘秀在击败王郎占领邯郸后,"时光武居邯郸宫,昼卧温明殿"。邯郸宫就是西汉的赵国王宫。《水经注》称漳水流经温明殿南,又东经丛台南,温明殿位于丛台与梳妆楼之间,则应是其中的一个中心建筑。刘秀驻守邯郸宫,又与马武登丛台置酒高会,说明温明殿与丛台均在邯郸宫中。对此,考古资料也进一步印证了汉代赵王宫的位置。

那么,战国时期的丛台没有建在赵国的宫城内,而是建在大北城的东北部,这似乎说明它不是赵国的实质性宫殿。而从上引"立丛台于少阳"、"六国时赵王故台"等记载,它应该又是赵国的一处带有宫殿性质的重要建筑,这其中必然有一定的道理。1989 年 4 月在插箭岭遗址公园规划论证会上,罗哲文、郑孝燮等先生也指出这一带是战国时期赵王的离宫是有道理的。前述已经指出赵邯郸大北城西北部汉代赵王宫沿用了战国时期的重要建筑,而且位于插箭岭东南部有战国小城遗址,这已被考古所证实。战国时期赵国的宫城位于西南角,而位于大北城西北部的遗址包括其东的丛台在内,则应为赵王的离宫苑囿。地方史志所记相传为赵武灵王训练骑射和观看歌舞的场所,尽管我们不能肯定丛台属武灵王所建,但武灵王时期在此多有活动是完全可能的,虽然是历代的传说,也不能说没有一点道理。从这一带保留有战国铸箭炉和出土大量战国箭镞也可以得到间证(可惜在今成语典故苑建设中破坏了铸箭炉群)。由此说明战国时期的丛台是赵王苑囿内的一个重要建筑,属于赵王的宫殿建筑是没有疑问的。

参考文献:

[1]《大明一统志》,载《四库全书本》影印本,上海古籍出版社 1986 年版。

[2] 陈寿:《吴书·薛综传》,载《三国志》,中华书局 1959 年版。

[3] 陈光唐等:《邯郸历史与考古》,文津出版社 1991 年版。

[4] 陈光唐:《赵都邯郸故城调查报告》,载《考古学集刊》第 4 辑,文物出版社 1984 年版。

[5] 王先谦校本:《水经注》影印本,巴蜀书社 1985 年版。

[6] 侯仁之:《历史地理学的理论与实践》,上海人民出版社 1979 年版。

[7] [日]原田淑人等:《邯郸战国时代赵都城址的发掘》,东方考古学丛刊(日文版) 1954 年版。

(原载《邯郸师专学报》2004 年第 1 期)

邺城文化研究

建安文化研究现状、特点及趋向

曹贵宝　王红升*

一、建安文化研究的现状

建安文化是一个非常广泛的概念,从近年来的研究看,涉及文学、思想文化、政治哲学、音乐、体育、卫生等方面,其中以建安文学研究为主流。

(一)建安文学研究

近年对建安文学的研究主要集中在以下几方面。

1. 关于建安文学的思想内容和时代风格

(1)一般认为,建安文学主要是反映当时的社会动乱和人民流离失所的痛苦、表现作家建功立业和国家统一的愿望。裴金华《梗概多气慷慨悲凉——浅析曹植诗歌中的建功立业思想》(《沙洋师专学报》2005 年第 6 期)等文章从这方面进行了分析。

(2)也有观点认为,建安诗歌的主题是生命。何蓓、高庆珍《建安诗歌的生命主题》(《河北大学学报》〈社科版〉2005 年第 2 期)指出,建安文人不仅因乱世的遭遇复苏了对生命的关怀,而且清醒地意识到个体生命短暂而产生了强烈的终极关怀情绪,将社会责任感即济世弘道的志愿与建功立业、永垂不朽之理想结合在一起,其生命主题在诗歌中有很广泛的表现。付以琼《浅谈建安文学的生命精神》(《江西农业大学学报》〈社科版〉2004 年第 3 期)认为,建安文学是充分展示个体生命的文学,它充分展示着伟大的生命精神,具有恒久的魅力和价值。

(3)有学者认为建安诗歌具有浓郁的悲剧性。肖晓阳《建安诗歌的悲剧

---

* 曹贵宝(1951—),男,河北魏县人,邯郸学院副院长,研究员。
王红升(1969—),男,河北邯郸人,邯郸学院中文系副教授。

意蕴》(《衡阳师范学院学报》2001 年第 1 期)指出,在动荡现实面前的忧郁与恐惧、静思后的悲哀与欢乐是诗中的悲剧情感,已经隐含着诗人的悲剧意识;醇酒与音乐带来的疯狂、民歌与神话引发的冲动展现了诗人的悲剧性格,形成了敢于直面人生的悲剧精神;险恶的环境、神秘的气氛与阔大的境界融合成诗中的悲剧情境,使诗歌充满了悲剧的情调,赋予了建安诗歌深刻的悲剧意蕴。

(4)学术界一般认为,建安文学是有感情有个性的抒发性的文学,是情文兼具、文质相称的文学,具有现实性、抒发性、通俗性的特点(参见:余冠英选注《三曹诗选》)。许多学者从这一角度进行了分析。刘涛《从建安七子的创作看建安风骨》(《山东商业职业技术学院学报》2003 年第 4 期)指出,汉末建安时期,文学进入了一个自觉时期,重个性、主缘情、求华美的文学思想深刻影响着建安文人的创作。齐向东《由"汉音"到"魏响"——"建安风骨"的形成及其审美意向》(《滨州师专学报》2003 年第 1 期)认为,建安文人创作取向上的"刚健"与"端直",构成了他们直面人生、积极向上的进取精神,在审美的情感意向上集中体现为"慷慨悲凉"的情感基调。

(5)一些学者认为,建安文学作品中还有一定数量的公宴诗、游仙诗、妇女题材的作品以及谐隐文等,这些作品用"慷慨悲凉"来概括恐怕是不合适的。黄亚卓《论建安公宴诗及其典范意义》(《广西师院学报》〈社科版〉2002年第 3 期)、李金荣《建安游宴诗略论》(《涪陵师范学院学报》2001 年第 4期)、黄宁《"建安风骨"与游仙诗——曹操游仙诗探微》(《安阳师院学报》2004 年第 6 期)、秦俊香《试论建安文人诗赋中女性的悲剧》(《河南师大学报》〈社科版〉1997 年第 3 期)、王力坚《试析建安诗中的女性描写》(《广西社会科学》1994 年第 4 期)、魏宏灿《远实用而近娱乐——建安谐隐文论》(《聊城大学学报》〈社科版〉2005 年第 2 期)等对上述题材作品从思想内容、题材、语言风格等方面进行了分析。

(6)有文章认为,建安文学突出地表现为对偶、繁辞、藻饰、用典、声调等五方面的特点。王丽珍《略论建安文学的华美与壮大》(《青海师专学报》2002年第 2 期)对此进行了分析。

2. 关于"建安风骨"

"建安风骨"是后人对建安文学特别是诗歌特点的高度概括和充分肯定。关于"建安风骨"的研究文章较多,在此单列加以叙述。

陆友梅《略谈"建安风骨"》(《阜阳师院学报》〈社科版〉1999 年第 4 期)对建安风骨的含义进行了探讨,认为尽管对"风骨"的解说多种多样,但究其实质不外乎诗文的内容和形式,并对"建安风骨"的具体含义进行了归纳。蔡安延《论"建安风骨"的嬗变深化过程及其意义》(《郧阳师专学报》1998 年第

3 期)对"建安风骨"的嬗变深化过程及其意义作了分析。赵荣栓《功业与精神的价值表现——漫谈建安风骨》(《河南师大学报》〈社科版〉1997 年第 5 期)认为建安风骨是功业与精神的价值表现,强调魏晋时期文学的一个显著特征就是人的再度发现,这种再度发现和觉醒构成了当时一切意识的总的特征。魏宏灿《试论汉魏风骨与建安风力的关系》(《安徽大学学报》〈社科版〉2001 年第 4 期)进一步对"建安风骨"和"建安风力"进行了考辨。

3. 关于建安文学繁荣的原因

经过多年的割据混战,建安时期的社会经济遭到了严重破坏,当时的文坛却俊才云蒸,作家辈出,文学园地繁花似锦,优秀之作层出不穷,开创了我国文学发展史上的一个辉煌时代。促使其繁荣的主要原因何在? 研究者从不同的角度出发,得出了多种不同的认识。

(1)一般认为,建安文学的繁荣与"世积乱离,风衰俗怨"的社会动乱有关,因为社会动乱给作家们提供了接近下层人民和丰富题材的机会。周涛《我看建安文学兴起的文化根源》(《文史杂志》2004 年第 4 期)从这一角度进行了分析。

(2)有学者从人才培育的角度对建安文学的繁荣作了探讨。曹文心《建安文学繁荣的主因》(《淮北煤炭师院学报》〈社科版〉1999 年第 2 期)认为,东汉末叶的学校制度和清议监督下的举荐制度,造就了众多品学兼优的文士和兼擅诗赋的儒士,为建安文学的兴盛准备了一代英才。

(3)有学者从文学体裁自身发展变化的角度分析了建安文学繁荣的原因。王今晖《建安时期"五言腾踊"成因初探》(《山东社会科学》2002 年第 4 期)指出,以"五言腾踊"为重要标志的建安文学的繁荣,这一局面的出现有着较为复杂的因素,并着重从五言诗自身发展演进的角度分析了其成因,认为这是建安诗人在汉代诗人深厚的历史积淀中汲取了丰富营养的结果,同时建安时期独特的社会政治和文化生活所铸就的时代精神,作为不可或缺的外部动力,又激励着建安诗人在继承中不断创新。

4. 建安文学与其他文学关系研究

(1)建安作家对前朝文学样式的继承与发展

王柚田《论建安作家对乐府民歌的继承与发展》(《零陵师专学报》2002 年第 1 期)等文章认为,建安作家直接继承汉代乐府民歌"感于哀乐,缘事而发"的现实主义传统,大力发展了乐府民歌的体裁形式和表现手法,创作出许多有血有泪、慷慨悲凉的优秀诗篇。黄桂凤《从生命意识到人格意识——略论建安诗人对〈古诗十九首〉的继承发展》(《玉林师院学报》1998 年第 4 期)从生命意识角度揭示了《古诗十九首》对建安诗歌的影响,并指出了这种上升为人格的意识对于后代诗歌的影响。

张晨《汉大赋与建安诗歌》（《人文杂志》2003 年第 5 期）探讨了汉大赋与建安诗歌的关系，指出建安诗歌在内容、艺术、诗体三方面深受大赋的影响，形成了独特的艺术特质，建安诗人在审美情趣上也与两汉赋家一以贯之。

秦俊香《试论建安辞赋对楚辞的继承和发展》（《新乡师专学报》1997 年第 2 期）对建安文学与楚辞的关系进行了探讨，认为建安辞赋对楚辞进行了继承和发展。张金明《楚辞和建安感伤文学》（《阜阳师院学报》〈社科版〉1996 年第 2 期）进一步指出，建安文学中的感伤情调，其文学源流上承于楚辞，并从中获取了诸多的文学营养。

李生龙《道家思想与建安、魏末文学》（《中国文学研究》1998 年第 1 期）分析了道家思想对建安文学等的影响，指出道家思想在建安时期以黄老为主，与之相联系的文学，也随着发生了相应的变化。

（2）建安文学对后世文学的影响

关于建安文学对两晋的影响。王玫《论两晋读者对建安文学的接受》（《许昌学院学报》2003 年第 1 期）指出，两晋读者对曹操、曹丕的接受更重在作历史和政治方面的评判，而对曹植、王粲等人的接受更带有文学接受的特点。西晋与东晋的情况又略有不同，西晋时期更重在接受曹氏的政治主张、治国方略、用人标准，东晋读者着重讨论的是曹操、曹丕的重文兴教之举，曹操的兵法战略也是东晋人关注的方面。

关于南朝人对建安文学的接受。易小平、孔艳侠《品人辨体：南朝对建安文学的接受》（《商丘师范学院学报》2003 年第 4 期）认为，南朝人对建安文学的接受非常注重品人辨体。品人主要表现为对曹丕、曹植的推尊与对王粲、刘桢优劣的论争，辨体主要表现为区分建安文学与其他时代文学、探讨建安作家的渊源以及评定相关文体的代表作品等。申屠青松《论建安文学在南朝的接受》（《许昌师专学报》2002 年第 1 期）认为，南朝对建安文学的接受主要体现在两个方面，一是抒情性文学传统的继承，二是追求美的形式。

关于建安文学对唐代文学的影响。这方面的研究文章较多。王巍《略论建安文学对唐诗的影响》（《辽宁大学学报》〈社科版〉2000 年第 4 期）认为，唐代作家不仅研究、评论建安文学，而且在创作实践中直接学习建安文学，从唐代诗人的很多作品中可以看到其内容、气韵、艺术表现手法与形式等诸多方面与建安文学的内在关系。易小平《从典丽到风骨：初唐对建安文学的接受》（《贵州社会科学》2003 年第 3 期）认为，初唐前期以元老重臣为主的宫廷文人对建安文学的接受具有很强的包容性，形成了典丽的接受形态；初唐后期以中下层士人为主的普通文人对建安文学的接受相对偏激，其中四杰比较重视政教,陈子昂比较重视风骨。关于盛唐对建安文学的接受,易小平《声律风骨兼备:盛唐对建安文学的接受》(《石油大学学报》〈社科版〉2005年第1期)认为,盛唐既重视内容层面的风骨,又不忽视形式层面的声律,形成声律风骨兼备的接受形态。此外,马悦宁《论唐边塞诗对建安诗歌的承传》(《乐山师院学报》2001年第5期)、郑虹霓《双峰并峙声气相求——初探建安诗歌对唐边塞诗的影响》(《阜阳师院学报》〈社科版〉2000年第2期)、董岚《风骨神韵与清淡简远——谈建安诗人与盛唐王孟诗派传承关系》(《中州大学学报》1998年第4期)等文章还从不同角度分析了建安文学对唐代边塞诗和山水田园诗的影响。

王玫《建安文学在宋代的接受与传播》(《文学评论》2001年第3期)等文章还对建安文学在宋代的接受与传播进行了分析。

(3)建安文学与其他文学的比较研究

一些学者对建安文学与盛唐文学进行了比较。其中文坚《盛唐风骨与建安风骨的比较》(《湖南商学院学报》2001年第3期)分析了盛唐"风骨"和建安"风骨"的不同之处;陈长义《建安风骨与盛唐气象的美学定格》(《社会科学研究》1994年第6期)对建安诗歌和盛唐诗歌的美学特征作了概括。

李扬《建安诗歌与正始诗歌比较初论》(《齐齐哈尔大学学报》〈社科版〉1995年第3期)、宿岧岚《建安七子与竹林七贤作品目的性的差异》(《石家庄经济学院学报》2003年第6期)、赵荣栓《"迷惘的一代"与"建安风骨":两种文学思潮的个性对比》(《河南师范大学学报》〈社科版〉2000年第4期)等文章将建安诗歌与正始诗歌、建安七子与竹林七贤、"建安风骨"与"迷惘的一代"等进行了比较。

5. 关于作家研究

(1)作家活动及生平创作研究

张振龙《建安诸子归曹前的交际活动与文学观念》(《陕西师大继续教育学报》2004年第4期)、《建安四子归附曹操时间补证》(《信阳师范学院学报》〈社科版〉2005年第3期)两篇文章研究了建安诸子在归曹操之前与文学相关的交际活动,对陈琳、阮瑀、刘桢、徐幹四人归附曹操的时间进行了考证。

此外,顾农《建安文学史料丛札(三则)》(《古籍整理研究学刊》,2002年第5期)对与文人活动和文学创作有关的一些史实进行了考证;鲍鹏山《追求不朽:建安烈士——中古风流之二》(《寻根》2001年第2期)从整体上对建安作家进行了分析。

(2)作家成就及历史地位研究

关于建安七子诗歌创作的实绩。王鹏廷《建安七子诗歌创作实绩述论》

(《河南大学学报》〈社科版〉2003 年第 4 期)认为主要表现在三个方面,一是
题材扩大,二是文笔个性化、文人化,三是五言腾踊。

关于曹氏父子对建安文学的影响。刘文珍《论曹氏父子对建安文学的影
响》(《吕梁高专学报》2003 年第 4 期)认为,曹氏父子在建安文学发展过程中
有着举足轻重的地位和作用,他们不仅从文学外部而且从内部深刻影响了建
安文坛。

王玫《建安作家历史地位的计量分析》(《福州大学学报》〈哲学社科版〉
2005 年第 2 期)统计并分析了建安作家在历代为读者所接受的基本状况,以
及建安作家作品在效果史、阐释史上的地位。

(3)作家文学观念、艺术个性和心态研究

关于作家的文学观念。张振龙《建安文人文学观念的新旧对峙》(《周口师
院学报》2003 年第 3 期)认为,由于建安文学处于两汉文学向魏晋文学演变的关
捩点,文人的文学观念亦呈现出新旧对峙的过渡性,这两种新旧观念的并存,不
仅决定了它们之间的矛盾与冲突,同时还促成了它们之间的相互渗透与影响。

关于作家的艺术个性。王廷琦《试论建安作家诗歌创作的艺术个性》
(《山东教育学院学报》2000 年第 1 期)对各个作家的艺术个性进行了分析,
认为建安作家一般具有慷慨悲凉的时代风格,但每个作家又各有自己的艺术
个性,并具体对曹操、曹丕、曹植、王粲、蔡琰等作了分析,进而指出作家不同的
艺术个性与其不同的社会阅历、品性、修养息息相关。

关于作家的心态。王秀春《建安诸子后期心态探析》(《社会科学辑刊》
2003 年第 1 期)认为,建安诸子后期的许多作品充满了孤独苦闷的情调,表现
了作家心态的另一面,这种心态的形成与前期动荡生活留下的阴影、个人理想
无法全部实现、曹氏兄弟之争及诸子个性有关。

(二)建安时期思想文化研究

卫绍生《建安时期的文化裂变》(《中州学刊》2003 年第 3 期)认为,在建
安时期,两汉统治者苦心经营近四百年的儒家思想防线和文化统治,在战火兵
燹中显得是那么不堪一击。传统文化在社会无序、文化失范的情况下,发生了
不可遏制的裂变。道德观念的变异、文化行为的悖论、价值尺度的失衡以及名
士风流的初显,都表明这一时期的文化正处于急速的裂变过程之中。这一状
况的出现不仅为新的思想观念的产生和流行廓清了道路,提供了适宜的文化
土壤,而且对魏晋时期的文化整合、文学自觉和文学繁荣,都产生了十分深远
的影响。文章认为,建安时期只是文化的裂变期,而非文化的整合与重建期,
所以,这一时期的文化虽然在某些方面表现出主流意识(如积极用世的人生
态度和对建功立业的追求),但并没有形成一种占主导地位的主流文化,而是

各种思想文化观念共生共存,相互渗透,相互融合,相互借鉴,共同选择,魏晋玄学就是这一时期各种文化共同选择的结果。

但也有张振龙《汉末儒学及建安七子的儒家思想》(《信阳师范学院学报》2000年第3期)等文章认为,东汉末年统治者对儒学的提倡,学校教育和建安七子受儒学的影响等历史事实,决定了儒学在汉末和建安七子思想中仍据主导地位,这种儒学是以古文经学为主体的,与此前的儒学相比,表现出适应时代之要求的新特质。

更多的研究者把重点放在了建安士风的研究上。曹丽芳的《论建安士风之嬗变》(《山西师范大学学报》〈社科版〉2005年第1期)对汉魏转捩之际建安士风嬗变进行了研究。认为在汉魏转捩之际相关社会诸因素发生剧变的情形下,建安士风相应地实现着自身的嬗变,具体表现出三大趋向:一是建安士人追求自主自强、变革社会、重建天下以立不朽之功,形成了昂扬进取、慷慨激昂、意气风发的主流风尚;二是纵情任性之风在建安时代继续蔓延,给士人的生活情趣、生活方式以明显的影响;三是生逢乱世的社会现实引发了建安士人希企隐逸的箕山之志。周俊《论建安士风与文学》(《贵州民族学院学报》〈社科版〉2000年第2期)对建安士风与文学的影响作了探讨。认为,汉末建安时代,儒学衰微,思想禁锢得以松解,各种思想异常活跃,士人的人生观、价值观发生着巨大的变化:一方面,由于儒道衰微,更加激发了他们拯世济俗、建功立业的雄心壮志;另一方面,又深感人生短暂,因而更加注重自我价值,并祈求长生不老。徐斌《建安名士的人格关怀》(《浙江学刊》2004年第1期)从分析建安名士"各引其类,时忘道德"的特殊表现入手,探寻了汉末新思潮兴起在价值观和人生观方面的震荡与重构,认为名士们展示了自然本色和生活爱好的多样性,而这些多样性又从总体上构成了儒家理想加道家气质的人格模式。

(三)建安时期政治哲学研究

关于建安时期的政治哲学,王晓毅的《"因循"与建安至景初之际曹魏官方政治哲学》(《南京大学学报》〈社科版〉2004年第6期)指出,在汉魏之际"天命论"与"德主刑辅"观念动摇的时代背景下,曹魏官方政治思想发生重要变化,即所谓"名法"思潮兴起。其理论特点是:以黄老"因循"哲学为最高原则,德法术并用,"随时致宜"。它萌生于建安时期曹操丞相府的新兴知识群体——建安名士中,其理论建树主要是由第二代建安名士,在曹操、曹丕、曹叡祖孙三代相继执政的建安至景初之际完成,并对魏晋之际儒学、玄学的政治理论与实践产生了直接影响。

(四)关于建安时期的音乐研究

顾农《建安时代诗—乐关系之新变动——以"魏之三祖"为中心》(《广西

师大学报》〈哲学社科版〉2002 年第 3 期）指出，中国古代非仪式性音乐生活中最常见的情形本来是单纯的器乐演奏、徒歌（清唱）、但歌（清唱加帮腔）和带有局部伴奏的演唱，音乐和诗一向未能全程相配。到建安时代，曹操将自己的诗作全程配以器乐演奏，成为所谓"乐章"。随着汉王朝的衰微和崩溃，原先音乐机关保存的雅乐和俗乐都严重亡佚，在建安时代因诗——乐配合新方式而得到促进的音乐创新中，新的"清商三调"渐渐形成。到曹丕、曹叡时代，新的"清商三调"全面确立，并在后来长期流传。

罗焕玉《试论建安音乐的变化对诗歌的影响》（《陕西师大继续教育学报》2000 年第 3 期）认为，建安时期，曹魏集团对前代的音乐进行了一次搜集和整理，使一批濒于失传的古乐得以延续下来，同时也对古乐进行了一定的改造。音乐的再兴和变化对建安诗歌产生了很大的影响。音乐的兴盛直接促使了一批诗歌作品的产生，商乐的兴起对建安文人的文学思想产生了积极的影响，音乐的变化促使了乐府诗的发展变化。

（五）关于建安时期的疾疫研究

学者分析了建安年间全国疾疫及其防治。马宝记《建安年间全国疾疫及其防治》（《许昌学院学报》2005 年第 3 期）指出，东汉建安年间发生的全国性的大瘟疫，给国家、社会和家庭生活都造成了极大的影响，上自朝廷，下到平民，都意识到了瘟疫的巨大危害性，也采取了相应的措施，但因经济、科学条件所限，病亡惨重。

赖文、李永宸《东汉末建安大疫考——兼论仲景〈伤寒论〉是世界上第一部流行性感冒研究专著》（《上海中医药杂志》1998 年第 8 期）以现代流行病学为指导，以《伤寒论》所载病征、疾病传变规律及伤寒方药功效特点为依据，结合古今中外医学文献和气候、历史资料进行分析研究，指出东汉末建安大疫很可能是世界上最早有记录的流行性感冒大流行，张仲景《伤寒论》是世界上最早的流感研究专书，伤寒六经病原本是建安年间流感病情不同阶段的征候群。

（六）关于建安时期的体育研究

赵炳南《曹操父子与建安时期的体育文化》（《体育文化导刊》2004 年第 11 期）通过三曹的活动，对建安时期的体育文化进行了分析。文章认为，曹操、曹丕、曹植父子三人不仅诗文清新俊逸，开创了建安文学一代诗风，而且爱好骑射、打猎、击剑、蹴鞠、围棋、养生等，是建安时期推动和开展体育文化活动的优秀代表。

二、当前建安文化研究的特点

目前国内建安文化的研究呈现出三大特点。

(一)研究领域相对集中

目前,关于建安文化的研究领域很不平衡。如前所述,建安文化是一个非常广泛的概念,但从目前的研究情况看,主要集中在文学领域,其次是政治思想哲学领域,其他方面的研究相对薄弱,有的甚至鲜有涉及。即或偶有所及,也不是单论建安文化,基本上是包含在了有关魏晋南北朝文化的整体研究中。

(二)研究者所在区域相对集中

经粗略考察,目前建安文化研究者一部分集中在历史上建安文化的覆盖地区及周边一些区域,包括河南、山东、湖北、安徽、河北、山西等省,主要是一些高校,如山东大学、信阳师范学院、阜阳师范学院、湖北师范学院、许昌学院、山西师范大学、郑州大学、青岛大学等。

另外,厦门大学、扬州大学、南京大学、南京师范大学、福建师范大学、苏州大学、复旦大学、北京工业大学、哈尔滨师范大学等高校也有一批研究者。这些高校的特点是,在建安文化研究领域一般至少有一名骨干人员,从而带动了本校这方面研究的发展。

(三)研究者基本上是各自为战,缺乏有效整合,处于分散状态

虽然国内已先后召开了几次学术研讨会,但从目前搜集到的资料看,还没有查到"建安文化研究会"等类似的学术研究团体,说明目前国内建安文化的研究基本上还处于个体的研究状态,缺乏有效的平台和方式将研究者组织起来,这从一定程度上制约了建安文化研究的深入开展。

三、建安文化研究的现实意义和今后的趋向

邯郸是建安文化的发源地和活动中心。这里的临漳县是历史上邺城的所在地。东汉建安七年(公元202年),曹操被拜为汉丞相,封于邺城。建安九年(公元204年)曹操击破袁绍以后开始大规模营建邺城。建安十八年(公元213年),曹操封魏王,将王都定于邺城。作为曹魏政权的中心,曹操父子不但在这里克群雄,图霸业,统一北方;兴水利,办屯田,发展经济,而且由于广泛招徕人才,当时北方一大批文学家,如王粲、刘桢、陈琳、徐幹、蔡文姬、邯郸淳等先后来到了邺城,形成了一个庞大的"邺下文人集团",他们聚集在这里,欢宴赋诗,相互赠答,表达对曹氏父子的感激敬重;直抒胸襟,慷慨任气,抒发渴望

建功立业的雄心壮志;悯时悼乱,描写现实,反映社会现状和人民群众的悲惨生活,掀起了我国诗歌史上文人创作的第一个高潮,成就了光辉灿烂、彪炳史册的建安文化。在这块土地上,有关建安文化的人文、自然文化资源丰富,有历经千年的邺城三台等历史陈迹,有弥足珍贵的历史文物,有丰富、翔实的文史资料,有口耳相传的历史故事,有不胜枚举的成语典故,这些为我们邯郸人研究建安文化提供了独特的优势。作为建安文化的发源地和活动中心,邯郸的建安文化研究有着重要的现实意义。

一是对建安文化研究本身具有重要意义,有利于促进建安文化研究的深入开展。目前国内外关于建安文化的研究方兴未艾。利用邯郸的资源和人文优势开展建安文化研究,可以进一步壮大研究队伍,推动学术研讨,密切学术交流,多出学术成果,促进这一领域的研究向着更广更深的方向发展。

二是对邯郸地方文化研究具有重要意义,有利于促进邯郸地方文化研究的兴盛繁荣。作为邯郸地方文化的一个不可分割的重要组成部分,建安文化与赵文化等邯郸其他地方文化有着千丝万缕的联系,血脉相通,人文背景相同,研究队伍联系紧密。开展对建安文化的研究,可以使这一研究与邯郸其他的地方文化研究相互借鉴,相互启发,共同提高,促进地方文化研究的繁荣发展。

三是可以更好地促进邯郸的文化建设,有利于提升邯郸的文化软实力。进入21世纪,文化在一个国家、一个地区、一个社会组织发展中的作用越来越突出,已经成为衡量综合实力的一个重要因素和指标。邯郸作为一所具有七千多年历史的文化大市,历史上先后形成了包括建安文化在内的十大文化脉系,文化底蕴非常丰厚。深入开展建安文化研究,是生活在这片土地上的人们的义不容辞的责任,是我们以实际行动弘扬、传播邯郸地方文化的表现,不仅可以更好地继承和延续几千年的历史蕴涵,而且对促进邯郸的文化建设、提高文化竞争力、做强做大"文化邯郸"的品牌具有重要意义。

四是可以更好地扩大邯郸的影响,有利于提高邯郸在国内外的知名度。文化的交流是地区之间、国家之间交流、沟通的重要形式,而具有地方特色的文化才能更好地走出本地区、走出国门,为更多的人所认识,所了解,所热爱。深入开展建安文化研究,通过这一领域人员的交流和往来,可以搭建起一个平台,更好地带动邯郸与区内外、省内外、国内外各方面的交流与合作,进一步扩大邯郸的对外开放,更好地宣传邯郸,提高邯郸在国内外的知名度和影响力。

五是可以更好地做强邯郸的旅游产业,有利于加快邯郸经济社会的发展。邯郸旅游资源丰富,不胜枚举的历史人文景观浸润着这块土地。深入挖掘、研究、宣传、弘扬建安文化,对邯郸旅游产业的大发展能够起到一定的促进作用,有利于加快邯郸的经济结构调整,构建未来新的经济增长点,从而促进邯郸经济社会更快更好地发展。

下一步,建安文化研究方面应抓紧开展以下工作。

第一,以邯郸学院为依托,成立邯郸建安文化研究会,以研究会为载体,积极组织和开展相关活动。这不但能为研究工作营造良好氛围,创设有利的内外部环境和条件,使研究工作尽快步入正轨,而且能很好地集聚现有各方面的研究力量,有利于早出成果,多出成果。

第二,确定近期的研究方向和重点。没有方向和重点,工作将很难在短期内取得实质性的突破。在深入分析当前研究现状的基础上,要结合邯郸当地的资源和优势,选准切入点,组织人员集中攻关,为尽快取得一批高质量的研究成果打好基础。具体来说,在今后的研究过程中应把握这样几个原则。一是别人已经研究或正在研究的课题我们不能做,因为我们毕竟刚刚起步,在水平、经验各方面还比较欠缺。二是别人没有做、我们又有条件去做的,一定要做深、做细、做透。三是紧紧围绕邯郸做文章,课题要有邯郸特色,与本区域紧密联系,这样的课题别人接触少,相关资料缺乏,做不来。

(原载《邯郸学院学报》2006 年第 2 期)

论六世纪邺城文学在北朝文学史上的地位

宋燕鹏　孙继民[*]

提起邺下文坛,大家不约而同都会想起以三曹和"建安七子"为主力的建安邺下文学集团。这是因为在三世纪的时候,邺下是中国文学的中心,邺下建安文学代表当时文学的最高水平和时代特色。其实大家还应该知道,在六世纪的时候,邺城也是当时文学发展最有潜力的中心。从上世纪初开始,研究魏晋南北朝文学的学者就多忽视北朝文学,甚至在潜意识里就认为北朝没有文学,如刘师培在《中国中古文学史讲义》中,就全然没有北朝文学。一直到上世纪80年代以后,学者才对北朝有所关注,多数也只是看到庾信、王褒等南来文士。进入90年代,如曹道衡、周建江等学者才对北朝文学有所专论,[①]但也多仅是着眼于文本解读,当然,对于六世纪邺城在北朝文学史上的地位也未加注意。在北朝后期,邺城处于北朝文学的中心,并且在整个南北朝文学史上,也有重要影响。鉴于迄今未有学者对此作出专论,故略述于后。

一、邺城文学继承了北朝文学前期的文学遗产

忽略十六国文学不说,北朝文学可以分为三个比较清晰的阶段,首先是北魏平城时代文学,其次是北魏洛阳时代文学,再次是东魏北齐邺城文学。当然

---

　　* 宋燕鹏(1978—),男,河北永年人,河北科技大学文法学院中文系讲师,河北大学宋史研究中心博士研究生;

　　孙继民(1955—),男,河北邯郸人,河北省社会科学院副院长,教授,历史学博士。

　　① 如曹道衡先生《南朝文学与北朝文学研究》(江苏古籍出版社1999年版),论文集《中古文史丛稿》(河北大学出版社2003年版)、《中古文学史论文集》(中华书局2002年9月新1版),周建江《北朝文学史》(中国社会科学出版社1997年版)、吴先宁《北朝文化特质与文学进程》(东方出版社1997年版)等。

与邺城文学并列的是西魏北周长安文学,但是就发展的脉络和劲头来看,邺下文学要远远高于仅有几个南来文士为主的长安文学。故而邺城文学继承北魏长达百年的文学发展成果,并且达到了一个新的高度,成为北朝文学史上承上启下的重要时期。

有学者认为,从北魏建立到迁都洛阳中的百年内,是北朝文学的萧条期。[1]61也有学者将北魏文学划分为两个阶段,平城时期为前代文学,迁都洛阳之后为后期文学。[2]71这两种认识都指出了北魏平城时代文学与洛阳时代文学的明显不同。在北魏建立后,随着逐渐汉化,社会政治生活的不同方面都对文才开始有所要求,成为文学潮流暗自涌动的表现。例如,南北通使对使节与接待使节的官员自身风致和文才都有比较高的要求。另外,这一阶段中北魏在制度方面也出现了文学化的倾向。如北魏中后期恢复了秀才选举。据史料可知,北魏恢复秀才选举出现在孝文帝前,但是也无能例外地走上重视文才的老路,恢复秀才选举在制度上亦造成一种重视文才的氛围。随着孝文帝即位,北魏文学的暗潮开始在前一期的基础上继续增长,文学表现出初步繁荣的局面,推动力主要是鲜卑族汉化的进一步加强,南来文士的加入以及南北文风的初步碰撞。正是在他这个阶段,政治进一步趋于稳定,经济得到恢复,给文学风气的最后重建奠定了深厚的社会基础。邺城时期继承了北魏洛阳时期主要的文学遗产,主要有以下方面:

(一)北魏洛阳时期的文学风气

首先,应诏赋诗成为朝廷宴会的主要内容。

北魏在平城时代,由于鲜卑文化占据着主导地位,所以包括皇帝在内的上层社会在很长时期并未对诗歌等文学有很大兴趣,文化上也只是对儒学之士情有独钟。[3]1-15皇帝尽管经常在宫廷内举行宴会,但是并不赋诗,而是举行射箭等比赛,全然是游牧民族的风气。很多将领也对读书不屑一顾。随着北魏社会文化的发展,逐渐在朝廷内的活动中增加了赋诗等文化活动。笔者所见史书中记载最早的朝廷宴会赋诗的是在太武帝时期,"神䴥三年三月上巳,帝幸白虎殿,命百僚赋诗"。这次集体赋诗赵逸还制作了诗序,但在太武帝时期记载上也就这一次。[4]1145在这次赋诗之后,很长时期内都没有类似记载。不能因为没有记载就认定是没有,而是说明皇帝本人并不重视。直到高祖孝文帝即位,类似活动的记载才开始多了起来。观北魏一代,以孝文帝时期此类活动最多。当然这是和冯太后以及孝文帝本人对文学的热爱有直接关系。高祖之后这样的传统还保持着。如胡太后"与肃宗幸华林园,宴群臣于都亭曲水,令王公已下各赋七言诗。太后诗曰:'化光造物含气贞。'帝诗曰:'恭己无为赖慈英。'王公已下赐帛有差。"[4]338"下之所行,皆从上之所好",[5]228最高统治者的喜好必将对文士学习诗赋起到推动作用。甚至如胡太后还曾让刘廞"以诗赋授弟元吉"。[4]1227可以想见在北魏洛阳时期各阶层的文学取向和追求。

现存北魏的应诏诗作仅有卢元明《晦日泛舟应诏诗》:"轻灰吹上管,落蓂飘下蒂,迟迟春色华,婉婉年光丽。"[6]2215卢元明"涉历群书,兼有文义,风彩间润,进退可观。……善自标置第,不妄交游,饮酒赋诗,遇兴忘返。性好玄理,作史子新论数十篇,文笔别有集录。"[4]1060他是北魏后期文人中比较著名的一位。该诗描写细腻,华丽的春光一览无余,写作技巧已经趋于成熟。反映出北魏后期诗歌创作水平的提高。

其次,文人赋诗唱和的传统得到恢复。

魏晋时期,人们别离之时,友朋相送,赠言赠诗,各相勉励,互致珍重,是当时流行的风俗。因团聚而欢喜,因别离而伤心,这是中国人传统情感的表现。而魏晋之后南朝保持着赋诗送别的传统,北朝则相对淡化了。颜之推说:"别易会难,古人所重;江南钱送,下泣言离。……北间风俗,不屑此事,歧路言离,欢笑分首。然人性自有少涕泪者,肠虽欲绝,目犹烂然;如此之人,不可强责。"[7]83北方人性格开朗、粗犷,情感不如南方士大夫多愁善感,送别时则显示了一种积极向上的精神风貌。[8]160直至北魏后期,赋诗送别的传统在上层社会才开始重新出现。如南安王桢"出为镇北大将军、相州刺史。高祖钱桢于华林都亭。诏曰:'从祖南安,既之蕃任,将旷违千里,豫怀惘恋。然今者之集,虽曰分歧,实为曲宴,并可赋诗申意。射者可以观德,不能赋诗者,可听射也。当使武士弯弓,文人下笔。'高祖送桢于阶下,流涕而别"[4]494。在分离时刻,人的情感被强烈激发出来,这个时候赋诗成为表达人情感的最好方式。

文人相聚,饮酒赋诗作文是其展示才华的绝好时机。迁都洛阳后,经过孝文帝的汉化,加上南来文人的传播,南方所盛行的饮酒赋诗活动在洛阳普及开来。梁祐是南来士人,"从容风雅,好为诗咏,常与朝廷名贤泛舟洛水,以诗酒自娱。"[4]1579而北方士人如成霄"亦学涉,好为文咏……与河东姜质等朋游相好,诗赋间起。"[4]1755邢邵"年未二十,名动衣冠。尝与右北平阳固、河东裴伯茂、从兄昕、河南陆道晖等至北海王昕舍宿饮,相与赋诗,凡数十首。"[9]1588由于汉族和鲜卑贵族的合作,使南迁的鲜卑族很快地和汉族相融合,有些鲜卑贵族也和汉族士大夫一样流连诗酒,颇多风雅之气。[10]247同时这些王公亦附庸风雅,招揽文士,一些南士也厕身其间。[11]193通过这样的场合,南北文人可以互相交流作诗的技巧,文学水平也相应得到提高。

除了聚会赋诗之外,文人间赠诗活动也增多了。如崔光为高祖所知赏,常曰:"孝伯之才,浩浩如黄河东注,固今日之文宗也。"[4]1487"太和中,依宫商角徵羽本音而为五韵诗,以赠李彪,彪为十二次诗以报光。光又为百三郡国诗以答之,国别为卷,为百三卷焉。"[4]1499高和仁"少清简,有文才,曾为五言诗赠太尉属卢仲宣,仲宣甚叹重之"[4]1092。

再次,南北出使宴会赋诗活动频繁,使节选择重视文才。

北魏后期南北通使,除了军事对抗外,双方文化上的对抗也颇为处心积虑,双方无不在持节往返中驰骋其才辨风华,借此宣传和炫耀各自的文化之盛。面对南朝文化的兴盛,北魏为了在外交上文化的对抗不会处于下风,所以在使节的选择上颇费心思。此即史书所云"南北通好,务以俊义相矜,衔命接客,必尽一时之选,无才地者不得与焉"[9]1604。南北朝时期,双方使节又称"行人"。可以肯定地说,行人们是当时的文化精英,他们代表的是双方的主流倾向和官方情趣。作为一个群体,北魏行人是北魏文学的翘楚。如李彪"加员外散骑常侍,使于萧赜。赜遣其主客郎刘绘接对,并设宴乐。……彪将还,赜亲谓曰:'卿前使还日,赋阮诗云"但愿长闲暇,后岁复来游",果如今日。卿此还也,复有来理否?'彪答言:'使臣请重赋阮诗曰"宴衍清都中,一去永矣哉"。'赜怅然曰:'清都可尔,一去何事?观卿此言,似成长阔,朕当以殊礼相送。'赜遂亲至琅邪城,登山临水,命群臣赋诗以送别,其见重如此。彪前后六度衔命,南人奇其睿谔"。李彪是孝文帝时期在经学、文学方面比较有造诣的一个学者,"其所著诗颂赋诔章奏杂笔百余篇,别有集"[4]1389。因为李彪的文才,在出使的时候令南朝君臣折服,也成就了李彪在南北朝时期的历史声望。所以说北魏洛阳时期开始的使节文才的选择成为北朝后期的习惯做法。

在接对南朝使节的人选上,也是以文才为重,如此在接对过程中不至于处于下风。李宪"清粹,善风仪,好学,有器度。……拜秘书中散,雅为高祖所赏。稍迁散骑侍郎,接对萧衍使萧琛、范云"。萧琛在南朝以才学著名,范云是沈约好友,也是著名文人。接对这样的南朝使节,要求本身必须要具备文才。史书未说李宪有文学,但是其伯父李顺,史书云"有文学",其子希宗"仪貌雅丽,涉猎书传,有文才",[4]835可证李顺家族有文学传统,故有此授。裴骏"弱冠,通涉经史,好属文,性方检,有礼度,乡里宗敬焉。……补中书博士。……转中书侍郎。刘骏遣使明僧暠朝贡,以骏有才学,乃假给事中、散骑常侍,于境上劳接"[4]1021。接对的使节具有良好的文学才能,才不至于在接对南朝使节时处下风。

(二)邺下文学继承了洛阳文学的文学遗产

首先是文学风气在东魏北齐境内依然广泛盛行,各种文学活动频频出现。

孝静帝"好文学……嘉晨宴会,多命群臣赋诗"[4]313。高氏统治者也多有如此喜好。如文襄"至于才名之士,咸被荐擢。假有未居显位者,皆致之门下,以为宾客。每山园游宴,必见招携;执射赋诗,各尽其所长,以为娱适"[12]31。在中国古代朝廷举行的宴会中,有皇帝命大臣赋诗的传统,当然这样作出来的诗歌多以粉饰太平为多,但不可否认这能够使诗歌创作实践增加。大臣必定会为了在朝廷上作好诗而私下学习。作诗之后还会对好的作品点评一番。如孝静帝"以人日登云龙门,其父悛侍宴,又敕瞻令近御坐,亦有应诏诗,问邢邵等曰:'此诗何如其父?'咸云:'悛博雅弘丽,瞻气调清新,并诗人之冠。'宴罢,共嗟赏之,咸云:'今日之宴,并为崔瞻父子。'"[12]335—336此是对父子二人的作品进行比较。"魏帝曾季秋大射,普令赋诗,收诗末云:'尺书征建邺,折简召长安。'文襄壮之,顾诸人曰:'在朝今有魏收,便是国之光采。雅俗文墨,通达纵横,我亦使子才、子升时有所作,至于词气,并不及之。'"[9]2029此是高澄将魏收与邢邵、温子升的作品进行对比。不可否认,即席点评对文学技巧的提高有很大帮助。

除了聚会赋诗之外,文人间赠诗活动也增多了。甚至连友人去世后,好友也会聚集悼念赋诗。裴伯茂去世后,"殡于家园,友人常景、李浑、王元景、卢元明、魏季景、李骞等十许人于墓傍置酒设祭,哀哭涕泣,一饮一酹曰:'裴中书魂而有灵,知吾曹也。'乃各赋诗一篇。李骞以魏收亦与之友,寄以示收。收时在晋阳,乃同其作,论叙伯茂,其十字云:'临风想玄度,对酒思公荣。'时人以伯茂性侮傲,谓收诗颇得事实"[4]1873。我们可以看到类似活动增加了文学创作的实践,并且在互相赠答中得到创作技巧的提高。

其次是东魏继承了北魏洛阳时期多数文士,这是文学传承的基础。

在社会动荡的环境下,人口流动加速,文士厕身其间。但文士首先是政客,几乎所有的活动都是围绕着政治中心进行。正如文学史家袁行霈先生所说,"在某个时期,文学家们集中活动于某一地区,使这里成为文学的中心"。[13]40邺城由于成为东魏的都城,客观上造成了文士的集合,这就为邺下出现建安之后的二次文学繁荣创造了条件。

笔者爬梳史料,确定在东魏短暂的18年中,颇为活跃的文士前后有69位。尽管无法确定一个具体时间的文士的数量,但是相对集中的时间还是能窥到一点当时文士地理分布的信息。衡量一个地区本土文学的总体水平是发达、一般还是落后,隶籍该地区的文学家数量的多少,是最重要的指标之一。[14]6按照籍贯分布,出身山东士族的占绝大多数;其次是汉化的少数族;再次是地方士族、关中士族和南来士族。籍贯上地理分布的不平衡,这是北魏分裂后社会历史环境所造成的。此时转移的中心必然是政治中心,东魏时期转移目的地是都城邺。这主要是随着孝武帝西迁,北方正式分裂为东魏、西魏开始的。士族在这场东西分裂中,都要作出自己的选择,这种政治上的选择主观上是从家族利益着眼,但在客观上却造成了文士的转移与相对集中。

表1　东魏文士地理转移表

流动方向	人数	比例
有邺城经历者	55	79.71%
转移目的邺城者	46	66.67%
先在洛阳,后到邺城者	29	42.03%
先在地方,后到邺城者	15	21.74%
有晋阳经历者	16	23.19%
长期在地方者	5	7.25%

在东魏文士69人中,有55人曾在邺城居住过,占总数的79.71%;其中到达邺城不再转移的有46人,占总数的66.67%,这部分文士是构成东魏时期邺下文士的主体。北魏末期东西分裂时从洛阳转移到邺城的有29人,占总数的42.03%,这部分是东魏继承北魏后期文士的主要部分;而东魏文士来自本地的也有15人,占总数的21.74%。可见邺城的文士,多数是从洛阳转移过去的。从本地转移到邺城的多是山东世家大族成员。如博陵崔氏,崔昂起家源于"世宗广开幕府,引为记室参军",[12]410世宗当时在邺城,崔昂任职记室参军必须到邺城;崔肇师"释褐开府东阁祭酒,转司空外兵参军,迁大司马府记室参军"[12]338。崔肇师看其释褐为官之初的履历,也多在邺城。清河崔氏等山东士族亦多是这种情况。这些山东士族本来多数在家乡,在都城转移到邺城的时候,才被东魏高欢父子从本地征召做官。从上述例子可以发现,文士的活动以在朝中任职为指归,天平初东魏迁都邺城成为文士转移的一个风向标。由此可以看出政治中心对文人的吸引力。

另外一个转移中心是晋阳。晋阳是高欢的霸府所在,最终转移到晋阳的有16人,占总数的23.19%。不过晋阳为东魏实际上的政治中心,军国要务烦琐,文士多在军国文书上大展才能,而在纯文学上多无突出成就。

以最终的转移目的地来看,在东魏后期最终转移到邺城的文士有46人,占66.67%;转移到晋阳的16人,占23.19%;最终转移到其他地方的有7人,占10.14%。所以综上所述,东魏文士的主体是山东士族,这原本是北魏后期洛阳文坛的主力,迁都邺城后加上本地文士的参与,造成东魏文坛上山东士族的兴盛形势。与北魏后期相比,东魏的建立使山东地区的文士在政权中的比重增大,客观增强了山东文士对东魏北齐文学的影响。邺城由于成为都城而形成文士相对集中的局面,为文学形势的相对兴盛提供了机会。邺下在建安之后,由于文士的相对集中,又出现了一次文学兴盛的局面,十六年东魏文学展示了绚丽的色彩,[2]116这就为北齐文学达到北朝文学的顶峰创造了前提条件。

二、邺城文士是隋初文士的重要来源

隋初文士中有不少是原来北齐灭亡后进入北周的文士,这些文士沿着北魏后期文学发展的轨迹,带着北齐文学发展的成就进入北周和隋朝,成为隋初文士中的重要的组成部分。北周武帝灭北齐后,"(阳休之)与吏部尚书袁聿修、卫尉卿李祖钦、度支尚书元修伯、大理卿司马幼之、司农卿崔达拏、秘书监源文宗、散骑常侍兼中书侍郎李若、散骑常侍给事黄门侍郎李孝贞、给事黄门侍郎卢思道、给事黄门侍郎颜之推、通直散骑常侍兼中书侍郎李德林、通直散骑常侍兼中书舍人陆义、中书侍郎薛道衡、中书舍人高行恭、辛德源、王劭、陆开明十八人同征,令随驾后赴长安。"[12]563-564这次十八文士入长安,预示着北齐文士开始成为长安文士重要的组成部分。

从隋朝初年文士的贡献来看,有重大影响的是北齐后期文士。在北齐武成三年(公元572年)时,后主曾在邺城设置文学机构——文林馆,就是北齐后期文士的一次集中。邺下成为南北朝后期中国文学最有活力的中心。

众所周知,一代文学并非以一人之力可以支撑,需众多文学家共同来展现。只有本土文学家大批出现,才可以视为一时一地文坛之风貌。在南北朝后期,综观北齐、北周、陈三个政权,陈已步入没落,文学也缺乏生气;北周民族气息浓厚,本土作家并没有大量出现;与北周不同的是,北齐的文学在初步杂糅南朝和北朝文学风范之后,一大批本土作家已经成长起来。① 在北齐后期,还设置了中国历史上第一个文学机构——"文林馆",并设"待诏文林馆"官衔,授予当时有文学之士。当时号称"操笔之徒,搜求略尽"。[12]604文林馆内之"待诏"人数并非固定的,由于资料的严重散失,我们无法得知每个时间段内具体的人数。但是由于存在时间短并且总的人数保留了下来,我们还是可以依此来探讨一段时间内北齐文学家的一些信息。衡量一个地区本土文学的总体水平是发达、一般还是落后,隶籍该地区的文学家数量的多少,是最重要的指标之一。[14]6

曾经带"待诏文林馆"衔的文人前后实有68人,②以社会身份来看,士族

---

① 几乎各断代文学史著作均认为北朝除"北地三才"和庾信、王褒外,没有高水平的作家。其实是那一时代作家作品散失给我们带来的错觉。我们应以唐初史学家对他们的认识为出发点,而不应以现代眼光审视。

② 以入"文林馆"即为"待诏文林馆"计,《北史》与《北齐书》中的《文苑传》载前后有62人,加上《文苑传》缺载的6人,实际为68人。清代学者章宗源在《隋书经籍志考证》(二十五史补编本)也认为是62人,失于统计。

是主体,有各级士族身份的 61 人,其余非士族以及籍贯不明者有 7 人。以士族群体来看,在文林馆中,山东士族出身的有 36 人,占总数的 52.94%;其次是南来士族有 12 人,占总数的 17.65%;其余是那些非士族、代北汉化士族、关中士族、地方士族。这种情况是北朝社会历史环境所造成的。总之,北齐文坛以山东士族、汉化少数族士族、关中士族等北方士族为主体,在加入南方士族之后,邺下出现了建安之后的第二次文学兴盛。故邺下文坛因不同地域文学家的到来而变得丰富多彩。北齐文士地理来源分布的不平衡是由于政治形势而造成的。文士来自于不同的地域,客观上为南北文学在此时开始相对成熟的对话提供了条件,也由此成就了北齐文学在北朝文学史上的地位。[15]

与北周文士多关中文士和汉化少数族文士相对应的是,隋初文士中的北齐文士主要是以山东文士为主,有 29 人;剩下小部分为关中文士、汉化少数族文士和南来文士,各有 3 人。

表 2　隋初文士中之北齐文士的籍贯分布与地理流动①

地理来源	籍贯	姓名	流动方向	地理来源	籍贯	姓名	流动方向
山东文士	渤海蓨县	高 励	2	山东文士	平原	王孝籍	1
	涿郡范阳	卢思道	1		河间景城	刘 炫	1
		卢昌衡	1		清河武城	崔 儦	1
	赵郡柏人	李孝贞	2、1		信都武强	孙万寿	2
	河东汾阴	薛道衡	1		梁郡陈留	王 贞	2
		薛 孺	2		涿郡范阳	祖君彦	2
		薛德音	1		赵郡平棘	李士谦	2
	钜鹿下曲阳	魏 澹	2、1		博陵安平	崔 廓	1
		魏彦玄	2		北海	高 构	2、1
	博陵曲阳	杜台卿	1		魏郡	侯 白	1
	赵郡	李 谔	1	关中文士	陇西狄道	辛德源	2、1
	恒山新市	郎 茂	1		京兆	杜正玄	1
	清河东武城	张虔威	2			杜正藏	1
	清河	房彦谦	1	汉化民族文士	魏郡临漳	陆彦师	1、2
	博陵安平	李德林	1			陆 爽	1
	河东闻喜	裴 矩	1		河南洛阳	源 师	2、1
	太原晋阳	王 劭	1	南来文士	丹阳健康	诸葛颖	2、1
	彭城丛亭里	刘子翊	2		琅琊临沂	颜之推	1
	信都昌亭	刘 焯	1				

① 流动方向:1. 转移到长安;2. 转移到地方。

山东文士29人。北齐政权的统治范围在山东地区,作为统治基础的六镇鲜卑和山东士族有千丝万缕的联系。北齐政权是高欢在镇压北魏末年农民起义,以及消灭尔朱氏的过程中,广泛吸纳山东士族参加到其政权中而建立的。如果没有山东士族的积极参与,高欢也难以取得胜利。山东士族作为统治基础,在文坛上必然也显示出占据多数的特征。笔者曾经考察北齐后期的"待诏文林馆"文士的籍贯,发现山东士族文士占北齐文士的多数,达到52.94%。而在隋初文士中,北齐文士中的山东文士更是占了更大比例,达78.38%。

关中文士3人。在北魏末年东西分裂中,关中文士多数选择了西魏,这是和他们籍贯多在关中有关。只有少数的关中士族选择追随了高欢。因西魏北周奉行鲜卑化的民族政策,使纯粹的文学在当时不被人所重视。故在北朝文坛上,在西魏北周的关中士族并不占主流地位。而在关东的关中士族尽管人数不多,却在文学上有比较高的声誉。

汉化少数族士族3人。在北魏孝文帝改革后的几十年中,不少鲜卑族上层汉化地很彻底。但是汉化的士族多数在北魏末年尔朱荣制造的河阴之变中被杀,使得孝文帝改革的成果受到打击,鲜卑族的汉化过程遭到损失。但遗留下来的转移邺城的鲜卑士族却已经彻底汉化。东魏皇族元氏,汉化程度很高,但由于北齐文宣帝大肆屠杀元氏皇族,只有少数留下,故在文林馆中只有元行恭一人。进入隋朝的北齐元氏文士他也是硕果仅存。

南来士族2人。在南北朝对峙的形势下,很多持不同政见或是被打击的将领和士族都相继逃到敌对方。北魏后期南方士族开始以各种原因到北方,在东魏和北齐时数目依然很可观,除了南朝士族外也有南朝皇族。因北齐多继承北魏制度,故成为南朝士族主要投奔之地。在隋初,那些南来萧氏皇族多去世,只剩下颜之推和诸葛汉等少数几个人。

进入隋朝的北齐文士在隋朝有比较好的文学表现,众所周知的"北地三杰"——薛道衡、卢思道、李德林——童年时期都在东魏,李德林约出生在531年;卢思道出生在535年;薛道衡出生在540年。东魏就是他们的文学才能赖以成长的社会环境。中原文化征服了这些来自边疆的鲜卑军人,推动他们走上了汉化的道路,鲜卑族勋贵的子弟在东魏逐渐具备了一定的文学才能,并在北齐、隋和唐初有比较好的文学表现。

著名的"北地三杰"薛道衡、卢思道、李德林的文学才能自不用赘叙,其余文士在文学上也多有造诣。如赵郡李孝贞,"世为著姓。孝贞少好学,能属文"。"所著文集二十卷,行于世。"[16]1404—1405他才华出众,诗歌不以力度见长,而以小巧见著,他留有诗歌七首,如《酬萧侍中春园听妓诗》:"微雨散芳菲。中园照落晖。红树摇歌扇。绿珠飘舞衣。繁弦调对酒。杂引动思归。愁人当此夕。羞见落花飞。"[6]2653 该诗淡淡地写出士人的窘态,风格细丽。[2]171
《园中杂咏橘树》:"嘉树出巫阴。分根徙上林。白华如散雪。朱实似悬金。
布影临丹地。飞香度玉岑。自有凌冬质。能守岁寒心。"[6]2653 该诗以橘树自
喻,对仗工稳、平仄协调,结构严谨,是托物言志的佳作。魏澹为钜鹿下曲阳
人,其父为北齐文士魏季景,"称为著姓,世以文学自业。澹年十五而孤,专精
好学,博涉经史,善属文,词彩赡逸。……有文集三十卷行于世。"[16]1416 他留
有诗歌五首,其中《咏石榴诗》:"分根金谷里。移植广庭中。新枝含浅绿。晚
萼散轻红。影入环阶水。香随度隙风。路远无由寄。徒念春闺空。"[6]2647 该
诗笔力不甚纤细,色彩亦在浓艳与淡雅之间,说出了诗人宁静平和的心境。在
北齐山东文士中,孙万寿是比较突出的一位。其父孙灵晖为北齐著名学者。
"万寿年十四,就阜城熊安生受五经,略通大义,兼博涉子史。善属文,美谈
笑。""有集十卷,行于世。"[16]1735—1736 他现存的诗歌情绪低沉,格调悲婉,如
《行经旧国诗》:"萧条金阙远。怅望羁心愁。旧邸成三迳。故园余一丘。庭
引田家客。池泛野人舟。日斜山气冷。风近树声秋。弱年陪宴喜。方兹更献
酬。脩竹惭词赋。业桂且淹留。自忝无员职。空贻不调羞。武骑非吾好。还
思江汉游。"[6]2641 在作品中,诗人故国之思表达鲜明,尤其是面对荒凉、衰败
的景象时,联想故国的消失、人生的悲剧,顿感生命毫无意义。他的诗歌多是
这类风格的显露,在艺术上已经臻于成熟。

　　以上用很大篇幅阐述了邺城在北朝文学史上的地位。一方面,邺城文学
继承了北魏洛阳时期文学的大部分成果,"北地三才"的文学才能在东魏北齐
得到了充分发挥。另一方面,隋朝初年的著名文士"北地三杰"的童年时期都
在东魏,他们文学才能的成长在北齐,真正得到海内外的一致推崇则是在隋朝
初年。所以邺城文学在北魏洛阳文学和隋初文学之间扮演了一个承上启下的
角色。陈寅恪先生论述隋唐制度渊源的时候,认为北魏、北齐为隋唐制度的三
个源头之一,并且是主要来源。[17]6 笔者窃以为如果将这个观点从制度扩大为
文化也是成立的,因为邺城文学对隋唐文化的影响也有一个令人瞩目的程度,
而这是我们考察隋唐文化时需要加以注意的。

参考文献:

[1] 吴先宁:《北朝文化特质与文学进程》,东方出版社 1997 年版。
[2] 周建江:《北朝文学史》,中国社会科学出版社 1997 年版。
[3] 李凭:《北魏平城时代》,社会科学文献出版社 2000 年版。
[4] [北齐]魏收:《魏书》,中华书局 1974 年版。
[5] 王吉祥、王英志:《贞观政要注释》,河北人民出版社 1987 年版。

［6］逯钦立:《先秦汉魏晋南北朝诗·北魏诗》,中华书局1983年版。

［7］王利器:《颜氏家训集解》,中华书局1993年版。

［8］张承宗、魏向东:《中国风俗通史·魏晋南北朝卷》,上海文艺出版社2001年版。

［9］[唐]李延寿:《北史》,中华书局1974年版。

［10］曹道衡:《南朝文学和北朝文学研究》,江苏古籍出版社1999年版。

［11］王永平:《中古士人迁移与文化交流》,社会科学文献出版社2005年版。

［12］[唐]李百药:《北齐书》,中华书局1973年版。

［13］袁行霈:《中国文学概论》,高等教育出版社1990年版。

［14］胡阿祥:《魏晋本土文学地理研究》,南京大学出版社2001年版。

［15］宋燕鹏、高楠:《论北齐文士的地理分布——以"待诏文林馆"籍贯为考察中心》,载《中国历史地理论丛》2006年第4期。

［16］[唐]魏征:《隋书》,中华书局1973年版。

［17］陈寅恪:《隋唐制度渊源略论稿(外二种)》,河北教育出版社2002年版。

（原载《邯郸学院学报》2008年第4期）

纵论魏晋北朝邺城的中心地位

刘志玲[*]

邺城在魏晋北朝时期具有极其重要的历史地位,是北方地区的中心城市之一。自谭其骧先生提出将其列为七大古都之一,并在 1988 年中国古都学会第六次年会上正式通过后,史学界对于邺都的研究日渐深入。随着考古发掘的不断进展,邺城城市建设成为学者们长期关注的热点问题之一。另外从地理环境、封建割据角度研究邺城兴衰的原因、讨论邺城在我国历史上的地位的论著也有上十篇之多。[①]本文将分阶段考察影响邺城发展的各种因素,从邺城中心地位的形成与丧失及城市本身的兴亡,探讨邺城个案背后城市兴衰的启示。

一、邺城历史概述

邺城遗址在今河北省临漳县境内,位于县城西南 20 公里,南距安阳市区 18 公里,现今的漳河横贯其间。[1]邺城的兴建可追溯至春秋早期。《管子·小匡》载,齐桓公"筑五鹿、中牟、邺、盖、牡丘,以卫诸夏之地"。邺最初是作为保卫中原小国,抵御山戎、狄人的军事堡垒而修建的。春秋时归晋,属东阳地。战国初邺城属魏,魏文侯封西门豹为邺令,治理邺地,魏国河内得以安定。公元前 239 年赵取邺,但三年之后,秦将桓齮出兵攻取河间六城与邺、安阳(今河南安阳西南),上党郡至河间之间的地区都成为秦国领土,邺地也在其中。[2]231,1831公元前 228 年,邺属秦国邯郸郡。西汉属魏郡,成为郡治所。东汉末年,上升至冀州治所。曹魏受封魏公、魏王,邺成为魏国王都。邺城自春秋初建直至东汉末年,历经八百余年,由一个小小的军事堡垒转为一个普通

---

* 刘志玲(1973—),女,河北定州人,湖北大学历史文化学院讲师,武汉大学历史学院历史地理专业博士研究生。

县,西汉时上升至郡治所,东汉末为州治所,继而成为曹魏邺都,正式确立了邺城作为北方地区中心城市的地位。①

自曹魏开始至北朝,邺城在绝大部分时间里保持着北方中心城市的地位。建安二十五年(220 年),曹丕称帝后,虽徙都洛阳,但仍将邺城视作"王业之本基",[3]941 邺成为五都中的北都。曹氏父子的着力营建,使邺都的格局、规模基本确立。西晋统一全国后,虽然国都在洛阳,邺城仅为魏郡治所,但在洛都、长安长期动乱的过程中,邺一度成为西晋王朝的实际权力中心,其北方地区的经济、政治、军事中心的地位更加明显。

西晋短期统一结束后,北方进入十六国北朝时期,后赵、冉魏、前燕、东魏、北齐各代,均先后以邺城为都,邺城的规模进一步扩大,城市发展至鼎盛。但577 年,北周灭齐后,邺由国都下降为相州治所。北周孝静帝大象二年(580年),平定相州刺史尉迟迥之乱后,杨坚下令毁废邺城,迁相州治所于安阳,改安阳名邺,原邺县更名为灵芝县,至隋开皇十年(590 年)改回,[4]847 原邺都所在的邺城自此不复存在。北周后期,虽重建邺城,但它又回复到了最初县级政区的地位。

后唐同光三年(925 年),改魏州为邺都,后晋、后汉沿用,[5]720 但此邺都地望在今河北大名。除了采用魏晋北朝时期"邺都"这个名称外,五代邺都与魏晋北朝的邺都了无关系。

二、汉末战乱割据与邺城的兴起

两汉时期,北方主要中心城市的政治、经济、军事地位发生了较大变化。《史记·货殖列传》所记十八个都会城市中,有九个地处黄河流域,邯郸、临淄等是在国都长安之外首列的几个城市。王莽实行统治商业的政策,选定洛阳、邯郸、临淄、宛、成都为"五都",置五均司市官,洛阳、邯郸、临淄成为北方商业统治的中心,事实上也肯定了它们在全国特别是黄河流域经济发展中的带头作用。不过,"五都"在政治、军事上的地位与其经济地位并不完全相等。特别是临淄、邯郸,作为黄河下游河北地区的两个中心,其政治、经济地位演至东汉则日趋衰微。①东汉后期,北方中心城市的衰落为新兴城市的兴起创造了条件。

汉灵帝中平元年(184 年),黄巾起义爆发前,张角的得力助手大方马元义

---

① 以高敏《略论邺城的历史地位与封建割据的关系》(《中州学刊》1989 年第 3 期)、邹逸麟《试论邺都兴起的历史地理背景及其在古都史上的地位》(《中国历史地理论丛》1995 年第 1 期)两文为代表。

在荆、扬一带,组织了群众数万人,计划在冀州魏郡郡治邺城集合,配合张角主力军同日起义。冀州是黄巾起义的核心地区,起义发起人张角就在这里负责统率指挥,而邺城被选定为起义首誓的核心城市,从军事意义上来看,邺城地位已经提升。皇甫嵩镇压河北黄巾有功,领冀州牧。鉴于冀州残破,"嵩奏请冀州一年田租,以赡饥民,帝从之。百姓歌曰:'天下大乱兮市为墟,母不保子兮妻失夫,赖得皇甫兮复安居。'"[6]2302 不过,在皇甫嵩任冀州刺史的第二年,由于边章、韩遂在陇右作乱,威胁关中,嵩被征召回镇长安。尽管嵩在冀州时间不长,但为战乱中冀州经济的复苏作出了一定贡献。

190年,冀州刺史韩馥上任伊始,与曹操、袁绍等十余人,各兴义兵,同盟讨伐董卓。袁绍与河内太守王匡屯驻河内,韩馥驻邺城,[6]2375 邺城成为冀州的中心。在北方冀、并、青、幽诸州中,冀州不仅经济"强实",而且"带甲十万,谷支十年",[6]2378 是据以割据自立的良好场所。为占领冀州,讨卓盟军主帅、渤海太守袁绍,密约公孙瓒南下,胁迫韩馥出让冀州。袁绍不费吹灰之力,占领冀州并成为冀州牧。经过与幽州刺史公孙瓒、黑山黄巾、张杨等力量的多次争战,至兴平二年(195年),袁绍"州城粗定,兵强士附",其奋武将军沮授提出谏议,"西迎大驾,即宫邺都,挟天子而令诸侯",邺已成为袁绍割据政权的预定国都。建安元年(196年),曹操迎汉献帝至许,许都成为象征性的全国政治中心。同年,袁绍封邺侯,兼督冀、青、幽、并四州,邺城成为四州的政治、经济和军事中心。①

官渡之战后,曹操挥师北上,建安九年(204年),攻占邺城,由许都移镇邺城,任丞相兼冀州牧。建安十八年(213年),曹操封魏公,以邺为都,并将并州归属冀州,②冀州辖境扩至32郡国,成为当时北方各州中户口最多的一州。③

---

① 侯仁之先生在《淄博市主要城镇的起源和发展》一文中指出:"自秦始皇统一全国之后,一直到西汉前期,正是我国封建社会上升的时期,这时临淄城在全国来说都占有重要地位,它和洛阳、邯郸、宛、成都,并称为汉的'五都',并非偶然。从西汉末年起,临淄城开始走上衰落的道路。"(载《历史地理学的理论与实践》,上海人民出版社1979年版)

② 《三国志》卷一五《魏志·梁习传》载:"并土新附,习以别部司马领并州刺史。……建安十八年,并州属冀州,更拜议郎、西部都督从事,统属冀州……文帝践阼,复置并州,复为刺史……政治常为天下最。"

③ 《三国志》卷一二《魏志·崔琰传》载:"太祖破袁氏,领冀州牧,辟琰为别驾从事,谓琰曰:'昨案户籍,可得三十万众,故为大州也。'"《三国志》卷二五《魏志·辛毗传》载:"(文)帝欲徙冀州士家十万户实河南。时连蝗民饥,郡司以为不可,而帝意甚盛。毗与朝臣俱求见……毗曰:'今徙,既失民心,又无以食也。'帝遂徙其半。"《三国志》卷一六《魏志·杜畿传附子恕传》载杜恕上疏魏明帝,指出当时魏有十州之地,而"冀州户口最多"。由以上曹魏三个不同时期的人口资料来看,冀州户口在曹操封魏公前,当在北方各州中位列前茅。并州并入冀州后,冀州户口位居各州第一,当无疑议。

215 年,曹操封魏王,邺升为王都。此时曹魏已控制北方绝大部分地区,邺城取代原来的洛阳、长安成为北方的政治、经济和文化中心。

汉末长期战乱,地方割据势力不断发展,冀州凭借其经济、交通优势,成为割据者争夺的首选地域。冀州州治邺城,最终以王都的形式确立了其北方城市的中心地位。

三、曹魏都城建设与邺城的兴盛

曹操定都邺城后,采取了一系列措施来发展邺地经济。

首先,扩大以邺城为中心的王畿范围。邺本系魏郡治所。魏郡地域早在建安十七年(212 年)就已得到扩展,"河内之荡阴、朝歌、林虑,东郡之卫国、顿丘、东武阳、发干,钜鹿之廮陶、曲周、南和、(广平之)广平、任(城),赵国之襄国、邯郸、易阳"①十五县都被割让给魏郡。建安九年曹操就已移镇邺城并任冀州牧。可以说建安十七年的这次割地,实际上是在为曹操以邺为都奠定基础。至此魏郡共辖县三十,成为冀州境内面积最大的一郡。这样以邺都为中心的半径,西至河南中西部,东抵鲁西北,西南包有淇水流域,南达于河。方圆数百公里的土地,都在王畿范围之内,魏郡的行政地位得到了空前的提升。

其次,充实邺都人口。建安九年,曹操围攻邺城时,"城中饿死者过半",[7]25,202 为了充实邺都人口,曹操鼓励向邺都移民。文献记载较大规模向邺都移民的就有三次:

建安年间,并州刺史梁习先后将入居的匈奴人数万徙送至邺。[7]469

建安二十年(215 年),曹操征服汉中张鲁政权,"徙民诣邺"。[7]365

杜袭跟随曹操至汉中讨伐张鲁,后拜驸马都尉,"留督汉中军事,绥怀开导,百姓自乐出徙洛、邺者,八万余口"。[7]666

除以上几次较大规模主动或被动向政治中心移民外,曹操部下多举家居邺,性质有如质子。如:右北平无终人田畴,原为袁尚部属,从曹操后,"尽将其家属及宗人三百余家居邺"。[7]343 李典"宗族部曲三千余家,居乘氏,自请愿徙诣魏郡","遂徙部曲宗族万三千余口居邺",[7]534 受到曹操的赞扬。曹操破袁谭于南皮,臧霸"求遣子弟及诸将父兄家属诣邺"。[7]537 另外,曹魏制度凡是

---

① 见范晔《续汉书》志一九《郡国二》裴注引《魏志》。整理者校勘记云:"钱大昭谓闽本无'广平之'三字,据建武十三年省广平国入钜鹿,则不得云'广平之广平',今据删。又《集解》引马与龙说,谓谢锺英云任城属东平,任县属巨鹿。志衍'城'字。今据删。"《三国志》卷一《魏志·武帝纪》中无"广平"县,且"任"县记作"广平郡之任"。只是整理者未对《续汉书·郡国二》裴注引《魏志》的内容作任何说明。

边剧郡守均须进任子,而任子多居邺城。[7]693以上措施使得曹操时代"邺县甚大,一乡万数千户"。[8]283至曹丕即位,邺都内外居民多达数万户,①仅以二三万户计算,一户人均五口,邺城内外就有上十万人。据考古实测,曹魏邺北城平面呈长方形,东西长2400米,南北宽1700米,[9]约四平方公里,邺城人口密度几可与今日繁华都市媲美。邺都无疑是当时北中国的第一都会,而此时的洛阳城久历战火尚未恢复。

第三,发展邺都的水陆交通。邺城处于太行山东麓原南北要道上,陆路交通发达。汉末战乱割据,陆路运输不仅易受阻且运资昂贵,水运则相对廉价便利。建安九年,曹操率军渡河后,为便利粮草运输,攻占邺城,下令"遏淇水入白沟以通粮道",[7]25建安十八年,凿利漕渠"引漳水入白沟以通河",[7]42开通了自河直达邺城的水路交通线。从邺城顺漳水北上至河间、渤海郡境,再经曹操为征伐乌丸、袁尚开凿的平虏渠、泉州渠,可直抵河北平原北端的滦河下游;向南经白沟入黄河后,再经建安七年开凿的睢阳渠,[7]23可顺流入淮。邺城成为黄淮平原上南北水利交通的枢纽。

第四,营建邺都,繁荣城市经济。建安九年,曹操占领邺城后,邺就成为汉廷事实上的都城。在数次征战后,曹操均回邺城休整。建安十八年,邺成为魏国国都后,曹操"修其郛郭,缮其城隍……建社稷,作清庙。筑曾宫以回匝,比冈陕而无陂。造文昌之广殿……驰道周屈于果下,延阁胤宇以经营,飞陛方辇而径西,三台列峙以峥嵘……设官分职,营处署居,夹之以府寺,班之以里闾。"[10]98-102城内社稷宗庙、宫观台阁、里闾市肆一应俱全。邺城不仅是曹魏政府、宗庙所在,而且是高官显贵、富商大贾们的聚居之地。

城内贵族锦衣玉食,加之都城交通便利,更促进了商业的繁荣。晋人左思描述邺城的商业说:"廓三市而开廛,籍平逵而九达。班列肆以兼罗,设阛阓以襟带……百隧毂击,连轸万贯,冯轼捶马,袖幕纷半。壹八方而混同,极风采之异观。"[10]102-103城内设有早、中、晚三市,各市场中店铺林立,道路平坦且四通八达,货略山积,车毂相击,摩肩接踵,市场交易之盛,规模之大,跃然纸上。市内四方百货有"真定之梨,故安之栗。醇酎中山,流湎千日。淇洹之笋,信都之枣。雍丘之粱,清流之稻。锦绣襄邑,罗绮朝歌。绵纩房子,缣总清河。若此之属,繁富夥夠,非可单究"。[10]107城市建设、人口成分、物产来源,均显示出邺都所代表的当时北中国城市发展的最高水平。①

220年曹丕即帝位,迁都洛阳,但魏帝神主直至229年才由邺迁至洛阳。

---

① 《三国志》卷一五《魏志·贾逵传》载:"文帝即王位,以邺县户数万在都下,多不法,乃以逵为邺令。"

关于五都的地位,清儒王鸣盛在《十七史商榷》中说:"其实长安久不为都,谯特因是太祖故乡,聊目为都,皆非都也。真为都者,许、洛、邺三处耳。"[11]卷四十"许邺洛三都"条从经济实力、交通状况、文化因素来看,许地位皆不及邺都。曹魏迁都后至西晋灭亡近一百年的时间里,邺城保持着河北第一大都市、中心城市的地位。

四、十六国时期邺都的持续发展

西晋统一后,洛阳成为全国政治商业中心,长安也开始恢复发展起来。但惠帝永平元年(291年)开始的"八王之乱",历时16年,洛阳、长安又一次成为战乱的中心。303年九月,河间王司马颙部将张方率军入洛阳,"烧清明、开阳二门,死者万计"。[12]101次年,张方劫持惠帝至长安时,"帝令方具车载宫人宝物,军人因妻略后宫,分争府藏。魏晋已来之积,扫地无遗矣"。[12]103永嘉五年,刘曜、王弥等攻下洛阳,焚烧宫庙,杀王公以下三万余人,俘获晋怀帝。直至北魏统一中原时,洛阳城依然"城阙萧条,野无烟火",[13]736破败不堪。

关中长安的破坏不亚于国都洛阳。刘曜攻破洛阳后派子刘粲进掠长安,长安遗人四千余家奔汉中。后刘曜又驱掠关中男女八万余口,退往平阳,当时关中诸郡,"百姓饥馑,白骨蔽野,百无一存"[12]1652。316年,刘曜再度攻入关中,围困长安,城中食尽,"人相食,死者太半"[12]130。十六国时期,虽先后有前赵、前秦、后秦以长安为国都,但长安也仅是关中的中心城市。

洛阳、长安遭受破坏的同时,邺城却一直保持着上升的势头,遭受的破坏较小。西晋时邺城为魏郡治所,并为河北军事重镇。八王之乱时,成都王司马颖据邺,他担任丞相后,"悬执朝政,事无巨细,皆就邺咨之"。"制度一依魏武故事,乘舆服御皆迁于邺。"[12]1617邺成为战乱中西晋王朝的权力中心。304年,西晋讨伐司马颖的军队战败,惠帝被俘至邺。这期间,邺城虽然一度被马牧帅汲桑攻陷,并"烧邺宫,火旬日不灭"。[12]117但三个月后,汲桑就被抚军将军苟晞打败,邺宫虽毁,但邺城依然是西晋控制河北的政治和军事要地。

建立后赵的石勒,在刘渊建立的汉政权中以镇东大将军,督并、幽二州诸军事的身份驻扎襄国(今河北邢台)。刘曜建立前赵后,封石勒为赵王,仍令其据守襄国,赵实际上一分为二。[14]虽然在后来擒刘曜、得关陇事件中襄国功不可没,但石勒占据襄国、建都襄国,均是在攻取邺城难度较大的情况下作出的退而求其次的选择。因此在他登上帝位后,就"自襄国都临漳",[12]2746并下令营建邺宫。可惜,未及迁都,石勒先卒,其侄石虎最终实现了他的夙愿。这也说明十六国时期邺都的地位远在襄国之上。

石勒和石虎对邺城的营建,带来了邺城的第二次大发展。石虎建立的邺都,基本是在曹魏旧城基础上的重建,他首次将高大的城门饰以砖石,城墙上每隔百步建一箭楼。全城层甍反宇,飞檐拂云,"图以丹青,色以轻素",远远望去,"魏若仙居"。邺城南墙最西边的凤阳门,因门高25丈,门巅安有两大金凤,高一丈六尺,高大的城门,配以朱柱白壁,离城六七里即可望见,成为后赵邺城的象征。

石虎死后,其养孙冉闵夺取政权,于350年自立为帝,建立冉魏。两年后,鲜卑贵族慕容儁灭掉冉魏,占领邺城。357年慕容儁将国都"自蓟城迁于邺,赦其境内,缮修宫殿,复铜雀台"。[12]2838直至370年,前秦王苻坚率军至邺,生擒慕容儁之子暐,前燕灭亡。十六国时期,前燕、冉魏、后赵定都邺城的时间共计30年。

关于十六国时期邺城经济的发展,史籍缺乏完整的记载。东晋陆翽《邺中记》中记载了石虎统治时期邺城的部分手工业发展状况,"御府中巧工作锦,织成署皆数百人",织锦署中"有大登高、小登高……蒲桃文锦、斑文锦、凤凰朱雀锦……或青绨、或白绨、或黄绨、或绿绨、或紫绨、或蜀绨"[15]等二十余种锦,堪与蜀锦相比。体现后赵邺城手工业发展水平的还有一种工艺品——云母五明金箔莫难扇。它用纯金锻打,薄如蝉翼,两面彩漆画以奇鸟异兽,跟随扇子的大小将云母贴在其中,用细缕缝合,虽然掩盖了图画但色彩依然明彻。这些虽只是邺城生产手工业品的一小部分,但却显示了邺城手工业的发达,也从另一个侧面反映了邺城经济的繁盛。

五、东魏、北齐邺城的鼎盛与毁亡

北朝时期的邺城,依然保持了北方中心城市的地位。史称"邺城平原千里,漕运四通",[16]"邺洛市廛,收擅其利"。[13]1473曹魏时期开辟的邺城水路交通线至此仍保持畅通,稳定的社会环境使邺地经济继续发展,邺城仍然保持着河北平原重要都会的地位。只是孝文帝迁都后,洛阳获得发展,重新成为全国的政治、经济和文化中心,邺城繁盛的程度不及洛阳。

北魏孝昌以后,政治日益腐败,阶级矛盾不断激化,各族人民大起义不断,北魏一分为二。在东魏、北齐与西魏、北周相争的年代里,黄河流域又一次陷入动乱和破坏之中,"征伐不息,百姓疲敝",[4]643"郡国荒残,农商废业"。[17]244534年,高欢挟孝静帝北迁,不仅将洛阳城内外的商人和手工业者全部迁徙,而且下令拆除洛阳宫殿,将建筑材料运往邺城,这还仅仅是北朝洛阳衰败的开始。东、西二魏对洛阳的争夺战,使刚获恢复的洛阳城再遭战火。

538 年,东魏大将侯景进攻西魏占领的洛阳金墉城,"悉烧洛阳内外官寺民居,存者十二三"。[18]4893之后洛阳在东、西魏之间互有失守,洛阳城几经兵燹,破败不堪。北齐、北周对峙时期,洛阳成为北齐的前沿阵地,战事更加频繁。547年,杨衒之因行役重览洛阳,看到的是"城郭崩毁,宫室倾覆,寺观灰烬,庙塔丘墟,墙被蒿艾,巷罗荆棘。野兽穴于荒阶,山鸟巢于庭树",[19]12洛阳经济陷于停滞状态。

东魏、北齐是邺城发展的第三个重要阶段,在这一阶段,邺城的发展达到了鼎盛。534 年,东魏东迁邺城,将邺城所在的相州改为司州,改魏郡为魏尹,并将魏郡、林虑、广平、阳平、顿丘、汲郡、黎阳、东郡、濮阳、清河、广宗等郡划为皇畿。①"于城东置临漳县,城西置邺县,城东北置成安县。临漳三百乡,邺县五百乡,成安二百五十乡"[20]卷中"魏郡部邺都南城"条作为都城区。邺都的城市规模与后赵相比大大扩展。

高欢挟孝静帝至邺之初,居住在曹魏始建的邺北城。当时随静帝北徙的军民有 40 多万户,为容纳新迁之人,高欢下令将邺城原居民向西迁徙百里,但城内仍然存在人多城狭的问题。于是高欢令散骑常侍李兴业"披图案记,考定是非,参古杂今,折中为制",[13]1862,[21]2722准备营建邺南城。静帝天平二年(535 年)八月,征发七万六千人营建新宫(即邺南城),至元象元年(538 年)九月,再次征发畿内十万人建邺,历时四十天。自新宫始建至静帝移居南城,历时四年。新城东西六里,南北八里六十步,沿城周二十五里筑有长堤防水,并开凿人工漕渠引水环流城郭。据考古实测,邺南城最宽处南北长约 3460米,东西宽约 2800 米,[22]其规模远远超过前朝所建的北城。城内除皇宫外,还有四百余坊百姓居所、东、西二市、太庙、大司马府邸、御史台、尚书省及卿寺百司、自令仆以下至二十八曹等诸多衙门。

北齐建立后,邺都更获崇修,其宫室台榭、楼阁观堂、园囿苑城规模,均超过曹魏、石赵。佛教的兴盛,又使东魏、北齐时期的邺城内外佛寺遍布。仅邺城内就有妙胜寺、雀离佛院、大慈寺、大兴圣寺、妙福寺、太原公文寺、文寺等名寺院,邺城成为北齐佛教的中心。邺城周围也有许多寺院,如修宁寺、陆居士寺等,至今仍颇有盛名、位于滏水上源的响堂山石窟就始建于北齐。

东魏、北齐邺南城的营建和邺城的不断经营,使邺城达到了它历史上的鼎

---

① 见《北史》卷五《孝静帝纪》。另《魏书》、《河朔访古记》同记此事,但所载各郡名称与《北史》稍有差异。《魏书》卷一二《静帝纪》载"以魏郡、林虑、广平、阳丘、汲郡、黎阳、东濮阳、清河、广宗等郡为皇畿"。《河朔访古记》卷中"魏郡部邺南城"条记作:"以魏郡、林虑、广平、阳丘、汲郡、黎阳、东濮、清河、广宗等为皇畿"。考诸史籍,应以《北史》所记为确。

盛时期。从其城市文化来看,形成了与曹魏时期迥然不同的城市风格。曹操初建邺都,逐渐在此形成了以曹氏父子为代表的建安文学。唐代诗人陈子昂称誉的"建安风骨",恰当地概括了建安时期诗歌的社会内容和它苍凉的风格。曹操的名作《碣石篇》就表达了他雄放豪迈的气概,求贤若渴、藉以成就统一大业的心情。这些都使邺都呈现出一种勃勃向上的城市精神。

演至十六国、北朝,特别是东魏、北齐,随邺城建设规模的扩大,统治者奢侈腐化,邺城的文化风貌也渐至浮华奢靡。邺都文化特点的这一变化,除与统治者个人的性格因素相关外,还应与这一时期邺都上层人物的族属及人口成分的变化相关。建安年间,虽有大量匈奴人被迁至邺,但他们地位不高且未能对邺都以汉人为主体的人口结构构成多大影响。羯人石勒建立的后赵,是以胡人为主体的政权。虽然胡人主要集中在当时的国都襄国,但石勒之子石弘镇守的邺城,"以骁骑领门臣祭酒王阳专统六夷以辅之",说明邺城内也有许多胡人。349 年冉闵之乱,"闵躬率赵人诛诸胡羯,无贵贱男女少长皆斩之,死者二十余万,尸诸城外,悉为野犬豺狼所食。屯据四方者,所在承闵书诛之,于时高鼻多须至有滥死者半"。[17]2791—2792 邺城的胡人竟多达二十余万,那么我们说邺城是以胡人为主的城市就不为过了。前燕慕容儁自蓟迁都邺,必定也随迁不少鲜卑人至此。[23] 东魏、北齐时邺都城内通行双语,反映胡汉文化融合的同时,也表明分裂时期邺城民族成分的复杂性。胡人为主的政权和城市,使得十六国北朝时期的邺都"浮巧成俗,雕刻之工,特云精妙,士女被服,咸以奢丽相高,其性所尚习,得京、洛之风矣"。[4]860 城市建造追求规模宏大,生活尽求安逸,奢侈品务求精美,再没有曹魏邺都蓬勃向上的文化风气,这也使邺城文化颇受后来者诟病。[24]

577 年,北周灭北齐,周武帝下令拆毁邺城宫殿等建筑。580 年,北周相州总管尉迟迥为反对杨坚篡政,据邺起兵,杨坚派兵镇压,"相州平。移相州于安阳,其邺城邑居皆毁废之"。[17]133—134 这样,一代北方名都与商业中心,留下的就只有荒凉残破的一片废墟了。

六、魏晋北朝邺城兴衰的几点启示

纵观邺城在魏晋北朝时期的兴衰过程,可以看出邺城的兴起首先同冀州部经济的发展密切相关,同时邺城由普通县上升为郡治、州治乃至国都,又与割据混战的政治局势直接相关,北方其他中心城市的衰落也为邺城的兴起提供了外在条件。从邺城中心地位形成与丧失的过程,我们可以获得以下几点启示:

第一,战乱、地方割据等军事、政治因素对中国古代城市的兴衰往往具有决定性的影响。

邺城是一座典型的在战乱割据中兴起的城市,一旦实现南北统一,历史上不再有任何一个政权将邺城作为政治中心,即使它在军事、经济上的重要地位依然存在。就是实现了北方统一的曹魏(此指曹丕称帝后)和北魏政权,他们也将国都迁往了洛阳(这除了都于洛阳更便于指挥对南方政权作战、实现统一外,恐怕更重要的原因还在于洛阳在政治文化上的象征意义)。邺城正是在一个特定的历史时期取得并持续了其北方中心城市的地位。

第二,水陆交通线的开辟和畅通,直接影响着城市中心地位的形成和巩固。

曹操攻占邺城前,就已经开凿白沟、利漕渠,开辟了自黄河直达邺城的水运航道。攻占邺后,向南北两个方向的拓展,使以邺城为中心的航运线不断延长。这些渠道究竟流通了多长时期,据史念海先生的研究,东晋中叶时的白沟和利漕渠还应该处于安流状态。[25]148平虏渠直至北魏时期也仍能安流。北魏时期,将军李阿难曾开凿阿难渠以沟通白沟和漳水,更方便了邺城地区的漕运。[26]432东魏天平二年(535 年),改建引漳灌渠为万金渠(又名天平渠),把战国时期的十二渠口改为一个渠口,渠东向东流约三十里,进入邺城。万金渠是邺城城市供水、灌溉和水能利用的综合开发渠道。以上沟渠的开凿和畅通,为邺城通往各地提供了保障,也便利了各地手工业品、商品运达此地,而这些水利设施的开凿,也便利了邺城及其周围地区的农业灌溉,为邺城中心地位的形成和保持提供了经济保障。

第三,浮华奢靡的都市文化对城市的发展极易带来严重的阻碍甚至破坏作用。

由上文曹魏与东魏、北齐邺城文化的对比可以看出,北朝邺城的奢华为其最后的灭亡命运埋下了伏笔。北齐灭亡时,周武帝已下令拆毁邺城宫殿等建筑,至尉迟迥之乱被平定后,杨坚坚决下令彻底毁灭这个前朝的国都,并移民他处,表明了他对这座城市特别的失望。就是这座已被毁弃的城市,到隋朝时仍有"难治"[27]的恶名,这不能不说浮华奢靡的城市文化给邺城带来的负面作用有多大了。

参考文献:

[1] 徐光冀:《邺城考古的新收获》,载《文物春秋》1995 年第 3 期。

[2] [西汉]司马迁:《史记》,中华书局 1959 年版。

[3] [北魏]郦道元注,[民国]杨守敬、熊会贞疏:《水经注疏》,江苏古籍出版社 1989

年版。

［4］［唐］魏征:《隋书》,中华书局1973年版。

［5］［北宋］欧阳修:《新五代史》,中华书局1974年版。

［6］［刘宋］范晔:《后汉书》,中华书局1965年版。

［7］［晋］陈寿:《三国志》,中华书局1982年版。

［8］［唐］虞世南:《北堂书钞》,中国书店1989年版。

［9］陈剑:《邺城遗址的勘探发掘与研究——徐光冀研究员学术报告会纪要》,载《四川文物》2005年第1期。

［10］［梁］萧统编,［唐］李善注:《文选》,中华书局1977年版。

［11］［清］王鸣盛:《十七史商榷》,中国书店1987年版。

［12］［唐］房玄龄:《晋书》,中华书局1974年版。

［13］［北齐］魏收:《魏书》,中华书局1974年版。

［14］高敏:《略论邺城的历史地位与封建割据的关系》,载《中州学刊》1989年第3期。

［15］［东晋］陆翙撰,汤球辑:《邺中记》,中华书局1985年版。

［16］［北宋］乐史:《太平寰宇记》,(台北)文海出版社1980年版。

［17］［唐］令狐德棻:《周书》,中华书局1971年版。

［18］［北宋］司马光著,胡三省注:《资治通鉴》,中华书局1956年版。

［19］［北魏］杨衒之、范祥雍校注:《洛阳伽蓝记校注》,上海古籍出版社1978年版。

［20］［元］纳新:《河朔访古记》,载《景印文渊阁四库全书》史部351册地理类游记之属,总第593册,(台湾)商务印书馆1986年版。

［21］［唐］李延寿:《北史》,中华书局1974年版。

［22］陈剑:《邺城遗址的勘探发掘与研究——徐光冀研究员学术报告会纪要》,载《四川文物》2005年第1期。

［23］邹逸麟:《试论邺城兴起的历史地理背景及其在古都史上的地位》,载《中国历史地理论丛》1995年第1期。

［24］周一良:《读〈邺中记〉》,载《内蒙古社会科学》1983年第4期。

［25］史念海:《战国至唐初太行山东经济地区的发展》,载《河山集》,三联书店1963年版。

［26］［唐］李吉甫:《元和郡县志》,中华书局1983年版。

［27］朱和平:《隋朝邺城"难治"试析》,载《中州学刊》1998年第6期。

(原载《邯郸学院学报》2008年第4期)

磁州窑研究

临水磁州窑初考

庞洪奇[*]

　　2002 年五六月间,邯郸市和峰峰矿区两级文物部门联合对位于峰峰矿区临水镇三工区刚开挖的顺田购物中心建设工地古瓷窑址进行了抢救性发掘清理。发掘出唐宋金元古瓷窑作坊、料池、水井及大量窑具,共清理出土青瓷、黑瓷、化妆白瓷、白地黑花、红绿彩、刻划花、印花及仿钧瓷等残器、残片 3 万余件。带队组织这次发掘清理的邯郸市文物研究所副所长薛玉川和到发掘现场指导的著名磁州窑研究专家、邯郸市文物研究所研究员马忠理先生认为:这是一处烧造时跨唐宋、直至元明,内涵十分丰富,地位极其重要的古磁州窑遗址。

　　临水镇,古属磁州,现为邯郸市峰峰矿区人民政府所在地,以地临"滏水"(今滏阳河)故名。从三国魏黄初三年(公元 222 年)始置临水县,至宋熙宁六年(公元 1073 年)省县为镇,此地设县治凡 851 年。该镇西依太行山,东邻冀南平原,扼古太行八陉之"滏口陉",古为山西东出太行去往中原腹地的必经之地,地理位置十分重要。著名的磁州窑中心窑场——彭城窑与其东隔"滏口陉"相望;始建于北齐年间,有"中国石窟艺术的缩影"[①]之称的响堂山石窟也与其毗邻,具有悠久的历史和深厚的文化底蕴。

　　在此次发掘古瓷窑址之前的几十年里,临水镇城区内曾屡有古瓷器出土,惜未引起文物部门的重视,故临水窑虽曾被北京大学考古系教授秦大树先生、清华大学美术学院教授王建中先生等多位磁州窑研究专家在不同论著中提

　　* 庞洪奇(1960—),男,河北邯郸人,邯郸市人民政府副秘书长。

　　① 响堂山石窟为北齐皇家所建。其造像活动集中在北齐年间。其后,隋、唐、宋、金、元、明、清各朝直至民国均有不同规模的修造。因此,被北京大学考古系教授宿白先生誉为"中国石窟艺术的缩影"。

及,但均论之不详。[1][2]29—57[3]12

1975年,磁州窑爱好者刘立忠先生和峰峰矿区文保所干部李喜仁先生共同在临水村(火车站南)发现古瓷窑遗址。经小面积发掘,出土钵形器、碗、高足杯、矮足盘及高足盘等青瓷器百余件,其最突出的特点是部分瓷器(主要是碗、钵)的口部施有化妆土,上面罩以青黄色釉,化妆土部分明显呈现黄白色。这与烧造年代为北齐至隋代的磁县贾璧窑青瓷具有显著不同之处,可以说是磁州窑白瓷使用化妆土的开端。磁县文化馆发掘了有北齐武平六年墓志的高润墓,陪葬品中有一个口部施用化妆土的青瓷碗。其型制及胎釉与临水出土的极为相似,应是该窑产品。[4]

同磁州窑的中心窑场彭城一样,临水镇所在的峰峰新市区每有建设工程即可在地下发现古瓷窑址或古瓷器。上世纪70至80年代,在开挖人防工程及区公路站、长途汽车站,峰峰发电厂兴建办公楼、住宅楼时,均发现有红绿彩等大量古瓷器及保存完好的宋金古地道(现为省级重点文物保护单位),并从中出土了宋代瓷碗、梅瓶、水缸等瓷器。1989年5月4日在临水村南、区农电局后院挖地基时,发现了有阴刻"泰和二年八月十二日亡过崔仙奴"(三行十四字)墓志的金代土墓,出土了大小不等(最高为25cm,低10cm)、姿势各异的红绿彩儿童俑数十个。[5]805中国硅酸盐学会组织编写、文物出版社出版发行的《中国陶瓷史》一书也提及:"临水县窑藏出土一批白釉加红绿金彩文殊菩萨等塑像,坐于象、狮背上,高20至50厘米,加彩塑像过去仅见男女侍俑及小件玩具,塑像高大、又分乘狮象,而且色彩鲜艳,特别是加金彩,更属难能可贵。"上述红绿彩瓷器显然应为临水窑所产,遗憾的是当时尚不知临水有宋元古瓷窑,该书误以为"临水地距观台很近,应是观台窑的产品"。

近年来,随着峰峰矿区城市建设步伐的加快,大批新建及旧城改造项目开工建设,笔者及其他磁州窑爱好者又先后在花园住宅小区、世纪广场、运输一公司等建设工地,发现了十多处古瓷窑遗址,大量古瓷器、瓷片。另据调查,从滏阳河源头临水镇西纸坊村往下至石桥村,在不过五六里长的一段河道上,原建有二十多座大型水碾。这些水碾是专门用来加工釉料的。

二十多年来,经过众多磁州窑专业研究人员及业余爱好者的调查发掘,尤其是三工区建设工地古瓷窑址的考古发掘,使临水窑的真实面目较清晰地展现在世人面前,在已发掘的磁州窑众多窑场中呈如下特点:

(一)烧造年代早,持续时间长。始烧于北齐年间的磁县贾璧窑被认为是磁州窑的滥觞之地,但其烧造时间只有百年左右,便在隋代以后停烧。最负盛名的磁州窑观台窑始烧于宋初,停烧于元末明初,持续烧造时间约为四百多年左右。彭城窑烧造活动虽由古至今千年窑火不熄,然从现有考证材料看,其烧造年代不会早于宋。[6]237,241而临水窑从北朝直至明清,持续烧造时间长达上千年。

(二)窑场范围广,烧造规模大。从现已发现的古窑址分布情况看,临水窑场大致范围为:西至峰峰发电厂,东至区建筑公司,北到邯磁环行铁路,南到滏阳河,总面积近2平方公里。在此期间,各窑场首尾相连、窑址密布,地下古陶瓷遗存十分丰富。笔者发现的位于滏阳河北岸的区人民公园大型古窑址瓷土料场,瓷土存量达上万立方,实为磁州窑各窑场发掘所仅见。临水窑的烧造规模由此可见一斑。

(三)烧造品种繁多,制作精良。在临水窑已发现的众多窑址中,三工区古窑址出土的瓷器多为宋、金、元时期烧造,最具代表性。其品种计有各类磁州窑风格的日用瓷、陈设用瓷、宗教用瓷及建筑用瓷,仿定窑印花白瓷,仿钧窑蓝釉红斑瓷,仿耀州窑印花青瓷以及明代白地黑褐彩作揖人物瓷等。笔者还在国泰花园建设工地古窑址发现明代磁州窑青花瓷器残片若干片。瓷器的造型计有各式碗、盘、壶、杯、盏、罐、钵、炉、瓶、人物俑像、动物玩具、建筑构件等上百种。上述各类瓷器大多胎体轻薄、质地细密、釉面滑润光亮。如出土的仿定印花白瓷洁白细腻、釉光润泽、器型俊俏、印花精美,胎体最薄的仅为0.6mm,表现出临水窑高超的制作水平。粗者为印花化妆白瓷,胎质较为疏松,器型厚重,而做工及纹饰又有优劣之别:优者,器型规整,釉色白润,印纹精美不亚于定器;劣者,釉色青灰,印纹粗糙。

(四)装饰技法多样,题材丰富。临水窑出土瓷器装饰技法概括起来主要有:(1)色釉装饰。如化妆白瓷、黑釉瓷、绿釉瓷、黄釉瓷及绞釉瓷、绞胎瓷等。(2)刻、划花。主要为白坯刻、划花。此类装饰器物多为碗、盘、盏、枕等,刻划花线条劲挺流畅、粗犷豪放,表现出古朴典雅的装饰风格。(3)白地黑花。主要有白地釉下黑彩、褐彩等,约占全部出土瓷器(残片)的20%左右。绘制的器物不论是瓶、罐,还是炉、枕,均笔法生动、技术纯熟,表现出生动活泼、简练豪放而潇洒自如的艺术风格。(4)红绿彩。主要技法为画红点绿、画红点黄、绿,白地釉下黑彩加釉上红、绿、黄彩(亦称"宋五彩")等,为本次发掘之重大发现。表现为:出土器物数量大,除文化部门发掘出土200多件外,据调查,流失到私人手中的红绿彩瓷多达近千件。品种多,有日用瓷、菩萨造像等宗教用瓷,及造型各异、生动传神的仕女俑、贵妇俑、文官俑、武士俑、戏剧俑等人物俑像;器型高大,出土的一贵妇头部(颈及以下残缺)高达8cm;一男性观音莲花座像高达32cm;造型准确,尤其是各类人物和菩萨俑像,或站或坐、或抚琵琶、或持如意、或拿团扇、或捧葫芦、或抱孩童,造像各部比例协调,姿势优雅,表情生动;色彩艳而不燥,丽而不俗,釉下白地黑彩对比强烈,釉上红黄绿彩交相辉映。此次临水窑址大量出土红绿彩瓷器及其颜料作坊的发现,无可争议地说明临水窑才是磁州窑红绿彩瓷器的主要产地。(5)印花装饰。分印花青瓷和印花白瓷两种,均构图完整,印制精美。尤其是印花白瓷更是胎薄、型俏、釉润,器物上印以缠枝牡丹、莲花、海水、云头、婴戏、仕女、夕牛望月等精美绝伦的纹饰,其品质颇近似定窑印花瓷,实属本次发掘之又一重大发现。(6)仿钧釉装饰。出土数量较少,但釉色或青、或蓝、或月白,间以红、紫色斑。临水窑的产品不但品种繁多,装饰技法丰富,而且装饰题材广泛,归纳起来主要有花鸟虫鱼、珍禽瑞兽、山水人物、吉祥图案,以及诗词、文字书法等,富有浓郁的民间色彩和强烈的生活气息。如这次出土的一方八角形白地黑彩文字枕,枕面装饰为草书"惜花春起早,爱月夜眠迟"。一红绿彩小碗内书"酒中曾德(得)道,醉里遇神仙"句,当为饮酒的碗盏。

有关专家指出,临水窑场的发现,在磁州窑研究中具有十分重要的意义:

一是揭示了磁州窑发展的源头。如前所述,临水窑至迟在北齐武平六年即已烧造口部施用化妆土的青瓷器。1975 年刘立忠还曾在临水窑址发现了白瓷片,此次又在三工区发掘出唐代及宋金元古窑址。这些发掘和发现,不仅证明了临水窑烧造瓷器的历史久远,而且展现出磁州窑由青瓷向白瓷"过渡",进而由化妆白瓷到采用多种技法装饰瓷器,最终形成以白底釉下黑彩及多彩瓷绘为典型代表的独特艺术风格的历史过程,谓其磁州窑瓷器烧造之源头当不为过。

二是填补了磁州窑研究的空白。经过几十年的调查和发掘,磁州窑北朝及宋金元明清各个时期的窑址均已发现,但唐代窑址却扑朔迷离一直未能找到。如今,这一困扰磁州窑研究者多年的"谜团"终于被揭开:在临水镇三工区古窑址宋金文化层之下发现小型陶窑残基一座,从其火膛的柴灰中发掘出灰陶罐 2 个;发现呈青绿色的原料池 12 处,从中发掘出唐"开元通宝"铜钱 11枚,黑釉瓷罐、平底无釉青黄瓷器(残片)403 件,还有若干白瓷片及窑具等。由此推断这是一处唐代窑址,如果扩大发掘面积定可发现唐代和更早的瓷窑址。从而将弥补磁州窑考古研究上的"遗憾",[3]12 将成为磁州窑研究中具有里程碑意义的重大发现。同时,也证实了著名古陶瓷专家、清华大学美术学院教授叶喆民先生在《隋唐宋元陶瓷通论》一书中的推断。[7]117

三是明确了磁州窑三大中心窑场(临水、彭城、观台)的传承关系。临水窑场的发现,不仅奠定了其作为磁州窑"中心窑场"之一的地位,更使我们由此获得了其与彭城、观台两大窑场传承关系的新认识,即:临水窑瓷器烧造时间最早,而彭城、观台两窑均是受其影响而发展起来的。其主要依据有:(1)考古发掘表明,临水窑之烧造年代早于彭城、观台两窑约五个世纪,且其持续烧造时间一直延至明清。① （2）即使在宋金观台窑烧造的巅峰时期，临水窑不仅同在大量烧造磁州窑最具代表性的白地黑花瓷器等品种，而且其红绿彩瓷器及印花白瓷器则为观台窑所不及。（3）据元大德十年户部尚书马煦撰题的临水镇《李靖庙记》称"惟今临水镇，实古昭德城，隶赵邦之故墟，属冑昴之分野，当雄战国之际，为出入之卫焉。以今陶冶之利，甲于河朔，资给公私，无不得其所矣。"[5]1043 这段文字可证，临水窑至迟在元代已成为"利甲河朔"，称雄中国北方的瓷器烧造中心。（4）临水镇扼"滏口陉"之古昭关，"据官路，东出齐鲁，西入秦晋，轻裘肥马，游官他州，富商大贾，经营诸路，□□扰扰，往来不绝"，[5]1043 自古以来一直是古磁州西部之政治、经济、文化中心，商贸物资集散地和东西陆路交通要道，且水运方便，烧造瓷器的各种原料附近均有出产。因此，古磁州陶瓷烧造首先在此兴盛起来，然后再向附近的彭城、观台等窑场扩散发展，就成为再自然不过的事情。那么，"观台窑停烧，窑场转移，才有彭城窑之兴旺"等诸说，[2]54—55 就值得重新认识和考量了。

临水窑址全部压在现代城市之下，给考古发掘及研究考证带来了困难。因此，以上考证和认识仅是初步的。随着时间的推移和政府对文物工作的重视，相信今后会有更重要的发现。

参考文献：

［1］马忠理、秦大树：《观台磁州窑址》，文物出版社 1997 年版。

［2］蔡子谔：《磁州窑审美文化研究》，中国文联出版社 2001 年版。

［3］王建中：《磁州窑鉴定与鉴赏》，江西美术出版社 2002 年版。

［4］叶广成：《磁州窑》，载《磁州窑研究论文集》，邯郸市陶瓷公司 1985 年版。

［5］峰峰矿区地名志编纂委员会：《峰峰志》，新华出版社 1996 年版。

［6］冯先铭：《中国陶瓷史》，文物出版社 1997 年版。

［7］叶喆民：《隋唐宋元陶瓷通论》，紫禁城出版社 2003 年版。

（原载《邯郸学院学报》2006 年第 4 期）

---

① 1992 年位于临水镇的市第四医院门诊楼工地出土明万历三十四年《龙潭李公墓志铭》，记载墓主人"攻陶瓷，朝夕经营，……不三十年置陶冶五十余处，庄房八百余间"。该墓志铭现存峰峰矿区文保所。

"清末新政"与磁州窑瓷业改良

庞洪奇*

近来,在地方志[1]1041中发现一则史料——《工艺总局选派磁州工匠赴江西学习制磁详文并批》(下称《详文并批》)。笔者结合平时磁州窑收藏、研究,对该史料及清末、民国磁州窑瓷业改良情况进行了初步查证、考察。现概述发表,以补此期磁州窑研究之空白。

一、《详文并批》与"清末新政"

《详文并批》原载国家图书馆藏历史档案文献丛书《北洋公牍类纂(正续篇)》(下称《北洋公牍》)。原文内容为:"为详请事,窃照职局前经函各省商务局代购各省土产寄送来津,以备陈列比较。兹准江西省来电,称代购土产各件现以办齐,约计价款五百两,俟开河后派员解津等语。职局当将前项价款歙银五百两即交商号,如数兑去。惟查江西景德镇瓷器,为中国出产大宗,其制法之精工,非他省所能及,即外洋亦甚称羡。现在直隶磁州产有磁窑,前经该州解送各磁器来津,交考工厂陈列试验,均系粗瓷,不堪入目,亟应改良,以辟利源而广销路。现拟一面电商江西周道学铭,派员考查景德镇磁窑办法,一面致函磁州岳牧,传谕窑董选佣本地老手工匠,自制坯以至成器上等聪明勤敏者各一人,并带造磁之石料、土料等各一百斤,于明年正月来津,由职局派员带往江西学习,并将磁州质料与江西所产比较试验,一俟验有把握,即延雇江西良匠带回指授,仿造并拟。俟该匠将江西细磁考求得法,后再参仿西式制法。至该工匠等所需川资辛工等费,均拟由职局筹给,以资提倡。如果试行有效,洵为直隶一大利源。除分别函电妥办外,所有职局汇寄江西代购土产价款并拟

---

* 庞洪奇(1960—),男,河北邯郸人,邯郸市人民政府副秘书长。

选派磁州磁窑工匠携带料质,前赴江西学习考验,以期改良直隶磁业。缘由理合,具文详情。督宪袁:批据详已悉。江西景德窑名闻中外,该局拟选派磁州工匠前往学习考验,系为改良直隶磁业起见,关系甚重。应准如议照行,仰即遵照缴。"[1]1041

《北洋公牍》于光绪丁未年(1907年)初版,为"清末新政"中直隶总督推行"新政"的档案资料集。辛丑条约签订后,面对西方列强加紧侵略、渗透,民族危机日益加深,为维护摇摇欲坠的旧统治,清政府正式发出"上谕",开始推行包括改革官制、整顿吏治,奖励工商、改革学制、编练新军、派遣留学生等内容的"新政"。"清末新政"虽然最终未能挽救清王朝灭亡的命运,但其采取的振兴实业、奖励工商、改革学制等政策措施,还是取得了很大成功,客观上促进了民族资本的发展,有利于民主革命思想和文化的传播,同时也有利于辛亥革命的到来。袁世凯为清廷"新政"的重要人物,其时任直隶总督兼北洋大臣,权高位重。在其推动下,"新政"在包括江苏以北的山东、河北、辽宁等沿海各省在内的北洋地区首先推行。一时间轰轰烈烈,各行省皆派员考察,取经效法。《北洋公牍》即是甘厚慈将山东、河北、辽宁、吉林各省及天津、晋州、滦州、保定、热河等地咨议局、督宪、议事会、臬司督统等往来直隶总督及清廷各部的公文、章程、情形节略、请批文、办理文、事宜文、查照文、条陈、例信、调查等公文函件和直隶总督兼北洋大臣的批复编辑而成。而《详文并批》正是"清末新政"中设于天津的直隶工艺总局为推动磁州窑瓷业改良,给直隶总督的呈文及"督宪"袁世凯的批复。

二、清末、民国磁州窑瓷业改良概况

宋元磁州窑素以豪放洒脱的白地黑绘、精美流畅的黑剔花及浓艳热烈的红绿彩(宋五彩)著称。明洪武年间曹昭撰写的《格古要论》称:"古磁器出河南彰德府磁州。好者与定器相似,但无泪痕,亦有划花、绣花,素者价高于定器,新者不足论也。"这既说明磁州窑瓷器曾可与"五大名窑"之一的"定器"比肩;同时亦表明,至少在明初磁州窑已大不如前,开始走下坡路。从磁州窑考古发掘及笔者收藏研究的实际情况看,元末磁州窑主要窑场之一的观台窑已经停烧,滏阳河流域的磁州窑烧造中心彭城窑却经明、清一直延烧至今。然而,其瓷器烧造不仅品种减少、装饰技法单调,而且胎体厚重、制作粗糙,虽有"南有景德、北有彭城"之说,但也仅体现在其烧造规模、产量上,而在瓷器的样式、质地及装饰的精美度等方面,已与景德镇相差甚远。至晚清,国家内忧外患,灾荒频仍。尤其是1830年(清道光十年)磁州窑所在的彭城地区发生强烈地震,地裂房倒,河道干涸,人畜死伤严重,窑厂几被夷为平地,磁州窑瓷业遭受了灭顶之灾。震后瓷业虽有一定程度艰难恢复,终因元气大伤,再加上社会文化风尚变化,不仅难现昔日辉煌,而且风格尽失。至光绪年间,其传统白地黑绘装饰已被青花取代。清末磁州窑瓷业改良,正是在此情形下由官府推动、资助进行的。

(一)清末磁州窑瓷业改良发端于直隶工艺总局开展的"考工"活动

工艺总局是袁世凯在"新政"中为"振兴实业"而委派著名实业家周学熙于1903年9月(清光绪二十九年)创办的。据《周学熙传记汇编》[2]一书记载:该局成立之初,其职能主要是"先办学堂及考工二事,以学堂习其技能,以考工生其观感","并考求直隶全省土产及进口所销各货,凡是可以仿造的,加以提倡和保护,使之尽利"。按此,工艺总局创办了工艺学堂(后改名"高等工业学堂"),开办了实习工场,并于1904年8月开办了"考工厂"(1906年12月改名为"劝工陈列所")。周学熙在筹办考工厂时,除购置本省、外省和外洋的常用、稀用各物品陈列起来任人参观以开风气外,并设立工业售品所,出售工艺总局所属各工厂之产品。为劝导"绅商投资工业,开办工商演说会,每月两次","以增益其见闻",又设工商研究所"以开拓其智识"。为鼓励工厂提高质量,订立考工制度,举行招考,分别奖励,"或给金银牌,或禀准专利以资提倡"。同时还"委派劝工员赴各处考察情形,对风气未开者,多方利导,其成本未裕者,酌助赀才"等等。《详文并批》中首句"职局前经函各省商务局代购各省土产寄送来津,以备陈列比较"等语,即是"考工厂"之具体"考工"活动。而其中"现在直隶磁州有磁窑,前经该州解送各磁器来津交考工厂陈列试验,均系粗瓷,不堪入目,亟应改良,以辟利源而广销路"等语,则明白无误地说明了磁州窑瓷业改良的起因及与考工厂"考工"活动的关系。笔者通过走访中国古陶瓷学会会员、中国工艺美术大师刘立中先生等老艺人了解到,当时,曾先后选派三批磁州窑工匠到景德镇学习。其中,第一批有60人之多。而自清末磁州窑瓷业改良始,至民国时期,一直有景德镇制瓷工匠师傅在磁州窑场(彭城)传授、指导。上述改良活动,均得到官方的资金支持,即"所需川资辛工等费,均由职局筹给,以资提倡"。这正是"清末新政"实行奖励工商、振兴实业政策的实际体现。官方如此推动支持磁州窑瓷业改良,同时也说明了磁州窑瓷业在直隶全省的举足轻重地位。

(二)清末磁州窑瓷业改良始于"新政"之中,延至民国时期,止于抗战爆发

清末磁州窑瓷业的改良,以直隶工艺总局选派磁州窑工赴江西学习为标志,其起始时间应为 1907 年(光绪三十三年)初春。① 然而,此后不久光绪帝"驾崩",宣统帝即位;伴随着"武昌起义"的枪声,清王朝又宣告灭亡。显然,此次改良不可能在清末朝代更迭、政局动荡的三五年内完成,而是延续至民国时期。据民国九年八月编印的《直隶工业试验所第六次报告书》及民国二十年十月出版的国立北平研究院地质学研究所《地质汇报》第十七号等资料记载:民国期间,国民政府实业部、直隶省(后改为河北省)实业厅及有关研究机构对磁州窑瓷业改良继续给予了推动和支持。如:直隶省工业试验所专门设立了"窑业科"。民国八年(1919 年)十一月一日窑业科长刘皋卿等到磁县等地"调查陶瓷原料及磁县窑业情形以备筹设试作分场,十二月五日回所",并形成了《磁县彭城镇陶业调查报告》(以下简称《调查报告》)。据笔者收藏署有民国磁州窑著名画师王凌云款识的一对掸瓶可知,上世纪三十年代初,彭城镇曾设有研究瓷业改良的"日新工业试验厂",当为省工业试验所窑业科(或与窑董合作)所设(图 1)。该所窑业科还在民国八年进行了陶瓷"着色釉药试验"和"着色素地试验"等试验研究工作,并取得了重要成果。民国二十年(1931 年)三月二十四日至四月一日,国民政府实业部地质调查所、国立北平研究院地质学研究所专家侯德封"奉翁所长命,会同中央工业试验所技师赖其芳调查磁县彭城瓷业"。此次调查不仅对磁县彭城瓷业进行了详尽的调查记载,而且对彭城周围所产陶瓷矿业原料之地质构造、地层概要、种类用途、生成原因、分布情形及储量估计等进行了深入调查分析,绘制了"磁县陶土矿地质图",并采集瓷土原料标本十余种带回所里,重点对其成分性质、组合配比以及质粒粗细、烧成温度、窑内气氛与瓷器成型、成色关系等进行了深入分析、研究和试验,对改良磁州窑瓷业提出了较为全面的见解,并据此撰写了《河北省磁县粘土矿地质矿业及窑业》(以下简称《窑业》)予以发表。以上这些建立在现代技术分析试验基础上的调查研究成果,无疑给磁州窑瓷业改良以科学指导和有效推动。然而,正当改良渐入佳境时,抗战爆发,磁州窑瓷业因日寇的入侵、占领和战争影响而衰败,改良活动亦因此夭折。

① 《详文并批》虽未标明呈批日期,但其前后相邻两篇呈文(天津道洋委员赴沪试纺棉花拟归工艺局筹办建厂文并批、直隶工艺总局详职商创办造纸公司文并批)之呈批时间分别为光绪三十二年四月初七日和光绪三十三年三月十八日(即公元 1906 年和 1907 年间)。那么,《详文并批》的呈批时间当在此期间。联系该文中"兹准江西来电称代购土产各件已办齐,……俟开河后派员解津"及将所选磁州窑工匠、原料"于明年正月来津,由职局派员带往江西学习"等语,则《详文并批》的呈批时间应为光绪三十二年冬(即运河结冰停航之时);而磁州窑工匠赴景德镇学习的具体时间则应为光绪三十三年正月以后,即公元 1907 年二三月份。

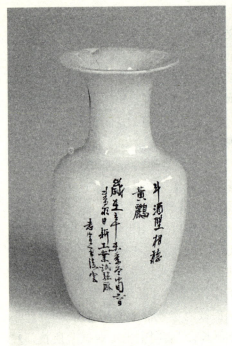 

图1 白釉黑彩纹掸瓶　　　　　　图2 五彩人物纹掸瓶

（三）清末、民国磁州窑瓷业以"粗瓷"变"细瓷"为目标，重点从胎质、釉色、装饰及成型、烧造工艺等方面，进行了较为全面的改良，并取得了不同程度的进展

　　胎质改良　历代磁州窑瓷器均以生于当地煤层之下的蓝色半软质粘土，即大青土和色呈灰白或黄白的二青土为胎土原料。因该胎土质料所含铁、钛成分较高，杂质较多，故所烧制瓷器胎体呈色青灰，胎质疏松；该粘土以含植物痕迹（似植物根纵横交错）为基本特征，虽具有较好的可塑性，但烧成收缩率高，如胎体轻薄则难以成型。因此，历代瓷器多胎体厚重。

　　可见，磁州窑瓷业改良要实现"粗瓷"变"细瓷"，首要因素是改良瓷土原料应用。其基本方法有二：一是对大青土原料进行反复淘洗，尽可能去除铁、钛等杂质，提高胎泥中高岭石质（氧化铝）含量，从而既可增加胎质的洁白度，又可使胎体由厚重粗笨变形俏器薄成为可能。但此方法费时费工，成本较高，这对面向中下阶层人士及庄农、店肆为使用对象的磁州窑瓷业来讲是难以承受的。且由于该瓷土质料之"先天不足"，即便是反复淘洗，其成器之洁白度及致密性亦难以达到景德镇细瓷的标准。二是选用优质细瓷原料。磁州窑瓷业之供应对象及当时的交通运输条件等情况，决定了它不可能选用千里之外的江西等外地原料,而只能眼睛向内,应用近现代科学方法对当地出产的瓷土原料进行分析、试验,从中找出优质原料及科学配方。《详文并批》中所谓"将磁州质料与江西所产比较试验"之记载,以及直隶工业试验所、国立北平研究院地质研究所等分别进行的调查研究和分析试验,并在彭城窑场设立"工业试验厂"等,即是为改良胎质所持续作出的努力。从现存的历史资料及此时期藏品看,至上世纪二三十年代,这一改良已取得重要进展。如,《窑业》之"(丁)粘土之性质"一节中即有"白碱为青白色较硬粘土,色白质细,似为本区之最佳粘土。膠性低,经火易破裂,是较纯粘土应有情形,现本地尚不能用以制坯,惟涂以坯外,以利用其白色而已(即作为白色化妆土之用——笔者注)。然将白碱磨细或深经风化以增其膠性,加入相当量之易熔剂,当可制佳瓷。现有日新公司者,将白碱、青土、长石混合为坯,所得之瓷,色白质密而坚,已有进步。惟其配合成数尚欠精确,自应注意研究者也。"笔者确亦收藏到具有上述改良"特征",被称为"二(半)细瓷"的藏品(图2)。

成型改良 磁州窑传统成型方法为轮盘拉坯和模型拓坯。磁州窑出产之碗、盘、盆、缸等大宗,俗称行货,以拉坯成型为主;拓坯成型主要用于零星器具巧货者,如盘、杯、瓶、羹匙、笔洗、罐、罈、玩具物等。至民国初期,又引进了模型注浆法,然而,民国时期仍以拉坯为主,直到解放以后注浆法才广泛采用。随着成型方法的改良,清末、民国磁州窑产品之器型也发生了较大变化,即引进了景德镇等地的器型,如对狮耳(或蝙蝠耳)盘口瓶、四方(六方)盘口瓶、将军罐、冬瓜罐、西瓜罐等(图3)。

釉质改良 一是改良白釉。磁州窑以釉下彩绘瓷器最为著名,故其白色透明釉质之高低与瓷器品质关系极重。明清磁州窑所用白釉原料为产于附近30公里之水冶镇长石质釉石,经窑场附近滏阳河之水碾轧细复合以水成稀薄泥浆,采用"蘸"(小件器具)或"浇"(大件器具)的方法上釉。该釉料加工及上釉方法虽简单易行,然每感釉质太厚、时或不匀、白度不够、透明度欠佳。改良方法是变单一釉石碾轧成釉为配方釉料,即在原釉料中加入适量之石英、长石等矿物质,以增加釉料的白度和透明性。从民国磁州窑瓷器实物看,至上世纪二十年代末、三十年代初,釉下彩绘瓷器的釉质白净滋润,釉面光洁,玻璃感强、透明度高,有了很大改进。二是引进色釉。即将色料合入白釉浆中,蘸于坯外,烧成匀净着色器具。色之深浅,则以色料之多寡定之。色浅者,一般是在透明釉中加入少量氧化钴(进口料,俗称"洋青"),形成淡青色透明釉料,主要施于釉下青花器具,用来降低白釉与釉下青花之色差,经烧后形成彩釉和谐、淡雅之釉下青花瓷器(图4);色深者,则是在白釉中加入较多的氧化钴,形成深蓝色釉施于器表,烧造成蓝色器具或蓝色"开光"彩绘器具,如盘口瓶、茶

图3　青花人物纹将军罐

图4　青花山水纹四方瓶

图5　蓝底开光戏曲人物纹瓶

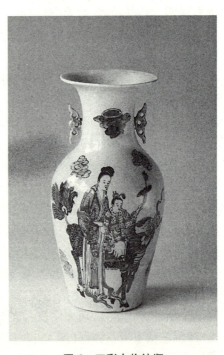

图6　五彩人物纹瓶

壶、水仙盆、香炉等(图5)。亦有在白釉中加入氧化铬、氧化铜、氧化锰、氧化锡(均为进口色料),分别制成浅绿、深绿、赤褐色釉及白乳(不透明)釉,或加入谷草灰成灰黄色釉者,多由画工绘于釉上,用来点缀瓶、罐、枕等器物所绘人物、花鸟之服饰、羽毛、花叶等,其色料常突出釉表,形成"凸花"(图6)。

彩绘改良 第一,釉下彩绘改良。分两个阶段:一是青花彩绘改良阶段。磁州窑青花瓷器烧造不晚于1895年(清光绪二十一年)。[3]但早期所用色料为国产青料,由于颗粒较粗、成分不纯,呈色灰暗,且常有晕散、流淌现象,造成纹饰形象模糊不清,影响了瓷器的品质。至辛亥革命后,磁州窑青花瓷器开始从天津购进,采用进口氧化钴等色料绘瓷。氧化钴系化学色料,成分纯度高,发色稳定,经水调和后绘于瓷胎之白色化妆土上,经火烧成后,所绘纹饰笔墨淋漓、层次分明、色彩艳丽,可产生与在宣纸上一般的艺术效果,更能体现墨分五彩的中国绘画精髓。因此,民国初期进口氧化钴已完全取代国产青料。然而从瓷器款识可见,民国初期由于对钴蓝色彩应用缺乏准确把握,所用色料超量,造成画面色彩过于浓重,纹饰缺少色阶变化,影响了绘画效果;民国晚期则因日寇入侵、自然灾荒等原因,造成窑业萧条,经营困难,为降低成本,不得不过量减少钴料的使用,以至青花发色过于浅淡,且装饰纹饰由繁变简,多数器具装饰草草几笔带过,已无艺术可言。惟民国早、中期青花色彩浓淡相宜,发色青翠艳丽,令人赏心悦目(图7)。二是"釉下五彩"装饰阶段。从史料和藏品款识可知,至迟在1931年设在彭城的"日新工业试验厂"就已学习借鉴湖南醴陵窑技法烧造出釉下五彩瓷器(图8),《窑业》亦在"制造程序及工价"之"釉下画工"条明确记载:"因不行素烧手续,故绘于生坯之上。所用颜色,为黑、酱红(以上氧化铁)、绿(氧化铬购自外国、氧化铜来自山西)、蓝(氧化钴购自外国)。尤以蓝色销费极广,黑色次之。画法即用毛笔蘸色浆涂于坯上,花多粗重。"从流传的大量釉下五彩瓷器看,三十年代中期,磁州窑釉下五彩已取代单一青花装饰成为彩绘瓷器的主流产品。釉下五彩本取"五彩缤纷"之意,其实是"多彩"的概念,并不一定是五种固定的色彩。画师往

图7 青花山水人物瓶

图8 五彩人物掸瓶

往根据绘画题材及装饰效果之需要确定所用色彩:有青花、蓝、绿或青花、绿、黑三彩者,亦有青花、酱红、赭石、绿、黑等四彩、五彩者。同时,因绘画时普遍使用复合色料,瓷器上的色彩实际多达近10种,如绿色既即有深绿、浅绿之分,尚有草绿、墨绿之别等等。第二,釉上彩绘改良:宋元磁州窑曾有釉上黑褐彩、红绿彩、孔雀蓝釉装饰,明清以来已鲜见。至上世纪三十年代,磁州窑又学习借鉴了江西等地釉上彩绘方法,烧造出釉上五彩瓷器,所用色料以蓝者为最,以绿色、洋青、绿青、墨青为次,将色料掺入白釉稀释并用小型石磨研细匀致后,用毛笔蘸色料直接绘于上釉之坯上。如前所述,有的根据需要还辅之于红、绿、白色釉用于"突出"所绘人物、花鸟之服饰、花卉、毛色。此种装饰主要

图9 矾红狮纹桶形茶壶

用于掸瓶、盖罐、文具等巧货类器物。另外,三十年代已由外地引进彩烤工艺,用多种低温颜料绘于成品白瓷之上,再用小型锦窑烤之,产品较多者为绘于桶形茶壶之上的单一红狮子,销路甚佳(图9)。

三、清末民国磁州窑瓷业改良评价

综上所述,清末、民国磁州窑瓷业改良取得的最大成就,是在改进胎质、釉色,完善青花彩绘的基础上,烧制成功釉下五彩瓷器,导致了磁州窑由传统白地黑花单一彩饰到多彩装饰、由开光或小品式构图到全景式"满绘"、由勾勒白描为主向勾描皴染点擦多种技法法并用的"突变"。民国磁州窑釉下五彩虽学之于湖南醴陵窑但又有所创新,形成了自己的风格:因系一次烧成,较之于醴陵窑的二次烧成(初为三次烧成),燃料和工时大为节省,无疑是烧成技术的一大创新和进步;民国磁州窑兼工带写、勾染并用的技法和质朴、洒脱、浓艳、热烈的绘画风格更与醴陵窑笔触细腻、色彩淡雅之格调形成鲜明的对比。磁州窑青花、五彩多绘于瓶、罐、壶、枕之上,其山水、人物多仿自《芥子园画谱》,瓷器款式多题"仿海上名人之法"、"仿点石斋笔法"等。画师们往往采用勾勒、晕染并用的技法绘画深山古寺、茂林修竹、烟雨渚滩等山水题材,近山用线勾画,中远景及坡石、树木、房屋用青、绿、赭、黑等色料点画皴染,色彩浓重、艳丽(图10);绘画文人雅士、历史故事、戏剧人物多用较细笔触刻画面部神态、表情,而衣纹线条则粗简、劲利,辅之于青、红、绿、黄等色彩(色釉)晕染,画面浓艳、热烈(图11)。所绘花卉、翎毛则受清初大画家恽寿平画风影响较大,款识常见"摹南田老人之法"、"仿南田老人笔法"等。民国磁州窑画师除继承恽氏兼工带写的没骨画法外,还根据所用材料特点,创造了一笔见阴阳的"点写"画法,绘画菊花、牡丹、荷花、兰草等四季花卉,[3]并形成了独具磁州窑风貌的装饰纹样,如"拘担

图10 五彩山水纹瓶

子"、"豆芽菜"(灵芝纹)、"柿饼花"(三阳开泰纹)等(图12)。此外,还借鉴、模仿民间剪纸、蓝印花布等图案装饰瓷器(图13,图14)。伴随着彩饰改良及青花、五彩瓷器的时兴,磁州窑画工队伍亦快速壮大,建立了"静乐轩"、"养性斋"等画行,并涌现出傅老子、王凌云、张小泉、张俊卿、张士彦、吴良斋、赵玉珉、刘道原及小川、绍华等一批技艺高超的画师。

图11　五彩人物纹瓶

图12　五彩花鸟纹盖罐

清末、民国磁州窑瓷业在胎质、釉色、彩绘等方面进行的改良,不仅顺应了社会文化及人们审美时尚之变化,而且继承和保持了磁州窑的民间特色及乡土气息,一定程度上提高了瓷器品质,提升了磁州窑的美誉度,从而扩展了销路,刺激了生产,促进了磁州窑瓷业在上世纪二十年代至三十年代中期的繁荣。据《窑业》记载:"彭城为中国北方瓷产重镇,历史已久。窑场麇集于彭城镇福田村,曹谢庄之四周。窑顶林立,场屋相连,所占地面积纵横约二十余方里。中间市廛连亘,磁店林列,每日送磁运料之人力车,首尾衔接,鱼贯穿插,市无隙地。窑场之中则轴声辘辘,坯器杂列,各部工人尤觉寂静而匆忙。窑场之外,残瓦碎砾堆积如山,常常高出地面二十公尺以

图 13　青花开光花鸟纹瓶

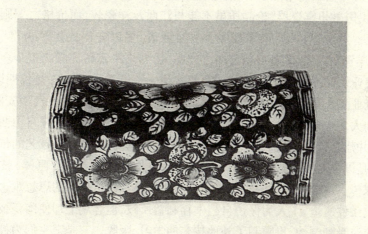

图 14　蓝底白花弧形顶枕

上。弃缸废笼、壁砌巷排,路为之隘。四郊则矿井相望,运送原料之人力车及驼载燃料瓷釉之牲畜,络绎与途。彭城纸坊间为成品出境之咽喉,客商往还,尤觉车马繁嚣。故一至其地者即得见其尘沙飞扬,烟煤蔽空,而知为一旧式工业之中心也。"至民国十九年,彭城附近共有瓷窑二百三十余处,缸窑共三十五座。另外,在镇北之义井、上下拔剑村尚有砂器、巧货窑 40 座。《窑业》写

道:"考彭城一带窑业,每年出产价值总数八九十万元,容纳工人五六千名以上(不包括瓷土开采和运输工人二千三百人——笔者注),……窑业成品之价值较诸本区煤矿产额(共计五十万元)约高出三分之一(文中的货币价值均为银元——笔者注)。"当时的瓷器成品产量约一亿件,行销华北、东北和西北地区13省及北平、天津两市,是彭城磁州窑历史上产量最大、销地最广的时期。《调查报告》亦称"其制造之胜,销路之广,则远过于唐山、井径、曲阳等处,实直省产瓷之第一区域也"。

清末民国磁州窑瓷业改良虽取得了重要成果,但其"粗瓷变细瓷"之目标并未真正实现:胎体仍显厚重,就其白度和透影性来讲,并未达到细瓷标准,仍属粗瓷与细瓷之间的"二细瓷"。且达此改良水平者,亦多为掸瓶、茶具、文玩类"巧货"器具,而其大宗"行货"之碗类产品则改良甚少;在制作工艺方面,手工拉坯、拓坯仍为主流,注浆成型尚未广泛应用,产品的规整度及外观仍不够精良;在窑炉和烧成方面,除引进烤花之小型锦窑外,窑炉及烧成工艺未有改进。《窑业》一文记述:"每窑烧成必需一月,较之需唐山之需七八日,景德镇之用五日,大有逊色矣。"此次磁州窑瓷业改良历经晚清、民国至抗战,前后长达三十多年而最终未能成功,有着深刻的内、外部原因。究其内部原因:一是清末、民国磁州窑瓷器"论品质虽不能与江西及洋瓷较,而价格之廉则非他处所能及。对乡间销费,仍需甚殷。故窑业者,多以守旧式粗笨为得"。尽管"近年洋瓷充斥,且北有启新公司之产品,山西之平定磁亦颇为进步。……而彭城窑业仍成规墨守,绝少改良(窑业之语——笔者注)"。二是长期以来,磁州窑瓷业工人具有较浓的地方色彩,如制碗工人多来自相邻的河南安阳一带;烧工则大多来自河北临漳县、河南林县一带;制缸工人则全部来自山西壶关县一带,并建有自己的组织——山西会馆。包括画工在内,陶瓷技艺的传播与继承,都是以个人授徒,大都传与子弟和近亲,尤以制缸、制笼(匣钵)技艺则基本上家传。这样势必形成根深蒂固的封闭保守和盲目排外的思想观念。此虽为历史条件所迫,工人为保护自己生存利益所致,但客观上却使陶瓷技艺的传播和交流受到制约,也限制了外地技艺的学习、吸收。三是窑主们为控制瓷业市场和维护自身利益而成立的行会组织——瓷业同业工会(亦称"管窑社"),往往被大窑主所把持。除用来协调剥削工人的方法、方式,收买工贼外,他们还与官府勾结或直接出钱买官,依仗权势排除异己,打压中小窑户,一定程度上制约了新材料、新工艺、新技术的引进、开发和使用,阻碍了磁州窑瓷业的革新改良和发展。如大窑主黄老冕曾出钱买了一任林县县长,王老振曾出任抗战前的彭城镇长,肖老寿、冯老旺等先后为日军占领时期的彭城伪镇长,都曾称霸一时。从外部原因看:一是磁州窑瓷业改良启始于朝代更迭的晚清,延续于战乱频仍的民国时期,动荡不安的政局,积贫积弱的国家,决定了官府衙门不可能对此次瓷业改良给以持续不断的、强有力的推动和支持,且时断时续和有限的资助、支持及试验、指导亦只能在为数不多的窑户进行,而难以在大范围之窑场推开。二是抗战爆发和日军的占领中断了改良进程。彭城扼太行第四陉——滏口陉,为进出太行山之咽喉,又是河北经济重镇。为此,从1937年11月至1940年春,日军曾在此与八路军一二九师陈赓部队先后进行了四次攻防战役,并最终对彭城实施了长达六年多的占领和蹂躏,战争的破坏、日伪的摧残,再加上1942年至1943年连续两年的特大旱灾和蝗灾,造成大批窑场倒闭,窑工离散失业,民不聊生、销路阻滞。至抗战胜利前夕勉强开工的只有碗窑47座、缸窑9座,而且生产断续,奄奄一息。历时三十余年的瓷业改良因此被断送,成果毁于一旦。直到1945年8月18日彭城解放,晋冀鲁豫边区政府在没收官僚资本、敌伪企业和反动资本家资产成立公营瓷厂,积极筹措资金扶持私营窑业恢复发展的同时,于1946年10月派边区建设厅副厅长、著名陶瓷专家刘雨辰率员到彭城建立边区政府工业制造研究所,恢复了彭城细瓷的研制工作,用当地原料试制出彭城第一代细瓷器。后又由华北窑业公司调来叶麟趾、叶麟祥工程师进一步研制改进,终于1954年研制成功了第二代日用细瓷,结束了磁州窑千余年只能生产粗瓷的历史。①

清末民国磁州窑瓷业改良虽因战争破坏等影响,未能完全实现"粗瓷变细瓷"之目标,但官方、窑董和专家、匠师为之所作努力、取得成果及其促生之磁州窑烧造高峰却是不争的历史事实;改良活动虽因外力影响而中断,但其培育的革新、求变之思想意识却早已深入人心,磁州窑博采众长、精益求精之文化传统亦因此而得以传承;解放后,我党政府组织开展的细瓷研制工作也正是在此基础之上得以进行并在较短时间内取得成功。因此,人们不应忘记这段改良历史,其功过也应予客观评价,此期窑业发展亦应在磁州窑历史上占有一席之地。

参考文献:

[1] 峰峰矿区地方志办公室:《峰峰志》,新华出版社1996年版。
[2] 周小鹃:《周学熙传记汇编》,甘肃文化出版社1997年版。
[3] 刘天鹰、赵建朝:《浅谈恽体画风对磁州窑青花绘画的影响》,载《文物春秋》2004年第2期。

(原载《邯郸学院学报》2008年第4期)

---

① 参见《邯郸陶瓷志》,邯郸市陶瓷总公司1990年10月编纂。

相关专题研究

刘邵和他的《人物志》

伏俊琏 *

　　《人物志》的作者刘邵,字孔才,广平邯郸(今河北邯郸)人。约生于汉灵帝光和年间(180 年左右),卒于魏齐王曹芳正始年间(245 年左右)。据《三国志》本传,刘邵在建安年间做了计吏,具体时间不可考,大约在建安十五年(210 年),邵年约三十岁左右。他当时随同广平州的州牧到首都许昌,因为举止言谈非凡而有了名声。御史大夫郗虑想征召刘邵,因郗氏免职而未能成功。不久又任命为太子舍人,之后又迁秘书郎。其时当在建安二十年(215 年)左右。魏文帝黄初年间(220—226 年),刘邵先后任尚书郎、散骑侍郎。这个时期,曾受诏集五经群书,以类相从,凡千余篇,名曰《皇览》。魏明帝即位(227 年),出任陈留太守。他敦崇教化,很受百姓称赞。大约在明帝太和四年(230 年),回到朝廷担任骑都尉。期间由他牵头删约旧科,傍采汉律,制定了魏法《新律》十八篇,并著《律略论》五卷。景初元年(237 年),刘邵曾受诏作《都官考课》七十二条,为朝廷制定了详细的考核官吏的条款,但当时反对的人不少,再加上不久明帝驾崩,国家多事,考课竟不行。这个时期,刘邵写了《乐论》十四篇。齐王曹芳正始年间(240—245 年),他以执经讲学为主,被赐为关内侯爵。这期间,他根据自己多年来执法从政的经验,撰写了《法论》十卷,《孝经注》一卷,《人物志》三卷。

　　刘邵是一个很成熟的政治家。他历仕汉魏四个皇帝,始终保持着政治上的平稳,最后得以享其天年,赐爵封侯。这似乎应当归功于他的善于识人、知人。他对历代的法律制度、人才管理制度以及法律思想和人才理论作过深入的研究,并结合丰富的实践认真地加以探讨,形成了他独具特色的吏制管理思想和人才学思想,这是我们值得一提的。我国古代空前绝后的系统的人才学

* 伏俊琏(1961—),男,甘肃会宁人,西北师范大学文学院教授,博士生导师。

著作《人物志》撰成于他的笔下,不是偶然的。章太炎先生说:"后汉子书朋兴,讫魏初几百种。然其深达事理者,辨事不过《论衡》,议政不过《昌言》,方人不过《人物志》。此三体差可以攀晚周,其余虽娴雅,悉腐谈也。"[1]82这是公允之论。清人臧玉林《经义杂记》尝以《人物志》与《文心雕龙》、《史通》并称,谓之"三刘之书",最堪玩味。

刘邵的著述,可考者主要有:

1.《魏国爵制》,此书已佚。司马彪《续汉书·百官志》梁刘昭注有引文七百余字。

2. 参加我国最早的类书《皇览》的编撰工作,此书已佚,清人辑本有:一、嘉庆时奉天孙冯翼辑本一卷,有《问经堂丛书》本和《丛书集成初编》本。二、道光年间甘泉黄奭辑《魏皇览》一卷,有《汉学丛书》本及后来的《黄氏逸书考》本。三、王谟辑《皇览逸礼》一卷,有《汉魏遗书抄》本。

3.《新律》十八篇,此书为众人之作,刘邵为作者之一。清严可均《全三国文》辑录有《新律序略》共 1003 字。据史籍,《新律》十八篇为诸儒所作,而其序则似为刘邵一人所作。

4.《律略论》,已亡。

5.《都官考课》,《说略》。《都官考课》是刘邵在景初元年(237 年)奉诏所作的考核百官的国家法规,《说略》当是讲说《考课》的大略。皆散佚。

6.《乐论》,亡佚。

7.《祀六宗议》,《晋书》卷十九《礼志上》有引文 40 字,馀皆亡佚。

8.《孝经注》,已佚。

9.《尔雅注》,《初学记》引有 4 字。

10.《法论》十卷,已佚。

11.《光禄勋刘邵集》二卷、录一卷。是集大约编于南朝梁之前。早已散佚,其单篇文有残存者(也许有的文章不属于此集):《赵都赋》,严可均《全三国文》辑得 500 余字,程章灿《先唐赋辑补》又补辑得 99 字。[2]363 按《文心雕龙·事类》云:"刘邵《赵都赋》云:公子之客,叱劲楚令歃盟;管库隶臣,呵强秦使击缶。用事如此,可称理得而义要矣。"这 20 字,亦为严氏、程氏所漏。《龙瑞赋》,《艺文类聚》卷九八、《初学记》卷三十有引文,存 257 字。《嘉瑞赋》,节文见《艺文类聚》卷九八,存 154 字。《七华》,严可均《全三国文》辑得 372 字,程章灿《先唐赋辑补》辑得 40 字。[2]364《文帝诔》,《全三国文》辑得"凤皇立蠢"4 字。《明帝诔》,《全三国文》辑得"先皇嘉其诞受洪允"8 字。《许都赋》《洛都赋》二赋之名见于《三国志》本传,文不传。

《三国志·刘邵传》还录有刘邵《元会日蚀议》、《上都官考课书》两篇。

《通典》卷八四存有刘邵《皇后铭旌议》一段。

严可均《全三国文》刘邵名下的《飞白书势》，是误录的晋刘邵之文。

《人物志》是刘邵的著作中唯一完整保存下来的一部，它所以能保存到现在，同刘昞给它作注是分不开的。刘昞也是一个著作很多的人，但也只有这一部《人物志注》才流传至今。邵，美也；昞，明也。刘邵的美才，只有刘昞才得以显明后世，这是很值得回味的。

刘昞（365？—440年），字延明，五凉时期敦煌人，出身于儒学世家。北凉时期，刘昞被征为儒林祭酒、从事中郎，同北凉公李暠一起研讨经史，评论古今。西凉时期，沮渠蒙逊对刘昞更是异常推重，拜秘书郎，专管书记。沮渠牧犍即位后，又尊刘昞为国师。北魏太武帝拓跋焘平凉州（439年），拜刘昞为"乐平王从事中郎"。这时的刘昞已年过七十，病疾缠身，思乡心切，第二年（440年），在返乡的路上去世。

刘昞的著述，《魏书》本传说："昞以三史文繁，著《略记》百三十篇，八十四卷，《凉书》十卷，《敦煌实录》二十卷，《方言》三卷，《靖恭堂铭》一卷，注《周易》、《韩子》、《人物志》、《黄石公三略》，并行于世。"但现在保存下来的仅有《人物志注》。《四库全书总目》说："昞注不涉训诂，惟疏通大意，文词简古，犹有魏晋之遗。"[3]1009陈寅恪《隋唐制度渊源略论》云："刘昞之注《人物志》，乃承曹魏才性之说者，此亦当日中州绝响之谈也。若非河西保存其说，则今日亦难以窥见其一斑矣。"[4]39

《人物志》主要探讨了三个方面的问题。

一、通过"九质"探索"性情"

《人物志》要解决的核心问题是人材的鉴识与任用，书名"人物"一词就是"辨析人材"的意思。全书第一句话"盖人物之本，出乎情性"，是说鉴识人材的根本，在于了解其情性。所以，研究情性，是本书的出发点。那么，什么是性情呢？刘邵以为，人"禀阴阳以立性"，"阴""阳"指元气所具有的两种根本属性，"性情"则是人禀赋了阴阳之气而出现的正派与佞邪、聪明与愚蠢、勇敢与怯懦、刚强与软弱、焦躁与安静、伤感与愉悦、衰颓与庄重、意态与气度、缓慢与急迫等相对相依的性格特点以及心理、道德等方面的内容，其中包括仁、礼、信、勇、智五种永恒的道德（"五德"或"五常"）。

怎样探究情性呢？刘邵认为，人的性情是可以通过五行学说探索的。这是因为大自然借助五行而赋予人以形体（《九征》："其在体也，木骨，金筋，火气，土肌，水血，五物之象也"），骨、筋、气、肌、血这五种生理体质叫"五质"；五行本身含有仁、义、礼、信、智五种永恒的道德属性,所以称为"五常"。它们的对应关系是:木—骨—仁,金—筋—义,火—气—礼,土—肌—信,水—血—智。由于人体的"五质"对五行之气的禀受情况有差异,因而仁、义、礼、智、信五种道德品质的水平也就不同。五行之气是无形的,而它们所产生的五种生理体质却是有形的。这些生理体质的发育情况是可以了解的,那么,依靠它们所形成的道德品质和性格特征(即"性情")也就可以探求了。由于和五行对应的五质过于窄狭,刘邵又进一步提出了更为具体的"九质"概念:神、精、筋、骨、气、色、仪、容、言。其中肌对应神,血对应色,而精、仪、容、言四者是在"五质"基础上发展的。"九质"现于外表,应于内心,各显性情的特征,称为"九征"。

五质(骨、筋、气、肌、血)是人和动物共有的,而"精、仪、容、言"则是人类所特有的。因此,人的性情总是表现在容止和言谈上,言谈容止的关键是"态度"即神态气度,而态度的核心在于"眼睛",所谓"情发于目"。

这是性情体现在仪表态度之上。再深入一步,刘邵认为,"仪表态度"是"心气"产生的,而"心气"的表现则是声音。所以"声音"的变化和性情是密切关联的。声音产生于"气",它和性情互为表里,"声音"和"态度"是融为一体的。

在此基础之上,刘邵全面系统地提出了人材鉴识的八种方法:"一曰观其夺救,以明间杂。二曰观其感变,以审常度。三曰观其志质,以知其名。四曰观其所由,以辨依似。五曰观其爱敬,以知通塞。六曰观其情机,以辨恕惑。七曰观其所短,以知所长。八曰观其聪明,以知所达。"(《八观》)《效难篇》中,又提出了五视之法:"居,视其所安。达,视其所举。富,视其所与。穷,视其所为。贫,视其所取。然后乃能知贤否。"八观五视,就是以对九质的观察和心理分析为主,观察一个人所具有的道德品质、智力高低和能力大小。

"九质"之中,"言谈"处于关键地位,因为精(目光)、仪(举止)、容(神色)都是围绕着"言谈"的。因而,《人物志》讲鉴识人材的方法,除了"八观""五视"等一般方法外,特别强调通过言谈论难鉴识人材的重要性。

《材理篇》全面系统地阐述了有关"言谈论难"的一些问题:人们讨论问题是为了追求四方面的真理;认识"四理"而形成"四家";讨论"四理"容易出现"九失";偏材之人在论辩时常常伪装而成七种假象;论辩时易于出现三种失误;论辩方法不正确会引起对方六种敌对情绪;言谈论辩时要具备八种应变能力。

《接识篇》则全面地描述了同偏材之人交谈的难处,指出容易出现的失误及原因。《释争篇》也从"言谈论难"出发,阐述在处理人际关系,尤其是同人交谈时必须遵循的基本原则:不伐、不争。

二、识别人材的等次类型，根据
材质和能力任用官职

为了区分人材类别，《人物志》专门讨论了"材"与"能"的关系问题。《材能篇》认为，能力是从材质产生的，材为源，能为流；材为本，能为用；能决定于材，材又必须通过能来表现自己。

刘邵以"材能"和"性情"作为划分人材的标准，先把人划分为五个等级：一是兼德之人即"圣人"。二是兼材之人。三是偏材之人。四是依似之人，即似是而非的伪人材。五是间杂之人，就是善恶参浑，心无定是，变化无常的人（《九征》）。这五个等级的人，兼德之人、兼材之人、偏材之人是人材，称为"三度"。兼德之人以中庸为德，"变化无方，以达为节"（《体别》），"总达众材而不以事自任"（《流业》），所以达到了性情的最高境界：中庸平淡。依似、间杂之人属于伪人材，在辨伪的时候才有参考价值，可以略而不论。

偏材性情理论是刘邵人材思想最辉煌的部分。《体别篇》中，首先分性情为十二类，并指出每类性情的优点和缺点；并把"偏材之人"也对应地分为十二种类型，分析每类人材的缺点和使用得失。这是以性情为标准划分人材。

《流业篇》则侧重于以"材能"为标准划分，刘邵把人的基本才能分为德、法、术，所谓"三材"，依此为衡量的标准，把人材分为皇帝之材和大臣之材两类。大臣之材包括兼材二、偏材六：国体、器能为兼材，清节家、法家、术家为三材之家，臧否、伎俩、智意三家分别为德、法、术三材的流变。还有虽不兼三材，但在其他方面有偏至之材的文章、儒学、雄杰三家。这是以材质为标准划分的"十二材"。

《材能篇》分偏材之人的能力为"八能"："有自任之能，有立法使人从之之能，有消息辨护之能，有德教师人之能，有行事使人谴让之能，有司察纠摘之能，有权奇之能，有威猛之能。"能力不同，他们各自所承担的政治职务也应当不同，各自适宜的政治对象及形成的治理局面也各异。这是以能力为标准划分的。

不管从哪个角度对人分类，刘邵都能指出每类人材（兼材和偏材）的优点与不足。如《体别篇》分析十二材的得失，《流业篇》指出了六种偏材的不足，《材能篇》分析了"八能"不适宜做的工作。而《利害篇》则集中阐述了清节、法家、术家、臧否、伎俩、智意"六材"从事的事业不同程度的成功和失败。

刘邵认为，人材中的奇材最难鉴识，所以提出了对"二尤"即特别优异的人材和特别虚假的伪人材的特殊鉴识方法。"英雄"作为"尤妙"之人,在当时有特别意义,因而《人物志》专设《英雄篇》,集中论述"英雄"这种能拨乱反正、创造伟业的人材素质。

三、探讨人材难知的原因

"知人难"是中国古代思想家的共识,但对"知人难"原因的探讨,在刘邵之前,涉及到的都很笼统简略。《人物志》则从七个方面对此问题进行了深入系统地研究和论述:"一曰察誉有偏颇之缪,二曰接物有爱恶之惑,三曰度心有大小之误,四曰品质有早晚之疑,五曰变类有同体之嫌,六曰论材有申压之诡,七曰观奇有二尤之失。"(《七缪篇》)"七缪"中,既阐述了鉴识者主观方面的原因,即主观片面性,也分析了被鉴识者方面的原因;既看到了个人的经济条件对人材的影响,也看到了整个社会经济状况对人材的影响。

刘邵还从观察的角度进一步探讨知人难而导致人材埋没的原因,他认为由于识人者总是根据自己片面的标准或角度进行观察,因而"其得者少,所失者多"。他把这种片面的标准或角度归纳为八条:"或相其形容,或候其动作,或揆其终始,或揆其儗象,或推其细微,或恐其过误,或循其所言,或稽其行事。"而其失误表现在七个方面:"浅美扬露,则以为有异。深明沉漠,则以为空虚。分别妙理,则以为离娄。口传甲乙,则以为义理。好说是非,则以为臧否。讲目成名,则以为人物。平道政事,则以为国体。"(《效难篇》)这就是推荐人材的困难。

应当指出,《人物志》用元气、阴阳五行强行比附人的生理体质,把人的道德品质和性格材能说成是天赋的自然本性,反映了一千八百年前人们的认识水平。同时,刘邵的人材学理论本身并不十分严密。如《九征篇》从"五行"谈到"五性"、"五德",又提出"九质"、"九征"。"九质"与"五物"、"九征"与"五德"是如何配合的,书中没有说明。《体别篇》把"偏材之人"分为十二种类型。《流业篇》分人材十二种,其中两种是兼材,十种是偏材。这中间如何协调,他也没有说明。《材能篇》讲各类人材宜任的官职,与其他各篇矛盾者不少。在具体历史人物分类上出现的偏差,前人已多有指出。

《人物志》的人材品鉴理论在中国文化史上占有独特的地位,在中国古代文化史上我们找不出第二部这样系统的人才学著作。它是汉末以来崇尚人物品藻思潮的产物,同时又开了魏晋名理玄谈的风气,它反映了从汉到魏思想的新变化。现在所传最早的《人物志》刊本和抄本前都有阮逸序,后有文宽夫跋。阮逸是北宋初期著名音乐家,文氏(1006—1091 年)名彦博,宽夫是他的字,仁宗时进士,累官到太师。文氏跋说:"今合官私书校之,去其重复附益之文,为定本。"则阮氏"序而传之"的《人物志》就是文氏合校的本子。但文宽夫的这个校本,现在已看不到了。

现在能见到的最早《人物志》刻本是明正德本(1506—1521 年),现藏国家图书馆。傅增湘、王重民有考证。隆庆六年(1572 年)郑旻据正德本重刊,此本今藏北京大学图书馆。万历十二年(1584 年)刘用霖据隆庆本翻刻,此本现藏国家图书馆。此后,汉魏丛书本(明万历二十年[1592 年]程荣校刊本)、广汉魏丛书本(明万历二十年[1592 年]何允中刊本)、墨海金壶本(嘉庆十四年[1809 年]张海鹏校刻本)都据万历本翻刻。文渊阁四库全书抄本(乾隆四十一年[1776 年])也是据万历本抄写的。增订汉魏丛书本(清乾隆五十六年[1791 年]王谟刊刻)据何允中本刊刻。守山阁丛书本(清道光二十三年[1843 年]钱熙祚校刊本)据墨海金壶本刊刻,畿辅丛书本(清光绪五年[1879年]王灏谦德堂刊本)和龙溪精舍丛书本(民国六年[1917 年]郑国勋刊本)又据守山阁丛书本刊刻。四部丛刊本(上海商务印书馆民国十年[1921 年]据函芬楼藏明刊本景印)所据为隆庆本。

嘉靖八年(1529 年)顾定芳根据从俨山伯氏处借得的抄本刊刻了《人物志》。伯氏抄本今不见,顾氏本今藏南京图书馆。万历五年(1577 年)李芮思益轩本即据顾氏本刻成,此本今藏国家图书馆。两京遗编本(明万历十年[1582 年]胡维新刻本)异文多与李氏思益轩本同,当是从李氏本翻刻者。四部备要本(民国二十五年[1936 年]上海中华书局校刊)据金台本校刊。金台本没有刻书年代,避清讳,当为清初刻本;其异文墨钉多与两京遗编本同,则金台本是从两京遗编本来的。

以上两个系统的《人物志》版本,正德本系统的本子,刘邵原文、刘昞注都完整。从顾氏本来的本子缺残多,尤其是刘昞注墨钉很多,甚至删节了刘注,所以这个系统的本子不如正德本好。

在刘昞《人物志注》之后的相当长的时间里,《人物志》似乎没有得到学术界的关注。唐代,虽然李德裕认为《人物志》"能有兼偏,知有长短"理论,"索隐精微,研几玄妙",[5]178如果"随才而任使,则片善不遗,必求备而后用,则举世莫可",[6]291但由于"品其人物,往往不伦",[5]178所以批评指责者多。李翱《答朱载言书》就认为"其理往往有是者,而词章不能工者"。[7]44宋明以来,刻本传世者增多,学者关注的也就增多,但评论只限于简明的提要钩玄而已。

20 世纪以来,《人物志》受到了很大的重视。各种《中国哲学史》、《中国思想史》及有关魏晋清谈玄学的研究中都不同程度地涉及到《人物志》。汤用彤、钱穆、冯友兰、牟宗三、唐长孺、燕国才、刘纲纪等从哲学、心理学、美学等角度研究《人物志》都取得可观的成就。① 孙人和、郭模、李崇智、王晓毅、伏俊琏等则在校勘、注释、白话翻译等方面做了很多工作。②

《人物志》在国外汉学界也很受重视，在日本，上世纪三十年代，著名汉学家青木正儿就性与才的问题进行过深入讨论。四十年代末，黑田亮、佐藤幸治则分析论证过《人物志》中的心理学思想。五十年代，金子泰三、关正郎、清水洁有全面论述《人物志》学术思想和学位地位的论文。七十年代，多田狷介把《人物志》的译为日文出版。特别要提出的是日本著名汉学家冈村繁，他从五十年代初期开始研究东汉以来的人物评论，并在此后数十年间沉潜其中，发表了一批系统成果。其《人物志》研究从文本校笺做起，从第一手材料的辨析入手，立论新颖，论证审慎，具有中国清代乾嘉学者的遗风。③

---

① 汤用彤《读刘邵〈人物志〉》，刊《图书季刊》第 2 卷，1940 年 1 月，收入《汤用彤学术论文集》，中华书局 1983 年版。又《汉魏学术变迁与魏晋玄学的产生》，《中国哲学史研究》1983 年第 3 期。钱穆《略述刘邵〈人物志〉》，见《中国学术思想史论丛》(三)，台北东大图书有限公司 1977 年版。冯友兰《魏晋之际关于名实、才性的辩论》，见《中国哲学史研究》1983 年第 3 期。牟宗三《〈人物志〉之系统的解析及其论人之基本原理》，刊《民主评论》(台湾)10 卷 15 期，1959 年 8 月。唐长孺《魏晋才性论的政治意义》、《九品中正制试释》，收入《魏晋南北朝史论丛》，三联书店 1955 年版。燕国材《刘邵的心理学思想》，见《中国心理学史》(高觉夫主编)人民教育出版社 1985 年版。《汉末魏初的人物品藻与人物志》，见李泽厚、刘纲纪主编《中国美学史》(第二卷)中国社会科学出版社 1987 年版。

② 孙人和《刘邵〈人物志〉举证》，《北平图书馆月刊》1929 年 3 卷 1 期。郭模《〈人物志〉及注校证》，台湾文史哲出版社 1987 年版。王晓毅《中国古代人材鉴识术——〈人物志〉译注与研究》，吉林文史出版社 1994 年版。伏俊琏《〈人物志〉研究》，甘肃人民出版社 1999 年版。李崇智《〈人物志〉校笺》，巴蜀书社 2001 年版。伏俊琏《人物志注译》，上海古籍出版社 2008 年版。

③ 青木正儿有《清谈》一书(岩波讲座东洋思潮，1934 年)，集中就性与才的问题进行了深入讨论。他的《支那文学思想史》外篇(1934 年)也论述了才性与文学思潮的关系。黑田亮《支那心理思想史》(东京小山书店，1948 年)、佐藤幸治《人格心理学》(创元社《心理学全书》十一，1951 年)两部专著有专章则分析论证了《人物志》中的心理学思想。金子泰三《论〈人物志〉》(东京文理科大学《中国文化研究会会报》十一，1955 年)、关正郎《论刘邵的〈人物志〉》(《新沪大学人文科学研究》十一，1956 年)是全面论述《人物志》学术思想和学位地位的论文。此外还有清水洁《论刘邵〈人物志〉中的人物鉴识》(大阪大学教养部《研究集录》人文、社会科学一六，1968 年)等。《人物志》的日译本则有多田狷介的《人物志译稿》上下(载《史艸》二十、二一，1979 年、1980 年)。冈村繁研究《人物志》的论著主要有：《关于〈人物志〉的流传》(广岛哲学会《哲学》三，1952 年)、《郭泰和许劭的人物评论》(《东文学》第十辑，1955 年)、《郭泰之生涯及其为人》(《支那学研究》第十三号，1955 年)、《后汉末期的评论风气》(《名古屋大学文学部研究论集》二十二辑，1960 年)、《〈人物志〉刘注校笺》(《名古屋大学文学部研究论集》二十五辑，1961 年)、《"才性四本论"之性格及其形成》(《名古屋大学文学部研究论集》二十八辑，1962 年)、《清谈的系谱与意义》(《日本中国学会报》第十五集，1963 年)、《刘邵〈人物志〉的人物论构想及其意图》(创文社刊《关于中国的人间性研究》，1983 年)、《六朝贵族文人的怯懦和虚荣——关于清谈》(《日本中国学会创立五十周年纪念文集》，1998 年)等。

在欧美,《人物志》一书也很早受到学者的关注。1937 年,美国心理学家施赖奥克(J. K. Shryock)出版了 THE STUDY OF HUMAN ABILITIES(《人类能力的研究》),这是西方学者最早最系统地研究《人物志》的著作。全书分两部分,第一部分导言,涉及到《人物志》产生的历史文化背景,刘邵的生平事迹,《人物志》的文本特征,刘邵的哲学观、道德观、科学观、心理学观、政治观。尤其是作者的比较研究,最见功力:同中国同类文献的比较,同日本、印度、埃及、阿拉伯、波斯、土耳其等东方其他国家有关政治著作的比较,同欧洲重点是法国和英格兰相关著作的比较。第二部分是翻译和注释,其中针对西方读者的注释最见功力。① 此书以后还多次重印。美国著名的管理学家哈林·克里夫兰(Harlan Cleveland)在他 1971 年完成出版的著作《未来的行政首脑》(THE FUTURE EXECUTIVE)中就认为《人物志》是人类早期关于如何察访和管理人民的代表性著作。

参考文献:

[1] 章太炎:《国故论衡》,上海古籍出版社 2003 年版。
[2] 程章灿:《魏晋南北朝赋史》,江苏古籍出版社 1992 年版。
[3] 纪昀:《四库全书总目》,中华书局 1965 年版。
[4] 陈寅恪:《隋唐制度渊源略论稿》,中华书局 1963 年版。
[5] 李德裕:《李文饶文集》,商务印书馆四部丛刊初编合订本 1936 年版。
[6] 刘知几:《史通》,上海古籍出版社 1978 年版。
[7] 李翱:《李翱集》,甘肃人民出版社 1992 年版。

(原载《邯郸学院学报》2008 年第 2 期)

① 2003 年,中华书局面向西方读者编辑《大中华文库》,收录中国古代文史哲经典著作,用现代汉语和英文对照翻译。其中第一辑即收录《人物志》,现代汉语译文由伏俊琏完成,英文翻译由罗应换承担。此书已于 2008 年 3 月出版。

论西汉后宫宠幸暨赵女现象的成因

白兆晖*

后宫宠幸自西汉以前得不到正名,朝代的灭亡都归罪于她们。班固第一次为西汉的后宫宠幸作传,反映了史学家在这一问题上的看法趋向成熟。本文在前人的研究基础上①,将西汉后宫宠幸当做一个人才群体来研究,探索其地域分布、成因,借以认识西汉社会生活的某些方面。

按西汉人所认定的"赵地"的界域:"北有信都、真定、常山、中山,又得涿郡之高阳、鄚、州乡,……上党,本韩之别郡也,远韩近赵,后卒降赵,皆赵分也。"[1]1655大体相当于今河北省中部与山西省大部。但本文的赵地是个文化概念,即凡原来属于战国时期赵国鼎盛时期辖境、并受赵文化主导的地区都是本文所研究的赵地范围。

这里所说的"宠幸"是以《汉书·外戚传》为准,凡出现"宠"、"幸"字的后宫佳人都是本文的研究对象。

一、地域分布

据《汉书·外戚传》中所列的后宫佳丽,特做表格分析她们的籍贯。(见表1)

---

* 白兆晖(1980—)男,陕西彬县人,徐州师范大学历史文化与旅游学院硕士研究生。

① 学者方诗铭认为邯郸经济名都促使赵女必修了艺术之后,成为"邯郸倡",才能晋身显贵,并参与了当时的政治斗争。(方诗铭:《战国秦汉的"赵女"与"邯郸倡"及其在政治上的表现》,载《史林》1995年第1期。)

表1　西汉后宫宠幸女子籍贯志

名称	籍贯	备注
高祖吕皇后	单父人	
高祖戚姬	定陶人	爱幸
孝惠张皇后	赵·邯郸人	
高祖薄姬	生于吴中、长于赵地	与赵女管夫人、赵子儿同受爱幸。①
孝文窦皇后	赵·清河人	独幸
慎夫人、尹姬	赵·邯郸人	宠幸
孝景薄皇后	京师长安人	无子无宠
孝景王皇后	槐里人	幸爱
孝武陈皇后	堂邑侯国	擅宠娇贵
孝武卫皇后	河东平阳人	复幸、尊宠
孝武李夫人	赵·中山人	生前被汉武帝特宠,死后被思念不已,作赋伤悼。
孝武钩弋夫人	赵·河间人	大有幸
孝昭上官皇后	陇西人	
卫太子史良娣	鲁国人	
史皇孙王夫人	赵·涿郡人	宠幸
孝宣许皇后	昌邑人	许广汉之女
孝宣霍皇后	京师人	霍光之女
孝宣王皇后	沛人	
孝元王皇后	赵·邯郸人	宠幸
孝成许皇后	昌邑人	许广汉孙女
孝成班婕妤	故赵·雁门人	俄而大幸
孝成赵皇后	赵·上党人	大幸,有"飞燕"之称。
赵昭仪	赵·上党人	绝幸,赵飞燕之妹。
孝元傅昭仪	赵·邯郸人	甚有宠
定陶丁姬	定陶	
孝哀傅皇后	定陶	
孝元冯昭仪	赵·上党人	宠幸
中山卫姬	赵·中山人	宠幸
孝平王皇后		王莽之女

　　《汉书·外戚传》共出现的后宫佳丽名字是32人,作传的25人。综观表1,提及到受过"宠幸"的19人,其中15位宠幸来自赵地,占了绝对多数。另

---

　　① 据《汉书·外戚传》没有直接指明"管夫人、赵子儿"是赵女。但"始姬(薄姬)少时,与管夫人、赵子儿相爱",据此推断:"管夫人、赵子儿"与薄姬同为魏王宫女,此地在战国时属于赵国。根据本文认定原则,三人属于"赵女"。

外4人分别来自今山东定陶(今山东定陶)、槐里(今陕西兴平)、堂邑侯国(今江苏六合)、河东平阳(今山西临汾)。

毋庸置疑,西汉后宫来自于赵地的女子很多,这里列举的仅是其中的佼佼者。

史书对赵女的记载也颇多:

"(司马熹)见赵王曰:臣闻:'赵,天下善为音,佳丽人之所出也。'"[2]1243

"今夫赵女、郑姬,设形容,揳鸣琴,揄长袂,蹑利屣,目挑心招,出不远千里、不择老少者,奔富厚也。"[3]3271

"赵、中山,……女子弹弦跕躧,游媚富贵,遍诸侯之后宫。"[1]1655

"所以饰后宫充下陈娱心意说耳目者,必出于秦然后可,……而随俗雅化佳冶窈窕赵女不立于侧也。"[3]2543

"扁鹊名闻天下。过邯郸,闻贵妇人,即为带下医。"[3]2794

"(赵、中山)男女矜饰,家无斗筲,鸣琴在室。"[4]42

文献资料揭示了赵女的特长:

第一,善于打扮。第二,擅长舞蹈、音乐。第三,喜欢奔富厚。

实际上,这就是她们晋身的基础。这种技能使得她们出现后,竞争力极强,直接造成了原来的皇后失宠。从西汉皇帝的角度考虑,凡皇帝自己定夺的皇后都清一色地出自赵地。

二、成　因

笔者以为:尽管促进赵女这一人才群体成长的因素很多,但她们后天成长的社会环境与自身的努力却无疑起着决定性作用。因此,分析西汉赵地的社会环境,并进而认识赵女的自身努力程度,是认识赵地层出后宫宠幸这一现象的根本途径。至于赵地的水土是否利于美女生长,由于不起关键作用,故不在本文讨论范围之内。

首先,赵地是多元文化主导的社会。赵本脱胎于三晋,晋是周成王弟叔虞的封国,都唐(今山西翼城西)。唐是古夏墟之地,夏亡后就已非统治中心,历树百年,已成为戎、狄杂居之地,"晋居深山,戎狄之与邻"[5]1371。叔虞治唐,采取"启以夏政,疆以戎索"[5]1539的方针。这种兼用华夏族和戎、狄族的政治制度、律令刑法治理国家的做法,实际上在倡导一种与时俱进、应世而变的思想方法,形成了先秦三晋地区政治文化发展的格局和特色。三晋文化再与北方游牧民族冲突与融合的过程中形成了尚功、尚利的精神,这就是赵文化。李学勤先生定义赵地域文化的特色是:"开放、进取、包容、融合。"[6]18

由于这样的一种文化结构与特点,赵人做事没有任何条条框框,善于创新。

"仰机利而食"[3]3263正是赵人在地瘠人众的赵地,因地制宜而为获取生存的一种价值取向。正因为如此,赵地人才种类繁多,有侠士、刺客、将军、法家、倡优、纵横家与商人等,真是不拘一格,都是同时代其他地方不可多得的。司马迁列举的赵人富豪就具有这样的品质:白圭致富靠的是"乐观时变";卓氏凭的是"远见"而竟富至动千人,拟于人君。赵女也善于打破常规去抓住晋身机会。当初,"子夫(孝武卫皇后)为平阳主讴者,……平阳主求良家女十余人,饰置家。帝起更衣,子夫待尚衣轩中,得幸"[1]3949。十余人,只有孝武卫皇后灵机一动,跟着汉武帝到厕所做爱而抓住了机会。而王政君的晋身更是一个偶然机会,当时,皇后让汉元帝在五人中挑选,"太子殊无意五人者,不得已于皇后,应强曰:'此中一人可。'是时王政君坐近太子,又独衣绛缘诸于,长御即以为(是)"[1]4015。王政君在汉元帝无意时,由于预先穿衣特别而受长御注意。

自战国至西汉倡优的地位很低,受世人歧视。但赵地男子"多美物、为倡优",[3]3263女子携带乐器"游媚权贵、入后宫、遍诸侯",[3]3263故独邯郸的倡优很发达。这显然与赵地多元社会环境下,人们的开放、包容思想观念是分不开的。

其次,赵地民风比较开放。商纣时,这里民风就很开放。据《汉书》记载:"殷纣断弃先祖之乐,乃作淫声,用变乱正声,以说妇人;……制度遂坏,陵夷而不反,桑间、濮上、郑、卫、宋、赵之声并出,内则致疾损寿,外则乱政伤民。巧伪因而饰之,以营乱富贵之耳目。"[1]1039—1042受商纣淫行和淫声的影响,男女在婚姻上较开放,"历史上出现了的'奔婚'现象在这一带继续保存下来。并且还与该地区发达的歌舞女伎之业结合起来,发展为以歌舞伎乐游媚富贵,谋求王公贵族妻妾之位的风气。如在战国末年,秦、楚、赵三国王后都出自邯郸歌舞女伎"[7]267。由于赵、中山之民"民淫好末,侈靡而不务本。田畴不修,男女矜饰,家无斗筲,鸣琴在室"[4]42。因此,有人说:"青年女子惯以容貌歌舞为凭借,奔往富贵之家,谋求生路。崇尚歌舞、修习技乐,成为这些地区的社会风尚。"[7]436加之,汉代社会没有很强的贞烈观、处女观,因而有些赵女原来已嫁过人,可后来由于被皇帝看上而晋身为后宫宠幸。特别是赵地女子之中有些艺术素养较好的女子,不仅为工商军民提供性服务,而且还主动到一些王侯卿士、富豪贵族之家去送身送伎。例如:西汉中郎将杨恽的妻子,就是精琴瑟的赵地女子;魏其侯窦婴也有赵地歌女做妾。一些赵女日后成为太后、皇后和公主,也不改往日的开放习惯,赵飞燕就是其中一员。① 民风的开放,使得从

---

① 赵飞燕失宠后,想生个儿子以重新获得成帝欢心,于是"便开一室,自左右侍婢以外莫得至者,上亦不得至焉,以辒车载轻薄少年,为女子服,入后宫日以十数,与之淫通,无时休息,有疲惫者'辄差代之'"。(刘歆:《西京杂记》,中华书局1991年版。)

汉代以来就有许多赵女、中山美女四方奔走,主动卖身卖艺以寻求晋升机会,并不以此为耻。

再次,赵地商品经济比较发达。赵地土地小狭,民人众、杂,靠农业生活是无比艰难。所幸赵地是中央之国,境内城市西贾秦、翟,北贾种、代,东与魏之温、轵贸易,北通燕、涿,南与郑、卫,邯郸自战国成漳、河之间一都会。赵地交通便利的城市环太行山东麓一字摆开,其间形成了一条自先秦至汉晋时期最重要的南北交通干道。[7]268此地境内丰富的铁铜储量,吸引了大量的人口,再次加剧了这里的人口膨胀和城市繁华。因此,时人说:"燕之涿蓟,赵之邯郸,魏之温、轵,韩之荥阳,齐之临淄,楚之宛、陈,郑之阳翟,三川之二周,富冠海内,皆为天下名都。"[4]41邯郸进入天下名都之列,到了新莽年间,邯郸地位竟升至仅次于洛阳,占第二位。[8]149"邯郸这个经济都市的繁荣,必然促使文化的发展。"[1]1正如有的学者所说:"城市的发展和人民生活的需要也为古代倡优的存在及倡优艺术的繁荣提供了可能性。……手工业和商业的进一步发展,客观上造成了城邑市井文化繁荣与都市娱乐场所的出现,吸引着相当一部分人,特别是权贵、豪富们投入越来越多的文化消费。"[9]108

下层人们知道:"富者,人之情性,所不学而俱欲者也。"[3]3271在人人都求富的时候,不甘寂寞的赵女加入了利用色艺求富贵的行列。如上面所说,由于赵、中山的核心部分太行山东麓地带,很早就兴起一系列都市城邑,其间形成了先秦汉晋时期最重要的南北商道,所以在赵、中山一带,女子接触行商富贾的机会较多,眼界较为开阔,在商业发达的环境里,也易于形成攀比富贵的社会心理。赵女追逐富贵的记载就是这一现象的反映。"今夫赵女郑姬,设形容,目挑心招,……出不远千里,不择老少者,奔富厚也。"[3]3271"赵女不择丑好,……皆为利禄也。"[4]230

赵女心里很清楚:"夫用贫求富,农不如工,工不如商,刺绣文不如倚市门。"[3]3274赵地女子争做倡优,"邯郸倡优"因而声名鹊起。早在战国吕不韦在邯郸经商时,就娶了当时的一个"绝好善舞"的女子,不久又将这个女子献给了秦公子子楚,这个女子就是秦始皇的母亲。赵地男人也有帮助赵女奔富厚这一行动:邯郸人梁蚡将女儿内入江都王后宫;江充将妹妹嫁于赵太子丹;中山人倡优李延年把善于跳舞而美貌的妹妹献给汉武帝;等等。因此,赵地歌舞女伎之业的兴盛与赵女的追求是商业刺激的结果,正如有的学者所说:"至少在西汉时期,邯郸及赵,中山一带的音乐歌舞商品化已发展到相当程度,以至在当时人们眼里已成为赵,中山一带的风俗了。"[10]66

最后,赵地在艺术上古来发达。战国以来的邯郸属于"天下善为音",是当时的音乐之都;"鸣琴"、"弹弦"、"当户理清曲",就是对本地歌舞女子的准确描写;赵音与郑、卫、宋等同为新音崛起之地。西汉一代的音乐人才多出于赵地,汉武帝设立乐府采集赵、代、秦、楚之音,并任用赵人李延年担首任都尉;西汉人已认识到"导之以礼乐,而民和睦"[1]1034的重要性,可最先落实到行动的却是赵地河间献王,"河间献王采礼乐古事,稍稍增辑,至五百余篇"[1]1035。后来河间献王"亦以为治道非礼乐不成,因献所集雅乐"[1]1070。但汉武帝迟迟不重视,这一著作在汉成帝时,才由赵地常山人王禹翻译诠释,发扬至全国。班固极力称赞河间献王这一贡献时说:"河间区区,小国藩臣,以好学修古,能有所存。"[1]1072赵地艺术之发达可见一斑。

在西汉,选妃的主要条件不仅在"色",更看重"艺"。这让艺术之乡——赵地占了上风。赵地女子"揳鸣琴,揄长袂,蹑利屣",以及"弹弦跕躧"爱好舞蹈,努力成为享誉天下的"邯郸之倡",这是赵地民间乐舞向专业化发展的标志。她们既有出自陋巷的贫家女,也有来自富户的娇女。她们以乐舞之技来托付终身,一旦入宫或被宠幸,便可富贵加身。"由于乐舞的普及,形成一种具有艺术特色的舞步,才有人来邯郸学步。"[11]278在这里不仅寻常人家延聘歌舞师教习歌舞和礼仪,社会上也设有专门的艺术培训机构,到各地收买美女,待艺成之后,就卖于官府,或径直贡献给朝廷。据记载:邯郸就有一位专门贮养歌儿舞女的贾长儿,他与宫廷中采买美女的官员有着固定的业务关系,史皇孙王夫人就是从这里晋身的。[1]3962平阳公主也曾扮演这一角色,孝武卫皇后就是由平阳公主买来后培训而被汉武帝看中。赵飞燕,起初本为长安宫人,后来被赐给阳阿公主充做歌舞姬时才严格进行歌舞训练。她最擅长的一种著名的"禹步"舞,就是在赵地学习的,汉成帝微行至此而发现。因此,赵女能晋身为西汉后宫宠幸与她们在艺术上的修养是分不开的。

三、结　论

综上所述,西汉后宫宠幸分布的重心在赵地是十分清楚的。赵地女子晋身为后宫宠幸,是后天努力的结果,更是社会环境培育的结果。出生于或成长于赵地的女子,从小受到多元赵文化的教育,她们价值取向也走向多元化,再经过开放的民风和求富攀比的势力思想的影响,使她们显得成熟大方,灵活务实。长大后纷纷利用本地发达的歌舞艺术,修炼自己,为追求富贵而奔。因此,西汉后宫宠幸这一人才群体的出现是多种因素共同作用的结果。

赵女晋身为西汉后宫宠幸的身份变化不仅改变了她们自身的地位,而且对赵地社会风俗产生了重大影响。如卢云所说:"赵地歌舞伎乐与奔婚习俗相结合,使得青年女子获得了取悦王公、游媚富贵的技能与手段,客观上促成了奔婚习俗的长期存留。当然,奔婚习俗与观念,也促进了这一地区歌舞伎乐的发展"。[7]268同时,由于赵女凭借艺术的努力奔走,丰富了时人的精神生活,促进了各地文化的交流。另外,她们中的佼佼者——西汉后宫宠幸对西汉王朝的稳定则起了一定积极作用,正如班固在《汉书·外戚传》开首语中所说:"自古受帝王及继体守文之君,非独内的茂也,盖亦有外戚之助焉。"

参考文献:

[1] 班固:《汉书》,中华书局 1983 年版。

[2] 何建章:《战国策注释》,中华书局 1990 年版。

[3] 司马迁:《史记》,中华书局 1982 年版。

[4] 桑弘羊著,王利器校注:《盐铁论(定本)》(上),中华书局 1992 年版。

[5] 杨伯峻:《春秋左传注》,中华书局 1993 年版。

[6] 李学勤:《赵文化的兴起及其历史意义》,载《邯郸学院学报》2005 年第 4 期。

[7] 卢云:《汉晋文化地理》,陕西人民教育出版社 1991 年版。

[8] 孙继民、郝良真:《西汉邯郸经济试探》,载《中国经济史研究》1991 年第 1 期。

[9] 史延延:《关于赵文化中邯郸倡优现象的历史考察》,载《齐鲁学刊》1994 年第 6 期。

[10] 杨一民:《"邯郸倡"与战国秦汉的邯郸》,载《学术月刊》1986 年第 1 期。

[11] 王兴:《古赵乐舞初探》,载辛彦怀、康香阁主编《赵文化研究》,河北大学出版社 2003 年版。

(原载《邯郸学院学报》2007 年第 1 期)

略论李白关于邯郸的诗歌

贾建钢*

一

李白是我国八世纪浪漫主义诗人，代表了诗歌中的盛唐之音。他一生遍游中国，北至河北道的幽州（今北京附近），南抵江南西道的零陵一带（今湖南），东达江南东道的剡溪、天台山（今浙江），[1]118 如《上安州裴长史书》所言："士生则桑弧蓬矢，射乎四方，故知大丈夫必有四方之志，乃仗剑去国，辞亲远游，南穷苍梧，东涉溟海。"[3]1244

天宝十一年（752 年）春，李白"北游燕赵，观听形势"，经过邯郸，徘徊多日，留下深刻印象，这在乾元二年（758 年）所作《经乱离后，天恩流夜郎，忆旧游书怀赠江夏韦太守良宰》一诗中有非常重要的描述："……十月到幽州，戈铤若罗星。君王弃北海，扫地借长鲸。呼吸走百川，燕然可摧倾。心知不得语，却欲栖蓬瀛。弯弧惧天狼，挟矢不敢张。揽涕黄金台，呼天哭昭王。无人贵骏骨，绿耳空腾骧。乐毅傥再生，于今亦奔亡。蹉跎不得意，驱马过贵乡。逢君听弦歌，肃穆坐华堂。百里独太古，陶然卧羲皇。征乐昌乐馆，开筵列壶觞。贤豪间青娥，对烛俨成行。醉舞纷绮席，清歌绕飞梁。欢娱未终朝，秩满归咸阳。祖道拥万人，供帐遥想望。一别隔千里，荣枯异炎凉。……"[3]569

其中，贵乡、昌乐包括清漳、临洺、广平、魏郡等地都属今邯郸，清帝乾隆评价颇高，"通篇以交情时势互为经纬，汪洋灏瀚，如百川之灌河，如长江之起海。卓乎大篇，可与《北征》并峙"[2]905。通观李白这些诗歌，多方面表现出他对邯郸的倾心喜爱和丰富内涵。

邯郸，战国七雄中赵国于此为都 158 年，历秦汉为郡国之都城，成为当时

---

* 贾建钢（1976—），男，山东临清人，邯郸学院中文系讲师。

中国著名都会。这里人杰地灵,史实、人物含蕴丰沛,已经融入到源远流长的中华文明中。诗人李白踏上此地,又以妙笔热情讴歌,洋洋洒洒,资料充实,兹以论列,就教方家。

二

翻检李白诗集,①以邯郸旧迹胜景、人物典实作为核心意象的诗篇约有十余首,按内容可作如下分类:

首先,描述邯郸风景台城,赵女才艺,抒发内心喜爱情怀的作品,如:

《自广平乘醉走马六十里,至邯郸登城楼,览古书怀》:"扬鞭动柳色,写鞚春风生。入郭登高楼,山川与云平。"[3]1397

《春游罗敷潭》:"行歌入谷口,路尽无人跻。攀崖渡绝壑,弄水寻回溪。云从石上起,客到花间迷。淹尽未留兴,日落群峰西。"[3]935

《邯郸南亭观妓》:"歌鼓燕赵儿,魏姝弄鸣丝。粉色艳日彩,舞袖拂花枝。把酒领美人,请歌邯郸词。清筝何缭绕,度曲绿云垂。"[3]933

《赠清漳明府侄聿》:"举邑树桃李,垂阴亦流芬。河堤绕渌水,桑柘连青云。"[3]497

由以上诗句,可以了解李白对邯郸美丽景色的流连之情。而且,邯郸的风俗民情李白也是深有会意。他认同"赵俗爱长剑,文儒少逢迎。"[3]1398这也适合了他的禀赋气质。他曾经"十五学剑术",[3]1239尚慕游侠,不喜文儒之士,故有《嘲鲁儒》一诗。司马迁《史记》载:邯郸"丈夫相聚游戏,悲歌慷慨",[4]355加上赵武灵王胡服骑射的改革受到胡化之风,当李白来到邯郸,到处都是和自己性情相近、豪放壮伟的朋友,于是"闲从博徒游,帐饮雪朝醒。歌酣易水动,鼓震丛台倾"[3]1398。他深受赵地男子慷慨豪迈风习的鼓舞感染,相与游戏饮酒,宣泄余情。我们甚至可从字里行间读出李白这颗跃动的心灵。

邯郸"多美物,为倡优;女子则鼓鸣瑟,跕屣,游媚贵富,入后宫,遍诸侯";[4]355"赵女郑姬,设形容,揳鸣琴,揄长袂,蹑利屣",[4]356她们不仅貌美,而且善歌舞,远在战国秦汉就非常著名。乃至盛唐,也仍有这样的遗习:"魏都接燕赵,美女夸芙蓉。淇水流碧玉,舟车日奔冲。青楼夹两岸,万室喧歌钟。天下称豪贵,游此每相逢。"[3]714故而,李白在诗中盛赞邯郸女子创造性地展

---

① 据[清]王琦注《李太白全集》,中华书局2003年版;詹锳主编《李白全集校注汇释集评》,百花文艺出版社1996年版。

开生活的愉悦和美的自觉享受。

其次，与邯郸朋友和亲属的交游赠别之作，如：《魏郡别苏明府因北游》、《赠临洺县令皓弟》、《赠清漳明府侄聿》等。诗歌热情赞扬他们治理有方，百姓生活祥和："赵北美嘉政，燕南播高名。过客览行谣，因之颂德声。"[3]497李白游历邯郸，亲友相聚终有一别，相惜之情溢于言表："远别隔两河，云山杳千重。何时更杯酒，再得论心胸。"[3]714从这些真挚的话语，可以明了李白重结交重情义的丈夫气。但李白也不一味伤怀与离别的索然和憾恨，而是申明宏放远志，与当时被讼停官的好友临洺县令皓相互砥砺："陶令去彭泽，茫然太古心。大音自成曲，但奏无弦琴。钓水路非远，连鳌意何深。终期龙伯国，与尔相招寻。"[3]499今人詹锳曾征引明代朱谏注曰："况尔素有钓鳌之志，必将投竿而长往矣。我则与尔相期于龙伯之国，招寻于东海之滨，无负此志斯可也！"[5]1406

李白不仅叙述交游，赞颂亲友美好的政绩，还进一步表达了自己坚决北上幽州，探听安氏谋逆的具体状况，准备积累最真实的依据向朝廷进献，意欲实现功成名就的政治渴望。"洛阳苏季子，剑戟森词锋。六印虽未佩，轩车若飞龙。黄金数百镒，白璧有几双。散尽空掉臂，高歌复还邛。"[3]715朱谏说李白于此地逢君（即苏少府因）："知君之才即洛阳之苏季子也。词锋铦利，森如剑戟。虽未能佩六国之相印，而轩车之佼佼者，势若飞龙，赫然已可畏矣。黄金白璧，积而能散，掉臂而歌，还于旧山，落魄如此，心无所系，不以富贵而骄人，人孰不愿相从乎？故远方贫贱之士亦欲与之纳交也。"[5]2145李白与好友热情聚会之际，进入其精神世界的深处，作同情的了解，所谓知己之交也。其实，李白同样是轻财好义，重视实现人生更高一级的不朽功名和理想价值，只是联想到自己仕途坎坷难遂人愿，才在此引发了他对苏因的深切理解和作为知己的心胸之论，读来令人感动不已，是李白诗集中的杰作。

再次，幽州安禄山厉兵秣马，早有谋逆之兆，李白不惧危难，于邯郸中道流露浓郁的爱国豪情。"我把两赤羽，来游燕赵间。天狼正可射，感激无时闲。观兵洪波台，倚剑望玉关。请缨不系越，且向燕然山。风引龙虎旗，歌钟昔追攀。"[3]975李白将游蓟门（今北京），登上邯郸洪波台，置下筵宴，把酒临风，骨子里挥洒不去的豪壮心怀再次涌起，目睹官兵行发，自然地传达了"遥知百战胜，定扫鬼方还"[3]975的强烈愿望。

在诗歌中，李白还常常引用战国时代的典实，增加内容的厚重，延伸自己的心迹，"深宫翳绿草，万事伤人情。相如章华巅，猛气折秦嬴。两虎不可斗，廉公终负荆。提携袴中儿，杵臼及程婴。空孤献白刃，必死耀丹诚。平原三千客，谈笑尽豪英。毛君能颖脱，二国且同盟。皆为黄泉土，使我涕纵横。磊磊石子岗,萧萧白杨声。诸贤没此地,碑版有残铭。"[3]1397李白钦羡邯郸流芳百代的豪俊群英,诸如平原君赵胜、廉颇、蔺相如、程婴、公孙杵臼、毛遂等等,他们都树立了不朽功名,李白始终抱有强烈的功名富贵作为人生渴盼,但是未能如愿,当来到这些前贤立身扬名的所在时,目遇神接,除了激赏之外,就是为他一事无成,未名未禄而深自悲伤。但李白的浪漫心性和豪壮胸怀还是应和了邯郸这片英雄风流之地:"太古共今时,由来互衰荣。伤哉何足道,感激仰空名。"[3]1398在以酒浇愁之际,仍能昂然前瞻,决定北上,实现自己报国平天下的不折理想。

最后,还有一类散见于不同时期创作的诗歌,涉及邯郸的人物典实,形成李白精神世界里的邯郸镜像。如:《古风第三十五》:"丑女来效颦,还家惊四邻。寿陵失本步,笑杀邯郸人。一曲斐然子,雕虫丧天真。"[3]133李白借用《庄子》中著名的"邯郸学步"之典与东施效颦并列,讥刺士子们作诗赋仅是取科第、干禄位而已,把文章事业的创造性活动降低为简单的模仿。在名作《侠客行》里,李白拈出赵地出侠客,不辞笔墨隆重铺排,加以历史典故:"救赵挥金槌,邯郸先震惊。千秋二壮士,烜爀大梁城。"[3]216他在力赞千秋二壮士朱亥和侯嬴时,对赵国未肯留名的侠客益加称赏,并且心向往之。故能把人生的坐标定位在"纵死侠骨香,不惭世上英。"[3]216围魏救赵一事在《博平郑太守自庐山千里相寻,入江夏北市门见访,却之武陵,立马赠别》诗中亦有提到:"救赵复存魏,英威天下闻。邯郸能屈节,访博从毛薛。夷门得隐沦,而与侯生亲。仍要鼓刀者,乃是袖槌人。好士不尽心,何能保其身。多君重然诺,意气遥相托。"[3]579字里行间不时流露出对侠士重诺好义可贵品质的高度认同。在《系寻阳上崔相涣三首·其一》中,李白诗寄好友崔涣,自陈遭遇绝境下狱,引述长平战祸恰如此番身陷囹圄,并且希望凭借崔涣回造化之笔获救。关于秦赵争夺楚国宝玉和氏璧的典实,李白在《将游衡岳,过汉阳双松亭,留别族弟浮屠谈皓》中也谈及:"秦欺赵氏璧,却入邯郸宫。本是楚家玉,还来荆山中。"[3]734由此可知李白对先秦历史的丰富见闻和运用挥洒自如的驾驭功力。其他如"忆昔作少年,结交赵与燕,金羁络骏马,锦带横龙泉",[3]718也都在诗中体现了对邯郸印象的深刻与饱满。

李白平生论诗最为推崇南朝小谢。谢朓曾有《邯郸才人嫁为厮养卒妇》,胡震亨言是:"设为其事,寓臣妾沦掷之感。"[3]314李白承其风气,亦作同题之诗,载《乐府诗集·杂曲歌辞》,是为:"既黜之作也,特借此发兴,叙其暌遇之始末尔。"[5]797诗言:"一辞玉阶下,去若朝云没。每忆邯郸城,深宫梦秋月。君王不可见,惆怅至明发。"[3]314于中似可明了李白遭谗见黜的哀叹之音,但仍有冀望君王的寓意,全是自喻身世,马位在《秋窗随笔》里论及此诗"妙在不说日前之苦,只追想宫中乐处,文章于虚里摹神,所以超凡入圣耳"。[2]1003

三

李白关于邯郸的诗作总体来看,可分为他来到邯郸交游的现实之作和散见的邯郸人物典实之作两大类,循此线索,还可作进一步的考订推衍。

邯郸作为一个有绵长历史和丰富精神蕴涵的旧都,较高频度地出现在伟大诗人李白的笔下,这绝不是偶然的。通过对文本的整理分析,我们不难看出李白特殊的精神气质是与邯郸作为代表的赵地崇慕侠义的民风相一致的,即使李白不曾来邯郸游历,在他心目中也依然会有一个突出而且丰足的邯郸镜像,从而出现在他所诗作里。而在天宝十一年(公元 752 年)春,李白唯一一次经由梁地北去幽州,[6]79 在邯郸逡巡多日,更加深了对于邯郸的既有美物风情又是慷慨悲歌的热烈印象,浸入并且丰富了其诗歌作品。这些显然成为后代解读邯郸文化精神的一个源泉。

总之,李白在盛唐时代的诗歌为我们留下了关于邯郸最直接的文学资料,对此,我们应该更加细致地考索其行迹交游、诗歌旨趣,连接起传统文学和地方文化精神的纽带,形成地方文化和文学(诗歌)诠释研究的新型结合。

参考文献:

[1] 詹锳:《李白游踪图》,载《李白诗论丛》,作家出版社 1957 年版。
[2] 裴斐、刘善良:《李白资料汇编》,中华书局 2004 年版。
[3] 王琦:《李太白全集》,中华书局 2003 年版。
[4] 司马迁:《史记》,载《二十五史》,上海古籍出版社、上海书店 1992 年版。
[5] 詹锳:《李白全集校注汇释集评》,百花文艺出版社 1996 年版。
[6] 安旗、薛天纬:《李白年谱》,齐鲁书社 1982 年版。

(原载《邯郸学院学报》2007 年第 2 期)

责任编辑:马长虹
封面设计:曹　春
版式设计:东昌文化

图书在版编目(CIP)数据

赵文化与华夏文明/杨金廷,康香阁 主编.
-北京:人民出版社,2009.6
ISBN 978 - 7 - 01 - 007854 - 0

Ⅰ. 赵… 　Ⅱ.①杨…②康… 　Ⅲ. 文化-研究-赵国(？~前222) 　Ⅳ. K231. 03

中国版本图书馆 CIP 数据核字(2009)第 052223 号

赵文化与华夏文明

ZHAO WENHUA YU HUAXIA WENMING

杨金廷　　康香阁　主编

人民出版社 出版发行
(100706　北京朝阳门内大街 166 号)

北京市文林印务有限公司印刷　新华书店经销

2009 年 6 月第 1 版　2009 年 6 月北京第 1 次印刷
开本:710 毫米 × 1000 毫米 1/16　印张:24
字数:440 千字　印数:0,001 - 3,000 册

ISBN 978 - 7 - 01 - 007854 - 0　　定价:45.00 元

邮购地址 100706　北京朝阳门内大街 166 号
人民东方图书销售中心　电话 (010)65250042　65289539